LA RELIURE
TRADITIONNELLE
1986

Хинс. G
3680
C1

(C)

RECHERCHES

SUR

LES COSTUMES, LES MŒURS,

LES USAGES

RELIGIEUX, CIVILS ET MILITAIRES

DES ANCIENS PEUPLES.

TOME PREMIER.

COSTUME DES ROMAINS.

SE TROUVE,

A Paris, chez
- P. Didot l'aîné, galeries du Louvre, n° 3;
- Firmin Didot, rue de Thionville, n° 116;
- Henrichs, libraire, rue de la Loi, n° 1231;
- Bernard et Cie, rue Neuve-des-Petits-Champs, n° 39.

A Tubingue, chez Cotta.
A Manheim, chez Fontaine.
A Bâle, chez Schoell et comp.
A Madrid, chez Facundo Ramos.
A Hambourg, chez Perthès.
A Copenhague, chez le professeur Fumars.
A Turin, chez Bocca, rue Neuve.

A Londres, chez Deboffe.
A Moscou, chez Riss et Sancel.
A Pétersb., chez Klostermann.
A Stockholm et Norkoping, chez Ulrich.
A Vienne, chez Degen.
A Breslau, chez Korn.

RECHERCHES

SUR

LES COSTUMES, LES MOEURS,

LES USAGES

RELIGIEUX, CIVILS ET MILITAIRES

DES ANCIENS PEUPLES

D'APRÈS LES AUTEURS CÉLÈBRES, ET LES MONUMENTS ANTIQUES:

OUVRAGE MÊLÉ DE CRITIQUES ET DE PRÉCEPTES UTILES AUX JEUNES PEINTRES,
SCULPTEURS, ARCHITECTES, ET AUTRES ARTISTES OU AMATEURS;
REVU ET CORRIGÉ D'APRÈS LES REMARQUES DE L'INSTITUT NATIONAL

Par J. MALLIOT,

ANCIEN DIRECTEUR DE L'ACADÉMIE DES ARTS DE TOULOUSE, PROFESSEUR PRÈS L'ÉCOLE CENTRALE,
MEMBRE DE L'ATHÉNÉE DE TOULOUSE,
CORRESPONDANT DE LA SOCIÉTÉ D'AGRICULT., ARTS, etc., DU DÉPARTEMENT DU TARN;

Publié par P. MARTIN,

INGÉN. DES PONTS ET CHAUSSÉES, MEMBRE DE LA COMMISSION DES MONUMENTS D'ÉGYPTE.

TOME PREMIER.

À PARIS,

DE L'IMPRIMERIE DE P. DIDOT L'AINÉ.

AN XII — M. DCCCIV.

AU CITOYEN CHAPTAL,
MINISTRE DE L'INTÉRIEUR.

Citoyen ministre,

Le progrès des sciences et des arts qui est le but de vos soins, l'émulation des artistes et des savants que vous excitez avec tant de fruit, l'utilité de cet ouvrage relativement à une des parties les plus intéressantes des beaux-arts; tels sont les motifs qui avaient déterminé l'auteur à le dédier à votre Excellence.

L'accueil favorable qu'il a reçu d'un Ministre aussi distingué dans les sciences, en lui présentant le fruit de ses travaux honoré des suffrages de l'Institut national, sera auprès des artistes la recommandation la plus flatteuse.

Quant à moi, chargé de sa publication par l'auteur, mon premier guide dans les arts, je vous prie d'agréer l'hommage des efforts que j'ai faits pour le rendre digne de VOTRE EXCELLENCE.

Veuillez recevoir en même temps, citoyen Ministre, l'assurance de mon profond respect.

P. MARTIN.

EXTRAIT DU RAPPORT

FAIT

A L'INSTITUT NATIONAL
DES SCIENCES ET DES ARTS.

Extrait des registres de la classe de Littérature et Beaux-Arts.

Séance du 19 frimaire de l'an XI de la République française.

Un membre, au nom d'une commission, lit le rapport suivant sur un *Traité de Costumes des anciens peuples,* en 3 volumes in-4°, manuscrit, avec grand nombre de figures dessinées, et extraites des médailles et autres monuments de l'antiquité, par le citoyen Malliot, professeur près l'école centrale du département de la Haute-Garonne, membre de l'Athénée de Toulouse, associé étranger de la Société d'agriculture, arts, sciences et belles-lettres du département du Tarn.

« La science de l'antiquité comprenant en général tout ce que les hommes ont su et opéré dans tous les genres depuis les premières époques connues de l'histoire, a des ramifications si variées et si multipliées, qu'un seul individu serait insensé de prétendre la posséder dans toute son étendue. Quoique la science du costume des anciens peuples n'en soit qu'une division bien circonscrite, elle est encore immense; et ni les travaux des savants infatigables qui nous ont précédés, ni les découvertes nouvelles et fréquentes de monuments antiques, n'ont pu faire cesser entièrement l'obscurité qui en dérobe une grande partie à nos recherches.

« Des hommes renommés par leur érudition, par leur profond savoir, les Saumaises, les Casaubons, et plusieurs autres savants qui s'occuperent de cette partie intéressante de l'antiquité, ne tinrent jamais la promesse qu'ils avaient faite d'en former des traités complets, et de les publier; et peut-être n'est-ce pas trop manquer à l'opinion que l'on doit avoir de leur habileté et de leur savoir, que de présumer qu'ils furent rebutés par l'extrême difficulté de leur entreprise.

« Présenter cette science dans son ensemble, la suivre dans tous ses détails, la développer graduellement, l'expliquer, l'enseigner enfin avec la précision, la clarté, l'évidence, indispensables à son intelligence, c'est la tâche encore réservée à la sagacité, au jugement, à l'étude assidue, à la persévérance; aucun auteur jusqu'à ce jour ne l'ayant parfaitement remplie.

« Mais les efforts employés à réussir dans ce travail si difficile, quelque insuffisants qu'ils puissent être, ne manquant jamais d'occasionner de nouveaux progrès, il est utile de les apprécier, et de les encourager.

« Le nouveau Traité de Costume que vous avez chargé votre commission d'examiner pour vous en rendre compte est principalement destiné aux jeunes étudiants dans les beaux arts.

« Le premier volume, en suite d'un Discours en forme d'instruction sur les trois arts de peinture, sculpture et architecture, servant d'introduction, et dont les principes nous ont paru admissibles et utiles, contient le costume des Romains dans un très grand

FAIT A L'INSTITUT.

détail, d'après les médailles et plusieurs autres monuments antiques, en suivant les différents âges depuis Romulus jusqu'aux derniers empereurs de Constantinople.

« Dans le deuxieme volume, le costume des peuples des Gaules, d'Italie, de Grece, d'Egypte, etc., est expliqué au long : l'auteur fait la nomenclature d'une infinité de peuples presque inconnus dont il a pu découvrir quelques monuments, et il a inséré dans ce volume le costume des prêtres de l'église romaine.

« Le troisieme et dernier volume est consacré entièrement au costume des Français, depuis le commencement de la monarchie jusqu'au regne de Louis XIII inclusivement.

« Nous devons déclarer que ce Traité, fruit d'une étude pénible et continuée pendant longues années, présente nombre de recherches curieuses et utiles, sur-tout pour la partie contenant le costume des Français. Nous ne doutons pas qu'il ne soit d'une grande utilité par l'indication, ainsi que par le rapprochement d'une infinité de monuments épars ou disséminés dans des volumes que la jeunesse studieuse n'a pas toujours la faculté de se procurer facilement. »

Fait à l'Institut national, le 19 frimaire an XI.

Signé Mongez, Vincent, Gibelin, *rapporteurs.*

La classe approuve le rapport, et en adopte les conclusions.

Certifié conforme à l'original.

Paris, le 30 frimaire an XI.

Signé Sicard, *secrétaire.*

AVERTISSEMENT.

Les artistes desiraient un livre classique sur le costume et les mœurs des anciens peuples : l'étude de cette partie intéressante de l'art absorbait un temps si long, que peu d'entre eux avaient le courage de s'y appliquer.

On ne relevera pas ici les erreurs qu'il y a dans le texte de l'ouvrage de Dandré-Bardon; sans entrer dans le détail d'un grand nombre de ses gravures qui sont étrangeres au costume, il est certain qu'au lieu d'éclaircir la matiere il l'a embrouillée, en mélant indistinctement ce qu'il a puisé chez les anciens avec ses inventions et celles des modernes.

L'auteur des Recherches que l'on publie aujourd'hui n'établit ses principes sur le costume et les usages des anciens peuples, que d'après des statues, bas-reliefs, médailles, et autres monuments antiques de ce genre qui se sont conservés jusqu'à nous, et sur ce que les anciens écrivains nous en ont appris. Il discute, lorsqu'il le croit essentiel, quelquefois il concilie leurs opinions; il en fait de même des avis bien souvent opposés des modernes, et les réfute, s'il le faut, pour

AVERTISSEMENT.

préserver de l'erreur les jeunes artistes qu'il a spécialement en vue.

Si, pour rendre l'ouvrage moins volumineux, il affecte dans le texte de supprimer quantité de citations, il indique scrupuleusement à côté de chaque figure l'auteur ou le monument d'où elle est extraite. A l'aide de ces recherches l'étude de la science du costume, loin d'être rebutante pour l'artiste, sera un de ses délassements; il apprendra mille détails qui feront disparaître la monotonie de ses compositions, et les enrichiront.

L'auteur, convaincu de l'importance de son entreprise, n'a point voulu publier son ouvrage sans avoir consulté les lumieres de l'Institut national : son plus ardent desir était d'obtenir le suffrage et quelque avis de cette savante compagnie; ce qu'elle a bien voulu lui accorder.

Il a utilisé quantité d'observations des citoyens Mongez, Vincent et Gibelin, ses commissaires, ainsi que les notes intéressantes que ce dernier, chargé du rapport, a eu la générosité de lui communiquer.

Il a reformé certains articles, il en a supprimé d'autres. Quant aux citations, aux discussions, aux développements proposés, et aux figures d'une plus grande proportion, quoique ces observations soient impor-

AVERTISSEMENT.

tantes à bien des égards, il se gardera bien de faire une telle addition à son ouvrage, puisqu'au lieu de trois volumes comprenant le texte et 300 planches où sont plus de 2600 exemples, il faudrait plus de trente volumes et deux ou trois mille planches, et par conséquent supposer gratuitement aux jeunes artistes, à qui il a voué le résultat de ses veilles, assez de moyens pour se procurer un ouvrage d'un prix aussi considérable.

Si dans ses planches bien des figures sont petites et leurs formes peu décidées, il n'en est pas l'inventeur : on conviendra que le plus souvent les médailles d'où elles sont prises, ou les dessins qu'en ont donnés les antiquaires, sont d'une plus petite proportion, et présentent à peine les masses informes des draperies. (Voyez l'article *costume*, page lij.)

Enfin, malgré la grande quantité de matériaux précieux qu'il a rassemblés pendant plus de trente ans, il a voulu, en se renfermant dans les bornes étroites de trois volumes, offrir l'ouvrage élémentaire le plus complet qui ait paru sur le costume des anciens, et ne présenter que des exemples dont l'authenticité est assez prouvée par les monuments ou par les auteurs célebres qui les lui ont fournis, et dont le nom est écrit à côté.

AVERTISSEMENT.

Quelques notes qu'il avait extraites et rassemblées pour son usage, et quelques réflexions qu'il communique avec fruit à ses élèves au commencement de chaque cours, serviront d'introduction.

Les Romains étant le peuple dont il nous reste le plus de monuments, et dont l'histoire nous a transmis le plus de détails, le premier volume contiendra ce qui concerne leurs vêtements, la maniere de les agencer, leur coëffure, leur chaussure, leurs bijoux et ceux des Romaines, selon leur état et les différents âges : on y verra le costume suivi sous les rois et sous la république; celui des consuls et de leurs licteurs, appariteurs, etc.; celui des empereurs et des impératrices, depuis Jules-César jusqu'à la prise de Constantinople par les Turcs; celui des grands magistrats civils et militaires, celui des magistrats inférieurs vers le haut et le bas Empire, et les lieux où se tenaient leurs audiences; ce qui concerne les ambassadeurs, les fécialiens, les guerriers, leurs armes, enseignes, instruments militaires, machines de guerre, leur marine, leurs récompenses militaires, triomphes, trophées, etc.

On y trouvera quelques détails sur les peines, les supplices, les esclaves, la politesse, les mariages, l'intérieur des maisons, les meubles, les repas, les funé-

AVERTISSEMENT.

railles du pauvre, du militaire, du riche, celles du souverain et son apothéose, les tombeaux, les fêtes funèbres.

Ce volume sera terminé par ce qui concernait la religion de ce peuple et ses ministres, les sacrifices, les victimes, les temples, les ustensiles sacrés, les fêtes, les jeux, les spectacles, et les lieux à ce destinés, les instruments de musique, les chars, les voitures, etc.

On verra dans le second volume des détails du même genre sur plus de trois cents peuples ou villes de l'Europe, de l'Asie et de l'Afrique, notamment sur les Grecs, les Gaulois, les Etrusques et les Egyptiens : on y indique les animaux qui peuvent caractériser diverses parties de l'ancien continent.

La liaison qui se trouve entre les Juifs et les premiers chrétiens, le rapport de ceux-ci avec divers peuples, ont fait placer à la suite des Hébreux, des Israélites, etc. quelques détails sur les chrétiens des premiers siècles de l'église; on y a ajouté ce qui concerne le costume des papes, des cardinaux, et quelques mots sur l'origine de ceux-ci, etc.

Le troisieme volume, qui sera le plus intéressant par la diversité et par l'opposition des modes, ne parle que des costumes, mœurs, et usages des Français, depuis le commencement de la monarchie jusqu'au regne de Louis XIV exclusivement.

Chaque volume sera terminé par une table des matieres; le second en aura une de plus où les peuples et les villes dont il y est question seront rangés par ordre alphabétique.

INTRODUCTION
NÉCESSAIRE

POUR LES JEUNES PEINTRES ET SCULPTEURS
QUI VEULENT COMPOSER.

Il y a des sujets plus avantageux pour le peintre, d'autres le sont pour le statuaire; cependant, excepté la perspective aérienne et le coloris, le sculpteur intelligent peut dans un bas-relief exprimer toutes les parties d'un tableau : ainsi presque tous les préceptes conviendront également aux uns et aux autres.

Je me garderai bien, dans le court exposé que je vais faire des principes de l'art, de m'étendre sur la pratique; je me contenterai de faire observer certaines convenances, et d'y joindre quelques règles que celui qui veut bien composer ne doit pas ignorer.

DESSIN.

Le dessin doit être correct, c'est-à-dire conforme à la nature, qui, comme nature, est toujours belle; mais comme elle est si variée, et que tant d'accidents altèrent la beauté de ses productions, on ne doit la copier qu'avec choix, non pas telle qu'elle est, mais telle qu'elle doit être. Il est des proportions établies selon l'état des personnages; elles sont fondées sur des principes sûrs dont les sculpteurs de l'antiquité, qui en cette partie sont nos maîtres, ne se sont jamais écartés : leurs ouvrages, sur-tout ceux des Grecs, sont nos guides par excellence pour le nu. Ces grands hommes marchaient constamment dans la route du beau; ils ne confondaient pas les formes qui devaient caractériser la divinité, la force, l'humanité, et les divers âges : l'Apollon du Belvédere, la Vénus de Médicis, l'Hercule de Farnèse, l'Antinoüs, le Laocoon et ses enfants, en sont la preuve; ce n'est qu'en réfléchissant sur ces chefs-d'œuvre de l'art que l'on parvient à sentir et à réparer les imperfections qu'offre souvent la nature.

Le peintre dans ses tableaux, et sur-tout le sculpteur dans ses bas-reliefs, doivent éviter les grands raccourcis; les peintres cependant sont forcés d'en faire usage dans les plafonds. Pour le faire avec succès il faut, disent les maîtres de l'art, dessiner les figures d'après nature, et du même point de distance d'où elles doivent être regardées; il est avantageux d'en augmenter un peu la grosseur.

S'il est vrai, d'après ce que j'ai déja dit, que l'artiste doit être guidé et non contraint par la nature, il n'est pas moins certain qu'il doit également éviter et ce qu'on appelle *maniere*, et une servile timidité dans les contours; il doit avec prudence opposer la souplesse et la légèreté à la fierté et à la touche. Par le terme de *maniere* on entend un assortiment incorrect de traits exagérés et de formes outrées.

ANATOMIE.

Les figures antiques nues sont presque autant de monuments de l'étude réfléchie que les anciens faisaient de l'anatomie. Ils savaient à propos exprimer ou sacrifier certains détails, suivant l'état, l'âge, le sexe, et l'expression requise du personnage que devait représenter la statue. Des artistes célèbres ont avec raison été blâmés d'avoir presque toujours trop prononcé les muscles de leurs figures : ils n'ont eu qu'un style terrible; leurs figures paroissant écorchées sont hideuses et sans grace.

Les muscles se prononcent selon le plus ou moins d'action et de force que l'on veut faire exprimer, le plus ou moins d'embonpoint ou de délicatesse convenable : Hercule, Milon, Jupiter, Alexandre, Ganimede, Saturne, Silene, Alecton, Diane, Vénus, et l'Amour, fussent-ils supposés animés de la même passion, ne sauraient sans ridicule être dessinés du même style, avec des muscles également prononcés.

Si Dufrenoi, dans son poëme sur l'art de peindre, recommande de faire en sorte que les contours des membres imitent la flamme et les replis d'un serpent qui rampe, c'est que chaque muscle ayant son antagoniste, si l'un agit il se contracte et se gonfle vers son origine ; l'autre au contraire cede, semble s'enfoncer, et perdre de son volume.

Quels que soient les mouvements des figures le dessinateur ne doit jamais oublier que les os sont des parties solides : leurs formes sont décidées par la nature; ils ne doivent pas paraître cassés.

GRACE.

Rien n'est plus opposé à la grace qu'un air d'immobilité et de distraction : le peintre, le sculpteur, doivent donc faire en sorte que tous les personnages de leur composition paraissent agir et penser; c'est faute de cela que souvent une figure très régulière ne plaît à personne. L'artiste doit de plus se souvenir toujours que la grace et l'élégance ne se trouvent jamais où paraît l'affectation. Quoi de plus simple et de moins affecté que les attitudes des figures antiques, et de celles qu'ont peint Raphaël, le Poussin, Lesueur, et leurs pareils?

C'est ce qu'on a voulu exprimer par le groupe des Graces, qui sont nues et ne doivent porter aucun bijou; quelque fleur tout au plus peut parer leur tête.

La grace et l'élégance peuvent se trouver dans des ouvrages moins corrects, pourvu que la nature soit embellie, que les incorrections ne soient pas trop considérables et ne détruisent pas le vrai.

EXPRESSION, PASSION.

En fait de dessin par le mot *expression* on entend l'effet général que produisent, selon le sujet représenté, les diverses parties d'un morceau; le mot *passion* signifie plus particulièrement les changements que certaines situations de l'ame occasionnent sur la physionomie.

Il est souvent des choses que le peintre voudrait exprimer, et pour lesquelles la nature semble refuser son secours à celui qui la consulte, comme lorsqu'il a certaines passions à peindre. Voici des moyens que des grands hommes ont employés avec succès; il faut, s'il se peut, remplir quelqu'un de l'idée de cette passion ou la lui inspirer, s'en pénétrer soi-même, consulter son miroir, et éviter les *grimaces*; avoir toujours ses tablettes sur soi, saisir à propos ce qui caractérise les formes occasionnées par ces passions sur la physionomie des personnes qui en sont affectées; ne pas se contenter d'une seule façon d'exprimer ces situations de l'ame: car chacun a sa maniere de sentir et son degré de sensibilité, selon son âge, son rang, ses mœurs, et son tempérament. Les personnes âgées ne sentent pas aussi vivement que les jeunes gens; un souverain, un général, ne doit pas être affecté comme le serait un soldat, ni un homme sanguin comme un mélancolique.

C'est cette variété, ce sont ces diverses nuances dans les passions qui mettent le sceau à la perfection des tableaux, des bas-reliefs, des statues qui immortalisent les plus grands maîtres. Jetez les yeux sur la famille de Niobé, sur le Laocoon antique, sur la mort de Germanicus par le Poussin, sur la mort de saint Bruno par Lesueur, sur la famille de Darius par Lebrun, et vous verrez combien l'art a de richesses.

Le visage est le miroir de l'ame; c'est là que se peignent toutes les passions : l'attitude de la figure ajoute souvent à leur expression, sur-tout la position des mains, *qui toujours doivent être apparentes, et dessinées avec amour.* La tête cependant est de toutes les parties celle où elles sont le plus caractérisées : « sa position presque seule, dit de Piles, suffit
« souvent pour en exprimer certaines; comme l'humilité, lors-
« qu'elle est baissée; l'arrogance, quand elle est élevée; la lan-
« gueur, quand elle penche, et qu'elle se laisse aller sur l'é-
« paule; l'opiniâtreté avec une certaine humeur revêche et
« barbare, quand elle est droite, fixe, et arrêtée entre les deux
« épaules. »

Dans l'admiration, dit Félibien, le front et les sourcils sont élevés; Coypel ajoute que la bouche est un peu entr'ouverte, les yeux plus ouverts qu'à l'ordinaire, la prunelle fixe entre les deux paupieres, et les narines un peu gonflées.

Dans la tristesse extrême, les yeux à demi-fermés se baissent, ainsi que les diverses parties de la face (*a*).

(*a*) Le Guide disait qu'ayant déja peint des milliers d'yeux, il n'y avait pas encore réussi selon ses desirs.

INTRODUCTION NECESSAIRE

Les yeux médiocrement ouverts et la levre inférieure plus saillante que la supérieure caractérisent le mépris : Buffon ajoute que « dans le mépris et la dérision la levre supérieure
« se releve d'un côté et laisse paraître les dents, tandis que de
« l'autre côté elle a un petit mouvement comme pour sourire ;
« le nez se fronce du même côté que la levre s'est élevée, et le
« coin de la bouche recule ; l'œil du même côté est presque
« fermé, tandis que l'autre est ouvert à l'ordinaire, mais les
« deux prunelles sont abaissées comme lorsqu'on regarde de
« haut en bas. »

« Dans le ris immodéré et dans presque toutes les passions
« violentes, les levres sont fort ouvertes ; mais dans des mou-
« vements de l'ame plus doux et plus tranquilles les coins
« de la bouche s'éloignent sans qu'elle s'ouvre, les joues se gon-
« flent, et dans quelques personnes il se forme sur chaque
« joue, à une petite distance des coins de la bouche, un léger
« enfoncement que l'on appelle la *fossette* ; c'est un agrément
« qui se joint aux graces dont le souris est ordinairement ac-
« compagné. »

« Dans le souris malin on serre davantage les levres l'une
« contre l'autre, par un mouvement de la levre inférieure. »

« Dans la jalousie, l'envie, la malice, les sourcils descendent
« et se froncent, les paupieres s'élevent et les prunelles s'abais-
« sent ; la levre supérieure s'élève de chaque côté, tandis que
« les coins de la bouche s'abaissent un peu, et que le milieu
« de la levre inférieure se releve pour joindre le milieu de la
« supérieure. »

« Dans le ris, les deux coins de la bouche reculent et s'éle-
« vent un peu, la partie supérieure des joues se releve, les yeux
« se ferment plus ou moins, la levre supérieure s'élève, l'infé-
« rieure s'abaisse ; la bouche s'ouvre, et la peau du nez se fronce
« dans le ris immodéré. »

POUR LES JEUNES PEINTRES. xxiij

« Dans l'amour, dans le desir, dans l'espérance, on leve la
« tête et les yeux vers le ciel, comme pour demander le bien
« que l'on souhaite; on porte la tête et le corps en avant, comme
« pour avancer en s'approchant la possession de l'objet desi-
« ré; on étend les bras, on ouvre les mains pour l'embrasser
« et le saisir. Au contraire, dans la crainte, dans la haine, dans
« l'horreur, nous avançons les bras avec précipitation, comme
« pour repousser ce qui fait l'objet de notre aversion; nous dé-
« tournons les yeux et la tête, nous reculons pour l'éviter,
« nous fuyons pour nous en éloigner. »

Enfin la couleur et le *faire* achevent de donner le ton de la vérité. Si les passions sont tristes, langoureuses, la pâleur et une certaine uniformité les caractériseront; si elles sont véhémentes, ce seront des nuances opposées, des tons tantôt heurtés, tantôt piquants. Personne n'ignore les tons qui conviennent à la honte, à la pudeur, et à la crainte; la pâleur qui accompagne quelquefois la colere est toujours un signe de crainte, de lâcheté ou de dissimulation. On sait assez ce que César pensait des visages pâles et des teints fleuris: on lui disait un jour de se méfier d'Antoine et de Dolabella qui étaient gras et vermeils; il montra Brutus et Cassius en disant : « La
« pâleur et la maigreur de ceux-là est plus à craindre. »

ATTITUDES.

Les attitudes les plus simples ou les plus nobles, selon que le sujet le demande, les plus variées, mais sur-tout les plus naturelles, sont toujours les préférables; les anciens, dont un artiste doit toujours avoir les principes présents à son esprit, ne donnerent jamais un air affecté ni gêné à leurs statues : Dufrenoi recommande à l'artiste d'imiter les actions des muets; tous les auteurs sont d'avis qu'il doit observer attentivement comment se campent les personnes lorsqu'il arrive quelque évènement, et qu'il ne doit jamais négliger d'en charger ses tablettes.

Les attitudes doivent être contrastées à propos, convenir aux personnages représentés, et de plus contribuer à l'expression ; les contrastes outrés donnent un caractere d'extravagance aux figures : les femmes et les jeunes gens ne doivent pas être campés avec les jambes écartées ; les jambes serrées conviennent à la modestie ; les figures de vieillard sont celles dont les contrastes doivent être les plus simples.

Les extrémités ne doivent pas être disposées de maniere qu'elles représentent des figures régulieres de géométrie, comme des triangles équilatéraux, des rectangles, des carrés, etc.

Ni les membres d'une figure, ni les figures entre elles, ni les objets qui en sont voisins, ne doivent être paralleles, ni se rencontrer à angles droits ; cela produirait un effet désagréable.

PONDÉRATION.

Ce qui a vie, dit Félibien, suppose toujours de l'action ; c'est pourquoi l'artiste doit connaître les lois de la pondération, afin de donner un caractere de vie même aux figures qu'il représente arrêtées, par la maniere dont leurs membres sont finement et naturellement contrastés entre eux. Par exemple, supposons deux personnes debout, l'une et l'autre immobiles, que l'une porte également sur ses deux pieds, de maniere que le centre de gravité se trouve au milieu de la ligne qui est entre eux, et que l'autre ne porte que sur un pied, en sorte que le centre de gravité se porte sur celui-là ; il est certain que la premiere aura un caractere de pesanteur et

POUR LES JEUNES PEINTRES.

d'immobilité, et l'autre plus de grace et de vie. Mais de quelque maniere qu'une figure soit campée, le centre de gravité ne doit jamais porter à faux, à moins qu'on ne la suppose allant vers quelque endroit; car en ce cas plus elle se porte vers ce lieu en s'écartant de la perpendiculaire, plus elle paraît aller vîte, pourvu qu'une jambe tende aussi vers cet endroit pour soutenir le corps, sans quoi la figure paraîtrait plutôt tomber que marcher: c'est la rapidité de ces mouvements, nécessités par le besoin de l'équilibre, qui décide de la vitesse de celui qui marche ou qui court.

La nature, dit Félibien, vous enseigne l'art d'imiter tous les mouvements du corps, dont le milieu est toujours soumis à la tête: si, vous appuyant sur un pied, vous vous tournez, ce pied sera toujours sous la tête, qui naturellement prend la même direction que la pointe de ce pied : pour regarder en haut, la tête, excepté dans des situations violentes, ne se jette en arriere qu'autant qu'il le faut pour voir ce qui est perpendiculairement au-dessus d'elle; quelque effort que l'on fasse pour la tourner, le menton ne peut que toucher les os des épaules; si sans bouger les pieds vous voulez regarder derriere vous, l'épaule qui se trouvera en avant n'ira jamais plus loin que vis-à-vis le nombril.

Les mouvements des pieds et des mains, quoique moins gênés, ont cependant leurs bornes; et l'artiste ne doit pas ignorer que les pieds, dans les mouvements ordinaires, s'éloignent rarement l'un de l'autre de plus d'une de leur longueur : vous ne leverez pas un bras plus haut que la tête sans que toutes les parties de ce côté jusqu'au talon s'élevent aussi.

Si la figure est supposée porter un fardeau, elle se penchera du côté opposé jusqu'à ce que le centre de gravité soit perpendiculairement au-dessus du point d'appui; par ce moyen le côté qui porte le fardeau est plus élevé que l'autre : si une figure indique un objet, l'extension du bras doit être relative à l'éloignement de la chose indiquée ; car il serait ridicule de la mettre dans un mouvement extraordinaire pour indiquer ce qui est à sa portée, et réciproquement, etc. : si elle se dispose à lancer quelque chose, par exemple un trait, plus on veut donner de l'action, plus il faut que le bras et le haut du tronc soient tournés du côté opposé.

VÊTEMENTS, DRAPERIES.

Les vêtements ou draperies doivent être relatifs aux climats, aux saisons, à l'état, au sexe, à l'âge des personnes, et au siecle où elles ont vécu : les plis doivent être naturels, et paraître produits fortuitement ; je dis paraître, parceque rarement la nature les présente sous la forme qui convient aux vues du peintre : heureux celui que le hasard favorise, et qui sait en profiter !

Il faut avec soin éviter de trop prononcer l'ombre des plis qui passent sur les membres, de crainte de les faire paraître cassés. Les artistes les plus jaloux de perfectionner leurs ouvrages ont presque toujours dessiné à nu au moins la charpente de leurs figures, avant de les draper ; ils ont eu le soin de ne pas cacher les pieds ni les mains : celles-ci, je le répete, doivent toujours être apparentes ; il suffit quelquefois que les pieds, quoique couverts, soient indiqués. Ceux qui se distinguent aujourd'hui dans la capitale dessinent le nu avec le plus grand soin, quoique leur intention soit de le couvrir d'une draperie : en général il faut que les draperies soient jetées de maniere que sans affectation elles caressent le nu, et laissent paraître les principales formes des parties qu'elles couvrent sans y être adhérentes.

Dans les sujets héroïques sur-tout, et dans les grands sujets d'histoire, il faut, autant que le costume le permet, éviter les petits détails trop recherchés, et se souvenir qu'il est bien difficile de tirer un bon parti des petits plis : les plus amples sont toujours préférables quand ils sont placés à propos; ils doivent se contraster entre eux et avec les membres; ce serait une faute de supposer certains contrastes produits par le mouvement ou par l'agitation de l'air, si la figure est représentée immobile et à l'abri du vent.

Les figures doivent être habillées, et non embarrassées ou accablées sous le poids de leur vêtement; Raphaël, que tous les grands maîtres citent pour l'ordre des plis, donnait des draperies amples aux figures du devant du tableau.

Il faut, autant qu'il est permis, varier non seulement la couleur des draperies, mais même la qualité des étoffes, surtout lorsqu'il n'y a qu'une figure seule : la laine, le lin, le coton, la soie, en procurent dont les plis, les cassures, le mat, et les luisants varient à l'infini, et contribuent à l'effet piquant des tableaux; c'est un des principaux mérites des draperies du Titien, de Rubens, Paul Véronese, Van-Dick, et quantité d'autres peintres vénitiens et flamands : en vain le jeune artiste tentera ce moyen s'il n'a continuellement la nature sous les yeux.

La couleur des draperies offre une ressource à l'artiste pour forcer le spectateur à regarder l'objet principal, en employant vers cet endroit les plus brillantes, les plus lumineuses, et en réservant par degrés celles qui le sont moins pour les endroits d'où il a intérêt d'écarter les grands effets de lumière : les draperies servent aussi à lier certaines masses, à éviter les trous.

Les sculpteurs modernes ont osé varier la nature des étoffes, et faire usage des plis amples; le succès a toujours couronné leurs efforts lorsqu'ils ont su garder une certaine modération : les anciens, plus timides, mouillaient les draperies dont ils mannequinaient leurs figures, ce qui les faisait paraître adhérentes au corps comme celles d'une personne sortant du bain ; ce désagrément était racheté par la beauté du nu dont par ce moyen ils conservaient les formes aux dépens de la vraisemblance.

GROUPES, CONTRASTES.

Un des moyens qui contribuent le plus au bel effet des groupes et du tout ensemble consiste à disposer les parties d'une composition de maniere qu'en général les clairs, les demi-teintes, les ombres, et les reflets, forment autant de masses générales, et produisent ce que le Titien appelait *la grappe de raisin*. « Que les membres, dit Dufrenoi, soient
« groupés ainsi que les figures, c'est-à-dire qu'ils soient ramas-
« sés ensemble : il faut faire sentir un vide entre les groupes,
« pour éviter la confusion : les figures qui les composent doi-
« vent se contraster entre elles ; si l'une est vue par devant,
« que l'autre le soit par derriere ; que celui-ci oppose l'épaule
« à l'estomac de celui-là : si ce personnage montre le côté droit,
« cet autre doit présenter le gauche. »

Rien n'étant plus ennuyeux que la monotonie, il est essentiel, lorsque cela se peut, de grouper avec les figures divers objets de différente nature ; cette variété réjouit le spectateur, et quelquefois même l'instruit lorsque ces objets sont bien choisis et placés à propos.

On peut faire contraster les figures par l'état, l'âge, le sexe, le tempérament, la patrie, etc. ; on observe néanmoins que, lorsque plusieurs personnes sont dans un même lieu, elles s'attroupent et forment naturellement divers groupes, selon leur inclination : on observe de plus que le même évènement ne les affecte pas également ; si l'un se réjouit, celui-là s'irrite, et cet autre reste indifférent.

Non seulement les figures d'un groupe doivent se contraster entre elles, mais même les groupes entre eux : si l'un s'oppose en clair sur un fond sombre, l'autre s'oppose en brun sur un fond lumineux, ainsi du reste.

Horace, dans son Art poétique, ne veut pas qu'il y ait plus de trois interlocuteurs sur la scene. Quelques peintres, à son exemple, ont voulu fixer le nombre des figures qui peuvent entrer dans une composition ; Annibal Carrache, qui était de ce nombre, ne croyait pas qu'un tableau pût faire un bel effet s'il y avait plus de douze figures, parcequ'il prétendait que trois groupes suffisaient dans un grand tableau : Dufrenoi, qui d'abord semble de cet avis, finit cependant par dire que l'artiste doit céder à la nécessité, et que c'est dans ces occasions, plus que jamais, qu'avant de commencer il doit avoir bien conçu l'arrangement et l'effet du tout ensemble ; il doit se souvenir que deux groupes qui se ressembleraient par l'effet de leurs masses déplairaient à coup sûr ; que cependant si l'un des côtés est plein de figures, l'autre ne doit pas rester vide.

FIGURE PRINCIPALE.

La figure principale doit être placée vers le milieu de la composition ; le groupe dont elle fait partie doit toujours l'emporter sur les autres par la disposition et les beaux effets de lumiere et du coloris : manquer à cela serait une faute inexcusable, parceque c'est le moyen le plus sûr de forcer le spectateur à jeter les yeux sur elle.

INTRODUCTION NECESSAIRE

CLAIR-OBSCUR.

L'effet de l'incidence de la lumiere et de l'ombre doit être exactement observé par l'artiste : la perspective donne des moyens simples et sûrs pour y parvenir; mais cela seul ne suffit pas pour le clair-obscur, c'est-à-dire pour la magie du tout ensemble; celle-ci dépend de la maniere savante dont on rassemble les parties plus ou moins éclairées. Leur réunion ne doit former qu'un tout composé de clairs, de demi-teintes, d'ombres, et de reflets, qui font autant de masses principales; c'est ce que le Titien prétendait exprimer par la comparaison de la grappe de raisin, où les grains qui reçoivent la lumiere directe, ceux qui n'en reçoivent qu'une glissante, ceux qui en sont totalement privés, ceux enfin qui n'en reçoivent qu'une réfléchie, forment autant de masses principales dont il ne résulte qu'un tout: je dis principales, parceque cela n'empêche pas qu'il n'y ait quelque partie saillante, et que chaque grain n'ait en particulier les degrés d'effet et de couleur requis pour qu'on ne le confonde pas avec ceux qui sont roulés avec lui. Une partie brune occasionnée par un vide qui se trouve placé dans une masse de lumiere est ce qu'on appelle *un trou;* c'est ce qu'il faut éviter dans une composition, si l'on veut y conserver le repos et l'harmonie.

COLORIS, REFLETS.

Le prestige du coloris, son brillant, son effet lorsqu'il est bien entendu, ont toujours attiré et attireront mille suffrages à cette partie séduisante de l'art du peintre. On ne peut néanmoins disconvenir que le coloris perd beaucoup de son mérite aux yeux du spectateur instruit et délicat, si l'artiste, négligeant trop le dessin, n'y joint un certain goût, et sur-tout de l'expression, qui est l'ame du tableau et le sceau du génie. Mais, quelle que soit sa présomption, peut-il se flatter d'atteindre jamais au sublime? ennoblira-t-il jamais sa composition, si, bien rempli de son sujet, il ne sait y joindre jusqu'à un certain point l'invention, la disposition, l'ordonnance, le faire, et la poésie dont le sujet qu'il a à traiter est susceptible?

Si par le dessin et les autres parties de l'art, dont je ne me propose que d'effleurer les principes les plus essentiels, on parvient à exprimer correctement, et à disposer avantageusement tous les objets que la nature offre à nos regards, c'est par le coloris que l'on imite leurs couleurs locales, et que l'artiste intelligent parvient quelquefois à en imposer aux yeux même du maître et du connoisseur. Ce ne sont pas toujours les couleurs les plus précieuses ni les tons qui paraissaient les plus brillants sur la palette qui décident de la beauté du coloris, mais la maniere et la prévoyance avec laquelle on les a employés et assortis, et ceux qu'on leur a opposés. Un tableau veut être disposé comme un concert, dont toutes les parties doivent être d'accord et concourir à l'effet du tout ensemble.

Le ton général du tableau, le choix des couleurs, doivent être relatifs au sujet représenté : on sent l'indécence qu'il y aurait de peindre un Christ avec un ciel bien serein, bien lumineux, au milieu d'un paysage dont le ton et l'aspect présenteraient un site agréable et riant.

« Le ton général du tableau, dit Dandré-Bardon, doit aussi
« convenir au lieu où est supposée la scene; ce qui se passe
« dans les airs doit être plus vague, plus suave, et lumineux:
« le lieu de l'action est en plein air ou non, et décide du ton
« qui convient à ce qui se passe sur la terre; un ton léger,

« frais, et verdâtre, doit caractériser ce qui se passe sur les
« eaux : quant à l'empire des morts, des tons sombres, tristes,
« et rougeâtres, sont les préférables. »

Ce n'est pas qu'on ne puisse et qu'on ne doive quelquefois employer des tons brillants dans des sujets tristes, et des tons sombres et ternes dans des sujets agréables : on doit seulement inférer de ce que j'ai dit que si les objets dont la couleur n'est pas relative au ton général qui convient au tableau, ne doivent pas absolument être rejetés, ils ne peuvent cependant y paraître qu'en petite quantité.

Les couleurs des objets voisins les uns des autres doivent être sympathiques, c'est-à-dire que leur mélange ne doit produire qu'un ton agréable ; rarement elles attireront et fixeront les regards si on les emploie sans les rompre, c'est-à-dire sans mélange, telles qu'elles ont été achetées et broyées : on dit alors que le tableau sent la palette.

Les plus grands maîtres par leur exemple, c'est-à-dire par leurs ouvrages et par leurs préceptes, nous apprennent qu'il est bon quelquefois, lorsque les objets sont de diverse nature et de diverses matieres, que leur voisinage forme des oppositions presque tranchantes ; comme lorsqu'on groupe ensemble des draperies, des meubles, des ustensiles, des vases de différents métaux, des armures, des attributs, etc. Ces oppositions bien placées ajoutent du piquant à l'effet du tableau, pourvu qu'elles ne soient pas trop multipliées ; car il faut en général éviter le bariolage, tâcher au contraire de disposer les objets par masses larges ; l'œil les parcourt sans fatigue et avec plus de plaisir : il faut aussi se souvenir qu'en tout l'excès est blâmable.

Si les masses brillantes et lumineuses sont trop étendues, le coloris du tableau sera fade et sans effet, ainsi du reste ; c'est pour cela qu'avant de commencer de peindre il convient de disposer l'ordonnance des couleurs de maniere que les plus claires, les plus légeres, les plus aériennes, soient placées dans les masses de lumiere et dans les lointains, les moins brillantes vers les masses d'ombre, et quelquefois sur les devants du tableau.

Le coloris a ses contrastes comme le dessin : ici une couleur brillante se détache sur une couleur sombre; là au contraire une draperie d'une teinte brune sur un objet ou sur une autre draperie qui sont lumineux.

Il serait assez inutile d'observer qu'il y a une grande différence entre la carnation d'un homme et celles d'une femme et d'un enfant; mais d'après le conseil des plus grands maîtres on ne saurait assez réfléchir sur les variétés de couleur qui sont entre les hommes, entre les femmes, et entre les enfants; ces variétés sont infinies à raison de l'état, du pays, du tempérament, et de mille autres causes naturelles. La chair délicate de l'un s'opposera aux tons vigoureux de celle de l'autre, et à la couleur basanée de celui-là; les tons colorés de cette figure vue par derriere produiront un effet plus piquant à côté des tons grisâtres de ce torse dont l'effet, la chaleur, et la vérité, n'ont d'autre cause que les reflets que l'artiste a su y ménager: on doit sur-tout faire attention à la température du climat où se passe la scene, et à celle du pays de chaque personnage représenté. Valmont de Bomare dit que pour juger combien la température du climat produit des différences dans la couleur de la peau, il suffit de voir la blancheur d'un Anglais, le roux d'un Chinois, le brun d'un Egyptien, et le noir d'un Maure.

L'apparence et la vivacité des couleurs dans la nature s'affaiblissent à raison de leur éloignement par l'interposition

INTRODUCTION NECESSAIRE

de l'air; c'est ce que le peintre doit imiter en affaiblissant les teintes, et en leur donnant un ton vague : cette même raison oblige l'artiste dont l'ouvrage doit être vu de loin, d'outrer non seulement certains coups de vigueur, mais même le ton général de son morceau; ce dernier précepte intéresse également les sculpteurs et les peintres.

Il est des tons, des effets de couleur que le peintre ne saurait imiter : il domtera la nature par des oppositions, et en faisant quelques sacrifices; c'est ce qui a déterminé bien des peintres savants à cacher toujours le principe de la lumiere, c'est-à-dire le soleil, le flambeau, ou enfin ce qui est censé éclairer le sujet : il faut en tout respecter certaines bornes au-delà desquelles le tableau, bien loin d'être le miroir de la nature, n'est qu'un monument fastidieux de l'ignorance et de la routine du peintre.

Tout corps qui reçoit la lumiere la réfléchit plus ou moins, selon que sa couleur est plus ou moins vive : il est important que les corps qui se reflètent entre eux soient, ainsi que je l'ai déja dit, de couleurs amies; ce qui contribue infiniment à l'harmonie et au bel effet du tableau : une composition, je ne peux trop le répéter, ne saurait se soutenir sans l'accord de ses masses de reflet, de demi-teinte, et d'ombre.

Les reflets sont toujours dans le sens opposé à la lumiere, et sont dans les masses d'ombre ce que les grands clairs sont dans les masses de lumiere; ce sont des rayons réfléchis par les corps voisins dont ils empruntent la couleur qu'ils répandent sur l'objet qui les reçoit : pour si vifs que soient les reflets ils doivent toujours l'être moins que l'effet direct de la lumiere principale.

J'ai déja dit, en parlant du dessin, que l'artiste ne doit pas toujours exprimer la nature telle qu'il la voit, mais telle qu'elle

POUR LES JEUNES PEINTRES. xxxv

doit être; le même principe doit s'appliquer au coloris. La connaissance et la pratique de cette partie de l'art fait excuser bien des défauts, lorsqu'elle est portée à un certain degré de perfection : il n'arrive que trop souvent que l'artiste, content de l'avoir acquise, néglige les autres. En vain cependant voudrait-on le dissimuler, il sera toujours vrai que le coloris, malgré ses difficultés et ses agréments, perd presque tout son prix aux yeux de l'homme instruit et du vrai connaisseur s'il n'est joint à d'autres parties. Quelques comparaisons suffiront pour bien établir ce que je viens d'avancer (*a*).

Un tableau où le peintre ne s'est occupé que du dessin, dont les figures n'ont pour tout mérite que la correction et la régularité des contours, est semblable à une belle personne sans maintien, sans esprit : on s'ennuie bientôt auprès d'elle.

Un tableau au contraire qui ne brille que par le coloris est une de ces personnes dont le teint seul ou l'éclat des ajustements vus de loin en imposent et souvent piquent la curiosité, mais dont l'esprit et la figure vue de près ne démentent que trop l'idée qu'on s'en était formée.

Une composition dont le dessin est correct et plein d'expression, dont le caractere requis au sujet est bien rendu, dont le costume est bien observé, où rien ne sent l'affecta-

---

(*a*) « Denis d'Halicarnasse reproche aux peintres grecs de son temps
« de couvrir la négligence de leur dessin par l'éclat de leurs couleurs; les
« Egyptiens comparaient ceux qui préféraient le coloris au dessin dans la
« peinture à ceux qui, en matiere d'éloquence et de poésie, préferent les
« pensées brillantes aux pensées justes.

« Cicéron, le maître et le modele de l'éloquence latine, a dit, en appli-
« quant sa réflexion à l'orateur, que nous nous lassons bientôt des tableaux
« qui nous attirent par la force du coloris, au lieu que nous revenons tou-
« jours à ceux qui excellent par la beauté du dessin ». (*Séthos.*)

tion, où certains objets ne présentent quelquefois des tons tristes que parcequ'ils sont les seuls qui conviennent; eh bien! je ne crains pas de le dire, cette composition, ce rare et beau morceau, est l'emblême de ces personnes accomplies, bien élevées, dont les graces n'ont rien d'emprunté; leur ajustement conforme à leur état et aux circonstances, soit-il simple, soit-il riche, est toujours décent; leurs propos vous enchantent, vous ne les quittez jamais qu'à regret.

Ce serait abuser de ma comparaison si l'on prétendait en conclure, malgré ce que j'ai dit auparavant, que je regarde le coloris comme une partie peu importante: je suis bien éloigné de l'avancer et de le penser; mais je dirai, et je répéterai hautement qu'il est des parties de l'art plus nobles, plus relevées, plus instructives, et par conséquent plus essentielles, mais moins flatteuses, moins agréables, *sur-tout pour l'ignorant,* que le coloris, dont je conviendrai que la théorie et la pratique sont très difficiles : je conviendrai même encore un coup que la beauté du coloris rachette souvent certains défauts, certaines négligences. On ne doit jamais perdre de vue que la peinture doit instruire et plaire, et qu'un tableau dont le coloris serait trop négligé, rebutant le spectateur, pourrait par cela même ne faire ni l'un ni l'autre : quand j'ai parlé de ces jeunes personnes accomplies, j'ai dit que leur ajustement était décent; la mal-propreté ne saurait l'être, elle n'amene que le dégoût.

Quelles que soient les révolutions qui arriveront dans les arts, quel que soit le sort des ouvrages de Raphaël, du Poussin, de Lesueur, et de leurs pareils, les moindres lambeaux de leurs tableaux, de leurs dessins, des estampes même gravées d'après eux, attesteront leurs rares connaissances et la sublimité de leur génie. On ne soupçonnera jamais une personne instruite de parler sérieusement si elle en dit de même de ce qui restera des ouvrages de ces artistes dont le principal et presque unique mérite consiste dans le coloris. Le coloris est incontestablement le corps de la peinture, et tous les savants conviendront avec l'abbé Fraguier que le dessin en est l'ame : celui-ci instruit, parle au cœur; l'autre ne fait que flatter la vue.

Annibal Carrache préféra d'abord le coloris au dessin; il n'en fut pas de même lorsqu'il eut parcouru les principaux endroits de Rome, et qu'il eut vu les ouvrages de Raphaël et des peintres de son école; de pareils exemples arrivent tous les jours. « Un jeune peintre français de vingt ans qui arrive
« à Rome pour étudier, dit l'abbé Dubos, ne voit pas d'abord
« dans les ouvrages de Raphaël un mérite digne de leur répu-
« tation : il est quelquefois assez léger pour dire son sentiment;
« mais un an après, et lorsqu'un peu de réflexion l'a ramené à
« l'opinion générale, il est bien fâché de l'avoir fait. C'est par-
« cequ'on n'est pas assez éclairé qu'on s'écarte quelquefois de
« l'opinion commune. »

PERSPECTIVE.

On ne saurait faire un pas dans la *perspective* sans quelque connaissance dans la géométrie pratique. « C'est, dit un au-
« teur, une science absolument nécessaire aux jeunes peintres
« et sculpteurs non seulement pour arranger l'architecture
« dans leurs compositions, mais encore pour décider le plan
« des figures, et fixer la justesse des proportions. Tout le monde
« en convient; mais ce que peu d'élèves examinent c'est que
« la perspective influe encore sur la précision des contours,
« sur la vérité du coloris, et l'intelligence du clair-obscur :
« une partie ne saurait être exactement dessinée si les contours

« fuyants n'ont ce trait adouci, ce cadencement, ces infle-
« xions, ces touches prononcées ou affaiblies à raison de l'é-
« loignement ou du voisinage de l'œil. Un objet s'enfoncerait-
« il dans l'horizon, ou avancerait-il sur la ligne de terre, si
« sa position, si les affaiblissements ou les vivacités de la cou-
« leur n'étaient dirigés par la loi des modifications que la per-
« spective insinue? Connaîtrait-on la forme et la valeur des om-
« bres portées, si les rayons partant du centre de la lumiere,
« et traversant l'extrémité des angles de l'objet, n'en dési-
« gnaient les traces et l'étendue? Ce n'est pas que l'artiste doive
« toujours s'asservir aux regles de maniere à s'en rendre es-
« clave; mais pour pouvoir s'en écarter à propos et avec intel-
« ligence il doit être parfaitement instruit des opérations dé-
« pendantes du point de vue, du point de distance, et des
« points accidentels. »

Ces différents points sont toujours placés sur la ligne de l'horizon : celle-ci est plus ou moins élevée au-dessus de la ligne de terre, selon les vues du compositeur et le besoin du sujet à représenter; mais quel que soit le parti qu'il a pris, le résultat doit toujours être que les objets diminuent de grandeur, s'affaiblissent de couleur, perdent de leurs détails, et se rapprochent de la ligne de l'horizon à mesure qu'ils s'éloignent, soit au-dessus, soit au-dessous de cette ligne.

PAYSAGE.

Le paysage est la représentation de la campagne et des objets naturels et artificiels qui y sont répandus. Tout ce que peut voir une personne qui se promene dans un lieu découvert peut entrer dans la composition d'un paysage : le style en est héroïque ou champêtre, c'est-à-dire noble ou simple, selon ce que l'artiste y représente de préférence. Les ruines d'un temple, d'un théâtre, les restes d'une colonnade, des fragments de sculpture, des tombeaux, des pyramides, des obélisques, enfin des monuments quelconques de la magnificence des anciens, conviennent au premier genre; des chaumieres, des cabanes, des bestiaux, des bergers, conviennent au second. Le peintre est sans excuse s'il néglige de varier ce qui entre dans un paysage, car la nature lui présente avec profusion de quoi enrichir son sujet; elle ne se répete jamais.

L'artiste doit faire en sorte de donner quelque chose de piquant à son tableau par le choix des sites affreux ou agréables, sauvages et hérissés de rochers, ou cultivés et habités, etc: si, comme il arrive quelquefois, il est forcé de représenter une plaine, c'est à lui de remédier à l'ingratitude et à la monotonie du sujet par les ressources du coloris et des accidents de lumiere que peuvent lui procurer les objets qu'il dépend de lui d'introduire dans son tableau, comme nuages, arbres, fabriques, etc.; qu'il se souvienne sur-tout qu'un paysage où il n'y a ni figures ni animaux n'intéresse guere le spectateur: on doit toujours y voir quelque trace des hommes, ne fût-ce qu'un tombeau, une masure.

Les ciels doivent être légers, lumineux; les nuages ne doivent avoir rien de pesant, ni être par petites parties; les lointains ne doivent avoir rien de trop décidé; les parties éclairées doivent se ressentir de la quantité et de la qualité de l'air qui est interposé. Les terrains variés de forme, d'étendue, et de couleur, placés les uns devant les autres, contribuent à l'effet des lointains; il faut cependant en user avec modération, crainte de tomber dans ce qu'on appelle *petite maniere*. Ils sont nus et arides, ou couverts de verdure; les divers genres d'arbres et de plantes, toujours de formes et de couleurs différentes, fournissent le moyen de varier les tons et contribuent à l'harmonie.

Les terrasses et les objets du devant du tableau doivent être finis avec plus de soin; il est bon même, s'il y a des plantes, qu'il y en ait quelqu'une d'après nature.

Si le peintre suppose des eaux, des sources, des cascades, des rivieres, les effets en sont différents, car elles réfléchissent les objets comme un miroir si elles sont tranquilles; ce qui n'arrive pas lorsque leur surface est agitée ou que, se précipitant à travers les rochers, elles roulent au loin leurs flots écumants.

Le *faire* du paysage est différent lorsqu'il n'est que l'accessoire d'un sujet quelconque: le Titien en pareil cas, pour ne point interrompre l'harmonie du tableau, et ne pas nuire à l'effet du principal objet, traitait le paysage par grandes masses, et évitait les petits détails.

UNITÉ D'EFFET, DE TEMPS, ET D'ACTION.

L'unité d'effet doit être absolument observée: il ne doit y avoir qu'une source de lumiere; cela n'empêche pas cependant qu'outre la lumiere principale il n'y en ait d'accidentelles, comme dans la Résurrection du Lazare par Jouvenet : mais alors ces sortes de lumiere sont tellement subordonnées à la principale, leur effet est si différent, que, bien loin de nuire, elles ne font qu'ajouter au piquant et à l'harmonie de la composition, puisqu'elles font briller les objets de leur propre couleur, et ne sont en quelque maniere qu'un foyer qui accorde la masse des reflets.

Outre l'unité d'effet, celles de temps, de lieu, et d'action, si recommandées aux poëtes dramatiques, ne le sont pas moins aux peintres et aux sculpteurs. Les personnages épisodiques doivent être contemporains; les épisodes, s'il y en a, doivent

POUR LES JEUNES PEINTRES.

aider et non détruire ou partager l'intérêt du sujet principal : on ne doit pas non plus représenter dans une même composition des sites qu'une même personne ne saurait voir en même temps, comme l'intérieur d'une affreuse prison et ce qui se passe dans la campagne ou dans des lieux éloignés les uns des autres.

Le même personnage ne saurait, sans choquer la vraisemblance, paraître deux fois dans une même composition : l'ouvrage doit être disposé de maniere que tout soit lié ; la chaîne de la composition ne doit pas être interrompue lors même qu'il y a plusieurs groupes ; on doit sentir un certain intervalle entre eux : ils doivent toujours être disposés de maniere que celui où est la figure principale attire les regards.

CONVENANCES.

Il doit y avoir un juste rapport des parties avec le tout ; la forme, la couleur, la richesse des habits, le caractere du dessin, le choix des accessoires, et finalement tout ce qui doit entrer dans la composition doit concourir à l'effet requis et dépendre du sujet : on sent le ridicule qu'il y aurait de représenter saint Pierre avec de l'embonpoint, une longue chevelure, et une draperie couleur de rose ou couverte de broderie ; il en serait de même de tout autre personnage dont la physionomie nous a été conservée dans des monuments connus, ou décrite par les historiens, si on les peignait avec des traits tout opposés, comme Socrate avec un nez aquilin, Galba avec un petit nez écrasé, Saül de petite stature et laid de visage.

Les yeux aussi saillants que le bas du front des Egyptiens, les petits yeux des Chinois, le nez écrasé de ceux-ci et des Calmoucks, sont des irrégularités chez nous et non pas chez eux ; malgré cette diversité de goûts, on peut dire cependant avec Euripide (Phœniss. v. 821) que ce qui n'est pas beau ne saurait l'être nulle part: les goûts en général ne different guere là-dessus chez la plupart des nations civilisées de l'Europe, de l'Asie, et de l'Afrique.

Il faut que l'âge de la personne dans le tableau soit conforme à celui qu'elle avait lorsque le fait représenté est arrivé. Daniel était dans sa premiere jeunesse lorsqu'il défendit Susanne : il était avancé en âge lorsqu'il confondit les prêtres de Bel. Pompée n'avait que vingt-trois ans lorsqu'à la tête de trois légions il vint se joindre à Sylla; il achevait sa cinquante-huitieme année lors de la journée de Pharsale.

Ce serait aussi pécher contre la convenance de donner des formes élégantes et des attitudes agréables à des morceaux de sculpture où l'on voudrait imiter des statues égyptiennes, étrusques, ou gauloises.

FAIRE.

Le *faire*, c'est-à-dire la maniere dont on se sert du pinceau, du ciseau, de l'ébauchoir, doit être assorti au sujet: Hercule, Polyphême, les Cyclopes, traités d'une maniere finie, adoucie, léchée; Vénus, l'Amour, les Graces, d'un style fier, vigoureux, et heurté, seraient des morceaux dont le style et le faire pécheraient contre la convenance.

Il est de plus un faire particulier pour caractériser les eaux, les nuages, les rochers, les arbres, les oiseaux, les quadrupedes, les draperies, les chairs, etc. : il suffit pour l'artiste intelligent de regarder la nature avec attention; un coup-d'œil, un peu de réflexion sur les ouvrages des grands maîtres, épargnent souvent bien des veilles et des soins infructueux.

POUR LES JEUNES PEINTRES.

LICENCES.

Quoiqu'Horace dise que dans tous les temps les poëtes et les peintres ont eu le privilege de tout oser, ce privilege cependant a des bornes qui sont celles de la vraisemblance : le peintre, le sculpteur ne doivent en user qu'autant que cela contribue au bel effet de leur composition; l'agrément que produit alors cette licence atteste que le défaut d'exactitude est le fruit du génie de l'artiste, et non de son ignorance. Quant aux licences historiques ou allégoriques, telles que la représentation des êtres incorporels sous des formes sensibles, elles doivent être autorisées ; l'artiste ne saurait être trop circonpect lorsqu'il traite un sujet sacré.

Il peut, il doit même consulter les ouvrages d'autrui lorsqu'il est question de représenter des objets qu'il ne peut se mettre à portée de voir, comme peuvent être des monuments, des animaux, des arbres, des plantes, le portrait de certains personnages, etc. : on sent assez qu'il s'émanciperait trop s'il prenait une figure, un groupe, etc.

Il est certains objets, et, en fait de costume, il est certaines dispositions, certains ajustements qui ne sauraient être pittoresques; le grand art consiste alors à pallier, à voiler, à éviter, s'il le faut, ce qui pourrait choquer ou nuire au bel effet du tableau, à imaginer quelque chose qui présente à-peu-près l'idée de ce qui aurait dû être représenté.

ARCHITECTURE.

Le peintre, le sculpteur doivent connaître non seulement les ordres d'architecture, leurs proportions, certaines regles relatives à la décoration et à l'ordonnance, mais encore ce qui est relatif à l'origine de quelques uns et à celle de certains monuments; quels étaient les lieux où ces ordres étaient employés de préférence; le temps, les pays où ils étaient ignorés, ou pour lesquels l'artiste ne saurait en faire usage sans manquer aux lois du costume.

Les premiers hommes, les peuples sauvages, par exemple, ont ignoré l'architecture; ceux qui habitent ces régions ingrates qui dévorent leurs habitants la connaîtraient en vain, et l'artiste ne doit pas manquer de l'observer : les premieres habitations furent des cavernes, des cabanes, des branches entrelacées et enduites de boue, des chaumieres.

En général l'artiste ne doit user des richesses de l'architecture que relativement au temps et à l'idée reçue du goût et de la magnificence du peuple et des personnages dont il est question : il doit savoir que les mêmes décorations ne conviennent pas à un temple, à une place publique, au palais d'un souverain, et au domicile d'un particulier.

Les édifices de Rome sous Romulus, sous Numa, et même du temps de la république, ne doivent pas avoir ce caractere de luxe et de grandeur qu'ils n'eurent que sous les empereurs. On sait le changement subit dont se vantait Auguste : « J'ai « reçu, disait-il, Rome bâtie de briques, je la laisse bâtie de « marbre ». Il est cependant permis de prendre quelques licences : un artiste, par exemple, pourrait se dispenser de représenter, pendant le beau siecle d'Athenes, l'aréopage couvert de mortier de terre, et du temps d'Auguste, à Rome, le palais de Romulus couvert de paille, au milieu du Capitole; j'ai dit qu'*il pourrait*, parcequ'on saura toujours gré à l'artiste qui, sans affectation et sans nuire à la richesse et à l'ordonnance de sa composition, trouve le moyen d'indiquer ces particularités qui sont autant de preuves de son érudition et de son exactitude.

Les Egyptiens taillerent leurs premieres colonnes à l'imitation des troncs d'arbres; leurs cabanes étant faites de roseaux qui étaient trop faibles pour soutenir le toit, ils remédierent à cet inconvénient en formant des faisceaux de ces faibles tiges dont la réunion donna l'idée des colonnes cannelées.

Ils avaient des édifices magnifiques, décorés d'ordres d'architecture qui leur étaient particuliers : le chapiteau de quelques uns représentait la fleur du lotus qui, selon certains critiques, peut avoir donné la premiere idée du chapiteau corinthien, que le peintre Callimaque ne fit qu'embellir.

La colonne égyptienne, selon Athénée, avait le chapiteau rond comme une rose qui commence à s'épanouir; l'abaque qui le soutenait était enrichi de feuilles de lotus et de palmier avec son fruit; enfin immédiatement au-dessous étaient représentées des feuilles et des fleurs d'Egypte artistement entrelacées.

Hérodote, parlant du tombeau d'Amasis, dit qu'il y avait une salle dont les colonnes étaient en forme de palmiers.

Il y a dans la Thébaïde des colonnes que six hommes embrasseraient avec peine, et qui tout au plus ont douze ou quatorze metres de haut.

Le P. du Bernat, jésuite, donne la description d'un portique d'Achmounenn, en Egypte, dont les colonnes n'ont qu'un simple listel pour piédestal, et une seule moulure pour chapiteau : les colonnes, en y comprenant cette moulure, ont sept diametres de hauteur; le tiers d'en-bas est occupé par une petite pyramide et par des hiéroglyphes; les deux tiers d'en-haut sont cannelés; la frise est chargée d'hiéroglyphes.

Ce peuple ne connaissait point la stéréotomie : on ne voit ni arceaux ni voûtes dans ses anciens monuments; les piliers, les colonnes qui soutenaient ses plafonds n'étaient éloignés les uns des autres qu'autant que le permettaient la force et la longueur des dalles énormes qu'il posait dessus de l'une à l'autre (a).

De tous les ordres d'architecture dont l'usage est universellement adopté le plus simple est le *toscan:* c'est celui que ses dimensions rendent capable de supporter un plus grand poids; cela, joint à sa simplicité, décide le plus souvent des circonstances où l'on en doit faire usage : on en ornait les grottes et les chapelles des divinités champêtres; il tire son nom du pays où il fut inventé. Ce qui a été déja dit sur les arceaux et les voûtes, en parlant des Egyptiens, convient aux Toscans : la Toscane est l'ancienne Etrurie; le comble des temples étrusques était enrichi de terre cuite émaillée, ou de plaques d'airain dorées par-dessus.

L'ordre *dorique* fut, dit-on, inventé par Dorus, souverain du Péloponnese; il en fit usage pour la premiere fois en construisant dans Argos un temple magnifique à Junon. La solidité caractérise cet ordre; son style mâle et simple l'a fait dans la suite comme consacrer à ces monuments et édifices publics où des ornements seraient déplacés, à des portes de ville, de citadelle, à l'extérieur des temples, à des places publiques, etc.

Si quelquefois dans les métopes on voit des vases à l'usage des sacrifices, des pateres, des massacres, c'est-à-dire des têtes de victimes décharnées, ornées de bandelettes, ce n'est

(a) De Piles, parlant des fabriques dont un artiste peut souvent enrichir ses paysages et le fond de ses tableaux, cite la bible du petit Bernard, et dit que le goût de son architecture peut être appelé babylonien, et pourrait souvent faire un bel effet dans des demi-lointains. Des détails là-dessus nous meneraient trop loin; un coup-d'œil sur cet ouvrage suffira à l'artiste, qui n'oubliera pas sans doute ce qui a été dit sur les licences.

pas dans la décoration d'une place publique, ni dans celle de la maison d'un particulier, mais dans celle d'un temple, parceque les prêtres étaient dans l'usage d'y placer réellement de pareils objets, qui étaient autant d'offrandes faites à leur divinité.

Des casques, des cuirasses, des boucliers, des armes de toute espece, semblent ne convenir qu'à des arsenaux, à des portes de ville, à certains palais; mais on en voyait aussi dans les temples de Mars et de Minerve, et d'autres divinités, parceque des guerriers, après des victoires signalées, venaient y en suspendre: les architectes dans la suite firent servir ces différents objets à enrichir l'entablement de cet ordre.

Quirin ou Romulus à Rome, Jupiter olympien à Pise, Mars, Hercule, et quelquefois Minerve et autres divinités guerrieres, avaient leurs temples d'ordre dorique: ceux d'Hercule étaient ordinairement hors des villes, comme pour exprimer qu'il veillait à leur sûreté.

Les Ioniens, émules des Doriens, inventerent l'ordre *ionique* pour la décoration de leurs temples; le plus célebre fut celui de Diane à Ephese: cet ordre tient le milieu entre le mâle et le délicat; le temple de Minerve à Athenes, celui de Cérès et Proserpine à Eleusis, celui d'Apollon à Milet, ceux de Junon, de Bacchus, étaient d'ordre ionique.

Quant à l'ordre *corinthien*, l'opinion commune est qu'il fut inventé à Corinthe: des feuilles d'acanthe qui s'élevaient autour d'un panier couvert d'une tuile firent naître à Callimaque l'idée du chapiteau qui le décore; c'est le plus riche et le plus délicat des ordres grecs: le temple de Jupiter à Athenes était de cet ordre, qu'on employait aussi de préférence pour décorer ceux de Vénus, de Flore, et de Proserpine.

Les Romains, voulant renchérir sur les Grecs, inventerent

l'ordre *composite* ; c'est un mélange du corinthien et de l'ionique : ils n'en faisaient usage que dans des monuments où ils voulaient étaler toute leur magnificence.

Les *cariatides* représentent des dames du pays des Cariens : les Grecs ayant massacré ce peuple, en emmenerent les femmes captives; les architectes de ce temps-là, pour éterniser le souvenir de cette victoire, substituerent les statues de ces infortunées aux colonnes de l'ordre ionique.

On donne le nom d'*athlantes*, ou, ainsi que les Romains, celui de *télamons* aux figures d'homme qui servent au même usage; on les appelle *statues persiques* lorsqu'elles représentent des Persans captifs avec leurs vêtements ordinaires : les Lacédémoniens, poussés par le même motif que l'on avait eu contre les cariatides, les adapterent à l'ordre dorique.

Pour ce qui est de l'ordre *gothique*, on ne saurait se servir de ce genre d'architecture si ce n'est dans des temps et dans des lieux où des monuments connus le rendent nécessaire et vraisemblable.

Quoique parmi les ordres d'architecture il y en eût de spécialement consacrés à la décoration des temples de certaines divinités, on a vu cependant par ce que j'ait dit que les architectes s'écartaient souvent de l'usage, puisque Jupiter avait le sien d'ordre dorique près de Pise, et d'ordre corinthien à Athenes : Junon, pour qui on commença de faire usage du dorique à Argos, eut dans la suite ses temples d'ordre ionique; Pallas, comme déesse guerriere, avait les siens d'ordre dorique : ce ne fut peut-être que comme à une déesse savante que les Athéniens lui en bâtirent un d'ordre ionique.

Le milieu des temples était découvert; ce n'était qu'autour de la nef que souvent les voûtes étaient disposées de maniere à pouvoir servir d'abri à la multitude.

Vitruve nous indique la différence qu'il convient de mettre entre les places publiques de la Grece et celles d'Italie. Les premieres étaient carrées, et entourées de doubles et amples portiques dont les colonnes, serrées entre elles, soutenaient l'architrave de pierre et de marbre; au-dessus étaient des galeries : en Italie, au contraire, les places publiques servant pour les spectacles lorsqu'il n'y avait pas d'amphithéâtre, les spectateurs se plaçaient non seulement dans les galeries qui étaient au-dessus, mais même sous les portiques, dont les entre-colonnements étaient aussi larges qu'on osait les faire pour ne pas borner la vue; d'ailleurs c'était là-dessous que se tenaient les négociants, les changeurs, et ceux qui levaient les impôts.

Ce serait un anachronisme et un défaut de convenance que de se servir de l'ordre composite pour un sujet pris dans l'histoire des anciens Toscans : ce n'est pas que l'on ne pût dans quelque endroit du tableau employer un autre ordre que le toscan ; mais en ce cas il faudrait disposer le tout ensemble de maniere que ce dernier occupât le principal site.

Ce serait encore plus blesser les convenances que d'employer des statues persiques dans un lieu situé dans la Perse; il en serait de même des cariatides. D'après ce que je viens de dire on peut inférer avec raison que les peintres et les sculpteurs ne sont pas les seuls qui ont besoin de la connaissance de l'histoire, et qu'en bien des occasions elle épargnerait beaucoup de fautes et de contre-sens au jeune architecte.

INVENTION, COMPOSITION.

L'artiste ne doit jamais prendre au hasard le sujet qu'il veut traiter : tous les sujets ne sont pas également propres à l'être; il en est qui sont plus du ressort de l'écrivain que de celui du peintre et du sculpteur. Parmi ceux qui conviennent à ces derniers il en est de plus intéressants, de plus heureux les uns que les autres, et qui fournissent abondamment à l'artiste les moyens d'exercer et de satisfaire son génie : Horace et Dufrenoi vous disent qu'une partie des plus essentielles est de savoir bien choisir son sujet.

Le principal but de toute invention historique doit être d'instruire, et puis de plaire : l'artiste ne remplit donc qu'une partie de sa tâche s'il se contente de plaire. Pour composer il faut inventer et disposer, c'est-à-dire choisir avec prudence les objets les plus propres à exprimer avantageusement ce que l'on se propose de représenter ; chaque sujet doit être traité avec le style qui lui convient : il est noble, familier, ou pastoral.

L'invention est historique, allégorique, mixte, ou mystique : l'invention historique regarde les faits qui font l'objet de l'histoire et de la fable ; la continence de Scipion, le passage de la mer Rouge, les travaux d'Hercule, sont des sujets historiques.

L'invention allégorique exprime son sujet avec des personnages, des animaux, et d'autres objets quelquefois inanimés, qui ne sont que les symboles de ce que l'on veut faire comprendre.

L'invention mixte est celle où l'on mêle des personnages symboliques avec les personnages réels.

L'invention mystique est celle où il est question des mysteres de la religion, où il s'agit d'exprimer sous des formes sensibles des êtres spirituels qui ne sauraient tomber sous nos sens.

Le sujet est sacré ou profane, vrai ou fabuleux : avant de

le traiter il faut lire avec attention les auteurs qui en parlent; rappeler tout ce que nous avons dit jusqu'ici; observer si c'est dans des temps bien reculés, et chez quels peuples; quels sont les personnages dont il s'agit; en quelle saison la chose s'est passée, si c'est de jour, si c'est de nuit, si c'est dans un lieu fermé ou en plein air; quelles étaient les mœurs des peuples chez qui s'est passée la scene, leur maniere de s'habiller, leurs monuments, meubles, ustensiles, armes, etc.; s'il est question d'un pays agréable, cultivé, ou sauvage et montueux; s'il est aride ou frais, orné d'arbres, de fontaines, de rivieres, ou voisin de la mer; s'il y a dans ces contrées des animaux, des productions qui puissent les caractériser.

L'artiste doit avoir toutes ces choses présentes à son esprit et disposées dans sa tête avant de prendre le porte-crayon, sans quoi l'ouvrage risque de n'être qu'un tas informe de pieces mal rapportées.

La décence doit toujours être observée: le Dominiquin a toujours été blâmé d'avoir peint un des bourreaux de saint André qui tombe à la renverse, la corde qu'il tirait s'étant rompue, et les autres qui s'en moquent; ce grand artiste oublia mal à propos qu'il était des compositions qui devaient être majestueuses : l'abondance et la richesse d'invention dans des cas pareils sont nuisibles.

CONSEIL IMPORTANT.

Le peintre, le sculpteur, je ne saurais trop le répéter, se peignent dans leurs ouvrages; ils y annoncent infailliblement quelle a été leur éducation et la classe des personnes qu'ils ont fréquentées, leur politesse ou leur rusticité: le choix des bons livres, la lecture des bons poëtes, des meilleurs historiens, la vue de tout ce qui peut élever le génie et donner l'idée du beau, voilà ce qui seul doit être le délassement de celui qui veut mériter le nom d'artiste.

Si la lecture de ces ouvrages, si quelque évènement dont il entend le récit ou dont il est témoin échauffe son imagination, et qu'il entreprenne d'en faire le tableau, qu'une timidité déplacée ne le porte jamais à cacher ses productions; il doit les montrer à ses amis, à des gens éclairés, et toujours de préférence à ceux qui sont en état de lui en montrer les défauts, jamais à ceux dont la bouche ne distille qu'un miel dangereux.

Je connais des artistes qui n'ont jamais reçu de leçons plus instructives, plus lumineuses, que lorsque leurs ouvrages ont été sous les yeux de leurs ennemis; le vrai moyen de recueillir le fruit de ces essais c'est de ne jamais répliquer aux critiques, ni disputer même avec ceux qui n'usent ni de la justice ni de la politesse qui devraient toujours caractériser des amateurs et des artistes : il faut au contraire réformer à propos son ouvrage, et éviter ensuite de donner prise en persévérant dans sa marche.

COSTUME.

La science du costume consiste non seulement dans la connaissance des vêtements, des armes, des monuments qui caractérisent les divers peuples selon les époques de l'histoire, mais dans celle de leurs mœurs et de leurs usages religieux, civils, et militaires.

L'étude de cette science, quoiqu'importante pour l'artiste, a presque toujours été rebutante pour lui, à cause de l'immensité des recherches qu'elle exige: ses matériaux sont comme perdus dans mille ouvrages difficiles à trouver, ou épars dans des contrées bien éloignées; les monuments connus sont souvent ou détériorés, ou d'un style barbare, ou d'une petitesse qui laisse trop à desirer. Dans ces derniers cas l'artiste doit examiner scrupuleusement si les vêtements indiqués sont longs ou courts, vers quel endroit ils se terminent, s'ils sont amples ou étroits, ouverts ou fermés par-devant; s'ils ont des manches, si elles sont longues ou courtes, et plus ou moins amples, etc. : dans de pareilles circonstances (*a*) il a le droit de donner le développement qu'il juge le plus convenable, en ne perdant jamais de vue le monument en question, ainsi que le climat et l'opulence du peuple et du personnage dont il s'agit; les Grecs, et les Romains sur-tout, sont presque les seuls des anciens peuples qui nous aient laissé des monuments qui puissent nous instruire là-dessus avec quelque détail.

Les artistes romains n'avaient, à très peu de chose près, que la même maniere d'habiller pour toutes les nations éloignées qu'ils qualifiaient de barbares; ils représentaient ces figures nues ou presque nues, ou avec des anaxyrides, espece de caleçons larges et longs, descendant jusqu'aux pieds : on les serrait avec des attaches sur le haut et sur le bas de la jambe; si ces figures étaient coëffées, c'était presque toujours avec le corno-phrygien. La plupart des artistes grecs, qui sur cette partie de l'art n'étaient pas mieux instruits que les Romains, traitaient aussi avec des figures nues les faits qui s'étaient passés dans des temps reculés : c'était même, dit-on, chez eux une espece de convention pour les morceaux d'histoire.

Cette préférence qu'ils affectaient de donner au nu pouvait venir, me dira quelqu'un, du talent supérieur avec lequel ils

---

(*a*)   Pictoribus atque poëtis
Quidlibet audendi semper fuit æqua potestas.
            Horat. Ars poët.

l'exprimaient; pourquoi ne m'accorderait-on pas qu'elle pouvait être une suite de leur ignorance en fait de costume?

Si l'on refuse d'en convenir, peut-être adoptera-t-on mon sentiment quand j'aurai fait observer que les personnages étaient ordinairement représentés vêtus lorsqu'il était question de leurs contemporains; ce qui se prouve par leurs tombeaux, où s'il y a quelque figure nue, elle n'est qu'allégorique et accessoire; ce ne sont jamais les principales. Excepté dans des cas de cette espece, à l'exemple de leurs prédécesseurs, ils suivaient l'usage le plus commode.

Depuis la renaissance des arts la plupart des artistes ont fait le plus souvent usage d'un costume idéal; et, au grand détriment des beaux-arts, ils ont parlé de la science du costume comme d'une connaissance peu importante, et même inutile. Des amateurs, quoiqu'instruits, les ont entretenus dans cette erreur: Caylus, ce savant antiquaire, a fait plus; voulant affranchir les artistes du joug du costume, fondé sur les monuments de l'antiquité, il a cherché à le rendre ridicule: ce qu'il y a de surprenant c'est que depuis si long-temps personne encore ne lui ait répliqué.

J'ai toujours été pénétré de respect et de reconnaissance pour cet auteur dont les précieuses recherches m'ont souvent été d'un grand secours: j'ose cependant défendre cette partie des beaux-arts, et j'espere en prouver l'utilité.

« Supposons, dit Caylus, qu'après la révolution de plusieurs
« siecles un artiste fût obligé de représenter le prince d'O-
« range; il serait obligé par les peintres qui vivaient dans le
« même temps de lui donner un bonnet, une culotte large, un
« habit court, enfin un habillement hollandois ou flamand,
« plus orné à cause de sa qualité de prince, mais pareil pour
« la forme à celui des paysans représentés par Téniers et les

« autres peintres de l'école flamande : cet artiste n'aurait pas
« tort, il aurait même le mérite d'avoir fait des recherches ;
« mais pourrait-on reconnaître un prince sous cette représen-
« tation? serait-il possible d'applaudir au choix du peintre ou
« du sculpteur? non sans doute ; ou bien aussi il faudrait
« applaudir au procédé d'un poëte hollandais du dernier siecle
« qui, dans la représentation d'une tragédie de Corneille qu'il
« avait traduite, et dont je ne sais plus le nom, plaçait César
« avec les autres interlocuteurs, agités des plus grands in-
« térêts de l'empire, autour d'une table ornée de gobelets
« d'un pot de biere qui servait d'intermede à leur conversa-
« tion. »

Pour n'être point accusé d'avoir affaibli le sentiment de cet ami des arts et de ceux qui les cultivent, j'ai cru devoir rapporter en entier ce passage si peu digne de son auteur : des personnes peu studieuses ont pu seules le trouver concluant: mais qui ne voit pas que l'auteur, contre son intention, fournit lui-même la preuve la plus complete des avantages et de la nécessité de la science du costume par le mépris auquel s'exposent ceux qui en négligent l'étude ?

Je lui répondrai d'abord que si le prince d'Orange et les peuples chez qui il vivait n'avaient que cette maniere de s'ajuster, si sur-tout la simplicité de cet habillement caractérisait les mœurs, l'esprit d'économie, et l'éloignement des Hollandais pour le luxe, ce ne serait pas assez de ne pas blâmer l'artiste qui le représenterait ainsi vêtu, on ne pourrait sans injustice lui refuser des éloges : je dis bien plus ; s'il était question de taxer quelqu'un d'ignorance et de ridicule, ce serait à plus juste raison celui qui le peindrait avec des ajustements qui l'auraient rendu méconnaissable et peut-être révoltant aux yeux de ses contemporains.

INTRODUCTION NECESSAIRE

C'est dans de pareilles circonstances que l'artiste intelligent et éclairé déploie son génie; il ne manque jamais de ressources ni dans la maniere de disposer les figures de son sujet, ni dans les effets de lumiere et de couleur, ni enfin dans le concours avantageux des différentes parties de son art.

On ne persuadera jamais à quelqu'un qui soit un peu initié dans les mysteres de l'art qu'un artiste qui a des connaissances acquises puisse jamais être embarrassé pour faire connaître au premier aspect quelle est la figure principale de sa composition; l'art lui fournit mille moyens pour faire distinguer un prince de ses sujets, un général des officiers et des soldats qu'il a sous lui, quel qu'en soit le costume. Les artistes savaient en faire usage chez les anciens; il est aisé de s'en convaincre si l'on jette les yeux sur beaucoup de monuments que le temps a respectés, notamment sur les colonnes Trajane et Antonine, sur l'arc de Septime Sévere, etc.

Nous y voyons la représentation de ces trois empereurs avec le même costume que celui des généraux qui les entourent; on ne les confond cependant pas entre eux: nous y voyons aussi des rois; et, quoique la richesse et l'élégance de leurs vêtements n'aident guere à les faire distinguer, on les connaît néanmoins aisément au milieu des simples particuliers qui les entourent; et personne encore ne s'est avisé de blâmer les auteurs de ces chefs-d'œuvre de n'y avoir pas altéré le costume.

Il est quelquefois une certaine négligence, un certain désordre outré dans la maniere de s'habiller qu'on ne saurait disconvenir être ridicule, et quelquefois même dégoûtant, surtout s'il est porté aussi loin que celui de Louis XI; cependant si l'histoire ou les monuments en ont conservé le souvenir, on ne saurait que blâmer l'artiste qui préférerait alors des ajustements qui annonceraient la richesse et l'élégance : il lui serait seulement permis de substituer la simplicité ou un peu de négligence à la mal-propreté : il doit se souvenir que dans tous les temps et chez tous les peuples les grands furent les serviles imitateurs des souverains; les modes ont toujours successivement passé de la cour à la capitale, de celle-ci aux provinces, et de la noblesse à la bourgeoisie.

Il doit observer de plus qu'il y a toujours eu des personnes qui ont affecté de conserver dans leur vieillesse le costume sous lequel elles avaient paru dans l'âge moyen ; cette observation mise à profit peut contribuer à la richesse et à la vérité qui sont si précieuses dans une composition.

On sait, par exemple, ce qui arriva à Sully lorsqu'il fut appelé à la cour de Louis XIII : depuis long-temps il vivait dans la retraite; paraissant chez le roi, au milieu d'une foule de jeunes courtisans, avec des habits qui depuis long-temps n'étaient plus de mode, le respect que méritait ce grand homme ne put en imposer à cette jeune noblesse malgré la présence du souverain et les égards que ce prince lui marquait.

Applaudirait-on à l'artiste qui représenterait ce vénérable vieillard vers le déclin de sa vie avec les ajustements, la longue chevelure, le plus souvent empruntée, que les personnes de son rang avaient alors adoptés? serait-ce pour lui une excuse de dire que le costume de la cour de Henri IV n'était plus celui de la cour de Louis XIII?

La comparaison du poëte hollandais, traducteur de Corneille, a lieu de surprendre de la part d'un savant tel que Caylus; bien loin d'étayer son sentiment, elle prouve au contraire combien la science des mœurs, des usages, et du costume des peuples, est importante; à quels défauts de convenance, à quelles risées sont exposés ceux qui en ont négligé

INTRODUCTION NECESSAIRE

l'étude. Ni l'histoire ni les monuments ne nous apprennent que César fût dans l'usage de traiter des affaires importantes de l'empire le verre à la main; par conséquent si le poëte hollandais est ridicule, ce n'est pas assurément pour s'être assujetti au costume romain qu'il ne connaissait pas, mais au contraire pour avoir supposé à César les mêmes mœurs que celles du peuple de Hollande.

Les acteurs du théâtre français ont pendant long-temps représenté, vêtus à la française, des tragédies dont le sujet était pris dans l'histoire grecque et romaine; les louera-t-on de ce choix? blâmera-t-on ceux de nos jours de ne pas marcher sur les traces de leurs devanciers? leur fera-t-on un reproche de ce qu'ils se conforment autant qu'ils peuvent au costume antique? Non, puisque par ce moyen ils ajoutent à l'illusion théâtrale.

Pour autoriser les licences relatives au costume Caylus dit que les anciens ne s'y assujettissaient pas : s'il entend parler de celui des temps qui les avaient précédés, nous avons vu déja qu'il ne leur était guere possible de le faire, puisqu'ils l'ignoraient. Citera-t-il un fragment de peinture trouvé à Herculanum, dont il donne le dessin? nous verrons qu'il représente un marché où l'on voit beaucoup de gens du peuple : sera-ce un argument contre l'observation du costume de dire que la forme de leurs habits n'a point de rapport avec les monuments de marbre et de bronze, dont les draperies plus amples ont beaucoup plus de jeu et de variété dans les plis? il ne sera pas besoin de réfléchir long-temps pour répondre à cette objection; d'autres avant moi l'ont remarqué, et personne n'ignore que dans tous les temps, chez tous les peuples, ce n'est guere à des plébéiens que l'on a dressé des statues.

Tertullien observe que les artistes de l'antiquité ne représentaient pas indifféremment toutes les modes de leur temps, et qu'ils n'adoptaient que celles qui étaient avantageuses pour leur art, et pouvaient contribuer à faire passer leur nom et leurs productions à la postérité.

Je ne nierai pas que le costume indiqué par des monuments de certains peuples, tels que les Egyptiens, les Etrusques, les Perses, les Gaulois, et autres, serait quelquefois ingrat s'il était suivi trop servilement; il n'est souvent ridicule que faute d'avoir été bien rendu par l'artiste : rien alors n'empêche de faire ce que rapporte Tertullien des anciens artistes, c'est-à-dire d'aider un peu, soit en augmentant, soit en diminuant certaines parties, ou en faisant un choix de ce qui caractérise avantageusement les objets et les personnages qui entrent dans la composition.

Quoique l'art du peintre et celui du statuaire n'aient pour but que l'imitation de la nature, ils doivent néanmoins se souvenir toujours qu'Horace, depuis quelques siecles, a dit que ceux qui les cultivent ont le droit d'user des mêmes licences que le poëte. Si la poésie embellit non seulement les objets qu'elle décrit, mais se fait une loi de substituer la naïveté et la candeur à la rusticité des bergers qu'elle fait parler, pourquoi la peinture et la sculpture ne pourraient-elles pas faire un choix des parties du costume les plus avantageuses et les plus convenables à leur objet?

Quel que soit enfin le parti que prenne l'artiste, il ne doit user de cette liberté qu'avec modération et en conservant le caractere du costume; il sera sur-tout digne d'éloges s'il trouve le moyen d'enrichir son sujet de quelque figure qui le présente dans toute sa pureté, et le spectateur instruit lui saura toujours gré des efforts qu'il aura faits pour acquérir la connaissance de cette partie intéressante de l'art.

RECHERCHES
SUR
LE COSTUME, LES MŒURS,
ET LES USAGES
DES ROMAINS.

De tous les anciens peuples les Romains sont celui dont il nous reste le plus de monuments; ces ouvrages, quoique trop souvent maltraités par le temps et par mille autres causes, réunis à ce qu'ont écrit les historiens, nous apprennent bien des détails relatifs à leur religion, à leurs mœurs, usages, lois, habits, et généralement à la plupart des parties les plus intéressantes de leur costume.

Il est cependant chez eux, comme chez toutes les nations, des époques au-delà desquelles on ne peut que conjecturer.

Si l'on fait attention à la toge, à la chlamyde, au paludament, à la *penula*, à la lacerne, et autres ajustements de ce genre, on verra que la diversité des vêtements n'était pas peut-être aussi grande qu'elle le paraît d'abord, puisque ce n'étaient souvent que des ronds plus ou moins échancrés, de plus ou moins grands demi-cercles, des carrés, des carrés longs d'étoffe plus ou moins riche, plus

<small>Vêtements diversement agencés.</small>

ou moins légere, dont la forme, n'étant pas assujettie à celle du corps, semblait varier à chaque instant.

<small>Les Romaines changeaient souvent de mode en fait de coëffure.</small>

Si nous en jugeons par les médailles et autres monuments, les Romaines, quant à la maniere de se coëffer, n'étaient guere plus constantes que les Françaises nos contemporaines; c'est pourquoi l'artiste ayant à traiter des sujets pris dans l'histoire romaine, doit faire attention si les faits ont eu lieu sous les rois, vers le milieu ou vers la fin de la république, vers le haut, le moyen, ou le bas empire; ce sont autant d'époques principales où les mœurs et le costume doivent avoir des nuances bien différentes : mais si les médailles sont d'un grand secours pour les coëffures, elles laissent le plus souvent beaucoup à desirer pour bien d'autres parties.

<small>Les auteurs et les monuments ne s'accordent pas toujours.</small>

Montfaucon, qui a tant fait de recherches, observe en bien des endroits, et nous l'observerons comme lui, « que « les monuments qui nous restent de l'antiquité ne s'ac- « cordent pas toujours avec ce que les historiens rappor- « tent. Il n'est pas difficile d'en deviner la cause; un au- « teur rapporte ce qui se passe de son temps : les usages « changent; un sculpteur qui vient ensuite les représente « selon ces changements. Il arrive aussi quelquefois qu'un « auteur parle des choses sans faire observer les variétés « qui s'y trouvent dans le même temps; et cela fait que « nous voyons souvent des images bien différentes de ce « que les historiens nous apprennent. »

Les fondateurs de Rome abandonnés dès leur naissance sur le bord du Tibre, dans l'antre qui conserva le nom de *lupercal* à cause de la louve qui vint les y allaiter, ou sous le figuier sauvage qui, pour la même raison, dit-on, fut appelé *ruminal* (a), élevés ensuite par un berger, et devenus chefs de quelques gens déterminés, ne doivent pas annoncer l'opulence; les habits les plus simples leur suffisaient. Il en fut long-temps de même : les premiers rois, leurs successeurs, ne connurent pas non plus le faste ; à peine avaient-ils des marques distinctives.

<small>Les premiers Romains ne connurent point le faste.</small>

Nous lisons dans Macrobe que Tullus Hostilius ayant vaincu les Toscans, introduisit, à leur exemple, en faveur des magistrats, l'usage de la chaise curule, des licteurs, de la toge peinte, et de la prétexte. Celle-ci n'était pas alors la robe puérile, comme elle le fut dans la suite; c'était un habit d'honneur, ainsi que la toge peinte, puisque Tarquin l'ancien, triomphant des Sabins, après avoir loué publiquement son fils, qui n'avait que quatorze ans, de ce que dans le combat il avait tué un ennemi, lui fit présent d'une bulle d'or et d'une prétexte. Celle-ci jusqu'alors avait été une marque de la magistrature, et la bulle ne se portait que par le triomphateur : cet exemple de la part du souverain fut contagieux; à compter de cette époque les enfants des patriciens s'arrogerent peu-à-peu cet honneur, mais ils firent la bulle plus petite.

En général cependant ce peuple fut long-temps ennemi du faste. Fabricius, qui méprisa les offres de Pyrrhus, vivait vers l'an 480 de Rome : ses meubles ou ustensiles les plus précieux consistaient en une petite coupe d'argent à pied de corne et en une petite salière; encore n'en faisait-il usage que pour les sacrifices. Ce ne fut que vers ce temps-là (b) que les Romains commencerent à battre de la mon-

(a) *Rumen* signifie mamelle; *rumo*, selon Servius, était jadis le nom du Tibre.

(b) L'an 484 de Rome.

naie d'argent; depuis Servius Tullius on ne s'était servi que de celle de cuivre.

L'an 641 de Rome la simplicité dans les habits n'était plus la même, puisque Caton, alors préteur, étant assis sur son tribunal, n'ayant pour tout vêtement que la toge et la campestre, et pour chaussure des sandales ou simples semelles attachées par-dessus les pieds, quelques citoyens lui en firent des reproches; il leur répondit seulement : « Voyez les statues de Romulus et de Camille; ne « se contentaient-ils pas d'un habit pareil au mien »? Aulu-Gelle nous apprend que ce Romain se promenait l'après-dînée dans Rome avec la seule toge et nu-pieds.

<small>Les premières statues furent de terre cuite.</small>

Ce ne fut, selon Varron, que cent soixante-dix ans après la fondation de Rome que les Romains, contre l'ordre de Numa, dresserent des statues à leurs divinités. C'était faute d'autre simulacre qu'ils adoraient Mars sous la forme d'une pique : s'ils eurent pendant ce temps-là des statues représentant des dieux, elles n'étaient point faites pour être l'objet d'un culte public.

Selon Pline et Plutarque un des Tarquins fit venir à Rome des artistes étrusques pour faire en terre cuite le Jupiter olympien et le quadrige, qui fut placé sur le faîte du temple. Appien nous apprend que du temps des troubles des Gracques les statues des rois de Rome se voyaient encore dans le capitole. Dans les premiers temps de la république on érigeait des colonnes en l'honneur de ceux qui avaient fait une belle action : on y substitua dans la suite des statues dont la hauteur était fixée à trois pieds. Le goût de la peinture et de la sculpture ne se propagea dans Rome qu'après le triomphe de Marcellus, deux cent onze ans avant Jésus-Christ.

DES ROMAINS.

Pendant les quatre cent soixante-dix premieres années — Maisons, les maisons n'y furent couvertes que de chaume et de bardeau : peu-à-peu on en construisit de plus solides ; on employa la brique et la pierre. L. Crassus ayant fait porter chez lui six colonnes de marbre de douze pieds de haut on lui en fit un crime. Il paraît qu'on était plus indulgent trente ans après, comme je le ferai voir en parlant du théâtre de Scaurus, dont cet édile employa les débris à décorer sa maison de campagne. Ce ne fut néanmoins que sous Auguste que les édifices à Rome acheverent de prendre un caractere de magnificence : on sait qu'il se vantait de l'avoir trouvée bâtie en brique, et de la laisser bâtie en marbre. Cependant un artiste peut et doit même éviter de représenter des chaumieres, sur-tout s'il est question de certains évènements ; par exemple, ou des jeux que donna Romulus pour le rapt des Sabines, ou de Tullie, qui, pour arriver plutôt au capitole, fait passer son char sur le cadavre de Servius Tullius son pere : il faut dans des cas pareils garder certaines bienséances, éviter tout ce qui est somptueux, étaler au contraire une noble simplicité. Les ornements, les décorations, ne s'empruntent point des arts, qui ne doivent leur naissance et leurs progrès qu'au goût, aux lumieres, et à l'opulence des peuples. Celui-ci dans la suite, à l'exemple des Grecs, plaça des Hermès devant la porte ou dans le vestibule de ses maisons et de ses temples.

HABITS DES ROMAINS.

C'est une inadvertance de la part de plusieurs de nos — Toge. savants lorsqu'ils disent que la toge n'était portée chez les Romains que par les personnes de distinction, et que l'usage de cet habit d'honneur était interdit au peuple, puisque dès le commencement ce fut par excellence l'habit des Romains : il n'était interdit qu'à ceux qui étaient en exil ; il désignait le peuple, comme bientôt la prétexte désigna la noblesse. Ce fut Romulus qui en ordonna l'usage à tous ses sujets, hommes et femmes : on la portait de nuit et de jour ; elle devoit descendre jusqu'aux talons lorsqu'on se promenait dans Rome ; ce qui se confirme par deux passages de Varron (a).

La toge n'avait point de collet, elle était ouverte par-devant ; chacun selon ses facultés la faisait plus ou moins ample, et d'une étoffe plus ou moins fine : elle était ordinairement de six aunes (b) ; elle n'était point carrée, mais demi-circulaire, quoi qu'en disent Winckelman et Rafin : celui-ci se fonde sur un passage d'Athenée qui dit seulement que les Romains, fuyant Mithridate, se réfugierent dans les temples, *et jeterent leurs vêtements carrés* pour prendre des manteaux ; mais le manteau n'était-il pas carré ? il caractérisait l'habillement grec, comme la toge le romain. Cet auteur veut parler de la *lœna*, qui est un habit militaire carré, ou de la toge, que l'on appelait quelquefois *quadrum* : on lit dans une comédie d'Afranius, *sagos quadratos*, ce qui ne peut convenir à la toge.

Les anciens Romains ne portaient guere que la toge ; ils la quittaient lorsqu'ils avaient à faire quelque ouvrage

(a) *Quisque demissam ad talos togam in urbe habeto..... Ante enim toga olim fuit commune vestimentum et diurnum et nocturnum, et muliebre et virile.* Varro.

(b) Si des orateurs, vers la fin de la république, déclamerent contre le luxe et la quantité surabondante d'étoffe que quelques uns employaient à cet ajustement, ce fut parceque c'était alors contre l'usage reçu.

pénible ; ils étaient nus ou presque nus en travaillant à la campagne. Nous voyons dans Tite-Live que l'an 296 de Rome, lorsque le viateur vint annoncer à Quintius Cincinnatus qu'il était dictateur, il le trouva travaillant, nu, couvert de sueur et de poussiere : « Prenez un vêtement, lui dit-il, j'ai à vous annoncer les ordres du sénat et du peuple romain ». Dans ces occasions ils faisaient usage du *subligaculum*, espece de caleçon qui ne couvrait que le haut de la cuisse. Plutarque nous apprend que Caton, de retour à la campagne, prenait une *exomide*, s'il faisait froid, mais s'il faisait chaud, il travaillait nu avec ses esclaves : l'*exomide* était une tunique étroite, courte, et sans manches ; les Grecs s'en servaient aussi. Subligaculum.
Exomide.

La toge, du temps de la république, et sous les premiers empereurs, était de laine; mais dans la suite on en porta de soie et d'autres matieres; on en fit de tabisées, et d'une étoffe si fine et si transparente que l'on voyait, à travers, les vêtements de dessous : c'était encore un habit de guerre du temps de Corjolan ; on la retroussait à l'instant du combat ; et ce n'était qu'après l'avoir retroussée que les soldats faisaient leurs testaments militaires en présence de trois ou quatre témoins ; c'est ce qu'ils appelaient *testamentum in procinctu*. Ce fut bientôt après un habit de paix, dont l'usage dans le camp, les jours de repos seulement, n'était permis qu'aux centurions et aux chevaliers. Dans les temps de trouble les citoyens de Rome quittaient la toge, et les magistrats leur robe prétexte, pour prendre la saye dont on avait emprunté l'usage des Gaulois.

Le peuple, après la fin de la république, se lassa de la toge. Auguste, indigné de voir que la plupart des citoyens étaient en tuniques et en lacernes brunes (1, 4, 6), dé- Pl. V, 1, 4, 6

8 COSTUME ET USAGES

fendit aux édiles d'admettre à l'avenir aux assemblées et aux spectacles quiconque ne serait pas vêtu de la toge : le mal néanmoins empira.

Maniere d'agencer la toge.
Pl. I, 1, 2, 3.

J'ai observé précédemment qu'il y avait diverses manieres d'agencer ce vêtement, et qu'elles dépendaient de la fantaisie de chacun (1, 2, 3); en général cependant, pour qu'il ne gênât pas les mouvements du bras droit, on le plaçait sur l'épaule gauche, d'où une extrémité descendait par-devant; le reste couvrait le dos, passait sur le côté droit, puis remontait sur l'épaule gauche et pendait par derriere.

Ce que l'on entend par toge libre, pure, et robe virile.

La toge s'appelait aussi *robe virile*, *toge libre*, *toge pure*; ce qui souvent embarrasse et fait penser mal-à-propos que c'étaient autant d'habits de matiere ou de forme différente : par l'épithete de *pure* on voulait dire qu'une chose était sans défaut, sans ornement, et d'une seule couleur; telle était la toge libre, et la robe de pourpre.

Robe virile.

A l'âge de dix-sept ans on venait sur la place publique après s'être fait raser pour la premiere fois (*a*); on recevait avec appareil *la robe virile* des mains du préteur; c'était une toge blanche : celui qui la recevait pouvait dès-lors aspirer à servir la patrie; il était du nombre de ceux que l'on appelait *tirones*, c'est-à-dire apprentis, éleves. Quelques auteurs prétendent que cette cérémonie se faisait dans le temple de Jupiter capitolin, ou que du moins on y venait aussitôt après. Ces jeunes gens, pendant la premiere année, devaient continuer de tenir leur main droite cachée sous la toge.

(*a*) On gardait précieusement cette barbe; souvent même on la consacrait aux dieux.

La toge brune, noire, ou tannée (*toga pulla*) était chez les grands un habit de deuil ; ils ne la portaient que dans l'affliction : la couleur brune ou tannée fut, après l'extinction de la république, le type du bas peuple ; il la préféra à la blanche qui était trop sujette à se salir (*a*). Une toge sale annonçait la mal-propreté ou la misere, et quelquefois l'affliction : ceux qui étaient cités devant les magistrats et qui craignaient d'être condamnés se présentaient, quoique riches, avec des habits sales ; leurs parents, leurs alliés faisaient de même.

L'usage de la toge était répandu dans toute l'Italie, et dans la Gaule cisalpine, qui pour cette raison avait le surnom de *togata*.

Ce fut Tullius qui, après avoir vaincu les Toscans, porta l'usage de la *toge prétexte* à Rome ; c'est d'eux aussi qu'il avait emprunté celui du laticlave, dont je parlerai bientôt : en général c'est de chez ce même peuple, et notamment de Tarquinien que les magistrats de Rome empruntèrent la plupart des habits et des marques distinctives de leurs dignités.

<small>Toge prétexte.</small>

La toge prétexte était ainsi appelée du verbe *prœtexere*, qui signifie border, parceque le bas était bordé tout autour d'une bande de pourpre : les magistrats, les prêtres, la portaient (*b*) ; après leur mort on la leur laissait sur le bûcher : les consuls, les dictateurs s'en servaient quelquefois.

Le jour des jeux romains tous les magistrats de Rome,

(*a*) Lorsque Tacite fut élu empereur, le peuple, pour témoigner sa joie, prit des habits blancs.

(*b*) Les magistrats des colonies avaient aussi le droit d'en faire usage.

des colonies, des villes municipales et des villages, ceux qui étaient à la tête de quelque compagnie, portaient la prétexte : les femmes la portaient aussi le jour de la fête appelée les nones caprotines.

Les magistrats qui avaient à prononcer un arrêt de mort quittaient ce vêtement qui, étant plus élégant et moins grave que la toge, ne devait annoncer que la joie et le bonheur.

Robe puérile. La robe prétexte s'appelait aussi *robe puérile*, parceque peu de temps après que l'usage en fut adopté les jeunes gens dont les ancêtres avaient exercé des magistratures curules eurent le droit de la porter jusqu'à l'âge de dix-sept ans. Dans des temps moins reculés cet habit fut commun à tous les enfants de condition libre, même aux jeunes Romaines jusqu'à ce qu'elles se mariassent : on l'accorda aussi aux enfants légitimes des affranchis, mais non aux affranchis.

Ce qui prouve sans réplique que ce vêtement ne différait de la toge proprement dite que par la bordure de pourpre ce sont les statues des jeunes patriciens, qui sont aisés à distinguer par la bulle qu'ils portent au cou, et dont le vêtement, qui était la prétexte, ne differe en Pl. I. 4. rien de la toge (4). J'observerai de nouveau que les jeunes gens qui avaient moins de dix-sept ans agençaient la toge et la prétexte de maniere que leur main droite fût cachée.

La prétexte, vers le bas empire, était une espece de manteau bordé tout autour du cou et de haut en bas.

Epomide, 5. L'*épomide* (5) était un long manteau qui s'agraffait sur l'épaule droite.

Pl. III, 4. Gausape. Le *gausape* (4) était un manteau dont l'usage fut emprunté des Egyptiens ; il était bordé de franges ; certains y ajoutaient un capuchon ; les Romains le doublaient quelquefois de fourrure ; les Romaines s'en servaient aussi.

Les Baléares, selon Strabon, furent les premiers qui porterent le *laticlave* : les rois de Toscane s'en décorerent; ce fut d'eux que Tullius Hostilius en emprunta l'usage. Sans entrer dans une infinité d'ennuyeuses et de très inutiles discussions sur sa forme et sur celle de l'*angusticlave*, ainsi que sur la maniere de les disposer, je me contenterai de dire que l'on convient aujourd'hui que le mot *clavus*, qui chez les Romains signifiait un clou, un bouton, exprimait aussi une bande d'étoffe; celle-ci était de pourpre, et cousue de haut en bas par-devant sur le milieu de la tunique. L'angusticlave était étroit, et le laticlave d'un palme de large : on ne mettait point la ceinture par-dessus ; on les quittait dans l'affliction et dans des temps de calamité publique.

Laticlave et angusticlave.

La tunique laticlave, dans les commencements, n'avait pas de manches; elle en eut dans la suite, puisque Suétone observe que César les portait festonnées ou bordées de franges : ce vêtement se faisait toujours un peu plus long que la tunique proprement dite.

Les triomphateurs et les sénateurs romains, dans les premiers temps de la république, furent les seuls à qui il fut permis de se décorer du laticlave : leur chaussure était le grand *mulleus* : bientôt après les jeunes patriciens prirent le laticlave en même temps que la robe virile ; ce qui continua jusqu'à la fin de la république. A la même époque les fils des chevaliers prenaient l'angusticlave : ils obtinrent sous les empereurs les mêmes prérogatives que les fils des sénateurs; ils prenaient le laticlave et le portaient jusqu'à ce qu'ils fussent en âge d'entrer dans le sénat ; alors ceux qui ne voulaient ou qui ne pouvaient y être admis quittaient ce vêtement pour prendre l'habit de chevalier, qui était l'angusticlave.

A ces bandes de pourpre, sous les empereurs, on substitua de l'étoffe d'or et de la broderie, dont le dessin confirma à ces tuniques l'épithete de *palmatœ*, qu'elles n'avaient auparavant qu'à cause de leur largeur.

Trabée. Les Romains devaient aussi à Tullius Hostilius l'usage de la *trabée :* elle était plus courte que la toge ; il y en avait de trois sortes, l'une de pourpre pour les dieux, l'autre blanche, bordée et rayée de pourpre pour les rois, et la derniere de pourpre et d'écarlate pour les augures. Les consuls, dès le commencement de la république, se décorerent de la seconde ; ils en firent même un habit militaire : les chevaliers dans la suite en étaient revêtus lorsqu'on en faisait la revue aux ides de juin (*a*).

L'usage de la trabée ne se répandit que successivement : il en fut de cet habit comme de tous les autres, on l'enrichit peu-à-peu ; sous les empereurs on y ajouta de la broderie en or : c'est ainsi que, du temps de Gratien, l'empereur et les consuls la portaient pendant la paix, au lieu de la prétexte. Il conste par un passage du remerciement qu'Ausone adressa à cet empereur, qui l'avait nommé consul, et lui en avait envoyé les vêtements honorables, que la toge peinte, d'ouvrage phrygien ou palmée, la robe triomphale, et la trabée étaient le même vêtement, et que l'image de l'empereur était brodée sur celui du consul.

Pl. II. Des monuments (pl. II) représentant les triomphes de Marc-Aurele, de Septime Sévere avec son fils, et de

(*a*) Les ides étaient une des divisions du mois ; c'était le 15 mars, mai, juillet, et octobre ; et le 13 des autres mois.

III.

Arc. de Titus
1.

Arc. de Const.
2

Arc. de Const.
4

Bartholinus
3

DES ROMAINS.

Constantin, prouvent que la robe triomphale était tantôt agencée comme la toge, et tantôt agraffée sur l'épaule comme le *paludamentum*. Peu de temps avant le regne d'Aurélien les consuls prenaient journellement les ornements triomphaux : Paul Emile et Pompée, du temps de la république, furent les seuls à qui le peuple romain permit d'en user comme particuliers ; les triomphateurs, et dans la suite les tribuns et les préteurs aussi, la portaient lorsqu'ils sacrifiaient ou qu'ils assistaient à des jeux.

TUNIQUE.

Tunique.

En général tout vêtement qui s'appliquait au corps pardessous la toge s'appelait tunique (pl. I, 3, 5). Les Romains, Pl. I, 3, 5. dans les premiers temps, ne porterent guere que la toge; mais lorsqu'ils devinrent plus riches ils mirent dessous des tuniques sans manches, courtes, sans ouverture pardevant, étroites par le haut, larges par le bas. Selon Quintilien, qui vivait du temps de Vespasien et de Domitien, celle d'un orateur devait descendre un peu plus bas que le genou, et par derriere jusqu'à mi-jambe.

Celui qui n'avait pas le droit de porter le laticlave la portait ainsi du temps de la république; il n'était permis qu'aux femmes de la laisser pendre plus bas, et aux centurions de la retrousser plus haut. Une tunique descendant jusqu'aux talons (*tunica talaris*) fut long-temps chez les Romains un opprobre pour un homme : il en était de même, ainsi que dans tout le Latium, si les manches longues et larges dépassaient de beaucoup le coude (2); ce qui ne fut pas rare sous les empereurs, ni même vers la fin de la république (pl. III, 1, 3). Cicéron, voulant ex- Pl. III, 1, 3. primer jusqu'où allaient le luxe et la mollesse des compagnons de Catilina, dit que leurs tuniques à longues manches descendaient jusqu'aux talons, et que leurs toges étaient si amples qu'elles ressemblaient à des voiles de vaisseau.

On voyait déja bien des gens qui portaient plusieurs tuniques : elles étaient beaucoup plus courtes que la toge; celle de dessus s'appelait plus particulièrement tunique, celle des personnes libres était blanche : dans les commencements elle était sans manches; on y en ajouta dans la suite qui se terminaient vers le milieu du bras (2). Les monuments de l'antiquité, selon Winckelman, ne nous représentent point des figures d'hommes avec des manches longues et étroites à moins que ce ne soient certains personnages comiques, tragiques, ou fabuleux : on voit cependant beaucoup de monuments qui prouvent le contraire.

2.

Les manches plus ou moins courtes sont quelquefois ouvertes par côté de haut en bas, et fermées à l'aide de quelques boutons (pl. IX, 1).

Pl. IX, 1.

Ceinture.

Par-dessus la tunique on mettait une ceinture, qui ne devait point être lâche; car une ceinture trop aisée donnait un air de mollesse qui aurait été indécent : les personnages graves affectaient de la porter un peu serrée; elle était large, puisqu'elle servait de bourse.

Ceinture à la Gabinienne.

Quant à la *ceinture à la gabinienne,* c'est un des objets du costume sur lesquels les sentiments sont le plus embrouillés : elle consistait, selon les uns, à placer la toge de maniere que le pan qui se rejetait derriere fût ramené sur la poitrine, en sorte qu'il pendît de part et d'autre; c'est ainsi que l'on représentait les prêtres.

Si nous nous en tenons à l'explication qu'Alphonse

Ciaconius a donnée d'un endroit de la colonne trajane, le *cinctus gabinus* est une espece d'aube de fin lin dont les ministres des autels faisaient usage; elle descendait jusqu'aux genoux, et serait descendue beaucoup plus bas si on n'avait eu soin de l'attacher au-dessus des hanches, et de la relever de maniere qu'elle retombât de tous côtés par-dessus la ceinture : cet habit avait des manches fort larges, même vers le bas où elles n'avaient cependant qu'une ouverture fort étroite.

Selon Winckelman « cette forme consistait en ce que la « toge était relevée jusque sur la tête, de sorte que le pan « gauche laissant l'épaule droite libre, descendait sur l'é- « paule gauche et allait sur la poitrine, où les deux bouts « étaient passés l'un dans l'autre, de maniere pourtant que « la robe descendait jusqu'aux pieds : c'est ce que nous « voyons à la figure de Marc-Aurele, sur un bas-relief de « son arc, où cet empereur fait un sacrifice ; plusieurs autres « antiques nous offrent la même disposition de la toge. »

Quant à moi je pense avec Montfaucon que la ceinture à la gabinienne n'était qu'une maniere d'agencer la toge qui consistait à la rouler autour du corps. Les Romains ne mettant point de ceinture par-dessus, ceci leur en tenait lieu : on la disposait ainsi dans les premiers temps lorsqu'on se préparait à combattre ou à faire quelque chose qui demandait une certaine aisance ; c'est aussi ce que l'on entendait par les mots *in procinctu*.

Les Romains, sous les empereurs, se promenaient dans Rome avec la seule tunique ; et ce fut enfin le vêtement le plus usité, comme chez les Grecs ; car s'il est rare de trouver des statues avec la seule tunique, c'est parceque les personnages graves ne paraissaient en public qu'avec les habits qui pouvaient leur donner un extérieur imposant ; et si quelques ajustements étaient ordinairement supprimés par les artistes de l'antiquité, c'est, comme le dit à propos Caylus, qu'ils auraient nui à leur ouvrage.

Habits de lin.   Pline raconte d'après Varron que les femmes de la maison de Seranus à Rome ne portaient point d'habits de lin ; Winckelman prétend que c'est pour n'avoir pas bien interprété ce passage que plusieurs auteurs ont cru que le lin ne fut guere mis en usage à Rome que sous les empereurs : il se fonde sur ce que l'histoire nous apprend des Samnites qui dans leurs expéditions portaient des habits de lin. Le lin était alors une matiere précieuse qu'on n'employait point à Rome pour les vêtements de dessous ; il ne servit à cet usage que long-temps après. Les hommes en userent peu avant Alexandre Sévere, qui préférait sa blancheur à l'éclat de la pourpre ; il regardait comme une folie l'usage où l'on était d'y mêler de l'or qui en ôtait la souplesse : ce qu'on appelait *interula, subucula, indusium*, étaient des vêtements de lin, ou moitié lin et moitié soie, sans ornements, qui se portaient sur la chair comme nos chemises.

Des antiquaires et des commentateurs ont suffisamment divagué sur ce qui concerne la chlamyde, la *lœna*, l'*abolla*, le *ricinium*, la *penula*, et la lacerne ; on sait néanmoins que plusieurs de ces vêtements ne différaient entre eux que par leur plus ou moins de longueur ou d'ampleur, ou par leur couleur, ou par l'étoffe plus ou moins légere, plus ou moins riche : la plupart s'attachaient avec une boucle ou agraffe ; les femmes ordinairement, et quelquefois les hommes aussi les agraffaient sur la poitrine ; ces vêtements, toujours ouverts, étaient du nombre de ceux que les Romains appelaient *stragulum*, et qui se portaient par-dessus les autres : la *penula* n'en différait que parce-qu'elle n'était pas ouverte.

On donnait le nom d'*abolla* ou de chlamyde à un manteau que portaient les personnes d'un certain rang ; il était ordinairement d'une fine étoffe et teint des plus belles couleurs ; il était peu ample, et souvent n'arrivait pas jusqu'aux jarrets : on appelait aussi *abolla* un long vêtement que les philosophes portaient de préférence. (Voyez *vêtements militaires.* Chlamyde, Abolla.

La *læna*, qui était la même chose que la *klaina* des Grecs, était d'une étoffe grossiere ; on ne la portait guere qu'en hiver. Læna. Pl. IV, 1.

Des écrivains donnent indifféremment le nom de *penula* et de lacerne à certains vêtements dont les bords sont frangés ou festonnés, et qui ont quelquefois un capuchon ; le premier néanmoins se donnait de préférence à une espece de surtout ou manteau de grosse laine, bordé quelquefois de franges, ouvert seulement par le haut pour y passer la tête : sa couleur était brune : les soldats, les enfants, et beaucoup de gens du peuple, la préféraient rousse, couleur de vin miellé un peu trouble ; elle était souvent plus courte et plus étroite que la lacerne (pl. III, 3, pl. IV, 2, 3). Penula. Pl. III, 3. Pl. IV, 2, 3.

La *penula* avait un capuchon (4) ; les soldats la portaient pendant l'hiver dans les pays froids, en temps de pluie, lorsqu'ils étaient en marche ou en faction ; aussi en voit-on sur la colonne antonine qui représente une guerre faite en Germanie. Ceux qui ont dit que l'on mettait une ceinture par-dessus ce vêtement vers la fin de la république l'ont confondu avec quelque autre, puisque n'y ayant point d'ou- 4.

vertures pour y passer les bras, on y aurait été comme garrotté : c'était, selon Suidas, le même habit que l'*éphestride* ou *pheloné* des Grecs; il n'était guere d'usage dans Rome que parmi les chevaliers et les tribuns du peuple : les empereurs ne le portaient jamais; les sénateurs ne s'en servaient qu'en temps de pluie. Selon Rosin, dans ses Antiquités romaines, Alexandre Sévere ne permit qu'aux vieillards d'en porter dans la ville pendant l'hiver; les jeunes gens et les femmes ne pouvaient en user que dans leurs voyages : celles-ci le faisaient d'une étoffe et d'une couleur plus précieuses que celui des hommes.

<small>Scortée.</small> La *penula* était quelquefois de cuir; on l'appelait alors *scortée*.

<small>Lacerne. 5, 6.</small> La *lacerne* (5, 6) était un peu plus ample que la chlamyde et la *penula;* elle était sans manches et ne descendait pas plus bas que les jarrets et les genoux; elle était de laine et quelquefois fourrée : il y en avait de pourpre, d'écarlate, et de diverses couleurs, de plus ou moins riches, de plus ou moins légeres, suivant la saison et selon les facultés de chacun; elle s'attachait par-devant avec une agraffe : on y adaptait quelquefois un capuchon certains la portaient par-dessus la toge.

Selon Isidore c'était originairement un habit de guerre frangé ou festonné tout autour (*a*) : du temps de la république il n'y eut guere que le bas peuple qui s'en servit au dehors; mais sous les empereurs les gens de tous les états, hommes et femmes, le porterent à la ville et à la campagne.

La lacerne eût été indécente pour un sénateur; Ale-

(*a*) *Lacerna pallium fimbriatum quo olim soli milites fruebantur.*

xandre Sévere en était cependant revêtu lorsqu'il revenait des bains ; ce qui le distinguait alors c'est qu'elle était de pourpre : celle du peuple était brune, et ouverte par-devant.

On donnait le nom de *birrhus* à une lacerne rousse. *Birrhus.*

Le *cucullus* ou *cucullio* (pl. V, 9, 10) était un habit gaulois et illyrien ; il avait un capuchon et ne couvrait quelquefois que la tête et les épaules : on donnait les mêmes noms à la *penula* et aux habits qui avaient un capuchon. *Bardiacus*, *bardaicus* exprimaient la même chose : le premier venait des bardes gaulois, et le dernier d'un peuple d'Illyrie de ce nom ; c'est vraisemblablement un de ces habits que Ciaconius attribue aux Espagnols. Les paysans n'étaient pas les seuls qui en faisaient usage ; les gens de distinction, les femmes même, s'en affublaient dans la ville pendant l'hiver, ou en sortant la nuit : il s'élevait quelquefois en pain de sucre au-dessus de la tête. *Cucullus. Pl. V, 9, 10. Bardiacus.*

L'*amphitapa*, vers le bas empire, était un vêtement fourré des deux côtés, et sur lequel on couchait dans l'occasion. *Amphitapa.*

On appelait *palliolum* une espece de chaperon dont on se couvrait la tête : les personnes malades et les convalescentes en faisaient usage ; les courtisannes en usaient aussi lorsqu'allant par la ville elles ne voulaient pas être connues : du temps de l'empereur Aurélien on donnait l'épithete de *palliolata* à une tunique où était attaché un de ces chaperons. *Palliolum.*

Quant aux habits d'hiver voyez ce qui en est dit en parlant d'Auguste. Habits d'hiver.

Du temps de la république les Romains ne firent guere usage des chausses : ce ne fut, selon Lebeau, que vers le Chausses.

temps d'Auguste, et lorsqu'ils commencerent de faire la guerre à des peuples septentrionaux, qu'ils se couvrirent les cuisses et partie des jambes : ce vêtement, qui pour l'ordinaire était de cuir et juste à la cuisse, ne descendait qu'à environ cinq à six doigts au-dessous du genou (pl. IV, 1); la tunique ne s'y enfermait pas, mais flottait par-dessus : le même auteur prétend avec raison qu'excepté dans de pareilles circonstances l'usage en était interdit aux soldats; ce vêtement caractérisait les Gaulois de la province de Narbonne; les jambes auparavant n'étaient couvertes qu'avec la toge.

Orarium. On voit quantité de monuments antiques dont les figures sont représentées avec une espece de bandouliere ressemblant assez au *pallium* des évêques, mais un peu plus large et le plus souvent sans appendice : cet ajustement, sous le haut empire, était en usage parmi les personnes de distinction (pl. VI, 6); on en voit un pareil à une statue d'Agrippine, mere de Néron : il fut généralement répandu vers le bas empire, puisque sur l'arc de Constantin on en voit à des personnes de tout état et de tout sexe (7); il était de linge dans l'origine, et servait, ainsi que nos mouchoirs, à s'essuyer le visage; d'où lui était venu le nom d'*orarium*.

Les personnes opulentes l'ayant enrichi et surchargé de broderies en or (8), en ôterent le moëlleux, en sorte qu'il écorchait la face au lieu de l'essuyer : elles eurent alors des mouchoirs qu'elles portaient à la main (9), ce fut le *sudarium ;* elles continuerent de porter la bandouliere, qui fut faite avec les étoffes les plus riches et chargée de broderies, etc. : les empereurs s'en décorerent, et n'en permirent l'usage qu'à ceux qui occupaient les charges les plus

éminentes de l'empire et qui avaient le droit de porter la trabée; on peut voir d'après cela que cet ajustement n'avait d'autre rapport que la forme avec celui que portaient certains particuliers; celui-ci était de toile et un véritable *orarium*.

Le *semicinctium* était une espèce de tablier de linge qui servait aux mêmes usages que l'*orarium* et le *sudarium*. Semicinctium.

Vers les derniers temps on brodait autour des habits des inscriptions, des monogrammes; les Grecs et les Toscans autrefois en avaient fait de même. Inscriptions autour des habits.

Par *scutulata vestis* on entendait un vêtement dont la broderie imitait un réseau. Broderie en réseau.

Pour juger du costume des Romains en temps de paix voyez l'article de *Trajan* et les figures, planche XXVI, 3, 5. Costume en temps de paix.

COEFFURE, CHEVELURE, BARBE. Coëffure.

L'usage chez la plupart des anciens peuples fut de se couvrir la tête avec un pan de l'habit; les Romains, quoiqu'accoutumés à aller tête nue, la couvraient avec un pan de leur toge pour se mettre à l'abri du soleil, du froid, ou de la pluie; ils l'ôtaient lorsqu'ils rencontraient quelqu'un à qui ils voulaient marquer du respect: dès les premiers temps néanmoins ils se servirent du *pileus*, espèce de bonnet rond comme ceux que nous portons la nuit, mais sans en relever le bord (1, 2, 5); c'était une marque de distinction qui dans la suite fut le symbole de la liberté: on le donnait aux esclaves en les affranchissant; celui qu'on voit sur les médailles entre les mains de la Liberté a le sommet terminé en pointe (2). Pileus.
Pl. VI, 1, 2, 5.

Le pétase était une espèce de chapeau fait comme celui Pétase.

de Mercure; le rebord n'avait ordinairement qu'environ trois ou quatre doigts de largeur; il en avait quelquefois davantage (3) : on en voit de carrés simplement bordés (4).

Pl. VI, 3, 4.
Coëffure à la thessalienne.

La coëffure ou chapeau à la thessalienne (1, a) était faite comme aujourd'hui la toque béarnoise, mais plus large.

Chapeau.

Winckelman, après nous avoir dit que chez les Grecs les gens de tout âge portaient des chapeaux, ajoute : « Quand les Grecs eurent quitté la mode d'en porter à la « ville, les Romains la mirent en vogue à leur tour, et rien « de plus ordinaire chez eux que cette coëffure, du moins « dans la maison (a).

«...L'usage le plus ordinaire était de porter le chapeau à la « campagne pour se préserver du soleil et de la pluie; pour « cet effet on avait soin d'en rabattre les bords : au moyen « des rubans dont il était garni on pouvait l'attacher sous « le menton, comme nous le voyons à la figure de Thésée, « sur un vase de terre cuite, à la bibliotheque du Vatican; « quand on voulait aller tête nue on le jetait derriere les « épaules, et il restait suspendu aux rubans attachés sous « le menton. »

Barbe.

Les Romains porterent la barbe longue jusqu'à l'an 454 de Rome, peu de temps avant la mort de Fabius Maximus. Les premiers barbiers y vinrent alors de Sicile : bientôt une longue barbe fut un signe de deuil et de tristesse;

Affligés.

Auguste, après la défaite de Varus, laissa pendant long-

(a) Les monuments n'appuient guere ce sentiment : l'exemple d'Auguste, qu'il cite d'après Suétone, prouve seulement que c'était une singularité de la part de cet empereur, et non un usage généralement suivi, excepté à la campagne; car la plupart des monuments où l'on voit des chapeaux représentent des bergers, des paysans, ou des esclaves.

temps croître la sienne; ceux qui étaient accusés de quel- *Accusés.*
que crime n'en prenaient plus soin. Les historiens font observer que Scipion Emilien et Tutilien, quoiqu'accusés, ne se conformerent point à cet usage; Saturninus, au contraire, se voyant sur le point d'être condamné à mort, déposa ses riches habits, se revêtit d'une robe traînée dans la cendre, laissa croître sa barbe; courant les rues, il se jetait aux genoux de ceux qu'il rencontrait, il les embrassait et les suppliait en leur serrant les mains. Pour achever le détail de ce que les Romains pratiquaient dans de pareilles circonstances j'ajouterai que les accusés se faisaient accompagner par des personnes de distinction et par dix apologistes ou amis; ils se faisaient entourer de leurs femmes, de leurs enfants, sur-tout de ceux qui étaient en bas âge, et de tous ceux de leurs parents qui pouvaient exciter en leur faveur la compassion des juges.

Tite-Live raconte que M. Livius étant mécontent, *Mécontents.*
quitta Rome, et laissa croître sa barbe; cédant enfin à la sollicitation du sénat, il revint, mais il se fit raser auparavant.

L'usage de se faire raser, notamment sous les empereurs, ne fut pas généralement suivi : parmi les Romains représentés sur l'arc de Tite et sur celui de Sévère il y en a avec leur barbe; le plus grand nombre est rasé.

On se faisait couper la barbe à dix-sept ans en prenant la robe virile; on ne se rasait pas avant l'âge de vingt-un ou vingt-deux; jusqu'à cette époque on se servait de ciseaux. Auguste attendit jusqu'à vingt-cinq ans : on était le maître de le faire ou non jusqu'à quarante-neuf ans; après cet âge il n'y avait pas de cérémonial pour la première barbe.

COSTUME ET USAGES

<small>Chevelure.</small> Ce fut aussi de Sicile que vint à Rome la mode de soigner ses cheveux : en général on les portait courts ; quelques personnes cependant, mais en petit nombre, ne se conformaient point à cet usage : Scipion l'ancien, au rapport de Tite-Live, portait ses cheveux longs ; Scipion l'Africain aussi lors de sa première entrevue avec Massinissa. Scipion l'Africain jeune, selon Pline, fut le premier à Rome qui se fit raser tous les jours la tête et la barbe.

<small>Fausses chevelures.</small> Quant aux fausses chevelures, la mode en vint pareillement de Sicile ; les hommes et les femmes en usaient : celles qui se portaient dans le négligé s'appelaient *capillamentum galerus :* il y avait peu d'hommes qui en fissent usage.

<small>Chaussure.</small>

CHAUSSURE.

Les Romains chez eux étaient ordinairement nu-pieds ; il n'en était pas de même s'ils sortaient, s'ils allaient à la chasse, en voyage, à l'armée : leur chaussure était plus ou moins riche, selon les circonstances, l'état et les facultés de chacun : les rubans ou courroies qui attachaient ces diverses chaussures, plus ou moins élevées, remontaient quelquefois jusqu'aux gras des jambes ; il y en avait quatre à celles des patriciens ; les plébéiens n'attachaient les leurs qu'avec une seule.

<small>Calceus.
Pl. VII, 2.</small> La forme des chaussures varia très souvent : je ne parlerai que des principales. Le soulier *calceus* était la chaussure des personnages distingués et des prêtres ; il couvrait entièrement le pied, et montait environ trois doigts au-dessus des malléoles : on le teignit en pourpre ; le luxe, sous certains empereurs, fut porté au point que plusieurs y ajoutèrent des ornements en or, et les couvrirent même entièrement de ce métal ; on en fit de teints en pourpre

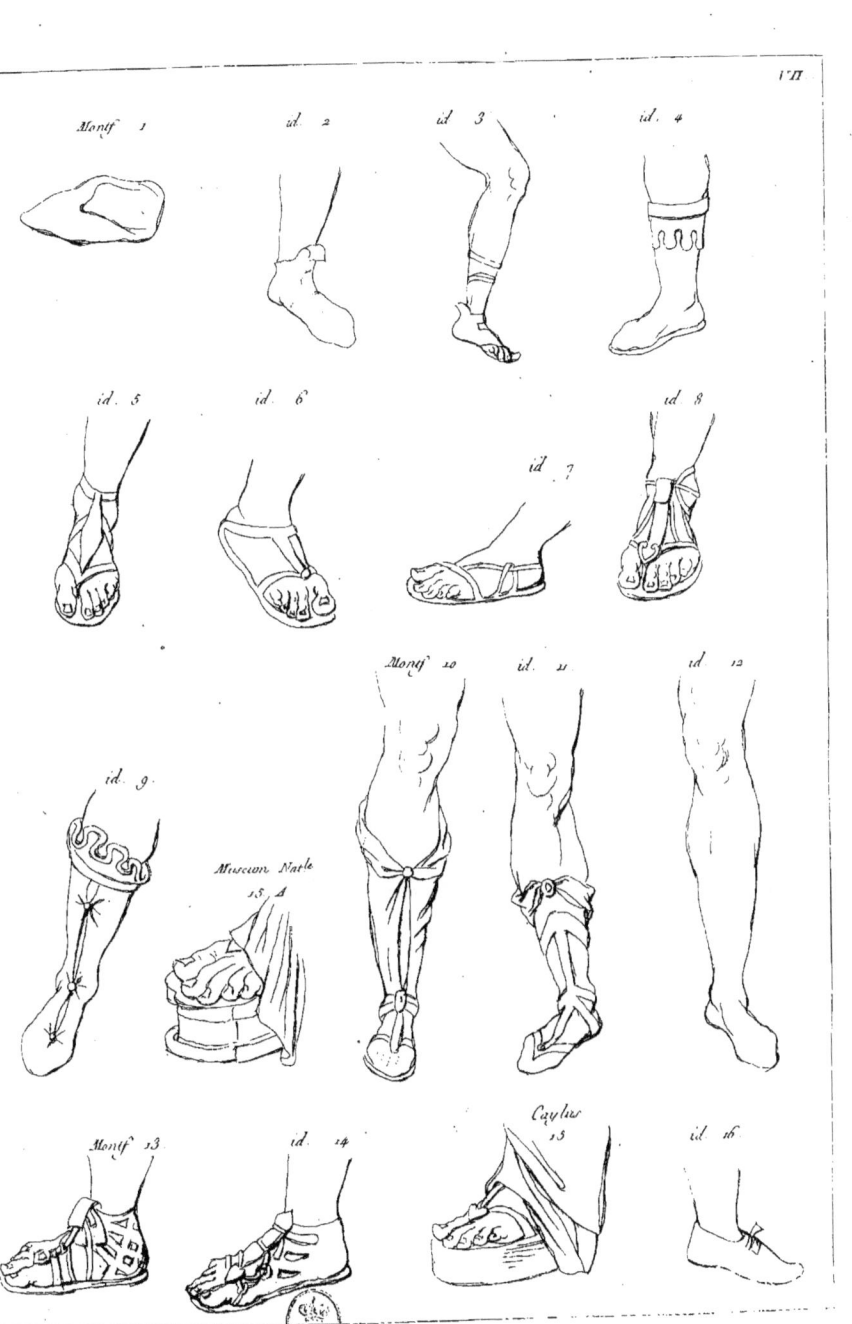

dont la forme et la broderie étaient si élégantes qu'on les préféra aux plus riches.

 Les Romains et les Romaines d'un certain rang, vers la fin de la république, portaient quelquefois des chaussures faites comme un gant (3) ; elles remontaient jusqu'à mi-jambe, ou se terminaient vers les malléoles : on en voit de pareilles à une statue de Marc-Aurele (pl. XXXIII, 2), et à plusieurs figures de la colonne de Théodose ; et longtemps après lui ses successeurs et les magistrats eurent des chaussures pointues. *Chaussure faite comme un gant.* 3. *Pl. XXXIII, 2.*

 Il y avait deux especes de *mulleus*, l'un ne couvrait que le pied (pl. V, 13, 14, pl. VII, 1), l'autre couvrait de plus une partie de la jambe (4) comme le cothurne ; ils étaient faits avec un cuir préparé teint en rouge foncé : les rois de Rome en emprunterent l'usage de ceux d'Albe ; il passa ensuite aux magistrats et aux sénateurs, avec cette différence que leur *mulleus* était de cuir noir ; et s'il montait plus haut que le pied, ce qui couvrait le bas de la jambe était teint en rouge : il y en a qui prétendent au contraire que le bas de cette chaussure était rouge et le haut noir ; selon d'autres elle était entièrement noire : et tous ont peut-être raison ; mais ils auraient dû nous dire à quelles époques. *Mulleus, pl. V, 13, 14, pl. VII, 1.* 4.

 Ceux qui exerçaient une magistrature curule avaient des *mulleus* au bas desquels était, dit-on, la lettre R ; les sénateurs patriciens y avaient la lettre C, faisant allusion à leur nombre. Juvénal parle d'un ornement en forme de croissant que les sénateurs avaient sur leur chaussure de peau noire, et non de la lettre C (*a*).

(*a*) *Ad positam nigræ lunam subtexit alutæ.*

Bonanni a publié un croissant du cabinet de Kirker; mais c'est vraisemblablement un de ces ornements qui se plaçaient sur le poitrail des chevaux : enfin, malgré l'assurance avec laquelle certains parlent de cette lettre C, de ce croissant, on n'est pas encore d'accord sur l'endroit du pied ou de la chaussure où il était placé; les uns le veulent au-dessus du talon et des malléoles, les autres par-devant vers le bas de la jambe; ce qu'il y a de bien certain c'est que cette marque distinctive n'a été observée sur aucun monument : on peut inférer de là que cet usage n'a pas été long-temps suivi.

Pero. Il y avait aussi deux especes de *pero;* ces chaussures couvraient entièrement le pied comme le *mulleus* : l'une était une espece de soulier, et l'autre une espece de guêtre. Tous dès le commencement de la république pouvaient en faire usage; la principale différence qu'il y avait entre le *mulleus* et le *pero,* c'est que celui-ci était de cuir cru, et l'autre de cuir préparé et teint.

Crepida. La *crepida* laissait le pied découvert; on ne la portait point avec la toge, mais avec le manteau; celle dont les empereurs de Byzance faisaient usage était de pourpre et remontait jusqu'à mi-jambe : on donnait le même nom à des semelles épaisses de liege dont se servaient les femmes pour ajouter à leur taille; les prêtres en usaient lorsqu'ils sacrifiaient.

Crepidula, Solea. La *crepidula* ainsi que la *solea* étaient beaucoup plus minces et laissaient aussi le pied découvert, et s'attachaient 5, 6, 7, 8. de même par-dessus avec des courroies (5, 6, 7, 8); il serait difficile d'établir en quoi la forme de celles-ci différait de *Sandalium, Buxea.* celle du *sandalium* et de la *buxea :* quant à cette derniere, son nom indique assez qu'elle était de buis.

DES ROMAINS.

L'*ocrea* était une espece de bottine ou de guêtre qui remontait quelquefois plus qu'à mi-jambe (9, 10, 11).

La *gallica* ne fut connue des Romains que vers le temps de Cicéron; elle était de bois : la *solea* quelquefois était de la même matiere. Ce sont vraisemblablement celles-là que les sénateurs ne pouvaient porter avec la toge; ils n'en usaient qu'à la campagne, revêtus de la tunique et de la *penula*. Cicéron, parlant d'un parricide, dit qu'avant de le mettre en prison on lui fit prendre des *solea de bois;* il aurait supprimé l'épithete si l'usage eût toujours été de les faire de cette matiere.

Le *campagus* laissait entrevoir la chair nue (13, 14).

Par *soccus* on entendait, tantôt une espece de chausson qui se mettait dans la *crepida* et dans d'autres chaussures ouvertes, tantôt une chaussure dont se servaient les femmes et les hommes efféminés; quelques uns croient aussi que c'étaient des especes de galoches : la signification la plus généralement reçue regarde la chaussure ou brodequin des acteurs comiques.

La richesse, l'élégance, et une certaine élévation qui ajoutait à la taille des acteurs de la tragédie, faisaient toute la différence du cothurne avec le brodequin de ceux qui jouaient la comédie. Caylus a donné le dessin d'une actrice jouant le rôle de Vénus; sa chaussure élevée (15), selon ce savant antiquaire, est le cothurne : au *museum* national on voit une muse avec cette chaussure : on l'a restaurée avec les attributs d'Uranie (15, A); la description que fait Sidonius Apollinaris, et que l'on cite, bien loin de caractériser le cothurne, convient à beaucoup d'autres chaussures qui n'en avaient ni l'élévation ni la richesse.

Caylus m'a fourni la figure 16, représentant la chaussure

d'un jeune danseur: ce ne fut, selon lui, que fort tard que l'on se servit de bas (12); les vieillards et les infirmes s'enveloppaient les jambes avec des bandes d'étoffe: Suétone, détaillant les habits que portait Auguste en hiver, spécifie cependant les caleçons et les bas.

<small>Bas, 12.</small>

Je répéterai enfin avec Montfaucon, au sujet des chaussures, ce que j'ai déja dit sur d'autres parties du costume, c'est que les auteurs et les monuments sont souvent en opposition : on voit des sénateurs, des magistrats, des empereurs, tantôt avec une chaussure qui leur couvre entièrement le pied, tantôt avec des *gallica* et des sandales qui n'en couvrent que la plante; il en est de même de la chaussure des guerriers, dont on verra le détail à la suite des vêtements militaires.

<small>Habits des Romaines.</small>

HABITS DES ROMAINES.

<small>Toge.</small>

Nous avons vu que sous Romulus la toge était l'habit des Romains et des Romaines; celles-ci furent les premieres à s'en lasser : les meres de famille, selon Ulpien, préférerent la stole, le manteau, et la tunique, au point que sur la fin de la république la toge était une note d'infamie pour une femme.

<small>Tunique.</small>

La tunique des Romaines, ainsi que celle des Grecques, ne différait de celle des hommes qu'en ce qu'elle descendait jusqu'aux pieds; le bas était quelquefois décousu de chaque côté (pl. X, 2); les manches étaient de diverses formes et longueurs.

<small>Pl. X, 2.</small>

Du temps d'Auguste la tunique des femmes couvrait encore le cou; mais à mesure que le luxe augmenta on les échancra peu-à-peu, on découvrit la gorge : les manches, sans couture depuis les épaules jusqu'au poignet, s'attachaient par intervalles avec des boutons, ou des agraffes

plus ou moins précieuses (pl. IX, 1); quelquefois l'une était agraffée sur l'épaule gauche, tandis que l'autre tombait négligemment sur le haut du bras droit (pl. VIII, 7). Pl. IX, 1.
Pl. VIII, 7.

Les Romaines ne portèrent d'abord qu'une tunique et une espèce de jupe (2) qui descendait jusqu'aux talons (a); elles avaient souvent une tunique de plus; celle-ci était beaucoup plus courte et se mettait par-dessus: elles avaient divers autres ajustements plus ou moins riches, que chacune disposait en plus ou moins grand nombre, selon son goût et la saison (pl. VIII, 2, 4, 8, pl. X, 1, 2, 3, 4, 5, 6, 7). *Supparum.* 2. Pl. VIII, 2, 4, 8. Pl. X, 1, 2, 3, 4, 5, 6, 7.

Pour se faire une idée de ces deux derniers ajustements qui peuvent convenir aux premiers temps de la république, l'artiste doit considérer la prétendue statue de Véturie, mère de Coriolan, qui se voit dans le jardin ou vigne Médicis à Rome (b); elle a le *supparum*, qui est long et ample, et un vêtement pareillement ample, mais court, ressemblant à une large camisole sans manches; elle relève son voile fait d'une laize d'étoffe assez étroite: il semble descendre derrière ses épaules; ses longs cheveux flottent négligemment; sa chaussure est fermée. Pl. VIII, 5.

Du temps des empereurs les dames romaines ajoutaient quelquefois le *patagium* au haut de la tunique (pl. X, 1); c'était une bande d'étoffe enrichie de broderies, qui faisait le tour du cou, et dont les bouts pendaient sur l'estomac. Selon Vigenère le *patagium* était un galon d'or: Festus donne ce nom aux bandes dont les femmes bordaient le haut de leur tunique (c). *Patagium.* Pl. X, 1.

(a) Celle des jeunes filles était de lin; c'était le *supparum*.
(b) Il est très probable que cette statue représente une province conquise; c'est celle qui est aux Tuileries, copiée par Legros et dénommée le Silence. *Note du citoyen Gibelin.*
(c) *Patagium est quod ad summam tunicam assui solet.* (Festus.)

Palla.

Pl. VIII, 1, 3.

Les femmes, ne voulant ni se gêner ni perdre de leurs agréments, firent, suivant les circonstances, leur toge plus ou moins ample (pl. VIII, 1, 3), mais plus élégante; c'est ce qu'elles nommerent *palla* : en hiver sur-tout elles la mettaient par-dessus la *stola* ; elle était moins ample et d'une étoffe plus légere en été.

On a donné le nom de *palla* à d'autres habits de femme; l'un était court, avait des manches, et ne descendait qu'un peu au-dessous de la ceinture : Vigenere parle d'un autre qui allait jusqu'à terre.

6, 8.

La *palla* servait quelquefois de voile (6, 8); on s'en couvrait non seulement la tête, mais même les bras jusqu'aux mains : Erotion porte une tunique à longues manches, descendant jusqu'à terre; l'ample *palla* dont elle s'enveloppe tient par derriere à ses cheveux nattés (9).

9.

On donnait aussi le nom de *palla* à une robe trainante dont se servaient les acteurs tragiques.

Peplum ou *peplus.*

Pl. IX, 2, 3, 4.

De savants antiquaires n'ont osé décider quel était l'ajustement appelé *peplum* : guidé néanmoins par leurs raisonnements, que je supprime ici, et par les monuments qu'ils citent (pl. IX, 2, 3, 4), je crois pouvoir avancer que ce n'était pas le nom propre d'un habit; ce mot et ses composés exprimaient indifféremment tous les vêtements d'une certaine élégance qui se mettaient par-dessus les autres sans être assujettis par la ceinture, quelles qu'en fussent la couleur et la matiere, et leur plus ou moins de longueur et d'ampleur.

C'était aussi le nom d'un riche voile qu'on offrait solennellement à certaines divinités, et dont on couvrait leurs simulacres (5).

5.

Stola.

La *stola*, quoi qu'en dise d'André-Bardon, n'avait au-

cun rapport avec ce que nous appelons *étole ;* c'était une longue robe ou tunique, l'un des vêtements affectés aux dames romaines : elle descendait jusqu'aux pieds et couvrait les bras; elle était souvent bordée d'un ruban, ou d'une frange, ou d'une riche broderie : quelquefois aussi, selon Isidore, elle était rayée de diverses couleurs. La stole, selon Varron, était pour les femmes ce que la tunique était pour les hommes : les dames ne mettaient la *palla* par-dessus que lorsqu'elles paraissaient en public; elles ne sortaient jamais qu'avec la stole.

Les jeunes filles n'étaient vêtues que de robes ou tuniques blanches, notamment la veille de leurs noces (*a*); elles portaient aussi des chlamydes. Robe des jeunes filles.

Les femmes du bas peuple et les filles de joie (*b*) portaient la toge, et non la stole (pl. XI, 2, 3): ces dernieres ne portaient point de voile; mais ne voulant point être connues en allant par la ville, elles y suppléaient quelquefois par une espece de chaperon qui était le *palliolum;* leurs vêtements ordinaires étaient courts : cependant la tunique de la statue de bronze d'une plébéienne (1) descend jusqu'à terre; elle est sans manches, ainsi que l'espece de casaquin fermé par-devant qu'elle porte: elle a une ceinture, elle est sans coëffe, et ses cheveux singulièrement relevés et nattés. Plébéiennes, filles de joie. Pl. XI, 2, 3.

Le *gausape* était un vêtement égyptien garni de franges; les dames romaines en userent aussitôt qu'il fut connu à Rome : du temps de Constantin on donnait ce nom à une espece de manteau qui avait quelquefois un capuchon. Les hommes en usaient aussi; il était quelquefois velu d'un Gansape.

(*a*) C'est ce que l'on appelait *regilla inducula.*
(*b*) Les habits blancs étaient interdits aux courtisanes.

DES ROMAINS.

est appelé *riciniatus*, de *ricinium* qui signifie la partie du manteau qui couvre la tête.

Il nous dit ailleurs « que c'était un manteau fait de deux « morceaux cousus par en bas et attachés par-dessus l'é- « paule avec un bouton, de façon qu'il y avait deux ouver- « tures ménagées pour passer les bras : les Romaines ap- « pelaient ce manteau *ricinium*; quelquefois il descend à « peine jusqu'aux hanches, et il n'est souvent guere plus « long que les mantelets de nos jours : en effet nous voyons « sur quelques peintures d'Herculanum que ce vêtement « est fait comme celui que les dames portent aujourd'hui ; « c'est un mantelet léger qui couvre les bras et qui paraît « coupé en rond, de sorte qu'il fallait le passer par-dessus « la tête : c'est probablement là cette piece de l'habille- « ment des femmes que les Grecs nommaient *encyclion*, *Encyclion.* « ou *cyclos*, c'est-à-dire habit rond. » *Cyclos.*

En ce cas le *ricinium* était à-peu-près la même chose que l'*anabolagium* ou *anaboladion*, qui ne différait du *Anabolagium ou Anabola-* mantelet que des Françaises portent encore aujourd'hui *dion.* qu'en ce qu'il était sans capuchon et se terminait carré- ment.

Le *capitium* n'était ni un capuchon ni une espece de *Capitium.* fichu couvrant les épaules et la poitrine, comme le pense Vigenere, mais un ajustement quelquefois enrichi d'or et d'argent qui prenait un peu le contour de la gorge (*a*).

Le *strophium* et la *fascia* tenaient lieu de corset pour *Strophium, Fascia.* former la taille, l'empêcher de grossir, et pour contribuer à la beauté de la gorge (*b*) : le *strophium*, selon Isidore,

---
(*a*) *Ambitu comprehendebat.* Rosin.
(*b*) *Strophio tumorem papillarum cohibebant.* Ibid.

était la ceinture des dames; elle était enrichie d'or et de pierreries : la *fascia* n'était qu'une simple bande d'étoffe ou de toile.

Zona. Il y avait encore la *zona*, ceinture moins large que celle des hommes, à qui elle servait de bourse; elle était ordinairement placée haut (*a*).

Loi somptuaire. Le luxe des Romaines était monté à un tel point qu'il leur fut défendu par la loi *oppia*, peu de temps après la bataille de Cannes, « d'employer plus d'une demi-once « d'or à leur usage, de porter des habits de diverses cou- « leurs, et de se faire voiturer dans Rome, ou à mille pas « à la ronde, dans un char attelé de chevaux, si ce n'était « pour assister à des sacrifices publics » : cette loi fut abrogée vingt ans après, sous le consulat de Valerius Flaccus et de Porcius Caton, l'an 595 de Rome, 195 ans avant J.-C.

Les Romains ne connurent la soie que sous les premiers empereurs; elle s'achetait au poids de l'or : Séneque invective contre les habits de soie que portent les femmes; on avait déja de son temps l'art d'en faire des étoffes si légeres et si transparentes, qu'à travers ces especes de gazes la vue de leurs attraits n'était guere plus difficile que si elles eussent été nues.

Etoffes d'or et d'argent. Ce furent des femmes qui parurent les premieres avec des habits de cette matiere, de couleurs différentes; mais peu-à-peu le luxe s'étant accru, les hommes en userent aussi : les impératrices furent les premieres à Rome qui porterent des étoffes d'or et d'argent.

(*a*) Elles ne suivaient pas toujours cet usage: Caylus rapporte un bronze représentant une Romaine dont la ceinture assez volumineuse
Pl. X, 5. est placée au-dessus des hanches (pl. X, 5).

COEFFURE DES ROMAINES.

Les modes autrefois changeaient peut-être aussi souvent qu'aujourd'hui. « Dans les dix-neuf ans du regne de Marc-« Aurele, nous dit Montfaucon, sa femme Faustine paraît « avec trois ou quatre coëffures différentes (a), dont l'une « approche assez de la fontange; chacune de ces modes « avait apparemment son nom : comment trouver tous ces « noms aujourd'hui où nous aurions peut-être bien de la « peine à trouver ceux de toutes les parties qui compren-« nent maintenant la coëffure d'une femme? Il nous reste « peu de noms pour marquer les coëffures anciennes, et « nous sommes bien embarrassés sur leurs significations; « nous savons que ce qu'on appelait *calantica* différait de « ce qu'on appelait *calyptra*, qui, selon l'étymologie, mar-« que aussi un couvre-chef. La mitre des femmes, dit Ser-« vius, était la même chose que la calantique, un couvre-« chef de femme (pl. XII, 1, 14, 16) qui plus ancienne-« ment, chez les Grecs, signifiait un ruban, une bande-« lette, une ceinture; d'où vient le *mitram solvere* qui « métaphoriquement voulait dire *faire perdre la virginité* « *à une fille*. »

L'*infula* était une bande qui servait à serrer la tête; *vitta* était le ruban ou bout étroit et long qui pendait de part et d'autre.

Un réseau, *reticulum*, assujettissait quelquefois leurs cheveux: sans ce secours elles avaient l'art de les ajuster élégamment; elles y entrelaçaient souvent des rubans:

(a) J'en ai recueilli dix-neuf, et vraisemblablement on en découvrira bien d'autres.

outre ce réseau, qui était presque toujours assez grand pour qu'une partie retombât devant la face lorsqu'on ne voulait pas être connu, il y avait diverses espèces de voile, de grands *plaga* et de petits *plagula;* ce n'était bien souvent qu'une large et longue bande de toile très fine, ou de gaze, attachée derrière la tête (pl. VIII, 7).

<small>Voiles.
Plaga, Plagula.
Pl. VIII, 7.
Carbasus.</small>

Le *carbasus* était un voile ou manteau de soie, ou de lin très fin.

Les dames allant par la ville portaient souvent un grand voile appelé *flammeum;* l'épouse du grand flamine ne le quittait jamais; celui des jeunes mariées, le jour de leurs noces, était jaune.

<small>Flammeum.</small>

Les prêtresses sacrifiant portaient une autre espèce de voile, ou bandeau carré ou frangé, *rica;* les dames en portaient un plus léger, *ricula*.

<small>Rica, Ricula.</small>

Caylus m'a fourni (pl. XII) quelques coëffures: il y en a du temps de la république; le plus grand nombre est du haut, et le reste du bas empire.

<small>Pl. XII.</small>

Les dames à leur toilette, selon Nadal, étaient entourées de femmes dont chacune avait diverses fonctions à remplir, les unes pour démêler, les autres pour diviser, arranger, friser les cheveux, et y en ajouter quelquefois d'empruntés, d'autres enfin pour juger de la perfection de l'ouvrage.

<small>Chevelure.</small>

Diverses sortes d'aiguilles d'or, d'argent, de poinçons de fer, pour soutenir et fixer les cheveux; des peignes d'ivoire, de buis, étaient étalés avec les parfums.

Il fut un temps où les femmes se distinguaient des vierges par la manière dont leurs cheveux étaient disposés; elles les séparaient en deux portions, une de chaque côté, en sorte que cette division formait comme une raie au mi-

DES ROMAINS.

lieu de la tête (7, 8, 9, 12, 14, 16); les filles n'a- *7, 8, 9, 12, 14, 16.*
vaient pas cette séparation (10). On voit quantité de mo- *10.*
numents où des femmes n'ont pas suivi cet usage, qui
néanmoins se conservait encore dans le troisieme siecle,
du temps de Tertullien, contemporain de Septime Sévere :
il parle des longues chevelures flottantes et frisées de son
temps, et des énormes chevelures empruntées qu'elles adap-
taient sur leur tête.

Du temps de S. Grégoire de Naziance, vers la fin du
troisieme siecle, elles portaient leur chevelure haute; à
l'aide des cheveux empruntés, elles multipliaient tant les
tresses dont elles entouraient leur tête, que les nœuds et
les boucles disposés en étages y formaient comme un
édifice.

Il conste, d'après les écrits de S. Jérôme et de ses
contemporains, que dans le siecle suivant les femmes disposaient aussi les cheveux de maniere qu'ils avaient la
forme d'une tour, et qu'elles continuaient d'y en ajouter
d'empruntés.

Les cheveux d'un blond ardent furent en certains temps *Couleur des*
les plus agréables; c'est pourquoi souvent une brune pa- *cheveux.*
raissait avec l'extérieur d'une blonde; celle dont les cheveux étaient blancs ou grisons se servait du safran pour
leur donner la couleur requise; Vénus, les courtisanes,
les personnes faibles en amour, étaient ordinairement
peintes avec les cheveux blonds, et les matrones, les
femmes honnêtes, avec des cheveux noirs. De tout temps
le prix de la beauté s'est disputé entre les brunes et les
blondes; les unes et les autres auront toujours leurs par-
tisans.

Les hommes avaient le même goût pour leur chevelure;

ils ajoutaient même de la poudre d'or à la drogue dont ils se servaient pour la peindre : les femmes n'en usaient pas, mais elles y suppléaient suffisamment en la nouant avec de petites chaînes ou des anneaux d'or, avec des rubans couleur de pourpre, ou blancs, enrichis de perles ou de pierres précieuses, et à l'aide de poinçons garnis de pierreries.

CHAUSSURE DES ROMAINES.

Chaussure des Romaines.

Selon Elien la chaussure des femmes chez les Romains ne différait en rien, quant à la forme, de celle des hommes : elle était ordinairement blanche; l'un et l'autre sexe, sous les empereurs, l'enrichit peu-à-peu : il y en avait de diverses couleurs, de noires, de rouges, de blanches, de jaunes, de vertes : Héliogabale défendit aux plébéiens ce genre de luxe; finalement, les empereurs s'en étant réservé l'usage, les enrichirent d'aigles en broderie, de perles, et de pierres précieuses; les impératrices ne tarderent pas à les imiter : ce luxe se propagea; Aurélien ne le permit qu'aux femmes.

Gants.

Les paysans furent long-temps les seuls qui portassent des gants; ils les faisaient d'un cuir fort, crainte de s'écorcher les mains avec les épines : les Romains et les Romaines en adopterent l'usage contre le froid : il y en avait de deux especes; les uns avaient des séparations pour les doigts, et non les autres.

BIJOUX.

Bijoux.

Les Romains et les Romaines d'un certain rang fixaient ou relevaient leurs vêtements avec des agraffes, des boucles, ou des boutons d'or, ou d'argent, souvent enrichis de pierreries (1, 2, 3) : c'est avec de pareils ornements

Pl. XIII, 1, 2, 3.

Montfaucon.

que les empereurs fixaient leur porte-épée ; tous les objets servant à cet usage, les épingles même s'appelaient *fibula* : la forme, la matière et la richesse de ces bijoux varièrent à l'infini ; on peut en dire autant des colliers, des bracelets, des boucles d'oreilles, des anneaux.

Le bracelet, *armilla*, ne fut d'abord en usage chez les Romains que pour les hommes : c'était une des récompenses militaires ; il se portait vers le haut du bras droit (4, 5) ; c'est de là que venait son nom de *dextrocherium* : il y en avait d'ivoire ; c'était quelquefois une chaîne d'or ; souvent ce n'était qu'un fil de métal : les femmes en firent une de leurs parures ; il y en avait d'enrichis de pierreries : un seul ne leur suffisant point, elles en eurent un à chaque bras, et bientôt deux ; certaines même portaient de semblables bijoux au coude-pied ; c'est ce qu'on appelait *compedes*.

Bracelet.

4, 5.

Compedes.

Si les bracelets dont je viens de parler étaient une marque d'honneur, un signe d'opulence, il n'en était pas de même de certains qui étaient de fer ou d'airain, qui n'étaient portés que par les esclaves et la populace.

Presque toutes les nations ont porté des pendants d'oreilles : on en voit de mille formes (6, 7), non seulement aux statues des femmes, mais même à celles de plusieurs déesses ; on en faisait porter aux enfants, même aux esclaves ; ceux-ci n'étaient pas précieux, au lieu que les autres coûtaient souvent de si grosses sommes, que Sénèque dit que la rage de certaines femmes ne serait pas satisfaite si elles ne voyaient pas la valeur de deux ou trois patrimoines suspendue à leurs oreilles : c'était, au rapport de Cicéron, une infamie pour un homme chez les Grecs et les Romains de porter des boucles d'oreilles : il

Pendants d'oreilles.

6, 7.

n'en était plus de même du temps de S. Augustin, puisque des hommes en portaient alors ; ils les plaçaient au haut et non au bas de l'oreille.

On portait aussi quelquefois autour du cou des chaînettes plus ou moins riches, dont les bouts pendaient devant la poitrine (8).

Pl. XIII, 8.

Outre les pendants d'oreilles, les dames romaines de la première qualité avaient, sous les empereurs, une aigrette composée de pierreries, qu'elles plaçaient au-dessus du front.

Aigrettes

Numa et Servius Tullius portaient un anneau d'or au quatrieme doigt de la main gauche ; c'était une marque d'honneur qui, dans les premiers temps de la république, n'était accordée que les jours de cérémonies à un sénateur qui avait été chargé de quelque ambassade : bientôt tous les sénateurs en userent, et ce fut enfin pendant quelque temps la marque distinctive des chevaliers ; mais sous les empereurs tous les citoyens, les affranchis même purent en porter.

Anneau.

On l'avait d'abord placé au quatrieme doigt de la main gauche ; dans d'autres temps, pour être moins gêné, ce fut au bout du petit doigt, et dans la suite à l'*index*; les statues de quelques divinités en ont de placés ainsi : cet usage devint si commun qu'on en donnait même à celles des peuples qui n'en avaient jamais porté. Du temps de Pline tous les hommes en avaient ; on en voyait non seulement avec un à chaque main, mais même avec un à chaque doigt, et jusqu'à trois au petit, un sur chaque phalange ; certains néanmoins n'en portaient qu'un qui leur servait de cachet.

Les femmes en eurent à tous les doigts, excepté à celui du

DES ROMAINS.

milieu ; le luxe et la mollesse furent chez elles à un tel excès que pendant l'été elles en portaient de plus légers que ceux de l'hiver : c'est cette passion démesurée qu'elles eurent dans tous les temps pour les bijoux qui ajoute au mérite du sacrifice qu'elles en firent trois cent quatre-vingt-sept ans avant Jésus-Christ pour racheter leur patrie lorsque les Gaulois eurent pris Rome ; aussi le peuple, en reconnaissance, leur accorda le droit de se promener dans la ville sur des chars à deux roues traînés par deux mules (*a*), *carpentum*.

Les bijoux des plébéiennes ne furent que d'argent, et finalement quelquefois d'or, mais jamais avec des pierreries.

Bijoux des plébéiennes.

On entendait par *phalera* de riches colliers empruntés des Étrusques ; ils descendaient des épaules sur la poitrine : les empereurs et les princes s'en décoraient ; c'était une des plus grandes marques de distinction pour un particulier lorsqu'on lui en accordait l'usage : ce nom dans la suite fut donné à quantité d'ornements qui se fixaient tantôt sur les côtés du casque vers les oreilles, tantôt vers le milieu du front ; ceux qui avaient le droit d'en user donnaient aussi ce nom à certains ornements dont ils décoraient le poitrail de leurs chevaux.

Collier, *phalera*.

La *bulle* était une marque distinctive des jeunes patriciens ; ils la portaient suspendue à leur cou ; elle descendait sur la poitrine (*b*), était ordinairement d'or, creuse,

Bulle.

(*a*) Elles eurent dans la suite d'autres voitures qu'elles empruntèrent des Gaulois : celles-ci étaient à quatre roues et suspendues ; elles étaient quelquefois à quatre chevaux ou mules ; c'est ce qu'on appelait *pilentum*, *petoritum*.

(*b*) La statue d'un jeune patricien qui est dans la vigne Borghese

tantôt ronde ou en forme d'anneau, tantôt en forme de cœur ; on y renfermait des parfums, des remedes, etc. (pl. XIV, 1, 2, 3, 4) : les fils des chevaliers, qui pendant long-temps en furent privés, n'avaient alors autour du cou qu'un ruban dont les deux bouts pendaient devant la poitrine ; cette même distinction ayant été accordée aux fils des affranchis après la seconde guerre punique, les fils des chevaliers obtinrent le droit de porter la bulle.

<small>Pl. XIV, 1, 2, 3, 4.</small>

Lorsqu'on prenait la robe virile on quittait la bulle pour la consacrer aux dieux ; on la regardait comme une chose sacrée : crainte qu'en la salissant elle ne fût en quelque sorte profanée, les enfants qui étaient encore à la mamelle la portaient sur le front (5) ; on leur suspendait aussi quelquefois au cou un bijou dont la forme variait beaucoup, c'est ce qu'on appelait *crepundia* (a).

<small>5.</small>

<small>Crepundia.</small>

Outre la bulle et la *crepundia* on pendait des amulettes au cou des enfants : il y en avait de mille formes différentes ; c'était quelquefois celle de quelque animal : le peuple ignorant et superstitieux leur attribuait quantité de vertus.

<small>Costume des enfants.</small>

J'observerai en passant que les vêtements des enfants avaient ordinairement la même forme que ceux des adultes (6, 7, 8) ; que quelques uns, suivant la saison et la fantaisie des parents, sur-tout dans les premiers siecles de Rome, étaient nus ou presque nus : leur toge s'appelait *alicula*,

<small>6, 7, 8.</small>

le représente enveloppé dans sa prétexte ; sa bulle, qui est par-dessus, descend plus bas que le creux de l'estomac ; sa chaussure est fermée. (Périer, 40.)

(a) Montfaucon en rapporte un fait en croissant.

XIV

Spon. 1

id. 2

Montf. 3

Montf. 5

id. 6

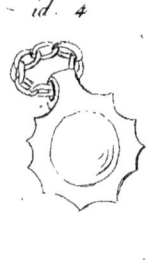
id. 4

id. 7

8. Arc de Const.

DES ROMAINS.

à cause de sa petitesse et de ses angles qui ressemblaient à de petites ailes (*a*).

COSTUME DES ROIS DE ROME.

Costume des rois.

On n'a rien de positif sur le costume des deux premiers rois de Rome.

Romulus. Pl. XV, 1.

Les médailles où est la tête de Romulus (1) le représentent couronné de lauriers; ses cheveux sont longs ainsi que sa barbe qui est frisée en boucles tombantes : ce roi, dit-on, se fit précéder par douze licteurs; il y en a néanmoins qui disent qu'ils ne furent établis que par Servius Tullius, et d'autres enfin qui prétendent que Tarquin l'ancien fut le premier qui en eut à Rome. Nous verrons bientôt ce qu'étaient les licteurs.

Inter-roi.

Les différents ordres du peuple romain, après la mort de Romulus, ne pouvant s'accorder avec les Sabins pour le choix d'un roi, on fit un *inter-roi* qui eut toutes les marques et les prérogatives de la royauté; cette dignité ne durait que cinq jours, et ne se conférait qu'à un patricien.

(*a*) Sur une médaille des jeux séculaires d'Auguste, citée par Duchoul, on voit un enfant nu porté par sa mere : il y en a deux autres; l'un est vêtu d'une tunique à courtes manches et de la toge; l'autre, dont les cheveux sont roulés autour de la tête, paraît être une jeune fille : elle a par-dessus sa longue tunique un vêtement ample et court qui se termine au-dessous des hanches.

Sur un des bas-reliefs de l'arc de Constantin, tirés de l'arc de Trajan, il y a des enfants vêtus; il y en a aussi de nus : ceux qui sont vêtus portent une tunique sans manches, et une espece de manteau fermé qui par-devant leur couvre la poitrine seulement, et par derriere descend jusqu'à mi-jambe (pl. XIV, 8).

Pl. XIV, 8.

44   COSTUME ET USAGES

<small>Numa.</small>   *Numa* quelquefois a sa longue barbe disposée comme
<small>2.</small>   celle de Romulus (2); ses cheveux ordinairement sont
<small>3.</small>   courts, excepté sur une pierre gravée (3) où ils sont longs
<small>4.</small>   et frisés comme la barbe de Romulus; sa tête le plus souvent est ceinte du diadême (*a*); des médailles rapportées par Augustin et Guther le représentent avec la toge, coëffé, ou d'un espece de *pileus*, ou d'un simple bonnet derriere lequel flottent quelquefois les bouts du diadême; il tient le lituus à la main, et paraît mal-à-propos immoler une chevre, si, comme le dit Plutarque, il est vrai que ja-
<small>5, 6, 7.</small>   mais il n'offrit de victimes vivantes (5, 6, 7); selon certains cependant, il institua les fordicales, pendant lesquelles on immolait à la Terre des vaches prêtes à mettre bas.

<small>Tullius Hostilius.</small>   *Tullius Hostilius* a la barbe et les cheveux longs; sa
<small>8.</small>   tête est ceinte du diadême (8); ce fut lui qui emprunta des
<small>Licteurs, chaise curule.</small>   Toscans l'usage de la chaise curule (*b*), des licteurs, de la toge peinte, de la prétexte, et du laticlave en faveur des premiers magistrats.

<small>Ancus Martius.</small>   Les médailles ne représentent que la tête d'*Ancus Martius*; ses cheveux paraissent naturellement courts;
<small>9, 10, 11.</small>   il est rasé, porte le diadême (10); quelquefois par-dessus celui-ci, dont les attaches flottent par derriere, est un

(*a*) C'était une bande d'étoffe blanche, quelquefois enrichie de broderies et de pierres précieuses; quelques uns l'entortillaient avec la couronne.

(*b*) L'épithete de *curule* avait été donnée à cette chaise parcequ'on pouvait s'y asseoir dans un char: elle était d'ivoire; sa forme approchait beaucoup de celle d'une de nos tables à pliant: l'usage dans la suite n'en fut permis qu'au dictateur, aux consuls, proconsuls, préteurs, propréteurs, censeurs, et édiles patriciens, qui, à cause de cette prérogative, eurent le surnom de curules que n'avaient pas les édiles plébéiens.

casque d'où saillent deux cornes en avant, et qui laissent le sommet de la tête nu (9).

Tarquin l'ancien a la chevelure et la barbe longues (11). On raconte que les peuples de la Toscane, voulant lui témoigner leur reconnaisance, lui firent présenter les habits et les marques de dignité dont se décoraient leurs rois; savoir, une couronne d'or, une chaise curule, un sceptre terminé par un aigle (*a*), une tunique de pourpre brodée en or, une longue robe de pourpre telle que la portaient les rois de Lydie, avec cette différence qu'au lieu d'être carrée elle était en demi-cercle comme la toge.

Servius Tullius n'est point rasé; ses longs cheveux sont frisés comme la barbe de Romulus; il porte le diadême (12).

Tarquin le Superbe porte un petit bonnet; ses cheveux paraissent naturellement courts; il est rasé, et n'a que les moustaches qui sont pendantes; il porte une chaîne autour du cou (14).

Pour être plus clair en parlant des magistrats, je vais traiter auparavant de leurs suppôts. Les *licteurs*, dont j'ai déja parlé, étaient des espèces de sergents qui précédaient les rois, les consuls, les dictateurs, les empereurs, les préteurs, etc., soit pour écarter la foule et leur faire faire place, soit pour exécuter leurs ordres. Quoique des monuments les représentent avec une armure, comme les soldats,

---

(*a*) Le sien auparavant était une baguette recourbée comme le lituus; les marques de la dignité royale dont les empereurs dans la suite décorerent des rois alliés consistaient ordinairement en un sceptre d'argent doré, des banderoles d'argent, une robe blanche qui s'attachait sur l'épaule, une casaque avec des agraffes d'or, une tunique blanche, et des souliers dorés.

il conste néanmoins par quantité d'autres, notamment par celui du palais Barberin, rapporté par La Chausse, et par ceux que nous avons dessinés d'après la colonne antonine, que cela n'avait pas toujours lieu, même à l'armée (pl. XXXIII, 9).

Pl. XXXIII, 9.

Ils étaient presque nus lorsqu'ils se disposaient à faire quelque exécution : pour être licteur il fallait être de condition libre.

Chacun d'eux portait un faisceau de verges, et une hache au milieu, pour punir les malfaicteurs : il n'était permis à personne de marcher entre le licteur et le magistrat ; on ne le tolérait qu'en faveur du fils de celui-ci, pourvu que ce ne fût qu'un enfant.

Les licteurs marchaient l'un après l'autre sur une file. Fabius le pere venant à cheval vers son fils qui était consul, onze licteurs l'avaient laissé passer ; mais le jeune Fabius dit au douzieme de le faire descendre, et le vieillard en fut ravi.

Outre le faisceau le licteur qui marchait devant portait une baguette pour écarter la foule. Il n'y avait des haches qu'au milieu des faisceaux des magistrats qui avaient droit de condamner à des peines capitales. Les rois de Rome, au lieu de hache, y avaient, dit-on, une hallebarde, qui se distinguait à la pointe ou crochet qui était derriere le tranchant. Le bas des faisceaux des consuls se terminait par une pointe d'acier : ceux d'un général victorieux étaient entourés de branches de laurier.

Les consuls ne les avaient avec les haches qu'alternativement chacun pendant un mois ; celui qui n'avait pas les haches était accompagné d'un accense ; les faisceaux de ses douze licteurs n'étaient composés que de verges (a). On baissait les faisceaux en présence des assemblées du peuple. Lorsqu'un magistrat romain passant par une ville voulait témoigner combien il en chérissait et considérait les habitants, il faisait quitter les haches à ses licteurs. Les licteurs d'un magistrat inférieur baissaient les faisceaux en présence d'un magistrat supérieur : ceux que l'on portait devant les flamines de Jupiter et les vestales étaient sans haches.

Outre les licteurs les mêmes magistrats étaient accompagnés d'accenses, d'appariteurs, de gardes ou satellites : les accenses étaient des officiers subalternes, choisis ordinairement parmi les affranchis; ils faisaient à-peu-près les mêmes fonctions que nos valets de ville. Accenses.

Les appariteurs étaient des espèces d'huissiers; ils portaient un petit manteau et une bande de laine ou de fin lin, ou une courroie qui de l'épaule droite, passant devant la poitrine, tombait sur le côté gauche. Le baudrier était la marque distinctive des appariteurs des magistrats militaires : en temps de guerre, dans les armées, ils étaient armés ainsi que les licteurs ; ils portaient une chlamyde par-dessus leur cuirasse. Les licteurs précédaient les magistrats dans les temples : l'empereur Julien le défendit aux appariteurs. Appariteurs.

Les gardes ou satellites (*stipatores*) étaient armés de picux ou petits javelots. Gardes ou satellites.

Les viateurs (*viatores*) étaient ceux que l'on envoyait de Viateurs.

(a) Valerius Publicola, vers le commencement de la république, fit sortir les haches du milieu des faisceaux dans Rome; cet usage était encore suivi sous Auguste.

part et d'autre dans les campagnes, dans la ville, etc., comme, par exemple, lorsqu'il fallait assembler le sénat : ils étaient aux ordres des proconsuls et des propréteurs; ils n'étaient armés que de bâtons; quelquefois ils ne portaient qu'une baguette : leur chef s'appelait licteur, parceque dans l'occasion il était chargé de lier les criminels.

Sénateurs.

SÉNATEURS.

Les sénateurs étaient des personnages respectables qui composaient le tribunal de la nation, appelé *sénat;* on les appelait peres conscrits (*patres conscripti*), d'où leurs descendants prenaient le nom de patriciens (*a*).

Leurs marques distinctives étaient le laticlave, la chaussure noire couvrant le pied et la moitié de la jambe : du temps de Juvénal ils y attachaient un croissant en argent, et non la lettre C, comme l'ont avancé quelques auteurs, pour exprimer, disent-ils, le nombre primitif des sénateurs : les plus anciens d'entre eux portaient à la main un bâton d'ivoire (*scipio*); leur place au théâtre était dans l'orchestre (*b*).

Ceux qui avaient exercé des charges curules allaient au

(*a*) Romulus en établit cent : leur nombre s'accrut, et l'on en vit deux, trois, six, et neuf cents : on en prenait alors dans toutes les classes des citoyens, au lieu qu'auparavant on ne les choisissait que parmi les chevaliers. Pour pouvoir être élu il fallait avoir exercé quelque charge; la questure ne pouvant s'obtenir qu'après vingt-cinq ans, on peut en inférer l'âge des plus jeunes sénateurs.

(*b*) Le code théodosien défendit aux sénateurs de porter dans Rome la chlamyde et tout habit militaire; il leur permit seulement de sortir le matin avec le *colobium*, chemisette sans manches, et la *penula;* mais si c'était pour faire quelque fonction de juge, il leur ordonna d'être vêtus de la toge.

DES ROMAINS.

sénat dans un char, et assis dans une chaise curule; les autres y allaient à pied : ils étaient ordinairement suivis de jeunes patriciens qui voulaient s'instruire, et de leurs clients : ceux qui étaient libéraux et assez opulents invitaient à manger les citoyens qui les accompagnaient au sénat; les autres leur donnaient une certaine quantité de vivres que l'on appelait *sportula* (*a*). Ils avaient chez eux un fauteuil élevé, sur lequel ils affectaient de se placer lorsqu'ils donnaient audience : ainsi que les gens d'étude, ils avaient aussi des sieges plus commodes, dont le dossier était arrondi.

On voit souvent à côté de leurs statues un petit coffre rond, auquel il y a quelquefois une serrure (pl. I, 1); ce coffre était destiné à renfermer les placets, les mémoires qu'ils recevaient, leurs rouleaux, tablettes, encriers, etc.; c'est dans de pareilles cassettes, dont le couvercle se fermait à clef, que les volumes ou livres étaient rangés perpendiculairement (*b*).

Les sénateurs étaient assis dans le sénat, et se tenaient debout lorsqu'ils parlaient; souvent ils lisaient ce qu'ils avaient résolu de dire : les femmes n'assistaient jamais à ces assemblées (*c*) : ces séances ne pouvaient se tenir que dans des

---

(*a*) C'était le nom du petit panier d'osier dans lequel chacun l'emportait chez soi : ces sortes de repas et de présents avaient lieu chez les grands magistrats.

(*b*) L'encre dont se servaient les anciens était noire; la signature des empereurs était quelquefois en lettres rouges : les titres des livres, les grandes lettres, étaient souvent en or.

(*c*) Lorsque la mere d'Elagabale y parut, c'était une chose sans exemple.

lieux consacrés par les augures ; c'était ordinairement dans des temples, et le plus souvent dans ceux de l'Honneur, d'Apollon, de la Concorde, mais toujours dans le temple de Bellone, situé hors des murs, lorsqu'il fallait entendre des ambassadeurs qu'on ne voulait point laisser entrer dans la ville.

C'était l'usage que celui qui avait convoqué le sénat immolât une victime devant le lieu où l'on s'assemblait, et n'entrât pour annoncer le motif de la convocation qu'après avoir pris les auspices ; quelquefois, dans des cas importants, les sénateurs prêtaient le serment avant d'opiner.

Patriciens. Les patriciens ou descendants des sénateurs n'avaient point le droit d'images, à moins qu'un de leurs ancêtres n'eût exercé certaines charges éminentes.

Patrices. Les patrices furent créés par Constantin le Grand ; cette dignité n'était accordée qu'aux principaux conseillers de l'empereur.

Consuls.
CONSULS.

Les consuls étaient deux magistrats établis après l'expulsion des rois qu'ils remplacèrent, et dont ils eurent toutes les marques extérieures, excepté le diadème et le sceptre, à la place duquel ils portaient un bâton d'ivoire (voyez ce qui a été dit des *licteurs*) ; ils étaient revêtus de la prétexte, et avaient le droit de se servir de la chaise curule (*a*) : un consul devait avoir au moins quarante-trois ans.

(*a*) La statue d'un consul du haut empire, qui est dans le jardin Ludovisi à Rome, le représente assis, enveloppé dans sa prétexte ; sa chaussure, qui est fermée, ne remonte que jusqu'aux malléoles. (Perier.)

Lorsqu'il quittait Rome pour aller faire la guerre, il ne manquait jamais d'aller faire des vœux au capitole, d'où il partait revêtu de sa cotte d'armes d'écarlate bordée de pourpre ; lorsqu'il excerçait ses fonctions dans le camp, il était accompagné des tribuns, centurions, et décurions de sa garde, et toujours précédé de ses licteurs.

La puissance des consuls fut réduite à bien peu de chose sous les empereurs, mais ils conserverent les marques de leur dignité : il paraît même qu'ils en obtinrent de nouvelles ; on leur rendit les haches qui depuis longtemps ne décoraient plus leurs faisceaux ; on y ajouta des branches de laurier, qui auparavant ne s'y mettaient qu'après une victoire. Sous Gratien ils portaient la trabée: on peut en voir un du temps de Constant, fils de Constantin le Grand ; sa tunique à longues manches descend jusqu'à mi-jambes ; le bas est bordé d'une bande qui paraît enrichie de pierreries ; une autre bande moins riche en fait pareillement le tour vers le milieu de la cuisse ; il porte cette espece de bandouliere qui avait remplacé l'*orarium*, et qui se voit si souvent répétée sur les monuments de ce temps-là ; sur le tout, et par-dessus l'épaule gauche, il porte la trabée ; il est coëffé d'une espece de chaperon dont le bord est de fourrures ; sa chaussure, qui est pointue, est une pantoufle qui lui couvre à peine le bout du pied : on en voit, selon Montfaucon, une pareille à Childebert, un des rois de France de la premiere race ; il était représenté sur le portail de l'église de Saint-Germain-des-Prés.

Consuls du bas empire. Pl. XVI, 2.

Les hommes consulaires du bas empire étaient décorés d'une maniere si singuliere que je ne puis me dispenser

Hommes consulaires.

de donner le dessin de deux monuments de ce temps-là publiés par Montfaucon.

1. L'un (1) a deux longs vêtements à longues manches, où paraissent quelques boutons : sur son épaule gauche est une petite toge, c'est vraisemblablement la trabée; il est rasé, et sa coëffure godronnée dessus et dessous.

3. L'autre (3), dessiné d'après les diptiques de Bourges, est en habit consulaire; c'est Pompée Anastase, capitaine des gardes du corps de l'empereur, et consul ordinaire. Il a deux robes; celle de dessus est brodée, ainsi que la riche et large bande d'étoffe dont il est décoré; sa coëffure n'est godronnée qu'en-dessus; son sceptre est surmonté d'un aigle ayant l'image de l'empereur entre ses ailes déployées.

Il conste par un monument de Stilicon, qui était consul vers l'an 404 ou 408, et par un autre d'Anicius Faustus Albinus Basilius, consul l'an 541, que le costume consulaire changea peu dans l'espace d'un siecle et demi : la principale différence entre les trois derniers monuments est dans la forme des sceptres. Stilicon est nu-tête; l'aigle qui termine le sien est dans une couronne de laurier et soutient l'image de l'empereur tenant un globe d'une main et s'appuyant de l'autre sur une longue massue; celui d'Anicius est terminé par un petit globe au-dessus duquel est une croix.

La dignité de consul fut abolie l'an 541 par l'empereur Justinien : elle fut rétablie l'an 566 par Justin, qui voulut se rendre agréable au peuple et se nomma lui-même consul; mais cela n'eut point de suite.

DICTATEUR, GÉNÉRAL DE LA CAVALERIE.

Dictateur. Le dictateur était un magistrat que les consuls, par

ordre du sénat, nommaient dans des circonstances critiques, ou pour certaines cérémonies; il avait la puissance souveraine qui ne durait que six mois : on la prorogeait dans certains cas. Il abdiquait ordinairement aussitôt qu'il avait mis fin à l'entreprise ou à la cérémonie pour laquelle il avait été élu; il nommait le général de la cavalerie : vingt-quatre licteurs, avec les faisceaux et les haches, le précédaient; il était vêtu et armé comme les consuls.

Il est bon d'observer que le dictateur, les consuls, et les autres généraux, combattaient à pied à la tête des armées; ceux à qui leur grand âge ne le permettait pas en demandaient la dispense au peuple avant de partir : le nombre des licteurs et le costume du général de la cavalerie étaient les mêmes que ceux du préteur. *Général de la cavalerie.*

EMPEREUR.

Le nom d'empereur, *imperator*, ne fut dans les commencements qu'un titre honorable décerné par les troupes à un général qui avait donné des preuves de son courage et de sa capacité; ce fut le nom que prirent les souverains de Rome après l'extinction de la république. Ils ne manquèrent pas de réunir en eux, avec la souveraine puissance, les titres et les prérogatives des dictateurs, des consuls, des tribuns, et des souverains pontifes : leurs habits d'abord furent les mêmes quant à la forme, mais bientôt ils les portèrent plus riches; l'or, l'argent, les pierreries, la broderie, les étoffes les plus précieuses, rien ne fut épargné : quelques uns, tels que Trajan, Hadrien, Antonin, Marc-Aurèle, Septime Sévère, méprisèrent le luxe. *Empereur.*

COSTUME ET USAGES

Ils portaient quelquefois un sceptre terminé par un aigle : cet usage fut plus suivi dans le bas empire (a) ; on les voit souvent représentés sur les médailles avec un *labarum* à la main. Constantin commença d'y faire graver le monogramme de Christ ☧. Placide Valentinien y substitua une croix. Théodose le jeune en portait une en façon de sceptre, ce qui fut suivi par la plupart de ses successeurs.

Dès le haut empire on les vit avec un globe dans leur main ; il était surmonté d'une petite statue de la Victoire. Théodose le jeune y mit de préférence une petite croix, ce qui fut adopté dans la suite.

Les premiers empereurs, à l'exemple de Jules-César, portaient des couronnes de laurier ; bientôt ils y substituerent des couronnes d'or : on préféra vers le bas empire le diadème ou un cercle d'or enrichi de pierreries. Justinien fut le premier qui chargea sa couronne d'une croix ; enfin les empereurs de Constantinople porterent une couronne fermée.

Jamais les Romains ne s'étaient inclinés et n'avaient fléchi le genou devant leurs consuls ni devant leurs généraux, lorsque le sénat avili poussa l'adulation jusqu'à se prosterner devant Tibere. Domitien dans la suite, ne voulant pas être salué comme ses prédécesseurs, fut le premier qui exigea que l'on fléchît le genou devant lui : il n'y avait auparavant que des étrangers, des suppliants et des captifs qui se prosternassent à leurs pieds ; ils voulurent enfin être adorés.

En quoi consistait l'adoration.

J'observerai à ce sujet, d'après le commentateur de la

(a) Les rois de France de la premiere race, qui adopterent quantité de coutumes romaines, en portaient de pareils.

notice d'orient, que l'*adoration* consistait à baiser avec respect la robe de pourpre du souverain que deux personnes relevaient. S. Jerôme traduit le mot grec qui signifie baiser par *adorare*, parceque, dit-il, ceux qui adorent ont coutume de baiser leur main et de baisser leur tête (*a*).

On portait du feu devant les empereurs; à côté de leur lit était une statue d'or représentant la Fortune : on l'ôtait quand ils étaient à l'agonie pour l'apporter à celui qui était désigné leur successeur. Cet usage commença sous Vespasien : il prétendait avoir vu en songe la Fortune accablée de fatigue, lui disant que s'il ne la recevait à l'instant, elle serait la proie du premier venu : il s'était, disait-il, éveillé, et avait trouvé devant sa porte une statue d'airain représentant cette déesse, qu'il conserva précieusement : ses successeurs, moins avares que lui, et sous qui le peuple était toujours aussi crédule, la firent faire d'or.

Je vais maintenant, d'après les monuments et les médailles qui nous restent, parler de ce qui caractérise le costume de divers empereurs et impératrices : mon dessein étant de faire un ouvrage court, peu dispendieux, et utile aux artistes, je me tairai sur quelques-uns, parceque leur costume est le même que celui de leurs prédécesseurs.

Il est bon d'avertir les jeunes élèves que Pompée le Grand avait cinquante-huit ans lorsqu'il mourut l'an 766 de Rome, et que c'est mal-à-propos que certains artistes, à cette époque, l'ont représenté jeune comme lorsqu'il combattait contre les Marses, et qu'il soumettait la Sicile et l'Afrique. Plutarque nous apprend que ce héros portait ses cheveux relevés au-dessus du front, comme Alexandre

Cn. Pompée.

(*a*) Pline dit, *In adorando dextram ad osculum referimus.*

Pl. XVIII, 2. le Grand; ce qui est confirmé par une médaille (2) que Mezzabarba a cru représenter Sextus Pompée. Cicéron lui fit un reproche de ce qu'il portait des chausses contre l'usage de ce temps-là, regardant cette singularité comme une marque de mollesse.

Il y a des empereurs que les monuments représentent tantôt rasés, tantôt barbus : cette différence indique leur âge ; la preuve se tire des médailles où ils sont représentés avec leurs enfants ; ceux-ci ordinairement sont les seuls qui n'ont point de barbe.

L'habit militaire des empereurs romains, comme l'observe Montfaucon, ne différait guere de celui des rois de la Grece ; il est aisé de s'en convaincre si l'on compare les statues de Jules César et d'Auguste avec celles de Télamon et de Pyrrhus.

On lit dans des auteurs estimés qu'à peu de chose près le costume militaire des empereurs fut le même depuis Jules César jusqu'au temps de Théodose le Grand inclusivement : si néanmoins on jette les yeux sur les médailles publiées par divers antiquaires, on verra que ce costume se perpétua plus long-temps, puisque Maxime, Arcadius, Honorius, Jovin, Priscus Attalus, Marcien, Léon, Majorien, Libius Severus, Anthemius, Glycerius, Romulus, Justinien, Athalaric, Buduela, Phocas, Constans, Léon Chazare, et Constantin son fils, qui mourut l'an 797, plus de quatre cents ans après Théodose, sont armés de même: on voit seulement que la plupart des empereurs avaient des armures plus ou moins riches selon les circonstances.

Jules César, né l'an 654 de Rome, 98 ans av. J.-C., mort l'an 709 de R.

4. Il n'y a qu'à comparer celles de deux statues de *Jules César* rapportées par Montfaucon ; sur le devant de la poitrine de la première (4) sont représentés deux griffons af-

frontés; le bas est orné de feuillages et terminé par un double rang de festons: chacun des supérieurs est enrichi d'une tête, et les autres d'un fleuron; le tonnelet et le haut des bras sont avec des lambrequins, dont la frange qui est au bas imite deux boucles de cheveux : une ceinture étroite, artistement rangée, le serre au-dessus des hanches; son *paludamentum*, agraffé sur l'épaule droite, lui couvre le haut de la poitrine et l'épaule gauche; il descend par derrière jusqu'aux talons : sa chaussure, qui est fort simple, est le *campagus*; elle monte jusqu'un peu au-dessous des mollets, et laisse le pied presque entièrement découvert.

La cuirasse de l'autre statue (5) est sans ornements, elle imite le nu jusqu'aux plus petits détails; des lambrequins larges, simples, la terminent par le bas; la chaussure, peu recherchée, malgré le reproche qu'on lui faisait de son luxe, laisse ses orteils à découvert, et cache à peine le tiers inférieur de la jambe.

L'artiste doit mettre une grande différence entre le costume de César combattant à la tête des légions, et celui de César dans le camp, et plus encore de César dans Rome; il ne doit pas ignorer que César était chauve, et qu'il avait la faiblesse d'en rougir; ce fut là ce qui le rendit si sensible au décret du sénat qui lui donnait le droit d'aller toujours avec une couronne de laurier : il avait le teint blanc, les yeux vifs, le nez grand et un peu élevé. On lui faisait un reproche de ce que dans un âge avancé il s'ajustait élégamment comme un jeune homme, et de ce qu'étant d'une belle taille il portait la chaussure haute: elle était de cuir rouge; c'était le *mulleus* des rois d'Albe : il affectait aussi d'ajouter à sa tunique laticlave de longues manches à la phrygienne, prétendant descendre d'Enée (*a*). Cet empereur et ses successeurs jusqu'à Néron porterent les cheveux courts, c'est-à-dire de trois ou quatre doigts de long, et firent raser leur barbe en entier.

<small>1.</small> Les têtes des Saserna, ses contemporains (1), et celle de
<small>3.</small> Cinna (3) offrent des singularités de costume : les premiers ont une longue barbe; derriere leur casque à la romaine pend une longue criniere : Cinna, au contraire, est rasé; derriere son casque grec s'éleve une espece de crête dentelée.

<small>M. Brutus.</small> *M. Brutus* mourut l'an 711 de Rome, âgé de quarante-trois ans : les bustes et les statues antiques qui présentent un âge plus avancé, avec le nom de Brutus, sont de Junius Brutus, celui qui chassa les Tarquins.

<small>M. Antoine.
Pl. XVIII, 6.</small> *M. Antoine* (6) était dans sa cinquante-quatrieme année, et Cléopâtre dans sa quarantieme, lorsqu'ils moururent, l'an 724 de Rome.

<small>Octavie, 1.</small> *Octavie* (1), épouse de M. Antoine, outre les boucles de cheveux qui font le tour de sa tête, en a d'autres qui lui tombent par derriere.

<small>Cléopâtre.
2, 5.</small> *Cléopâtre*, reine d'Egypte, épouse de Marc-Antoine, porte le diadême ou la mitre (2, 5) (*b*); celle qu'elle a par-

---

(*a*) On voit dans Tristan une pierre gravée représentant Iule, fils d'Énée, avec une tunique *chirodote*, c'est-à-dire dont les manches le couvrent jusqu'aux doigts.

Jules-César avait, dit-on, un cheval dont les pieds de devant avaient l'ongle divisé en forme de doigts ; il ne se laissait monter que par son maître.

(*b*) Cette espece de bandeau, qui paraît d'une certaine consistance, était le plus souvent une lame d'or, large de deux ou trois doigts, et quelquefois davantage ; il se rétrécissait peu-à-peu jusqu'à la nuque où on l'attachait.

dessus son voile (4) est d'une forme singuliere : une médaille (5) la représente avec la poitrine découverte ; un rang de perles formant des festons et servant de collier retient sa *palla* derriere les épaules : cette reine se faisait servir par des Ethiopiens.

Auguste, triumvir l'an 710 de Rome, commença de régner l'an 725, et mourut l'an 14 de Jésus-Christ, âgé de soixante-seize ans : sa statue (7) a le corselet sans ornements ; le bas se termine par un double rang de festons, dont les supérieurs sont décorés d'un mufle ; le haut des bras et le tonnelet sont couverts de lambrequins dont le bas imite une double boucle de cheveux ; la chaussure est le *campagus* ; de sa gauche il tient le *parazonium*.

Il est représenté presque nu au palais Mathei ; son *paludamentum*, placé sur l'épaule gauche, d'où il retombe jusqu'à mi-jambe, vient s'agraffer sur l'épaule droite ; d'une main il tient un globe, et de l'autre une baguette ou sceptre (*a*) : sur une de ses médailles (8) est un casque grec.

Cet empereur, au rapport de Suétone, avait toujours la tête couverte, soit qu'il se promenât dans son palais, soit qu'il s'exposât au soleil : ses vêtements d'hiver, dans l'âge avancé, consistaient en une ample toge sous laquelle il y avait cinq tuniques et une camisole de laine ; il portait de plus un caleçon et des bas.

Nous avons vu combien il était partisan de la toge ; il permit aux jeunes patriciens de prendre le laticlave en même temps que la robe virile.

(*a*) Le costume de cette statue est une de ces licences ordinaires des sculpteurs grecs dont les Romains usaient quelquefois.

COSTUME ET USAGES

<small>Marcellus, m. l'an 731 de R., âgé de 24 ans.</small>

<small>Pl. XIX, 7.</small>

Une médaille de Marcellus, neveu d'Auguste, donne une idée de la maniere dont les élégants ajustaient leur chevelure; celle-ci a cinq à six doigts de long (7).

<small>2, 3, 4.</small>
<small>1, 6. 5.</small>

Livie Julie, épouse d'Auguste, est ou nu-tête avec les cheveux roulés autour (2, 3, 4), ou avec un voile et la mitre (1, 6). Représentée sous la figure de Cérès (5), sa stole couvre un de ses bras, et s'agraffant sur l'épaule, laisse l'autre nu.

<small>M. Agrippa, m. l'an 741 de R., âgé de 51 ans.</small>

<small>9.</small>

M. Agrippa, né l'an 690 de Rome, préteur à l'âge de vingt-trois ans, consul deux ans après, mourut l'an 741: il est (9) avec la couronne rostrale; cette couronne, représentant des proues de navire, était quelquefois accordée à ceux qui s'étaient distingués dans un combat naval.

<small>Julie, épouse de Tibere.</small>

<small>Pl. XVIII, 9.</small>

Julie, fille d'Auguste et de Scribonie, et épouse de Tibere, naquit l'an 713 de Rome; elle fut envoyée en exil à l'âge de quarante ans, et y mourut quinze ans après: des monuments (pl. XVIII, 9) la représentent avec deux tuniques; celle de dessous descend jusqu'à terre; une ceinture placée sous la gorge arrête le pli de celle de dessus qui descend un peu plus bas que les genoux; les manches aisées ne couvrent que les bras; la *palla*, placée sur l'épaule et le bras gauche, est si longue que par derriere elle est traînante, quoiqu'elle la souleve un peu; sa chaussure est fermée; ses cheveux, bouclés et tressés, forment une espece de *calathus* sur le devant duquel est placé une mitre.

<small>Pl. XIX, 8.</small>

Selon un autre monument (pl. XIX, 8) sa tête était ceinte de plusieurs tours de ruban.

<small>Caius César, m. l'an 734, âgé de 24. 10. 11.</small>
<small>L. César, m. l'an 754, âgé de 18 ans.</small>

J'ai rapproché le dessin des têtes de *Caius* et de *Lucius* son frere (10, 11), fils d'Agrippa et de Julie, de celle de Marcellus, pour mieux indiquer les diverses manieres dont

on disposait la chevelure, malgré son peu de longueur.

Agrippa le jeune, troisieme fils d'Agrippa et de Julie, né l'an 741 de Rome, fut tué à l'âge de vingt-six ans. Agrippa le jeune.

Tibere, né l'an 712 de Rome, empereur l'an 14 de Jésus-Christ, à l'âge de cinquante-six ans, mourut l'an 37, dans sa soixante-dix-huitieme année. Tibere, emper. l'an 14 de J.-C. m. l'an 37.

Drusus, fils de Tibere, né l'an 740 de Rome, fut forcé de se tuer à l'âge de dix-huit ans. Drusus.

Néron Drusus, frere de Tibere, né l'an 716 de Rome, mourut âgé de quarante-neuf ans. Néron Drusus.

Antonia, épouse du précédent, née l'an 715 ou 717 de Rome, forcée de se tuer à l'âge de soixante-quinze ans, avait ses cheveux plats (pl. XX, 1), quelquefois simplement nattés en forme de queue, ou roulés autour de la face, et se terminant sous la nuque en boucle pendante (2) : une de ses statues, trouvée à Herculanum (3), la représente avec trois amples vêtements ceints un peu au-dessus des hanches ; sa *palla* est placée sur l'épaule gauche ; sa chaussure est fermée. Antonia.
Pl. XX, 1.
2.
3.

Germanicus, fils de Drusus et d'Antonia, né l'an 738 de Rome, mourut âgé de trente-quatre ans. Germanicus.

Agrippine, épouse de Germanicus et mere de Caligula, née l'an 739 de Rome, mourut l'an 33 de J.-C. âgée de quarante-sept ans. Une de ses statues à Rome la représente vêtue d'une robe longue et ample, fermée par-devant, et ceinte sous la gorge ; les manches, larges, ouvertes par-dessus dans toute leur longueur, sont fermées avec cinq boutons ou agraffes, et laissent une partie de l'avant-bras nu : l'espece de manteau dans lequel elle s'enveloppe lui laisse le bras droit libre ; il est long et très ample ; sa forme est carrée : on en distingue trois angles, l'un sur Agrippine.

COSTUME ET USAGES

l'épaule, l'autre vis-à-vis les genoux, et le troisieme par côté. Elle est nu-pieds et sans coëffure : une partie de ses cheveux nattés lui fait le tour de la tête; l'autre flotte derriere (*insignes statuæ urbis Romæ*).

4, 5, 6, 7. Des médailles (4, 5, 6, 7) la représentent aussi nu-tête avec les cheveux bouclés autour de la face, attachés, et quelquefois nattés par derriere; une longue boucle lui flotte derriere l'oreille et le long du cou; quelquefois un simple ruban lui ceint la tête et releve une partie de sa chevelure; le reste tombe derriere les épaules.

Caligula, emp. l'an 37, m. l'an 41. *Caligula*, empereur l'an 37 de J.-C., fut tué l'an 41, à l'âge de vingt-huit ans. Son nom était *Caius*, mais ayant passé son enfance au milieu des armées, les soldats lui donnerent le nom de *Caligula* à cause de la chaussure militaire qu'il portait alors : cette chaussure, appelée *caliga*, consistait en une semelle épaisse que des courroies assujettissaient en se croisant sur le pied et autour du bas de la jambe.

Etant parvenu à l'empire, on le vit souvent décoré de la robe triomphale; il portait une espece de casaque de soie couleur de pourpre, et affectait de n'être chaussé ni vêtu comme le reste des Romains : si, contre l'usage des autres empereurs, il portait la *penula*, elle était enrichie de broderies et de pierres précieuses.

Lollie Pauline, 8. *Lollie Pauline*, épouse de Caligula (8), a les cheveux relevés autour de la face, et retenus par un ruban qui lui ceint la tête, derriere laquelle est une espece de bonnet qui se termine en pointe.

Césonie. *Césonie*, cinquieme épouse de Caligula, l'accompagnait dans ses voyages, et marchait à son côté vêtue en amazone.

XX.

Mezza Barba 1

Ant. d'Hercul. 3

id. 2

Vaillant. 7

Vaillant. 4

Montf. 5

Mezza Barba. 6.

Mezza Barba 9

Mus. Farnes. 10

Brusald 8

XXI.

Mozz. Barb. 1 Mus. Farnes. 2 Pelerin. 3

Mus. Farnes. 10 id. 9 id. 11

Hel. 8

Mez. Barb. 4 Vaillant. 5 Beger. 6 Ant. d'Herc. 7

DES ROMAINS. 63

Julie Drusille, sœur de Caligula, avait ses cheveux négligemment roulés autour de la face et flottant par derriere (9); on la voit aussi avec ses cheveux en queue nattée, et portant une coûrónne de perles (10): elle mourut l'an 38 de J.-C., âgée de vingt-trois ans.

Tib. Claude, empereur l'an 41 de J.-C., empoisonné l'an 54, à l'âge de soixante-quatre ans.

Messaline, épouse de Claude (1); sa chevelure, roulée autour de la tête, couvre une partie de l'oreille: elle a quelquefois une mitre enrichie de perles (2).

Agrippine jeune, fille de Germanicus, mere de Néron, a ses cheveux relevés et roulés autour de la face (3); une partie forme une espece de catogan, et l'autre quelques tresses nattées qui remontent un peu derriere la tête: elle a tantôt un voile qui ne lui couvre que le derriere de la tête (4), et laisse paraître le long du cou une partie de ses cheveux bouclés; tantôt ses cheveux, roulés autour de la tête, sont ornés de plusieurs rangs de perles (5); quelques boucles lui tombent derriere; tantôt elle porte le diadème (6): une partie de ses cheveux flotte sur le front; le reste est natté, relevé, et attaché derriere la nuque; tantôt ses cheveux sont en partie frisés autour de la face et roulés autour de la tête, et finalement rassemblés derriere (7); tantôt enfin avec les cheveux simplement rassemblés derriere la tête où ils sont nattés (8).

On sait que cette princesse fut la premiere qui dans Rome parut en public avec une chlamyde d'or (*a*).

Julie Drusille.
9.
10.

Tib. Claude,
emp. 41-54.

Messaline.
Pl. XXI, 1.
2.

Agrippine jeune, née l'an 14, impér. l'an 49, m. âgée de 45 ans.
3.
4.

5.
6.

7.
8.

(*a*) Montfaucon a rapporté, d'après Maffei, une statue de la même; elle porte cette longue bande d'étoffe qui ressemble au *pallium* des évêques. On a prétendu que cet ornement ne fut connu à Rome que quelques siecles après cette princesse; mais pour appuyer ce senti-

Néron, emper. l'an 54, m. l'an 68.

9.
10.
11.

Est le premier empereur qui porte la couronne radiée, et qui se sert de selle.

Défend l'usage de la pourpre et de la couleur violette.

Néron commença de régner l'an 54, et mourut l'an 68, âgé de trente-un ans: il laissa croître ses cheveux qui lui flottaient derriere, un peu plus bas que les épaules; il conserva une partie de la barbe autour de la face et au-dessous du menton seulement (9): ses médailles le représentent avec la barbe entièrement rasée (10); il se servit du casque grec (11).

Ses successeurs jusqu'à Hadrien porterent leurs cheveux courts, et se firent raser: il fut le premier des empereurs romains qui se décora d'une couronne radiée, et qui à cheval se servit de selle.

Revenant de la Grece comme en triomphe, ses vêtements étaient de pourpre, et sa chlamyde semée d'étoiles d'or; il défendit l'usage de la pourpre et de certaines autres couleurs, telles que le violet, où entrait cette matiere précieuse: chantant un jour sur le théâtre, il vit une dame qui avait enfreint cette loi; il la fit chasser, et dépouiller de ses habits et de ses biens (*a*).

Octavie.

Pl. XXII, 1.

2.

Octavie, épouse de Néron, née l'an 40, mourut l'an 62; elle a ses cheveux nattés en forme de queue comme *Antonia* (pl. XXII, 1), avec cette différence que la tresse est relevée derriere la tête; elle a des pendants, et l'oreille est cachée; elle a quelquefois une mitre (2) au-dessus du toupet qui est frisé; une partie de sa chevelure est nattée

---

ment le style de ce morceau devrait être celui du bas empire: je n'entrerai dans aucun détail sur cette figure *panthée* qui est avec les attributs de Cérès et d'Isis.

(*a*) Les auteurs parlant de la pourpre semblent se contredire; mais il y en avait de plusieurs especes. Si les empereurs permirent ou tolérerent quelquefois que des particuliers en fissent usage, ils se réserverent exclusivement la plus belle.

DES ROMAINS.

et relevée jusqu'à la nuque; l'autre forme une queue qui part du derriere de l'oreille, et se termine vers le haut de la poitrine : tantôt ses cheveux, un peu roulés autour de la face, le sont entièrement sur la nuque (3); tantôt ils sont assez négligés autour de la face, et disposés derriere la tête en forme de *calathus* (4), ou enfin (5) ceux qui sont autour de la face sont nattés, et le reste négligemment relevé derriere la tête; l'oreille est tantôt découverte, et tantôt couverte en tout ou en partie.

Poppée, que Néron épousa l'an 62 après avoir répudié Octavie, et que ce monstre tua d'un coup de pied dans le ventre, était d'une rare beauté; la médaille (6) dont Kel a donné la gravure est peut-être la seule qui la représente avec les cheveux négligés, couvrant l'oreille, et formant une grosse touffe nouée; tantôt ses cheveux, artistement rangés autour de la tête, flottent de part et d'autre en longues boucles, et sont nattés derriere (7), tantôt ils sont frisés autour de la face et sur le sommet de la tête, et attachés derriere en forme de *catogan* (8).

Sev. Sulp. Galba fut élu empereur l'an 68, à l'âge de soixante-douze ans; il ne régna que sept mois et sept jours : il était d'une taille avantageuse, avait le nez aquilin, le front ridé, et la tête chauve (9); le peu de cheveux qu'il avait étaient très courts; son épée suspendue au cou lui descendait devant la poitrine; son casque sans oreillettes était à la grecque (10).

M. Othon, né l'an 32, fut empereur l'an 69, et se tua après avoir régné quatre-vingt-dix jours : ce prince était beau et recherché dans sa parure; ses médailles donnent une idée de l'art avec lequel on disposait les cheveux empruntés; on sait qu'il en faisait usage (11).

Margin notes:
3.
4, 5.
Poppée.
6.
7.
8.
Galba, emper. l'an 68, ne régna que 7 mois.
9.
10.
M. Othon, emper. l'an 69, régna 3 mois.
11.

COSTUME ET USAGES

<small>Vitellius, emper. l'an 69.</small>

Aulus Vitellius, né l'an 15, empereur l'an 69, mort la même année, âgé de cinquante-quatre ans, après huit mois cinq jours de regne, était d'une haute stature, pesant et lourd; sa rougeur et son gros ventre annonçaient un grand partisan du bon vin et de la bonne chere; ses cheveux étaient très courts.

<small>Vespasien, emper. l'an 69.</small>

Vespasien, né l'an 9, empereur l'an 69, mourut après un regne de dix ans : triomphant il est vêtu de la tunique palmée dont les manches descendent jusqu'au coude ; elle est ceinte; il tient une branche de laurier : son char est traîné par quatre chevaux de front; sous son regne on portait l'épée du côté gauche, et un poignard du côté droit.

<small>Domitille.</small>

Domitille, épouse de Vespasien l'an 40, était morte avant qu'il fût nommé empereur; sa coëffure est la même que celle d'Antonia, épouse de Drusus (1).

<small>Pl. XXIII, 1.</small>

<small>Titus, l'an 79.</small>

Titus, fils de Vespasien, né l'an 40, associé à l'empire l'an 70, empereur l'an 79, mourut l'an 81 : Erizzo rapporte une médaille où il est représenté avec son frere Domitien, vêtu d'une longue robe sans manches, sans ceinture, assis sur la chaise curule, et tenant une branche de laurier; ses cheveux, qu'il soignait, avaient quatre doigts de long

<small>Pl. XXII, 12.</small>

(pl. XXII, 12).

<small>Pl. XXII, 2.</small>

Duchoul rapporte un bas-relief de l'arc de Titus où toutes les figures, excepté une, sont nu-pieds; trois seulement ont la barbe; la plupart sont couronnées de laurier. On pourrait d'après ce bas-relief juger de l'accoutrement des plébéiens de ce temps-là en examinant ceux qui portent les dépouilles du temple de Jérusalem : un d'eux n'a pour tout vêtement que sa tunique à courtes manches; celles d'un autre sont plus amples, et descendent jusqu'au coude; le bas de celle-ci est bordé d'une bande vraisemblablement

XXII.
Voy. la Pl. Précéd.

1. Perier.

2. Duchoul.

de couleur différente ; il porte des *anaxyrides* liées au-dessus et au-dessous du genou et au bas de la jambe, ce qui forme une espece de pantalon : on voit, par la disposition des manches inégales d'un autre, qu'il porte deux tuniques ; il a deux ceintures, l'une au-dessus, et l'autre un peu plus bas que les hanches ; il a de plus un court manteau sur l'épaule gauche : le tour du cou et le bas de la tunique à longues manches d'un autre sont bordés ; par-dessus il a sa toge qui de l'épaule gauche vient se nouer sur la hanche droite : l'autre par-dessus sa tunique porte une espece de mantelet qui à peine lui couvre le coude ; à peu de distance il y en a un qui, par-dessus sa tunique à manches découpées et courtes, porte un manteau qui de l'épaule gauche vient s'agraffer sur la droite; celui-ci est chaussé d'une espece de brodequin, et n'est point couronné de laurier ainsi que les trois figures que je vais décrire.

La premiere est avec une longue barbe ; elle a par-dessus sa tunique à longues manches une ample toge qui l'enveloppe depuis la ceinture jusqu'aux pieds : la deuxieme représente un prêtre vêtu de trois habits de différente longueur; celui de dessous descend jusqu'à terre; celui du milieu, dont le bas est bordé, se termine aux genoux; celui de dessus n'arrive point jusqu'aux hanches : il a une ceinture par-dessus ces trois vêtements qui lui laissent l'avant-bras découvert; un bonnet large et très simple lui couvre la tête : la troisieme, qui est à côté de celle-ci, est un jeune Camille dont l'habit ne differe d'un surplis à la romaine que par la ceinture qui est par-dessus (*a*).

(*a*) Mais il paraît que ce bas-relief, ainsi donné par Duchoul, n'est point conforme à celui qu'on voit encore sur l'arc de Titus; on ne le

68 COSTUME ET USAGES

Julie. *Julie*, fille de Titus, est diversement coëffée; ses che-
Pl. XXIII, 2, 3. veux (pl. XXIII, 2, 3) presque toujours sont nattés et réunis par derriere, où ils forment le plus souvent un volume
considérable; il n'y en a de bouclés qu'autour de la face;
ils sont quelquefois attachés, nattés, et relevés sous une
4, 5. petite mitre (4). Sur une pierre gravée de Stosch (5), outre
la riche mitre, elle a un collier et des boucles d'oreilles;
une longue tresse de cheveux lui descend des épaules sur
la poitrine: l'ajustement qu'elle porte s'agraffe sur l'épaule
3, 6. droite (3, 6); quelquefois il remonte par derriere jusqu'à
4. la nuque, et ne laisse voir que le devant du cou (4) : sur
cet ajustement est quelquefois un rang de perles qui,
7. descendant des épaules, passe devant la poitrine (7); ailleurs (6) sur sa coëffure, dont les pointes ou la broderie
imitent une couronne radiée, elle porte derriere la tête
une espece de *calathus*, sur le bord duquel sont rangées
des perles imitant une couronne *comtale:* enfin ses che-

présente ici que pour préserver de l'erreur dans laquelle cet auteur
est tombé.

La collection des arcs de triomphe qui a été gravée par divers au-
Pl. XXII, 1. teurs le présente avec plus d'exactitude (pl. XXII, fig. 1). On y voit
d'abord que tous les plébéiens sans distinction sont couverts d'une
simple tunique à manches courtes, descendant jusqu'au-dessus du genou, et attachée par une ceinture au-dessus des hanches; tous chaussés, ils s'appuient sur un bâton : ce costume est encore aujourd'hui
celui d'une grande partie du bas peuple en orient.

Ceux qui les accompagnent, prêtres ou simplement chargés de la
conduite des dépouilles de Jérusalem, sont revêtus de la toge ordinaire.

Tous les personnages de ce bas-relief sont sans barbe; ils sont aussi
couronnés de lauriers : cette derniere circonstance est relative au
triomphe de Titus. (*Note de l'éditeur.*)

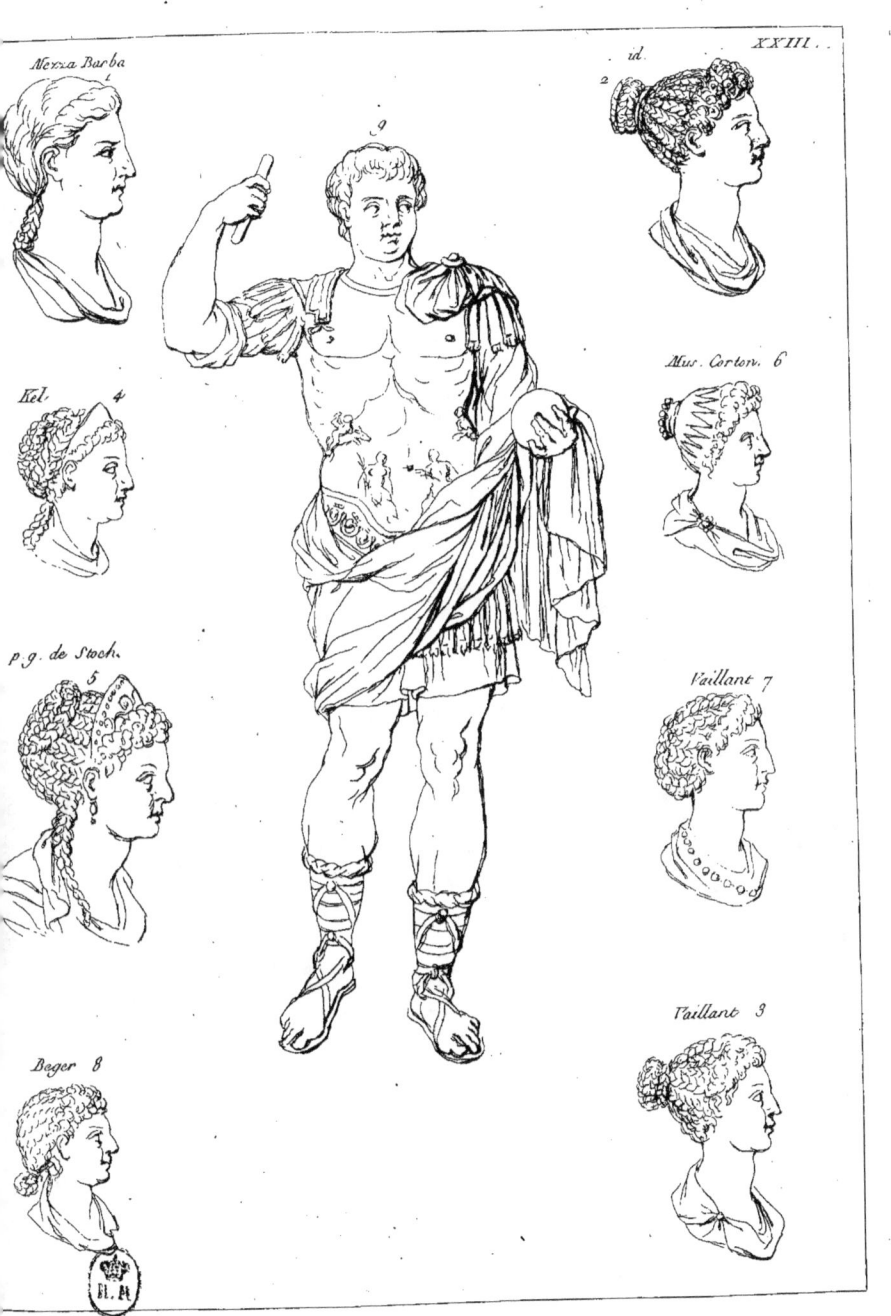

DES ROMAINS.

veux ne sont frisés qu'autour du haut de la face; le reste est rassemblé et attaché sur la nuque (8).

Domitien, empereur l'an 81, fut tué l'an 96, dans sa quarante-cinquieme année, il était bien fait et d'une belle taille; il soignait ses cheveux comme Titus : l'habit militaire de sa statue (9) consiste en une *saie* dont les manches descendraient plus bas que le coude si elles n'étaient pas repliées; sa cuirasse, sans ornements sur le haut, est enrichie de diverses figures sur les hanches et sur le ventre : une draperie beaucoup plus longue que large, fixée sur l'épaule gauche par une riche agraffe, lui couvre le dos et la hanche droite; il la releve sur l'avant-bras gauche; de sa main droite il tient un bâton ou sceptre, et de la gauche un globe; sa chaussure, qui est le *campagus*, remonte jusqu'au *gras* de la jambe : on le voit aussi avec un bouclier hexagone et le casque à la grecque (pl. XXII, 14, 15, 16, 17).

Sous ce regne les dames romaines avaient les cheveux crêpés et étendus autour de la face : ils étaient garnis de perles et de pierreries; le reste était natté et formait comme un disque par derriere : enfin avec le secours des cheveux empruntés les femmes parurent avoir la tête énorme; c'est ce qu'on appelait *corymbium*. Elles avaient des coëffures plus simples et de moins volumineuses dont elles couvraient leur chevelure dans le négligé en attendant la toilette; c'était le *galericulum* ou *galerus*.

Domitia Longina, épouse de Domitien, avait trois rangs de petites boucles de cheveux autour du haut de la face (1); le reste de ses cheveux formait sur sa tête des especes de sillons, et se terminait derriere par une tresse nattée dont l'extrémité relevée s'attachait sous la nuque.

2. Sur une médaille de Vaillant (2) ses cheveux nattés lui forment une espece de calotte; ceux qui sont autour du haut de la face sont légèrement bouclés; ceux de derriere
3. forment une espece de *catogan* : sur le revers elle est assise, et vêtue d'une double tunique; celle de dessous est beaucoup plus longue que celle de dessus; ses manches étroites descendent jusqu'à la main; celles de l'autre sont plus larges et ne couvrent que le haut du bras; elle est ceinte sous la gorge. Deux autres medailles la représentent avec des
4. chevelures empruntées : l'une (4) est un peu nattée au-dessus de la nuque, et s'éleve ensuite vers le dessus du front où elle fait une saillie qui imite assez les fontanges
5. que l'on portait sous le regne de Louis XIV; l'autre (5) a sa chevelure relevée, formant une espece de mitre autour de la face : deux queues ou rubans pendent de la nuque.

Nerva. *Nerva*, empereur l'an 96, ne régna que seize mois et quelques jours; il mourut l'an 98, âgé de soixante-six ans.

Trajan. *Trajan*, empereur l'an 97, mourut l'an 117, âgé de soixante-cinq ans : il était d'une belle taille et d'un tempérament robuste; ses cheveux commençaient à blanchir, sa physionomie inspirait le respect. Quoiqu'on le voie quelquefois, ainsi que d'autres personnages, représenté sur ses monuments avec la barbe longue de deux ou trois doigts, il est ordinairement rasé : la colonne trajane, et l'arc de Constantin, que l'on a enrichi aux dépens de celui de Trajan, laissent peu à desirer sur le costume suivi de son temps, sur-tout pour les militaires; le sien était simple, et le même que celui de ses préfets et tribuns.

C'est par inadvertance qu'un de nos antiquaires a dit que cet empereur n'est pas représenté sur ces deux monuments avec des lambrequins au bas de sa cuirasse, puis-

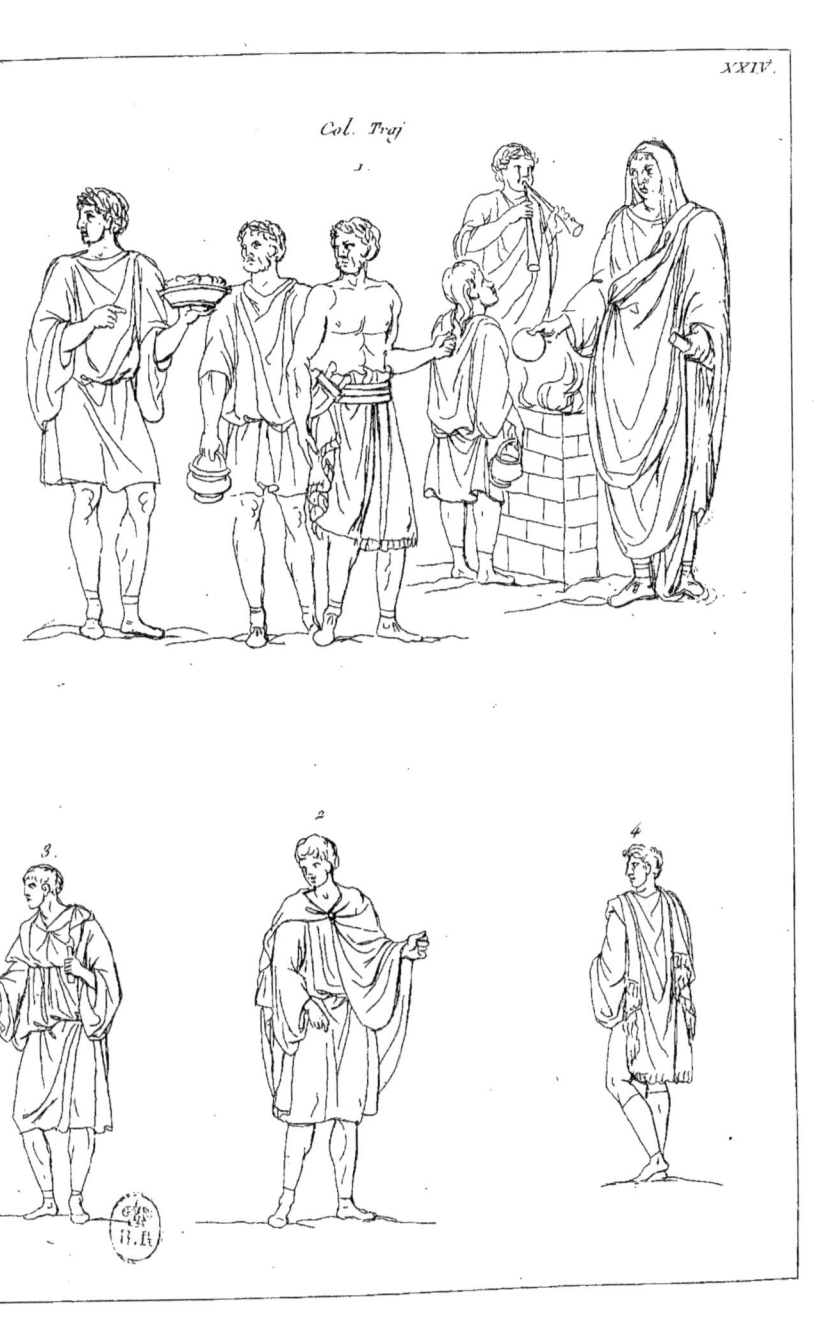

DES ROMAINS.

que sur l'arc (6) il y en a un rang non seulement sur le tonnelet, mais même autour du haut du bras, et que sur la colonne non seulement son armure, mais même celle de tous ses généraux et principaux officiers, a toujours le bas terminé par deux rangs.

Son *parazonium* est du côté gauche; son *paludamentum* est le plus souvent agraffé sur l'épaule droite: on le voit ailleurs simplement sur l'épaule et le bras gauches, ne couvrant que ce côté de la poitrine, et descendant par derriere jusqu'à mi-jambe. Sa chaussure ordinaire lui couvre entièrement le pied jusqu'au-dessus des malléoles (7, 8, 9); c'est quelquefois une simple *caliga* pareille à celle des soldats (10): comme eux il a des chausses qui vont jusqu'à mi-jambe (6); ceux-ci quelquefois n'en ont pas, ce qui est rare.

Sa ceinture est un peu au-dessus des hanches lorsqu'il est sans armes (2, 3): il a tantôt une espece de tunique à manches longues, plus ou moins amples, dont le bas quelquefois se rétrécit tout-à-coup, et tantôt un large vêtement sans manches (pl. XXVII, 3); l'ouverture assez étroite par où passent les bras étant placée fort bas, ils s'y trouvent à couvert; cet habit se termine tantôt au-dessus, tantôt au-dessous du genou.

Ses préfets, ses tribuns militaires (pl. XXVI, 6), sont ordinairement vêtus et armés comme lui; son sceptre est terminé par un globe.

Dans un *suove-taurilie* de l'arc de Constantin il est nu-tête et sa tunique traînante, tandis que sur sa colonne (pl. XXV, 1) sa tête est couverte d'un pan de sa toge ou de son *paludamentum*; sa ceinture est cachée sous les plis de sa courte tunique (2, 3); son *paludamentum* s'agraffe tantôt devant la poitrine (4), tantôt sur l'épaule droite.

marginalia: 6. Parazonium. 7, 8, 9. 10. 6. Pl. XXV, 2. 3. Pl. XXVII, 3. Pl. XXVI, 6. Trajan sacrifiant. Pl. XXV, 1. 2, 3. 4.

COSTUME ET USAGES

Sacrifiant à Jupiter capitolin, à Apollon, à Sylvain, et aux dieux en général, sa tunique est courte, et sa tête est découverte : elle est voilée lorsqu'il sacrifie à Mars et à Diane.

<small>Costume militaire.</small>
<small>Armes.</small>
<small>1, 2.</small>

La haste de ses soldats n'a que $21^{décim.}$ y compris le fer (a); ils ont l'épée du côté droit, et quelquefois si haute que le pommeau (1, 2) remonte par-devant presque jusqu'à l'épaule.

La plupart ont l'épée espagnole, c'est-à-dire pointue et à deux tranchants : il y en a de pesamment armés, et d'armés à la légère qui ont de petits cimeterres.

<small>Pl. XXVI, 1, 6, XXVII, 2, 3, XXIX, 2, 3.</small>

Le théâtre de la guerre qui fait le sujet de ces bas-reliefs étant dans le nord, il n'est pas besoin d'avertir que le costume est presque toujours celui qui convient à des climats froids et à la saison de l'hiver (b) (pl. XXVI, 1, 6, XXVII, 2, 3, XXIX, 2, 3).

<small>Pl. XXIV, 11, 12.</small>
<small>13, 14.</small>
<small>15, 16, 17.</small>
<small>18, 19.</small>
<small>20.</small>
<small>21, 22.</small>

Quoique dans le muséum Farnese il y ait quelques médailles de Trajan, et sur l'arc de Constantin un officier romain avec le casque grec (pl. XXIV, 11, 12), on voit néanmoins peu de monuments faits sous ce regne où le casque des Romains soit saillant en avant (13, 14); il avait un appendice couvrant le derriere du cou; il était rarement sans oreillettes (15, 16, 17); il en avait presque toujours pour garantir les joues (18, 19); elles s'attachaient sous le menton : les casques des chefs avaient des panaches (20) et des aigrettes; celles-ci décoraient aussi quelquefois ceux de certains soldats d'élite (21, 22).

<small>Pl. XXVII, 3.</small> (a) Il y en a cependant sur l'arc de Constantin (pl. XXVII, 3) de beaucoup plus longues.

<small>Pl. XXVI, 1.</small> (b) Voyez les capes à l'espagnole et la maniere dont les bras étaient couverts par la tunique (pl. XXVI, 1).

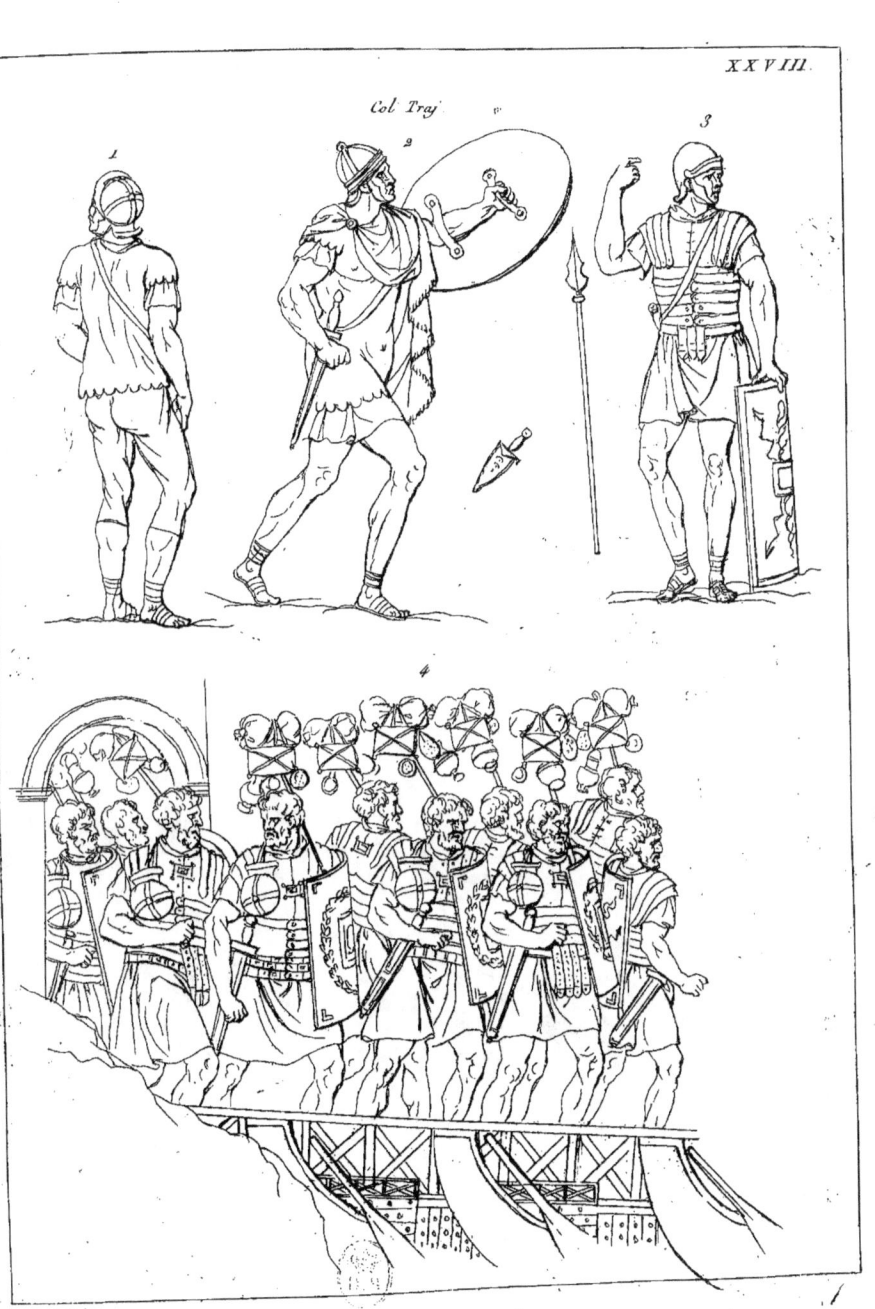

DES ROMAINS.

Les frondeurs étaient souvent nu-tête, et sans autre arme défensive que la *parme :* les offensives étaient l'épée courte, et quelquefois recourbée en forme de cimeterre, et la fronde; leur vêtement consistait en une courte *saie* sans manches, avec une ceinture; un pan de leur petit manteau leur servait à porter des pierres (pl. XXVI, 2). *Frondeurs.*

Pl. XXVI, 2.

L'armure des troupes légeres consistait en une espece de gilet peu serré, de grosse étoffe, ou de feutre, ou de peau (1), ou en un corselet de cuir un peu fort (2) dont l'extérieur avait la forme des parties qu'il couvrait : elles avaient quelquefois un manteau; il y en avait de diverses formes, de diverses grandeurs, et même de fourrés. *Troupes légeres.*

Pl. XXVIII, 1, 2.

Les soldats pesamment armés (3, 4) avaient le bas de la cuirasse diversement terminé; quelques uns n'y avaient point d'appendice devant; d'autres y en avaient un consistant en trois ou quatre bandes perpendiculaires de cuir, pour couvrir le bas-ventre; ces bandes quelquefois ne dépassaient pas la cuirasse. ---- *pesamment armées.* 3, 4.

Les boucliers étaient ordinairement de forme carré-long; cependant on en voit sur l'arc de Constantin de ronds et d'hexagones (pl. XXVII, 1, 3); plusieurs soldats, sur la colonne trajane, sont armés de la *parme ;* d'autres, qui vraisemblablement sont des soldats prétoriens, ont des lambrequins à leur cuirasse, qui est quelquefois en forme d'écailles de poisson. Pl. XXVII, 1, 3.

Les chevaux de Trajan ont un simple ou un double caparaçon, et quelquefois aussi une selle (1); ceux des cavaliers sont harnachés de la même maniere : celui que j'ai choisi dans la colonne trajane fait voir la maniere dont ils assujettissaient le manteau avec la ceinture, et comment se plaçait le bouclier sous le caparaçon (pl. XXV, 4). *Cavaliers.*

Pl. XXIX, 1.

Pl. XXV, 4.

COSTUME ET USAGES

<small>Cotume du peuple en temps de paix.</small> On peut juger du costume des Romains en temps de paix par celui des citoyens qui font des vœux pour l'empereur à son départ, et de ceux qui assistent au triomphe <small>3, 5.</small> (3, 5); il consiste en une tunique dont les manches se terminent au coude, et en une espece de manteau agraffé sur l'épaule gauche, descendant vers la hanche droite, et se terminant assez carrément vers les jarrets ; tous ont leur chaussure fermée.

<small>Enfants.</small> Parmi les enfants des deux mêmes groupes il y en a dont le costume est le même que celui des adultes, et d'autres dont la tunique descend plus qu'à mi-jambe; quelques uns y ont de longues manches : il y en a avec la toge, et <small>Pl. XXV.</small> d'autres avec le manteau (pl. XXV).

Le costume des jeunes filles ne differe de celui des garçons qu'en ce que leurs vêtements sont plus longs; leur manteau traînerait à terre si elles n'avaient soin de le relever : leurs cheveux sont différemment agencés.

<small>Plotine. Pl. XXX, 1.</small> *Plotine*, épouse de Trajan (pl. XXX, 1), porte un ample voile qui la couvre entièrement par derriere, et ne laisse voir que le bas de ses deux tuniques ; l'une descend jusqu'à terre, l'autre jusqu'au-dessous des genoux : sur sa chaussure, qui est fermée, est brodée une espece de croix.

<small>3, 4.</small> Des médailles (3, 4) la représentent avec un simple ou double toupet, et quelquefois une aigrette devant la mi- <small>5.</small> tre (5); celle-ci quelquefois couvre le bas du toupet, derriere lequel est ou un ruban ou une tresse de cheveux nat- <small>2, 7.</small> tés (2, 7) : sur quelques unes le ruban est sur le bas du toupet <small>3, 8, 9, 7.</small> (3, 8, 9); les cheveux sont en queue nattée (7), ou couverte <small>4.</small> et enrichie de perles (4); d'autres n'ont qu'un double ru- <small>2, 3, 8.</small> ban pendant sous la nuque (2, 3, 8); d'autres enfin ont <small>6, 9.</small> les cheveux nattés et disposés en forme de *calathus* (6, 9).

Marcia, sœur de Trajan, a sa mitre placée derrière un double ou triple toupet (10, 11); quelquefois une quadruple mitre (12) lui couvre presque entièrement le front et le devant de sa chevelure, qui est toujours relevée de toutes parts, et vient se natter vers le sommet de la tête.

Cette princesse est représentée dans Augustin (13) et dans le jardin du palais Farnèse avec une aigrette de pierreries au-dessus du front : sur un buste qui est à la villa Pamphili une espèce de croissant lui tient lieu d'aigrette.

La coëffure de *Matidie*, fille de *Marcia*, et mère de *Sabine*, dont je parlerai bientôt, imitait celle de sa mere, mais était plus riche et plus élégante (pl. XXXI, 1, 2, 3, 4, 5).

Hadrien (6) régna depuis l'an 118 jusqu'à l'an 138. Ennemi du luxe, on le voyait à l'armée toujours nu-tête, et vêtu d'étoffes communes ; son baudrier n'était point enrichi d'or; une poignée d'ivoire faisait le plus bel ornement de son épée : il aimait à voyager, et c'était presque toujours à pied. J'ai une de ses médailles où il est représenté avec un casque à la grecque (7).

Il fut le premier des empereurs romains qui ne rasa point sa barbe ; c'était, dit-on, pour cacher quelques cicatrices : ses courtisans, à son exemple, laisserent aussi croître la leur : cette mode se propagea bientôt parmi le peuple ; ses successeurs la suivirent jusqu'à Alexandre Sévère.

On lit dans Spartien qu'il recevait debout les sénateurs qui venaient manger chez lui, et qu'à table il portait sa toge rabattue. Cet auteur n'aurait eu garde de rappeler une pareille circonstance si elle eût été selon l'usage : cela prouve seulement que cet empereur affectionnait la toge; Spartien rapporte aussi textuellement qu'Hadrien ordonna aux sénateurs et aux chevaliers de ne paraître en public qu'avec ce vêtement, si ce n'est lorsqu'ils rentraient chez eux après souper.

<small>Sabine.
8.</small>
Sabine, épouse d'Hadrien, est représentée avec les mêmes vêtements que Plotine (8); la seule différence consiste en ce que la *palla* ne lui couvre pas la tête, dont les cheveux, nattés et roulés à-peu-près comme ceux de Julie, femme de Tibere, imitent un cylindre, et sont par-devant couverts d'une mitre un peu haute, sur laquelle est un rang de perles: sa chaussure est fermée.

<small>9, 10, 11, 12, 13, 14, 15, 16. Pl. XXXII, 1, 2, 3, 4, 5.</small>
Sa chevelure quelquefois est élégamment nattée, mais ordinairement plus simple, et en général moins riche que celle de Matidie; quelquefois elle n'a qu'un simple ruban autour de la tête, et quelquefois rien.

<small>Domitie Lucille.</small>
Domitie Lucille, épouse d'Ælius, avait une petite tresse de cheveux roulée autour de la tête; le reste formait une simple queue nattée qui de la nuque s'élevait vers le sommet de la tête (5A).

<small>5A.</small>

<small>Antonin le Pieux, emper., 138, mort l'an 161.
6.
7.</small>
Antonin le Pieux, né l'an 86, empereur l'an 138, mort l'an 161, était bien fait; on lui trouvait quelque ressemblance avec Numa. Il fut ennemi du faste. On voit (7) un casque grec pris sur une de ses médailles.

<small>Faustine mere.</small>
Faustine la mere, épouse d'Antonin, est le plus souvent représentée avec ses cheveux nattés, et disposés en forme de *calathus* sur le sommet de la tête; quelquefois elle n'a que cette partie de la chevelure nattée (8); d'autre fois le reste (9, 10) forme diverses nattes qui viennent par derriere se réunir à une espece de *calathus*. Tristan la fait voir avec une partie de ses cheveux nattée qui lui ceint

<small>8.
9, 10.</small>

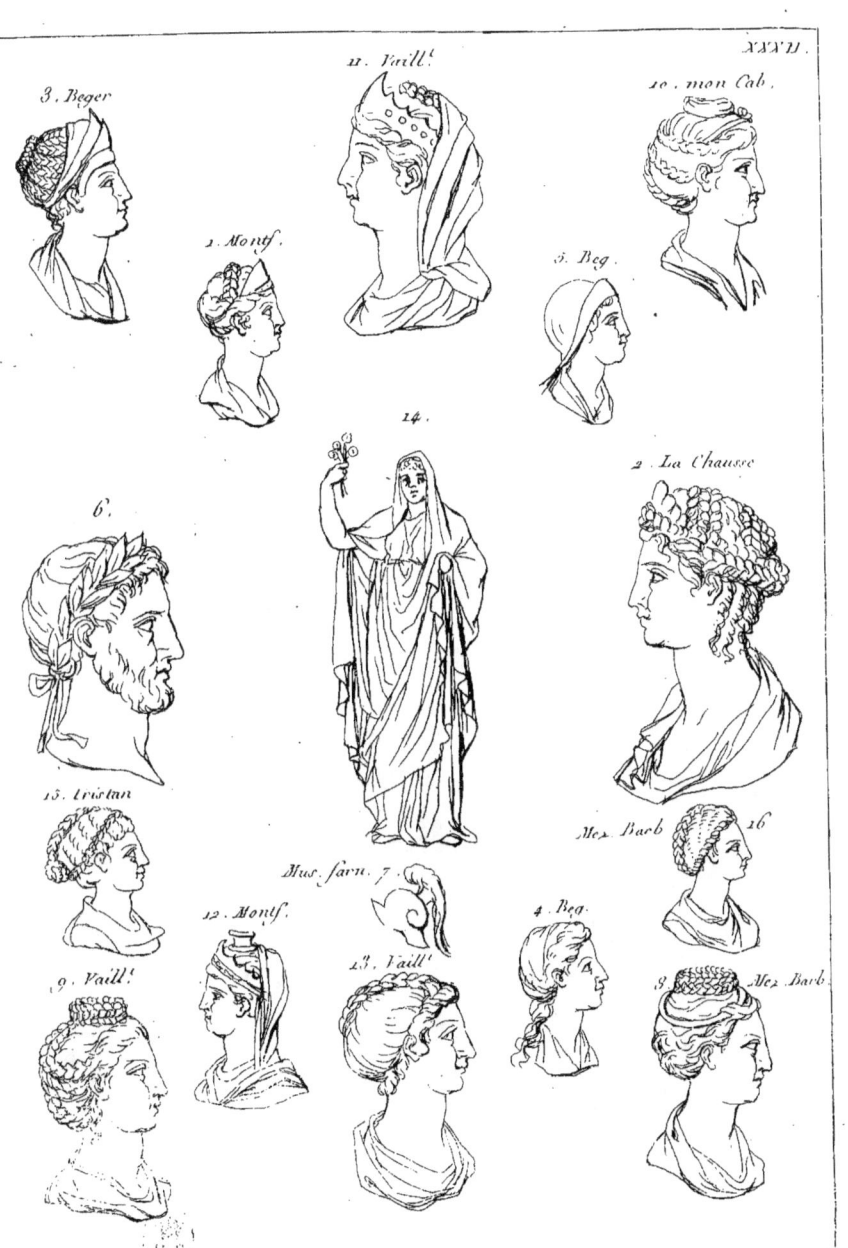

la tête, et forme par derriere une touffe dont les contours imitent la forme d'un limaçon; le reste se releve jusqu'au toupet (15): on la voit aussi avec une riche mitre et un voile qui ne lui couvre que le derriere de la tête (11,12); enfin (13) elle est coëffée plus simplement: ses cheveux réunis forment une grosse queue nattée qui vient se fixer derriere le toupet (a).

15.
11, 12.
13.

Marc-Aurele (1) était robuste et d'une taille avantageuse: il prit l'habit de philosophe à l'âge de douze ans, monta sur le trône l'an 161, et mourut l'an 180, âgé de cinquante-huit ans: sa statue, rapportée par Montfaucon (2), le représente avec une cuirasse qui n'a d'autre ornement qu'un rang de lambrequins, si courts qu'ils couvrent à peine la moitié du tonnelet qui descend beaucoup moins que la *saie;* celle-ci néanmoins arrive à peine jusqu'au milieu de la cuisse. Il n'a point de ceinture; une draperie beaucoup plus longue que large, dont un des bouts pend de l'épaule droite vers le bas des reins, lui couvre l'avant-bras gauche, d'où elle va jusqu'au genou: sa chaussure, imitant un gant, lui remonte jusqu'aux malléoles où elle forme quelques plis.

Marc-Aurele, emp., 161, m. 180.
Pl. XXXIII, 1.

2.

Les lambrequins du bas de sa cuirasse ne sont pas aussi courts sur la colonne antonine, quoiqu'il y en ait quelquefois deux rangs (3): sa statue équestre au Capitole le représente vêtu d'une tunique à courtes manches qui lui

3.

(a) Montfaucon a donné le dessin d'une matrone romaine de la 13ᵉ année du regne d'Antonin. Ce monument, s'il est antique, prouve que les artistes de ce temps-là ne consultaient pas toujours la nature: il serait bien difficile de donner le développement de sa robe dont une partie lui sert de voile (pl. XXXII, 14).

laisse une partie des cuisses découverte; il a une ceinture; son *paludamentum* s'agraffe sur l'épaule droite; sa chaussure est fermée, et couvre le tiers inférieur de la jambe : divers ornements qui font partie de la bride décorent le chanfrein de son coursier: une double housse lui tient lieu de selle. (*Perier.*)

Sur l'arc de Portugal il est vêtu d'une longue tunique descendant jusqu'aux pieds; sa toge est par-dessus : le costume de ses généraux est pareil au sien (4, 5, 6). Cet empereur ordonna à ses soldats de se vêtir de la toge (*a*); il leur fit prendre des boucliers ovales (7), ils en eurent aussi d'hexagones: la longueur de leur haste ne dépassait guere la hauteur des épaules (8) : plusieurs cependant en avaient qui excédaient leur taille de tout le fer (5, 6).

Quelques uns avaient des casques plus ou moins saillants en avant (10); d'autres laissaient le derriere du cou nu. Parmi les armures on voit des jacques de mailles, et en forme d'écailles (pl. XXXIV, 1, 5) : à cela près le costume militaire est le même sur les colonnes trajane et antonine (2, 3, 4, 6).

Faustine la jeune, épouse de Marc-Aurele, était moins belle que jolie; ses yeux étaient petits, et son cou trop long. Maffei la fait voir avec la seule tunique et la *palla* qui lui sert de voile; sa chaussure laisse les orteils à découvert. Quant à la coëffure, elle était ou sans mitre (1, 2, 3, 4, 5), ou avec la mitre (6, 7), ou avec un simple ruban autour de la tête (8, 9, 10, 11), ou plus souvent encore avec ses cheveux quelquefois nattés, rassemblés der-

---

(*a*) Il conste par la colonne antonine qu'on la plaçait alors sur l'épaule gauche, et qu'elle s'agraffait sur la droite.

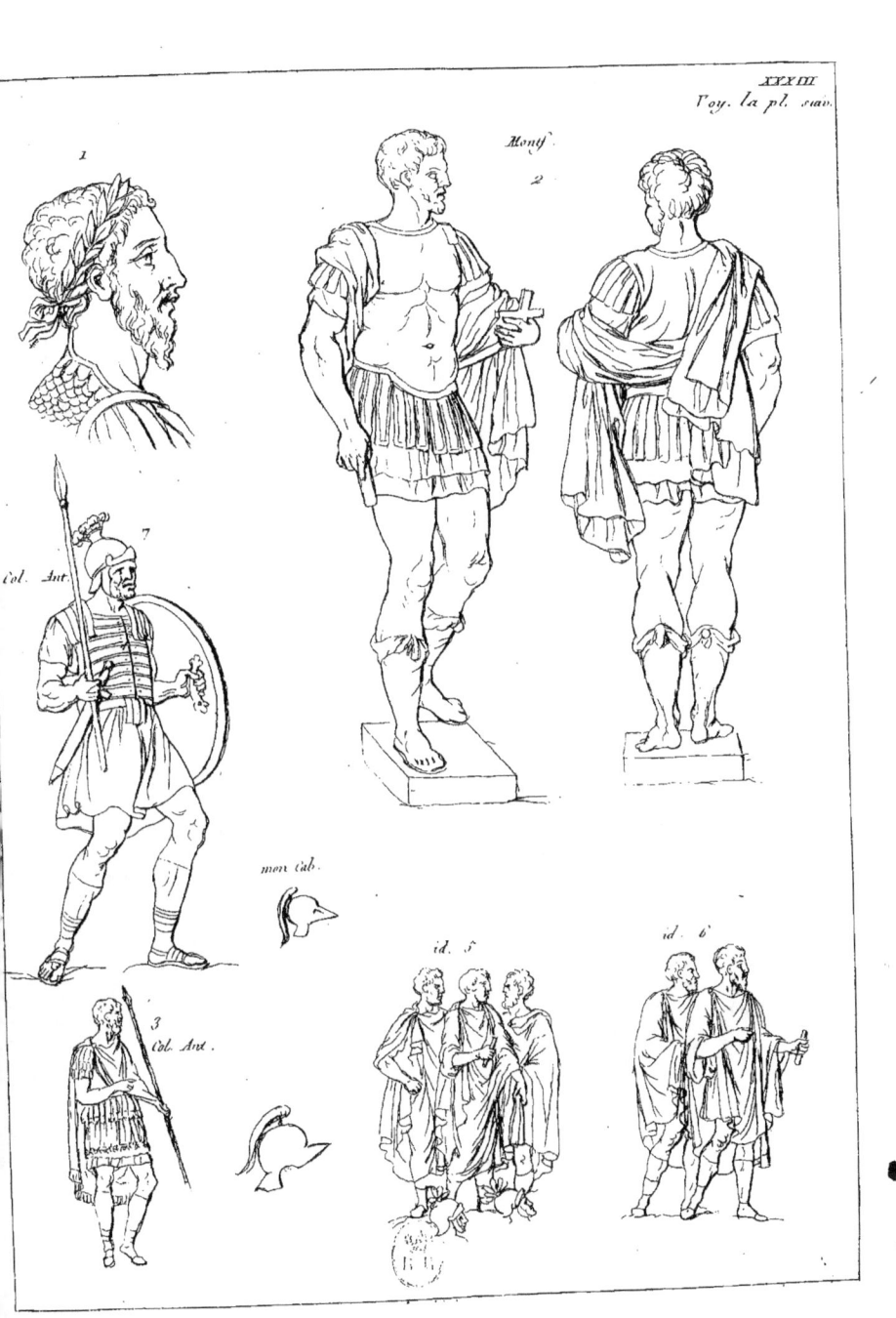

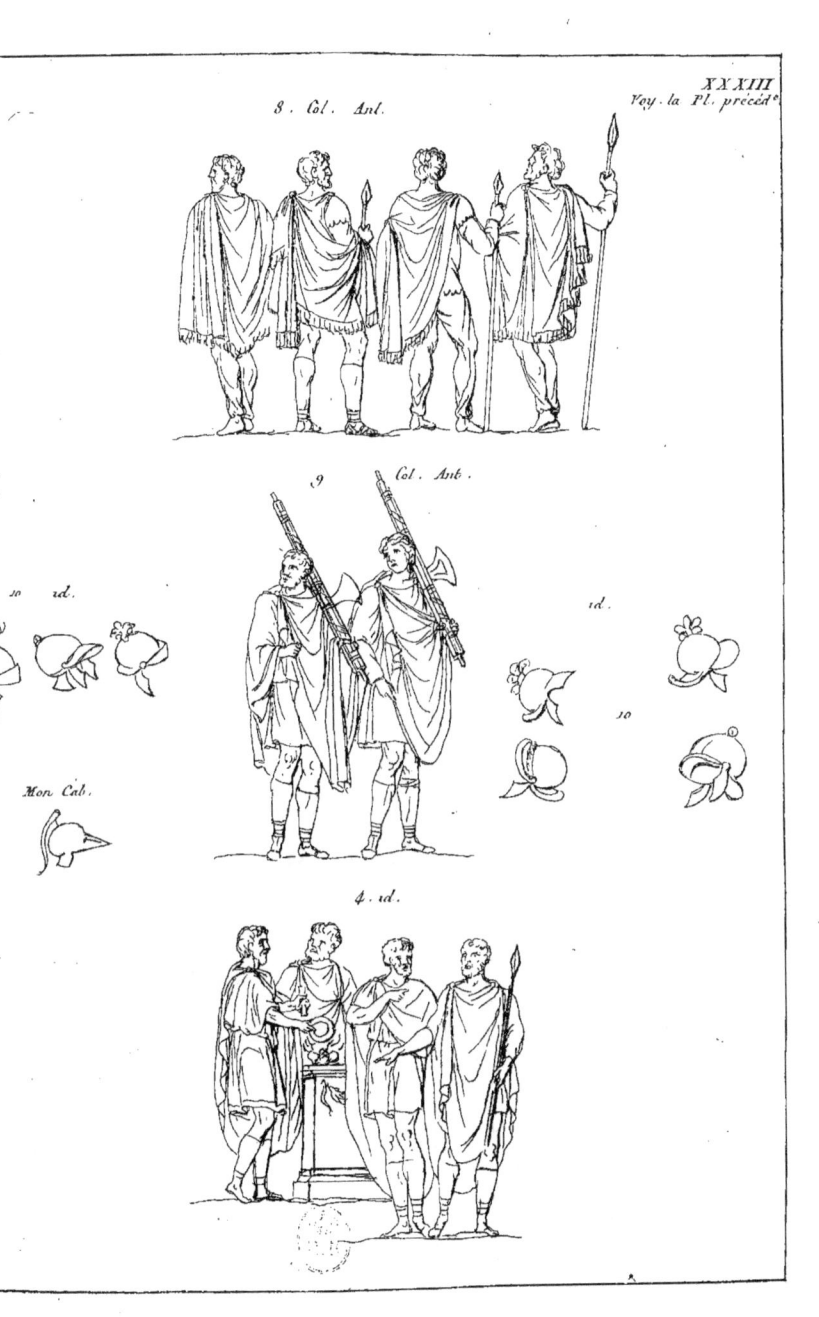

riere le sommet de la tête, ou vers la nuque (12, 13, 14), *12, 13, 14.*
ou avec diverses coëffures qui la couvrent en tout ou en
partie (15, 16, 17, 18), ou enfin avec le diadême. *15, 16, 17, 18.*

Le groupe qui est à Rome dans le jardin Ludovisi la
représente embrassant un gladiateur : elle a une tunique
dont les manches, quoique larges vers le bas, s'élargissent
de plus en plus vers le haut, et ne couvrent que la moitié
du bras ; elles ne sont fermées de l'épaule en bas que par
le moyen de cinq à six boutons : elle ne porte point de
ceinture ; sa *palla,* placée sur l'épaule gauche, lui enveloppe les cuisses et les jambes ; sa chaussure laisse les orteils
découverts.

Lucius Verus, collegue de Marc-Aurele, était bel   Lucius Verus, emp., 160, m. 169.
homme ; il répandait de la poudre d'or sur ses cheveux :
il mourut l'an 169, après un regne de neuf ans.

Lucille, fille de Marc-Aurele et de Faustine, était née   Lucille.
l'an 146 ; elle avait dix-sept ans lorsqu'elle se maria avec
Lucius Verus, et mourut à l'âge de trente-huit ans. Sa
statue (pl. XXXVI, 1) la représente avec deux tuniques ; Pl. XXXVI, 1.
celle de dessous descend jusqu'à terre, celle de dessus ne
va qu'à mi-jambe ; les manches aisées n'arrivent que jusqu'au coude : elle est ceinte ; son ample *palla* ne lui laisse
qu'un bras de libre et découvert, ainsi que le devant de
ses tuniques de la ceinture en bas : elle n'a ni coëffure
ni diadême ; des perles et des pierreries, entrelacées avec
ses cheveux artistement rangés, lui en tiennent lieu ; elle
porte un triple bracelet ; sa chaussure est fermée.

La coëffure differe peu de celle de Faustine la jeune ; ses   Pl. XXXV, 21, 22, 23, 24.
tresses nattées sont quelquefois rangées autour de la tête,
et se réunissent vers la nuque. Je remarquerai en passant
qu'une des médailles de cette impératrice (20) la repré- *20.*

sente avec une robe fermée par-devant, et dont les plis vers le haut sont disposés comme ceux d'une aube.

Commode, empereur l'an 180, mourut l'an 192, âgé de trente-un ans: il était d'une belle stature; il faisait quelquefois répandre de la poudre d'or sur ses cheveux qui tiraient sur le roux, et porter devant lui avec appareil une massue et une peau de lion, attributs d'Hercule: il défendit d'aller au spectacle avec la toge, et ne permit d'y aller qu'avec la *penula*. Dion dit qu'il portait une tunique et une chlamyde de soie teinte en pourpre et enrichie d'or: ses prédécesseurs, si on en excepte Néron à son retour de la Grece, avaient la leur sans dorure.

[margin: Commode, empereur, 180, m. en 192.]

Crispine, épouse de Commode (2), porte une ample *palla* qui ne laisse en évidence que la tête, une épaule, et le bas du devant de sa tunique: ses cheveux sont simplement agencés derriere la tête; sa chaussure ne couvre qu'une partie du pied.

[margin: Crispine. Pl. XXXVI, 2.]

Diverses médailles (3, 4, 5) la représentent avec les cheveux plus ou moins tressés et diversement agencés: Beger, d'après une pierre gravée (6), la fait voir coëffée comme Lollie Pauline, épouse de Caligula, et les cheveux qui entourent la face entortillés d'un ruban.

[margin: 3, 4, 5. 6.]

Pertinax avait plus de soixante-six ans lorsqu'il fut élu empereur l'an 193; il ne régna que quatre-vingt-sept jours: il avait la taille élévée, et l'air doux et majestueux; sa barbe formait de longues boucles perpendiculaires (pl. XXXVII, 1).

[margin: Pertinax, empereur, 193. Pl. XXXVII, 1.]

Julien I était âgé de soixante ans, l'an 193, lorsqu'il acheta l'empire, dont il ne jouit que soixante-six jours.

[margin: Julien I, empereur, 193.]

Manlia Scantilla, épouse de Didius Julianus, avait ses cheveux attachés derriere la tête, tordus et relevés (pl. XXXVI, 7).

[margin: Manlia Scantilla. Pl. XXXVI, 7.]

Arc de Sept. Severe.

DES ROMAINS.

Didia Clara, fille de la précédente, n'avait que quelques cheveux nattés et relevés par derriere (8)

Septime Sévere (pl. XXXVII, 2) régna depuis l'an 193 jusqu'à l'an 211 : il fut ennemi du faste; ses habits de paix et de guerre ne différaient en rien de ceux de ses sujets : ainsi que Trajan on ne le distingue dans ses monuments qu'à la noblesse de son maintien, et à la principale place que l'artiste lui a fait occuper.

Sa tunique, ceinte sur les hanches (3, 4), ne descend qu'au-dessus du genou; les manches sont courtes, quoique plusieurs de ses sujets en aient qui descendent plus bas que le coude; son *paludamentum*, agraffé sur l'épaule droite, a une seconde agraffe sur l'épaule gauche, et descend plus qu'à mi-jambe; ses chausses se terminent aux mollets; sa chaussure fermée remonte de quatre doigts au-dessus des malléoles : le *paludamentum* de l'un de ses officiers semble fait de deux pieces agraffées ensemble sur chaque épaule.

Les casques de ses soldats sont diversement relevés en avant; quelques uns même sont saillants comme ceux des Grecs; presque tous néanmoins, sur son arc de triomphe, ont le sommet recourbé en avant, comme le corno phrygien : ses successeurs ne suivirent pas cette mode. L'histoire nous apprend qu'il permit à tous ses soldats de porter des anneaux d'or; ils n'en avaient jusqu'alors porté que de fer : leurs tuniques étaient blanches, de la couleur naturelle de la laine; il y en a sur l'arc avec la *penula* (pl. XXXVII, 5).

Le bouclier de ses troupes légeres et de celles pesamment armées est, sur son arc, indifféremment rond ou ovale, carré-long ou hexagone; trois de ses soldats seulement portent l'épée du côté gauche.

COSTUME ET USAGES

Les femmes à sa mort se vêtirent de blanc.

Albin, 193-197.   *Albin,* que Septime Sévere nomma César l'an 193, se donna la mort l'an 197: il était d'une belle taille, et avait de l'embonpoint, quoique d'un caractere mélancolique; sa bouche était grande, et sa barbe frisée.

Julie.   *Julie,* épouse de Septime Sévere, avait le plus souvent des cheveux empruntés, agencés de maniere que ses oreilles étaient entièrement cachées, de même qu'une grande par-

Pl. XL, 1, 2, 3, 4, 5, 6, 7, 8, 9, 10, 11, 12. tie du derriere du cou (*a*) (pl. XL): elle portait quelquefois une petite mitre; tantôt ses cheveux, divisés en cinq à six tresses nattées, se recoquillaient vers la nuque, ou étaient simplement rassemblés derriere, puis roulés et relevés jusqu'au sommet de la tête, et tantôt, largement nattés, ils lui formaient comme une calotte. Deux médailles de Pelerin

8, 9, 10. et une de Liebe (8, 9, 10) sont les seules où je l'ai vu représentée avec les oreilles découvertes en tout ou en partie: elle mourut l'an 217.

Caracalla, 211-217.   *Antonin Caracalla* commença de régner l'an 211, et fut tué l'an 217, âgé de vingt-neuf ans: il était d'une taille médiocre, et d'un tempérament mal-sain; sa physionomie farouche était assortie à son caractere: le surnom de *Caracalla* lui fut donné à cause de la préférence qu'il donnait à un vêtement de ce nom qui était en usage chez les Gaulois atrébates.

La *caracalla* avait des manches, était ouverte par-devant, et descendait jusqu'à mi-cuisse; elle était plus ou moins riche, mais toujours assez ample pour pouvoir être

---

(*a*) Tertullien, qui vivait sous ce regne, parle des longues chevelures flottantes et frisées, ainsi que des énormes chevelures empruntées dont les femmes alors chargeaient leur tête.

XXXX

1. mon Cab.   2. Vaillant.   4. id.   3. id.
16. Pelerin.   8. id.   13. Montf.   11. Pelerin.   9. id.
6. Beger.   7. Beger.
10. Liebe.   12. Mex Barb.   5. Beger.   15. Pelerin.
14. Vaillant.   * mon Cab.   17. Vaillant.

mise par-dessus les autres habits : les soldats, le peuple, les habitants de la campagne en faisaient usage ; ceux-ci y ajoutaient un capuchon comme à la lacerne : celle que cet empereur portait de préférence descendait jusqu'aux talons.

Sa chlamyde, au lieu d'être simple comme celle de presque tous ses prédécesseurs, était brodée en or et en argent : aimant à imiter Alexandre le Grand, il portait ordinairement le *causia* ou chapeau royal macédonien.

Sur un bronze, rapporté par Duchoul, il est représenté avec son frère Géta : ils sont tous les deux armés ; l'un est affublé d'un *paludamentum* fermé par-devant, l'autre a le sien ouvert et agraffé sur l'épaule droite.

Caracalla portait des chausses ; il les avait rabattues pour satisfaire à des besoins lorsque Martial l'assassina. Un marbre romain (13) le représente n'ayant de la barbe qu'autour de la face et sous le menton ; il est vêtu d'une *saie* dont les manches pourraient descendre jusqu'aux coudes ; sur sa cuirasse sont représentés deux griffons affrontés ; au-dessous est un aigle : sur les festons qui sont au bas est alternativement une tête d'aigle et une tête de bélier, excepté sur celui du milieu qui a une tête de lion ; les lambrequins sont terminés par deux touffes imitant des boucles de cheveux : sa ceinture est placée un peu au-dessus du nombril ; son *paludamentum*, agraffé sur l'épaule droite, lui passe par-dessus la gauche, et le couvre entièrement par derrière jusqu'aux gras des jambes ; sa chaussure, dont le haut est enrichi d'un mufle, est fermée, et couvre le tiers inférieur de la jambe ; elle est du genre de celles que l'on nommait *ocrea*. (Montfaucon).

Des médailles représentent *Plautille*, épouse de Caracalla, avec la chevelure couvrant l'oreille, et disposée comme celle de quelques unes de Julie sa belle-mere (17, pl. XLI, 4), mais le plus souvent l'oreille est découverte ; ses cheveux nattés formaient une espece de *calathus* derriere la tête (pl. XL, 14, 15, 16, pl. XLI, 1, 2, 3) : elle mourut l'an 211.

Macrin, empereur l'an 217, mort l'an 218, fit quitter à l'infanterie le *scutum* ou grand bouclier carré-long, et lui fit prendre le *clypeus* ou bouclier argien, qui était tantôt rond, tantôt ovale, et beaucoup plus léger.

Les médailles du commencement de son regne le représentent rasé ; mais, pour se donner quelque ressemblance avec Marc-Aurele, il laissa croître sa barbe ; et les graveurs sur la fin de son regne, la lui supposerent longue.

Varius Avitus Basianus, surnommé *Héliogabale*, était beau de visage : ce fut un monstre en fait de débauche, de cruauté, de luxe, et de prodigalité : il ne fut pas le premier des empereurs romains qui porta des habits de soie pure, comme des auteurs l'ont prétendu, puisque Caligula et Commode en avaient usé ; ses vêtements ordinaires étaient d'étoffes d'or et d'argent ; il était couvert de pierreries depuis la tête jusqu'aux pieds : donnant quelquefois dans un excès opposé, il ne rougissait pas de paraître en public nu, dans un char traîné par des femmes nues ; il faisait répandre devant lui de la poudre d'or ou d'argent pour ne pas souiller ses pieds lorsqu'il allait de son appartement à sa voiture.

Le dieu Elagabale, dont il était pontife, qu'il fit transporter à Rome, et auquel il fit construire un temple magnifique, n'était qu'une pierre noire de figure conique : il maria ce dieu à une déesse qu'il apporta de Carthage ;

XXXVI

1. Beger 3. Augustin 4. Mez. Barb. 2. Beger
5. Vaillant
7. Beger 8. Beger
16. 9. Mus. Farn. 11. Kel. 12. Beger
15. Pelerin 17. Mus. Farn. 13. Vaillant
12. a. Vaillant 6. Mez. Barb.
19. id. 14. Kel. 10. Monty 18. Vaillant

on assure qu'il leur immolait des enfants de l'un et de l'autre sexe.

Sous ses prédécesseurs l'usage s'était peu-à-peu introduit de porter indifféremment des chaussures noires, rouges, blanches, vertes, ou jaunes; il le défendit aux plébéiennes. Il fut tué après un regne de trois ans, à l'âge de dix-huit ou vingt ans, selon quelques auteurs.

Julia Paula, premiere épouse d'Héliogabale, est coëffée d'une perruque, ou avec les cheveux, tantôt négligés, tantôt rassemblés, nattés, et diversement agencés derriere la tête (7, 8, 9, 10, 11, 12); certaines médailles (5, 6) la représentent avec une mitre, de derriere l'une partent des rubans qui fixent les cheveux qui sont relevés: ce dernier genre de coëffure dans la suite fut adopté avec de légers changements par la plupart des impératrices, jusqu'à Hélene, épouse de Julien l'apostat : Julia a presque toujours l'oreille découverte.

Aquilie Sévere, deuxieme épouse du même, était à-peu-près coëffée comme la précédente; elle est quelquefois sans mitre, et quelquefois avec les cheveux courts, et une simple boucle par derriere (12a, 13, 14, 15, 16): cette impératrice avait été vestale.

Annie Faustine, troisieme épouse du même, est sans mitre, avec les cheveux tantôt longs, nattés et relevés (17), tantôt courts avec une seule boucle par derriere (18); sous sa *palla* est une tunique fermée par-devant, et plissée comme une aube: on la voit aussi avec la mitre; ses longs cheveux nattés flottent sur les épaules (19).

La coëffure de *Julie Soëmias*, fille de Mæsa, sœur de Mamée et mere d'Héliogabale, differe peu de celle de Julia Paula; les rubans qui partent de sa mitre n'ont point de cheveux nattés à retenir (1, 2, 3). Les femmes n'entraient jamais au sénat; elle fut la premiere qui vint y prendre place.

Julie Mæse, sœur de Julie, épouse de Sévere, était l'aïeule d'Héliogabale; ses médailles la représentent avec les cheveux plats et courts (4), ou avec les cheveux plats relevés et nattés au-dessus de la nuque (5, 6); ils cachent ses oreilles, partie du front et des joues; elle a quelquefois une mitre (7), et quelquefois un voile qui laisse voir une grande partie de sa chevelure (8).

Mamée, mere d'Alexandre Sévere (9), est représentée avec une ample tunique ceinte descendant jusqu'à terre; par-dessus elle porte un ajustement singulier frangé par le bas et qui l'entoure depuis les hanches jusqu'à mi-jambe, et sur le tout un ample et long voile traînant qui lui tombe de derriere la tête; ses cheveux, nattés et relevés, sont assujettis sous la mitre; le toupet est frisé.

On voit, par les médailles, que sa coëffure ordinaire étoit à-peu-près la même que celle de Soëmias (10, 11, 12, pl. XLIII, 1, 2, 3, 4).

Alexandre Sévere, empereur l'an 222, tué l'an 235 à l'âge de 26 ans, était d'une belle taille: ses cheveux étaient très courts; il se fit raser: ses prédécesseurs ne l'avaient point fait depuis Hadrien; il préféra le linge bien blanc sans mélange de couleurs à la pourpre; il regardait comme une folie le luxe de ceux qui, y ajoutant des ornements d'or et d'argent, en ôtaient la souplesse; quand il revenait des bains il était ordinairement avec une lacerne de pourpre.

Avant lui les Romains n'avaient guere employé le lin pour leurs habits; l'usage n'en fut généralement adopté

que long-temps après, et ce fut pour des vêtements de dessous qui se portaient comme nos chemises.

Nous avons vu que la *penula* était une espece de manteau d'hiver avec un capuchon, et bordé de longues franges dont les chevaliers et les tribuns du peuple seulement faisaient usage dans Rome : Alexandre l'interdit à tous, et ne l'accorda qu'aux vieillards ; il ne le permit aux jeunes gens et aux femmes que dans leurs voyages seulement.

Quantité de personnes de tout état se servaient de *carruques* enrichies d'argent ; il n'en permit l'usage qu'aux sénateurs (*a*).

Barbia Orbiana, épouse d'Alexandre Sévere, avait une petite mitre sur sa chevelure dont les petites tresses transversales venaient s'attacher derriere la tête (5) ; on la voit aussi avec ses cheveux assez plats et nattés transversalement au-dessus de la nuque (6).

Maximin avait 27 décimetres de haut ; il était d'une belle proportion et se faisait raser ; ses cheveux étaient très courts : il s'empara du trône l'an 235, et fut tué l'an 238 à l'âge de cinquante-cinq ans.

Maximus, fils de Maximin, régna et mourut avec son pere à l'âge de vingt ans ; il était rasé et portait les cheveux très courts.

Les deux *Gordiens d'Afrique* ne régnerent qu'un mois l'an 237 : ils étaient rasés : le pere avait les cheveux très courts ; il était âgé de soixante-dix ans : le fils en avait quarante ; ses cheveux avaient deux ou trois doigts de

---

(*a*) La *carruque* était une espece de chariot à quatre roues conduit par quatre mules ou mulets.

long; sur le revers d'une de leurs médailles est un casque grec (7).

Puppien et Balbin, 238.

Puppien et *Balbin* régnerent ensemble cent jours: le dernier, âgé de soixante ans, est représenté rasé; l'autre, âgé de soixante-quatorze ans, est avec une longue barbe (8): on peut inférer de là que chacun suivait alors sa fantaisie.

Gordien Pie, 239-244.

Gordien Pie avait les cheveux très courts: il fut déclaré César à treize ans et demi; il était bienfait, et d'une physionomie ouverte: il fut assassiné l'an 244, après un regne de cinq ans, à l'âge de dix-neuf ans.

Tranquilline. 9, 10, 11, 13, 14.

Les médailles de *Tranquilline,* épouse de Gordien Pie, la représentent avec la mitre, et coëffée comme les précédentes: celle qui est gravée dans Mezzabarba (12), au lieu du toupet et des cheveux qui entourent la face, n'a que quelques festons.

Philippe pere, 244-249.

Philippe le pere, empereur l'an 244, fut tué l'an 249, à l'âge de quarante-cinq ans: ses cheveux étaient très courts, sa barbe courte (1).

Pl. XLIV, 1.

Philippe fils.

Philippe le fils avait aussi les cheveux très courts: il fut tué à l'âge de douze ans.

Pacatien.

Pacatien, tyran contemporain de Philippe, n'est connu jusqu'ici que par ses médailles qui le représentent âgé d'environ trente ans, avec la barbe courte, et deux doigts de cheveux.

Otacile Sévere.

Otacile Sévere, épouse de Philippe, a tantôt une mitre cannelée, et tantôt une mitre enrichie de perles; son toupet quelquefois est entouré de rubans; ses cheveux sont tantôt relevés et nattés depuis la nuque jusqu'au sommet de la tête, tantôt cette partie de la chevelure est couverte de plusieurs rangs de perles (2, 3).

XXXIV

4. Beger 2. Vaillant 5. Beger

11. Banduri 12. Beger

14. Mex. Barb. 17. Pelerin

15. 3. Vaillant

16. Mus. Farn.

8. mon. Cab. 13. Beger 9. Banduri

7. Beger

1.

6. Beger 10. Banduri

DES ROMAINS.

Trajan Dece a les cheveux très courts, et la barbe tantôt courte, tantôt rasée; son casque saille en avant; son bouclier ovale le couvre depuis l'épaule jusqu'au genou : il commença de régner l'an 249, et mourut l'an 251, âgé de cinquante ans.

Etruscille, épouse de Trajan Dece, est presque toujours avec la mitre, et les cheveux tantôt simplement bouclés ou nattés fixés sur la nuque, et tantôt relevés derriere la tête; l'oreille est toujours découverte (4, 5, 6, 7, 8, 9, 10, 11) : elle paraît âgée d'environ quarante-cinq ans.

Les médailles d'*Herennius Etruscus* le représentent rasé, tondu, et âgé d'environ vingt ans : il fut declaré César par Trajan Dece son pere, l'an 249, et mourut en combattant, l'an 251.

Hostilien frere d'Herennius, *idem* : il mourut de la peste peu de temps après la mort de son pere.

Trébonien Galle a ses cheveux très courts, et un doigt de barbe; il est quelquefois rasé : il fut empereur l'an 251, et mourut l'an 253, âgé de quarante-sept ans.

Volusien, fils de Trébonien, a les cheveux très courts, et un doigt de barbe; il est quelquefois rasé, excepté sous la mâchoire inférieure : il mourut peu de temps après son pere, âgé d'environ vingt ans.

Emilien, *idem*, fut empereur l'an 253, régna trois mois, et mourut âgé de quarante-six ans.

Valérien monta sur le trône l'an 253, fut fait prisonnier par Sapor, roi de Perse, l'an 260, et mourut dans les fers l'an 297, âgé de soixante-dix-sept ans : il a les cheveux très courts, et un doigt de barbe; il n'en a quelquefois qu'autour de la mâchoire inférieure, ou au-dessous seulement; quelquefois aussi il est rasé.

Les soldats avaient des casques saillants en avant, et des boucliers hexagones qui les couvraient depuis l'épaule jusqu'au genou.

Mariniana.   *Mariniana*, épouse de Valérien, était belle; son maintien inspirait le respect. Ses médailles la représentent avec un voile qui laisse paraître l'oreille, et une partie de la chevelure tantôt négligée, tantôt nattée: Beger en a publié une où elle a de plus une mitre (12, 13, 14).

Pl. XLIV, 12, 13, 14.

Gallien, 253-268.   *Gallien* avait ses cheveux moins courts que Valérien son pere, et de la barbe autour de la mâchoire inférieure (15); il la faisait friser à petites boucles, et conservait quelquefois ses moustaches (16); il poudrait ses cheveux avec de l'or; ses habits, sa chaussure, étaient couverts de broderies et de pierreries précieuses.

15.
16.

Sur un quadrige, frappé sous son cinquieme consulat, il porte une tunique dont les manches descendent jusqu'au coude; son manteau triomphal a les mêmes plis, la même forme que la toge, et couvre l'épaule et le bras gauches; il tient une baguette.

Les historiens ont observé que l'an 262, lorsqu'il triompha des Perses, son char était traîné par des cerfs; son casque est tantôt à la grecque et tantôt à la romaine (16, 17).

16, 17.

Le luxe augmentant à mesure que l'empire s'affaiblissait, il permit même à des plébéiens l'usage des carruques enrichies d'argent, qu'Alexandre Sévere n'avait accordé qu'aux sénateurs. Les hommes commencerent de border leurs tuniques avec de l'or ou de la pourpre; de là vinrent les tuniques *paragaudes, monolores, dilores, trilores, pentelores,* c'est-à-dire à un, à deux, à trois, et à cinq galons: on commença aussi de porter des tuniques descendant jusqu'à terre, et à longues manches; en sorte que du temps de S. Augustin une tunique sans manches était indécente et même ignominieuse : Paul diacre, parlant d'une personne condamnée, dit qu'on lui mit une tunique sans manches, et qu'on la fit promener sur un âne bâté.

Salonine, épouse de Gallien, était ennemie du faste : sa statue n'a point de ceinture sur sa stole; sa *palla*, qui lui sert de voile, ne couvre que le derriere de la tête, et laisse voir la mitre; sa frisure est à petites boucles, et ressemble à celle des Français vers la fin du regne de Louis XV; sa stole par-devant serait entièrement découverte si un pan de la *palla*, relevé sur l'avant-bras droit, ne la couvrait depuis les hanches jusqu'au-dessous des genoux; sa chaussure est fermée (1) : elle est ordinairement coëffée comme Otacile Sévere (2, 3, 4, 5, 6, 7, 8, 9). {Pl. XLV, 1. 2, 3, 4, 5, 6, 7, 8, 9.}

Valérien jeune était fils de Valérien, qui en montant sur le trône le déclara César; Gallien lui accorda le titre d'Auguste l'an 266 : il fut mit à mort par ordre de Claude; il était rasé, et portait ses cheveux comme ceux de Gallien. {Valérien jeune.}

Cornelia Supera, épouse de Valérien jeune, est coëffée comme Salonine (10); sur une de ses médailles (11) est un ornement singulier, partant de l'oreille vers la nuque, d'où il s'éleve jusqu'à la mitre. {Cornelia Supera, 10, 11.}

Salonin, mort à l'âge de dix ans, est tondu. {Salonin.}

Macrien le pere se révolta l'an 261, et fut tué l'année suivante : il était avancé en âge; ses cheveux et sa barbe étaient courts. {Macrien pere, 261-262.}

Macrien le fils a les cheveux un peu plus courts que ceux de Gallien : il mourut très jeune. {Macrien fils.}

Quietus, autre fils de Macrien, avait les cheveux très {Quietus.}

courts, et ne conservait de la barbe qu'autour de la mâchoire.

Régillien, 260-263. *Régillien* avait les cheveux et la barbe courts: il se révolta l'an 260, et fut tué l'an 263.

Alexandre Emilien, 262-263. *Alexandre Emilien*, idem, se révolta l'an 262, et périt l'année suivante.

Zénobie, 267-272. *Zénobie*, reine de l'Orient l'an 267, fut détrônée l'an 272: elle porte une mitre sur sa coëffure, dont les rubans se réunissent un peu en arriere vers le sommet de la tête; quelquefois une partie de ses cheveux forme des boucles transversales jusqu'aux oreilles, d'où part une tresse nattée
Pl. XLVI, 1, 2. qui remonte vers la nuque (1, 2).

Postume, 261-267.
Pl. XLV, 10, 11, 12, 13, 14. *Postume* se révolta l'an 261, et fut tué l'an 267: il est tantôt avec les cheveux courts, la barbe longue, et des moustaches, tantôt avec la barbe sans moustaches; il se servait de casques à la grecque et à la romaine.

Ses contemporains, jusqu'à Tacite, conserverent la barbe et les moustaches, mais moins longues.

Junia Donata. 15. *Junia Donata*, épouse de Postume, était à-peu-près coëffée comme Otacile Sévere (15).

Postume le jeune. *Postume le jeune* avait les cheveux et la barbe courts: il périt avec son pere.

Lælien, 266. *Lælien* était avancé en âge lorsqu'il se révolta contre les Postumes l'an 266; il fut tué quelques mois après: il avait une longue barbe, et les cheveux longs de quatre doigts.

Victorin, 264-268. *Victorin* se joignit à Postume l'an 264, et fut tué l'an 268: ses cheveux étaient courts; on le voit tantôt avec la barbe et les moustaches, et tantôt avec la barbe seule-
Pl. XLVI, 3, 4. ment; son casque saille en avant (pl. XLVI, 3, 4).

Victorin le jeune mourut peu de temps après son père, âgé d'environ vingt-cinq ans: ses cheveux étaient courts; il n'avait de barbe qu'autour de la mâchoire inférieure.

Victorine, mere de Victorin, morte l'an 268, est représentée armée; son casque est grec (5): Banduri regarde cette médaille comme suspecte.

Marius, qui prit la pourpre dans les Gaules l'an 268, et fut tué trois jours après, avait les cheveux courts et la barbe aussi.

Auréole se révolta l'an 267, et fut tué l'année suivante: ses cheveux étaient courts; il avait de la barbe autour de la mâchoire inférieure, et des moustaches.

Claude Gothique, empereur, monta sur le trône l'an 268, et mourut deux ans après, âgé de cinquante-six ans. Ses médailles le représentent avec les cheveux courts, et quelquefois avec de la barbe autour de la mâchoire; mais le plus souvent il a aussi des moustaches: il était d'une belle taille; sa physionomie inspirait le respect.

Quintilius, frere de Claude, ne régna que dix-sept jours: ses cheveux longs de trois ou quatre doigts étaient frisés, et sa barbe courte.

Aurélien, empereur l'an 270, fut tué l'an 275, à l'âge de soixante-trois ans; sa barbe était courte, et ses cheveux très courts: il fut le premier des empereurs romains qui porta le diadême. Ce fut sous son regne que l'on fit usage de la tunique à laquelle était adapté un chaperon dont on se couvrait la tête (*tunica palliolata*): il fit une récompense militaire de la *paragaude*, espece de tunique dont les parties qui pouvaient être vues, telles que le tour du col, le bout des manches, etc., étaient couvertes de broderies, et d'un plus ou moins grand nombre de galons jusqu'à cinq, ce que l'on exprimait par les épithetes de *dilores, trilores,* etc.

Il défendit aux hommes et permit aux femmes de porter des chaussures enrichies de broderies, de perles, et de pierreries, dont les empereurs et les impératrices avaient introduit et s'étaient réservé l'usage, mais qui depuis quelque temps s'était propagé.

<small>Séverine.</small> *Séverine,* épouse d'Aurélien, le suivit à la guerre, et fut toujours vêtue simplement : son époux ne lui permit jamais de porter une robe de soie; ses cheveux réunis vers la nuque y étaient nattés, et se relevaient jusqu'à la mitre (6).

<small>Vabalathus, 267-274.</small> *Vabalathus,* fils d'Odenat et de Zénobie, a la barbe et les cheveux comme Aurélien, excepté lorsqu'il est représenté fort jeune : il fut empereur d'Orient l'an 267, et fut détrôné l'an 274.

<small>Tetricus, 268-273.</small> *Tetricus* prit la pourpre l'an 268, et la quitta l'an 273 : ses cheveux avaient deux doigts de long, et sa barbe quatre.

<small>Tetricus fils, 273.</small> *Tetricus* le fils est représenté fort jeune; ses cheveux sont courts.

<small>Domitius, 273.</small> *Domitius* se révolta l'an 273; ses cheveux sont courts, et sa barbe aussi.

<small>Tacite, 275.</small> *Tacite,* que les médailles représentent jeune, avait cependant soixante-quinze ans lorsqu'il monta sur le trône l'an 275; il fut tué six mois après : ses cheveux sont courts; il est tantôt rasé, et tantôt avec de la barbe et des moustaches; quelquefois il n'a de la barbe qu'autour de la face et sous la mâchoire (7).

Nous avons vu que le peuple romain, par économie,

Tête d'Aurelien. 5. *Mez. Barb.* 8. *Banduri.* XLVI.

2. *id.* 6. *id.*

10. *Banduri.* 7. *id.* 9. *id.*

3. *Augustin.* 4. *Banduri.*

1. *Mez. Barb.* 12. *Banduri.* 11. *id.*

portait des vêtements de couleur tannée : les historiens observent que pour témoigner sa joie à l'avènement de cet empereur au trône il se fit des habits blancs.

Tacite, ennemi du faste, ne changea rien à sa maniere de s'habiller ; il ne voulut pas permettre que son épouse portât ni perles ni pierreries.

Florien prit la pourpre l'an 276, et se donna la mort deux mois vingt jours après : il avait la barbe et les cheveux courts ; il n'a quelquefois de la barbe qu'autour de la mâchoire inférieure.

Probus monta sur le trône l'an 276, et fut tué l'an 282, à l'âge de cinquante ans : il changea souvent de costume. Banduri fait voir des médailles où il a sa barbe comme celle de Néron (8), d'autres avec la moustache seulement (9), d'autres enfin où il a la barbe et les moustaches (10, 11, 12) ; on voit les mêmes variétés sur les médailles de ses successeurs jusqu'à Dioclétien, qui est toujours représenté avec la barbe et les moustaches.

La *saie* de Probus est à longues manches, tantôt larges, tantôt étroites, et justes aux bras ; les ouvertures de la cuirasse par où ils passent ont un double rang de lambrequins, dont les inférieurs arrivent jusqu'à l'avant-bras ; sa ceinture ressemble à une corde ; son casque, très simple, est quelquefois entouré d'une couronne radiée : il a tantôt une petite *parme*, tantôt un grand bouclier ovale, ou enfin un grand bouclier de cuir garni d'écailles, et décoré de la tête de la Gorgone ; il tient ou un javelot, ou un globe surmonté d'une figure de la Victoire.

Carus avait la barbe et les cheveux comme Florien : il fut élu l'an 282 ; la foudre l'écrasa dans sa tente environ dix-sept mois après, à l'âge de cinquante-quatre ans.

Magnia Urbica a les cheveux réunis, nattés, et relevés par derriere; ils viennent se fixer sous la mitre, dont la forme varie souvent (pl. XLVII, 1, 2, 3).

Magnia Urbica.
Pl. XLVII, 1, 2, 3.

Numérien fut élu l'an 284, et assassiné huit à neuf mois après par *Aper* son beau-pere : il était âgé d'environ trente ans; ses cheveux étaient courts; il n'avait de la barbe qu'autour de la mâchoire inférieure; il portait aussi quelquefois des moustaches. Une de ses médailles (4) le représente avec une espece de veste fermée par-devant (*a*), qui ne laisse paraître que le haut de sa tunique (*b*), fait comme un tour de gorge de chemise; celle-ci a des manches longues et assez larges ; sur le tout il porte la trabée: d'une main il tient le globe surmonté de la figure de la Victoire, et de l'autre un sceptre terminé par un aigle.

Numérien, 284.
4.

Les femmes vers ce temps-là, pour ajouter à leur taille, entassaient tant de cheveux naturels et d'empruntés, soit au-dessus, soit autour de leur tête, que les tresses, les nœuds, et les boucles réunis formaient une masse énorme que les historiens contemporains comparent à un édifice à plusieurs étages.

Carin, élu l'an 284, assassiné un an après, à l'âge de trente-six ans, portait les cheveux courts, et avait ordinairement des moustaches; il ne laissait sa barbe qu'autour de la mâchoire inférieure.

Carin, 284-285.

Julien prit la pourpre l'an 284, et fut tué cinq à six mois après, à l'âge de trente-cinq à quarante ans; ses cheveux et sa barbe sont courts.

Julien, 284.

Dioclétien, élu l'an 284, abdiqua l'an 305, et mourut

Dioclétien, 284-305.

(*a*) *Tunica phrygiata.*
(*b*) *Interula, indusium.*

XLVII.

12. Vaillant
13. Kel
8. du Cange
6. Beger
3. Banduri
4. id.
1. Auguston
10. Beger
9. Beger
5. Banduri
11. Mez. Barb.
2. Mez. Barb.
7. Vaillant

l'an 313, âgé de soixante-huit ans: il avait des moustaches, et de la barbe autour de la mâchoire inférieure (5); ses soldats portaient suspendue à leur cou une plaque de plomb où était son nom : il ordonna vers la fin de son regne qu'on ne l'aborderait qu'en se prosternant et en lui baisant les pieds.

5.

Maximien Hercule, associé à l'empire l'an 286, abdiqua l'an 305 et l'an 307; il mourut l'an 310, âgé de soixante ans: sa barbe et ses cheveux étaient courts (6).

Maximien Hercule, 286-307.

6.

Constance Chlore, né l'an 250, nommé César l'an 292 par Dioclétien, et ensuite empereur, fut adopté par Maximien, et partagea l'empire avec Galere Maximien, Maximin Daza, et Sévere, l'an 305; il mourut l'année suivante, âgé de cinquante-six ans et quatre mois : il était bien fait et d'une belle prestance; la modestie et la douceur étaient peintes sur son visage; il portait la barbe et les cheveux très courts : on le voit dans Banduri avec des casques grecs assez singuliers (7, 8).

Constance Chlore, 305-306.

Pl. XLIX, 7, 8.

Flavie Julie Hélene, épouse de Constance Chlore, et mere de Constantin, née vers l'an 248, embrassa le christianisme à l'âge de soixante-trois ans, et mourut l'an 327, âgée de soixante-dix-neuf ans : elle porte le plus souvent un diadême enrichi de pierreries, d'où sortent tantôt des boucles de cheveux (7, 8, 9, 10), tantôt des festons qui couvrent le toupet (11); ses cheveux ou plats ou nattés sont relevés par derriere : l'énorme grosseur et la quantité des tresses nattées qui entourent sa tête, et quelques cheveux qui s'échappent vers la nuque, sur une médaille de Vaillant (12), indiquent assez qu'on faisait alors usage de chevelures empruntées ; sur une autre de Khell (13) ses cheveux rassemblés autour de la

Flavie Julie Hélene.

7, 8, 9, 10.

11.

12.

13.

face sont attachés par intervalles : Ducange en a rapporté une où la coëffure est dans le goût de celle de Soëmias, que j'ai citée d'après Mezzabarba, avec cette différence que la figure de celle-ci, au lieu de mitre, porte un diadême, et que les rubans transversaux sont appliqués sur un bonnet qui sans cacher l'oreille couvre la chevelure, dont il ne
8. paraît que très peu autour du front (8).

Le haut de sa tunique est quelquefois plissé comme une aube, mais fermé par-devant : elle porte une espece de fichu par-dessus; elle a aussi quelquefois un double collier sur le haut de la poitrine.

<small>Flavia Maxima Theodora.
Pl. XLVIII, 1.</small> *Flavia Maxima Theodora*, deuxieme épouse de Constance, porte un riche diadême (1) ou une couronne de
2. laurier (2), quelquefois des cheveux nattés en tiennent la
3. place (3); elle a un collier; le haut de sa tunique de dessous est tantôt disposé comme le tour de gorge d'une chemise dont une espece de veste fermée par-devant assujettit les plis, et tantôt enrichi de perles.

<small>Galere Maximien, 305-311.</small> *Galere Maximien* fut déclaré César l'an 292 par Dioclétien; celui-ci et Maximien ayant abdiqué l'empire, il leur succéda avec Constance Chlore l'an 305, et mourut rongé de vers, l'an 311 : il avait la barbe courte et les cheveux très courts; il était d'une taille avantageuse et d'un certain embonpoint; son regard, son maintien et ses gestes inspiraient la terreur.

<small>Valérie.</small> *Valérie*, épouse de Galere Maximien, était coëffée à-peu-près comme Théodore; outre le diadême elle portait quelquefois une petite mitre enrichie de perles et de pier-
4, 5. reries (4), quelquefois aussi elle n'avait que la seule mitre (5) qui aidait à relever ses cheveux nattés; elle portait aussi
6. le diadême seul, et un double collier (6).

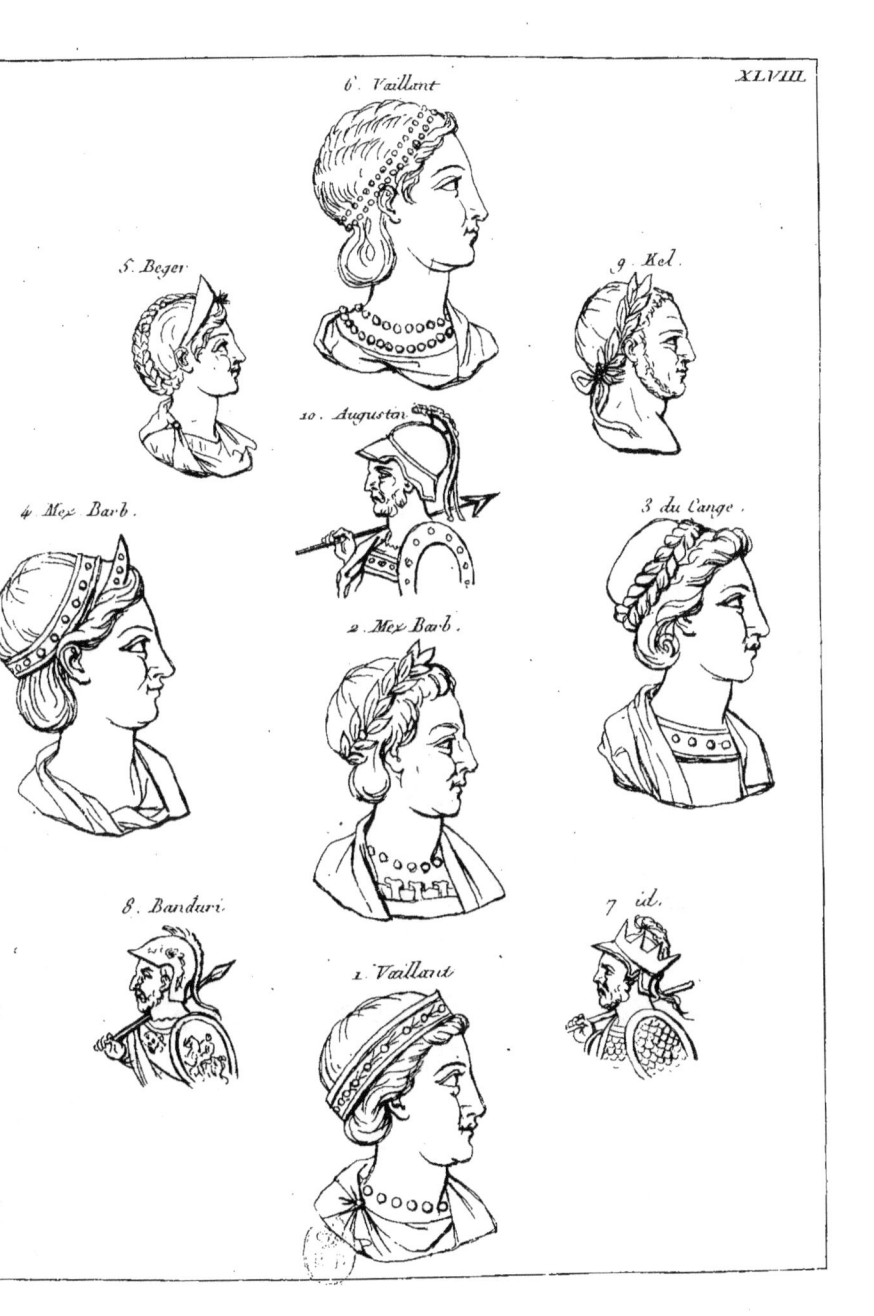

Carausius prit la pourpre l'an 287, et fut tué, l'an 294, à l'âge d'environ trente ans : ses cheveux étaient très courts ; sa barbe, frisée comme celle de Galien, avait deux ou trois doigts de long; sur son casque grec il portait une couronne radiée (7).

Allectus succéda à Carausius l'an 294, et périt l'an 297, âgé d'environ cinquante ans : ses cheveux étaient très courts, et sa barbe longue de quelques doigts.

Flav. Val. Sévere, déclaré César l'an 305, empereur l'an 306, tué l'an 307, avait les cheveux et la barbe comme Allectus.

Maximin Daza II avait les cheveux et la barbe comme Dioclétien : des médailles le représentent avec les joues et les moustaches rasées, et couronné de laurier; d'autres avec le casque grec (8, 9): Dioclétien le déclara César l'an 305; il se fit proclamer empereur l'an 308, et mourut l'an 313.

Maxence, fils de Maximien Hercule, prit la pourpre l'an 306, et périt dans le Tibre l'an 312, âgé de trente ans: il avait la barbe et les cheveux comme Dioclétien : il était assez mal fait. On le voit dans Banduri avec le casque grec (10). Dans une marche consulaire il est représenté dans un char traîné par quatre éléphants de front; il ne porte que la tunique palmée ceinte sur les reins; il tient une baguette d'une main, et de l'autre une branche de laurier (Banduri).

Alexandre prit la pourpre l'an 308, et fut tué trois ans après: sa barbe et ses cheveux étaient comme ceux de Dioclétien.

Licinius, que Galere Maximien déclara César l'an 307, et Auguste l'an 308, fut tué l'an 323, à l'âge de soixante ans : il avait les cheveux très courts, et deux doigts de barbe.

Des médailles le représentent avec des casques à la romaine, qui la plupart sont d'une forme singuliere (planche XLIX, 1, 2, 3) : Khell en a publié une bien plus intéressante (4), où l'on voit cet empereur debout avec le costume de Numérien dans son entier; sa tunique ou robe de dessous descend plus bas que les mollets; sa chaussure gênante remonte quatre doigts plus haut que les malléoles, et s'élargit tout-à-coup vers le haut, à-peu-près comme les bottines que portaient en France les courtisans et les gens du bel air du temps de Louis XIII; il porte un globe dans une de ses mains, et dans l'autre un sceptre renversé, dont l'extrémité qu'il tient est plus mince que l'autre, qui d'ailleurs est terminée par une boule.

Licinius le jeune, déclaré César l'an 317, et mort l'an 326 dans sa douzieme année, est représenté avec les cheveux très courts, tantôt couronné de laurier, et affublé d'une trabée à riches bordures (5), tantôt armé, et portant un casque grec (6) : celui qu'on voit dans Beger (7) est un des plus singuliers à cause des deux pointes qui saillent en avant.

Martinien, collegue de Licinius l'an 323, massacré trois mois après, à l'âge d'environ cinquante ans, avait la barbe courte et les cheveux très courts.

Constantin le Grand était d'une belle stature; sa physionomie était douce et majestueuse : sa statue à Versailles (pl. L, 1) est armée; sa *saie* se termine au-dessus du genou; le devant de sa cuirasse est sans ornements vers le haut, mais le bas est enrichi de broderies, et se termine par trois rangs de lambrequins assez courts; le rang supérieur

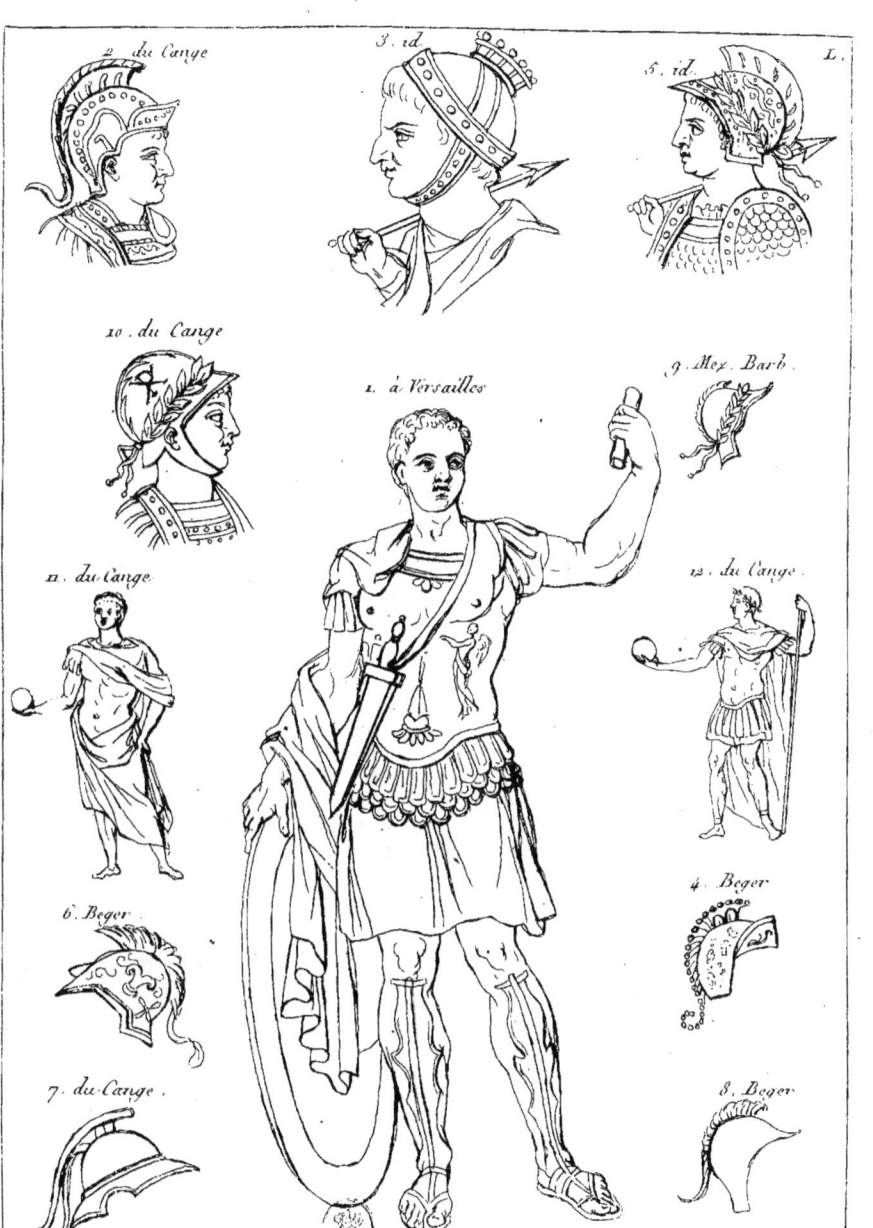

couvre presque entièrement les deux inférieurs, qui ne descendent pas plus bas que le haut de la cuisse: sa chaussure est des plus simples; le devant de ses jambes jusqu'aux genoux est armé de plaques de métal découpées qui lui tiennent lieu de *gréves;* d'une main il s'appuie sur un bouclier ovale d'un metre de hauteur, de l'autre il tient un sceptre ou bâton de commandement; son épée, suspendue à droite depuis le teton jusque vers la hanche, peut avoir quatre décimetres de longueur; son *paludamentum* placé sur l'épaule descend par derriere; il le releve sur l'avant-bras. Les figures 11, 12, et la 3ᵉ, planche LIII, acheveront de donner une idée du costume militaire de cet empereur: Ducange, Beger et Mezzabarba nous offrent quantité de détails sur la diversité des formes de son diadême (pl. XLIX, 9, 10, 11, 19) et de son casque qui était ou à la romaine (2, 3, 4), ou à la grecque (5, 6, 7, 8, 9); un de ce dernier genre est remarquable par ses oreillettes où sont des ouvertures vis-à-vis les oreilles (10).

11, 12. Planche LIII, 3.

Pl. XLIX, 9, 10, 11, 19.
Pl. L, 2, 3, 4.
5, 6, 7, 8, 9.

10.

Cet empereur avait les cheveux courts: il est peu de médailles où il ait de la barbe; elle est fort courte, il n'y en a qu'autour de la face et de la mâchoire inférieure; toutes les autres le représentent rasé: ses successeurs sont de même jusqu'à Julien l'apostat exclusivement (*a*).

Constantin fut le premier qui fit arborer la croix et le monogramme sacré à la tête de ses armées; qui le fit broder sur son *labarum*, et ciseler sur son casque (10): triom-

Constantin arbore le premier le monogramme sacré.

10

(*a*) Népotien et Vétranion, qui se révolterent vers l'an 350, sont représentés avec de la barbe: Banduri cependant a publié une médaille où Népotien est rasé.

phant, il est représenté à Rome sur son arc (pl. LIII, 2) vêtu d'une tunique à longues manches, ceinte et descendant jusqu'à mi-jambe; son *paludamentum* s'agraffe sur l'épaule droite; sa coëffure est une espece de mortier; il tient un globe dans sa main.

Haranguant le peuple il est debout, nu-tête; il a une ceinture par-dessus sa tunique, à manches longues et étroites, qui se termine au-dessus du genou; son *paludamentum* agraffé sur l'épaule droite ne laisse que ce côté de libre; sa chaussure fermée ne remonte qu'au-dessus des malléoles (A) (pl. LI, 1).

Les officiers, les ministres, les magistrats qui sont à ses côtés n'ont point de ceinture; ils ont dans leurs mains une piece d'étoffe ou de linge; ils portent cette espece de large bandouliere dont j'ai parlé aux articles *fascia, tænia, orarium, patagium*: il y a quelquefois vers le milieu de l'estomac un appendice de la même largeur, qui descend perpendiculairement comme celle du *pallium* des évêques (pl. LI, 1; LII, 2).

Constantin faisant des libéralités au peuple (2) est assis; son *paludamentum* lui enveloppe les cuisses et les jambes. Il conste par ce seul monument que l'espece de bandouliere, dont je viens de parler, était portée par le peuple aussi-bien que par le prince et ses officiers.

Parmi ceux qui l'implorent (pl. LII, 1), les uns ont des tuniques pareilles à la sienne; celles de quelques hommes et de quelques femmes descendent au-dessous du genou, ou jusqu'à mi-jambe, ou un peu plus bas, et rarement jusqu'à terre: quelques uns n'ont que ce vêtement sans ceinture, d'autres ont par-dessus une espece de petite toge ou lacerne sans capuchon ou avec capuchon. Il est assez mal-aisé de caractériser la différence qu'il y a entre

1. Arc de Constantin.

2.

LII.

1. Montf.

2

les ajustements des plébéiens et ceux des plébéiennes.

Les cavaliers, les fantassins, les porte-enseignes, les *tubi-cines* et les *liticines* de l'armée de Constantin combattant contre Maxence, n'ont d'autre armure que le casque (1); ils n'ont guere que la *saie* à longues manches, ceinte et descendant jusqu'au-dessus du genou; lorsqu'ils ont une tunique par-dessous, celle-ci a les manches longues, et la *saie* n'en a pas : certains cavaliers ont des *anaxyrides*, et la chaussure comme celle des Parthes.

Costume militaire.
Pl. LIII, 1.

Les fantassins sont armés d'épées à l'espagnole; leurs boucliers sont ovales : les cavaliers ont des javelots et des demi-piques; les archers, quant à l'accoutrement, ne different que par leurs bonnets qui semblent être garnis de plumes.

Les soldats de Maxence ont des armures simples dont l'extérieur indique les formes du corps; leurs principales armes sont la *parme* et l'épée espagnole.

Les fantassins représentés au triomphe de Constantin (2) sont avec le même costume qu'à la bataille; quelques uns portent des haches, d'autres des demi-piques d'environ un metre; leurs boucliers sont ovales : les gens qui sont autour du butin et du char de l'empereur sont tous coëffés d'une espece de *calathus*, qui semble être d'osier; le sien ressemble plus à un mortier.

2.

On aurait grand tort de décider d'après ce seul monument que les soldats de Constantin n'avaient pas d'armures; quantité de médailles, notamment celles qui ont pour légende *gloria exercitûs*, prouvent le contraire; des auteurs prétendent même que ce fut cet empereur qui compléta celle de ses guerriers.

Outre la cotte de mailles, descendant jusqu'au genou, et ayant des manches, ils avaient la cuirasse, des brassards, des gantelets, des cuissards et des gréves; leur casque, tantôt grec, tantôt romain, était ombragé d'un panache.

Fl. Fausta. — *Fl. Fausta* épousa Constantin l'an 307, et fut étouffée, l'an 326, à la fleur de son âge : elle portait quelquefois ses cheveux assez plats rassemblés derriere la tête, où ils formaient une espece de pointe chargée de deux tours de perles (pl. LIV, 1), ou autrement leur extrémité qui était nattée y formait comme un nœud (2, 3, 4); elle portait quelquefois une énorme perruque ornée de rubans, sur laquelle elle plaçait un diadême (5); quelquefois enfin elle portait le diadême sur une coëffure du genre de celle de Soëmias (6, 7); l'oreille était couverte en tout ou en partie; son collier était tantôt simple, tantôt double.

Crispe, Cés., 317-326. — *Crispe*, le fils infortuné de Constantin, fut déclaré César l'an 317, et mis à mort l'an 326, à l'âge de vingt-six ans : ses cheveux sont courts; il est rasé : sur sa tunique brodée (8, 9) est une robe palmée, à manches longues et étroites, enrichie de pierreries; il tient dans sa main un globe surmonté d'une Victoire; on le voit aussi avec une *parme*, une demi-pique à fer de fleche, et un large baudrier agraffé sur l'épaule droite (10, 11); son avant-bras droit est tantôt nu, tantôt couvert jusqu'à la main avec la manche de la *saie* ou de la tunique : il se servait du casque grec ou du casque romain (12, 13).

Hélene. — *Hélene*, épouse de Crispe, a les oreilles cachées par sa chevelure négligée dont l'extrémité nattée forme un gros nœud sur la nuque (14).

Delmatius, 335-337. — *Delmatius* était rasé, et ses cheveux longs de quatre doigts : il fut déclaré César l'an 335, et tué l'an 337 : il ressemblait à Constantin (15).

Hannibalien, 335-338. — *Hannibalien*, frere du précédent, avait la barbe et les

cheveux de même. Constantin, l'an 335, le déclara roi de Pont, de Cappadoce et d'Arménie: il y alla résider; à l'exemple de Jule Constance son oncle il ne paraissait en public qu'avec des vêtements d'écarlate brodés en or : il fut tué l'an 338.

Constantin le jeune, César l'an 317, empereur l'an 337, mourut l'an 340. Ses médailles le représentent rasé; ses cheveux sont courts, et son casque à la romaine (1); sur son armure il a tantôt une chlamyde agraffée sur l'épaule droite, et tantôt un petit manteau ressemblant à un énorme collet agraffé sur la poitrine (2, 3); sa couronne est de laurier, et quelquefois radiée (4). Constantin le jeune, 337-340.
Pl. LV, 1.

2, 3.
4.

Fl. Jul. Constant, César l'an 333, empereur l'an 337, mourut l'an 350, âgé de trente ans : il était rasé, et avait les cheveux un peu plus longs que ceux de ses contemporains (5). Une de ses médailles le représente assis sur son trône, vêtu d'une ample tunique à manches longues et étroites; il porte par-dessus la robe peinte, et sur le tout un ample manteau agraffé sur l'épaule droite (6); il a quelquefois le monogramme sacré gravé sur son armure. Fl. Jul. Constant, 337-350.
5.

6.

Saturnin, tyran vers l'an 340, avait les cheveux et la barbe comme Constant. Saturnin, 340.

Fl. Jul. Constance était d'une taille médiocre; il se rasait, et portait ses cheveux plats et courts : il fut César l'an 323, empereur l'an 337, et mourut l'an 361, âgé de quarante-cinq ans. Ses médailles le représentent avec les cheveux longs de six à huit doigts sur la nuque; il est rasé, et son casque tantôt à la grecque, tantôt à la romaine (7): son armure, semblable à celles du haut empire, est sans ornements; le haut des bras et le tonnelet sont couverts de lambrequins : il est ceint, et porte une chlamyde; ses Fl. Jul. Constance, 337-361.

7.

bras et avant-bras sont nus; de sa main droite il tient le *labarum* où est le monogramme sacré; vers le bas de la hampe se voit le crochet sur lequel on appuyait le pied pour le ficher en terre; sa chaussure, qui est fermée, n'arrive pas au mollet (8).

8.

9. Un de ses guerriers, représenté sur une autre médaille(9), porte une *saie* dont les manches étroites descendent jusqu'aux mains; il ne paraît de sa cuirasse que les lambrequins qui sont autour du haut du bras et sur le tonnelet, le reste est couvert par la cotte d'armes ceinte sur les hanches, et sur laquelle est placé un de ces baudriers que l'on appelait *cingulum bullatum*, formé d'une espece de double chapelet: le casque est à la grecque, et la chaussure comme la précédente; d'une main il s'appuie sur un bouclier losange, et de l'autre il tient une pique dont le bas de la hampe est avec des courroies.

Cingulum bullatum.

10. Un autre (10) n'a que la *saie* à manches longues et étroites, ceinte sur les hanches, et par-dessus un baudrier différent du précédent, quoique du même genre; celui-ci n'est composé que d'un seul rang de *bulles*: le casque et la chaussure sont à-peu-près les mêmes; d'une main il s'appuie sur une *parme*, et de l'autre sur une pique.

Népotien, 350.

Le tyran *Népotien* prit la pourpre l'an 350, et ne régna que vingt-huit jours: il était avancé en âge; sa barbe est tantôt courte, tantôt rasée, et ses cheveux, artistement rangés, longs de six à huit doigts.

Vétranion, 350.

Vétranion était de même avancé en âge lorsqu'il se révolta l'an 350; il descendit du trône dix mois après: sa barbe était courte, et ses cheveux longs de six à huit doigts; sa physionomie était douce; il était affable et caressant.

Magnence, 350-353.

Le tyran *Magnence* prit la pourpre l'an 350, et se

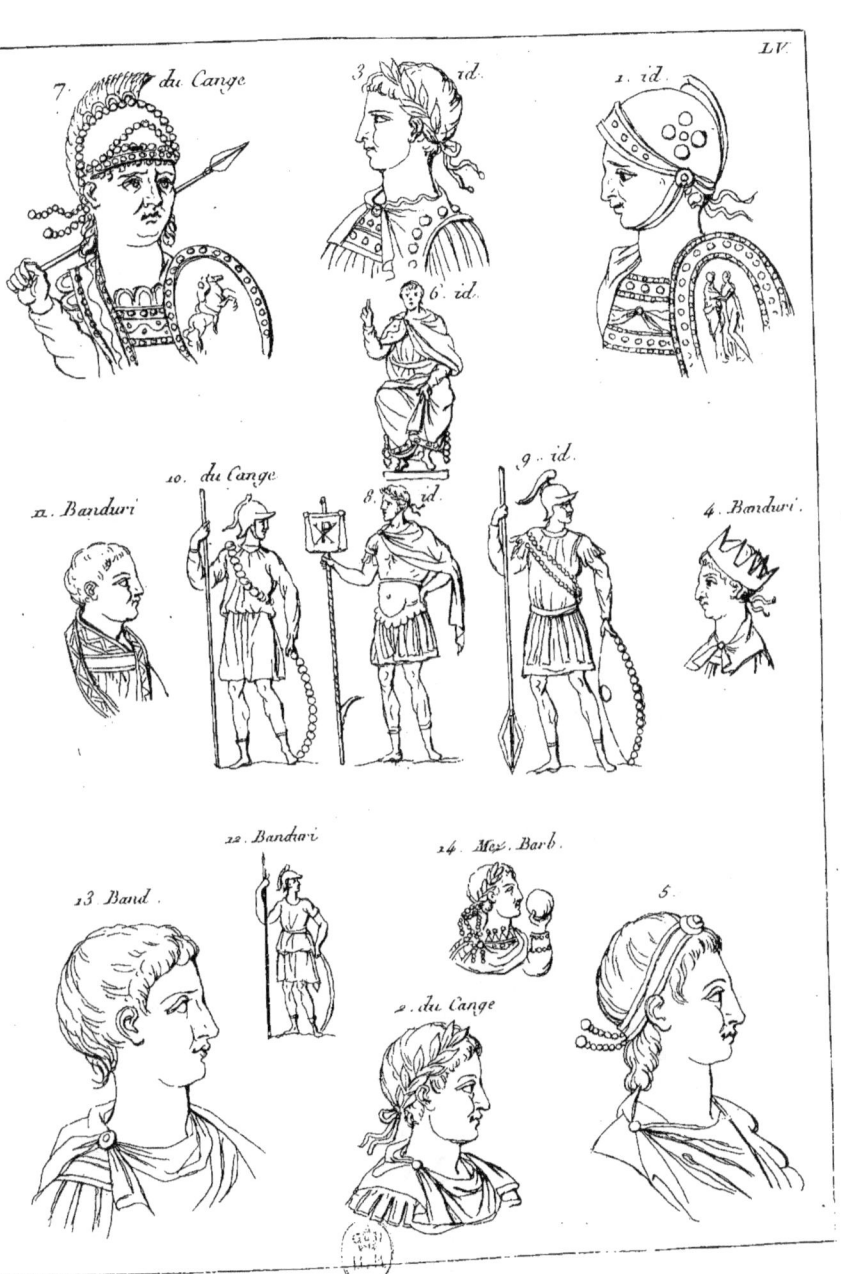

poignarda l'an 353, à l'âge de cinquante ans : sa taille haute, son corps robuste, et son air menaçant et féroce, inspiraient la terreur; ses cheveux étaient longs de deux doigts, et sa barbe rasée.

Decentius, frere de Magnence (11), avait la barbe et les cheveux comme lui : il fut César l'an 351, et s'étrangla l'an 353, âgé d'environ quarante ans; sur sa robe richement bordée, qui se croise par-devant, il porte un manteau bordé de même, et retenu par-devant sur les épaules à l'aide d'une large bande d'étoffe.

<small>Decentius, Cés., 351-353, 11.</small>

Sur le revers d'une de ses médailles (12) est un guerrier qui d'une main s'appuie sur sa lance, et de l'autre sur son bouclier; il semble n'avoir pour toute armure que le casque grec : il porte deux vêtements avec une ceinture; celui de dessous descend jusqu'aux genoux, et celui de dessus jusqu'au bas-ventre : c'est vraisemblablement une de ces jacques faites de plusieurs doubles d'étoffes piquées, qui dans la suite furent substituées à la cuirasse.

<small>12.</small>

Gallus, associé à l'empire l'an 351, eut la tête tranchée l'an 354, à l'âge de vingt-neuf ans (13) : ses cheveux étaient longs de trois ou quatre doigts vers la nuque; il était rasé : on sait qu'il était bel homme et que son extérieur avait quelque chose d'imposant.

<small>Gallus, 351-354. 13.</small>

Une de ses médailles (14) le représente portant une couronne de laurier serrée derriere la tête, avec des rangs de perles qui lui descendent sur l'épaule, où sa chlamyde est arrêtée avec une riche agraffe; outre les perles qu'il a devant la poitrine il en a deux rangs autour de l'avant-bras.

<small>14.</small>

Julien l'apostat vers le commencement de son regne était rasé (1); mais bientôt il laissa croître sa barbe (2),

<small>Julien l'apostat, 335-363. Pl. LVI, 1, 2.</small>

et affecta de la porter longue jusqu'à la fin de son regne;
3. son casque était à la romaine (3): il monta sur le trône l'an 355, et mourut l'an 363, âgé de trente-un ans sept mois et vingt jours.

Hélene. Ce que j'ai dit sur la diversité des costumes sous lesquels est représentée Hélene, mere de Constantin, peut s'appliquer aussi à Hélene épouse de Julien, puisque Ducange seul la représente de sept manieres différentes de celles des impératrices qui l'avaient précédée : elle porte ordinairement le diadême; ses cheveux sont tantôt plats et
4, 5. couchés autour du front (4, 5), tantôt bouillonnés ou bou-
6, 7, 8, 9. clés (6, 7, 8); des tresses bordées de perles (9) lui remontent de la nuque jusqu'au toupet; des fils de perles diversement agencés forment ailleurs sa coëffure et son
10, 11. collier (10, 11): parmi ces coëffures il y en a qui ont quelque rapport avec celle de Soëmias; son oreille est rarement découverte : sa tunique remonte ordinairement jusqu'au bas du cou; sa robe a quelquefois une bordure enrichie de perles, etc. Sur une médaille que Banduri prétend appar-
12. tenir à Hélene, épouse de Crispus, et non à celle-ci (12), elle est sans diadême; la chevelure est rassemblée et nouée sur la nuque.

Jovien, 363-364. *Jovien*, élu empereur l'an 363, mourut l'année suivante, âgé de trente-trois ans : il était bel homme, se rasait, et portait ses cheveux longs de trois ou quatre doigts: son costume sur quantité de médailles differe peu de celui du
Pl. LVII, 1. haut empire; Ducange néanmoins (1) en a publié une dont les formes sont si équivoques, que bien des gens croient y voir une cuirasse avec des brassards qui arrivent jusqu'au coude; ce qui en rapprocherait la forme de celles des derniers temps : la manche de la *saie* couvre le reste jusqu'à

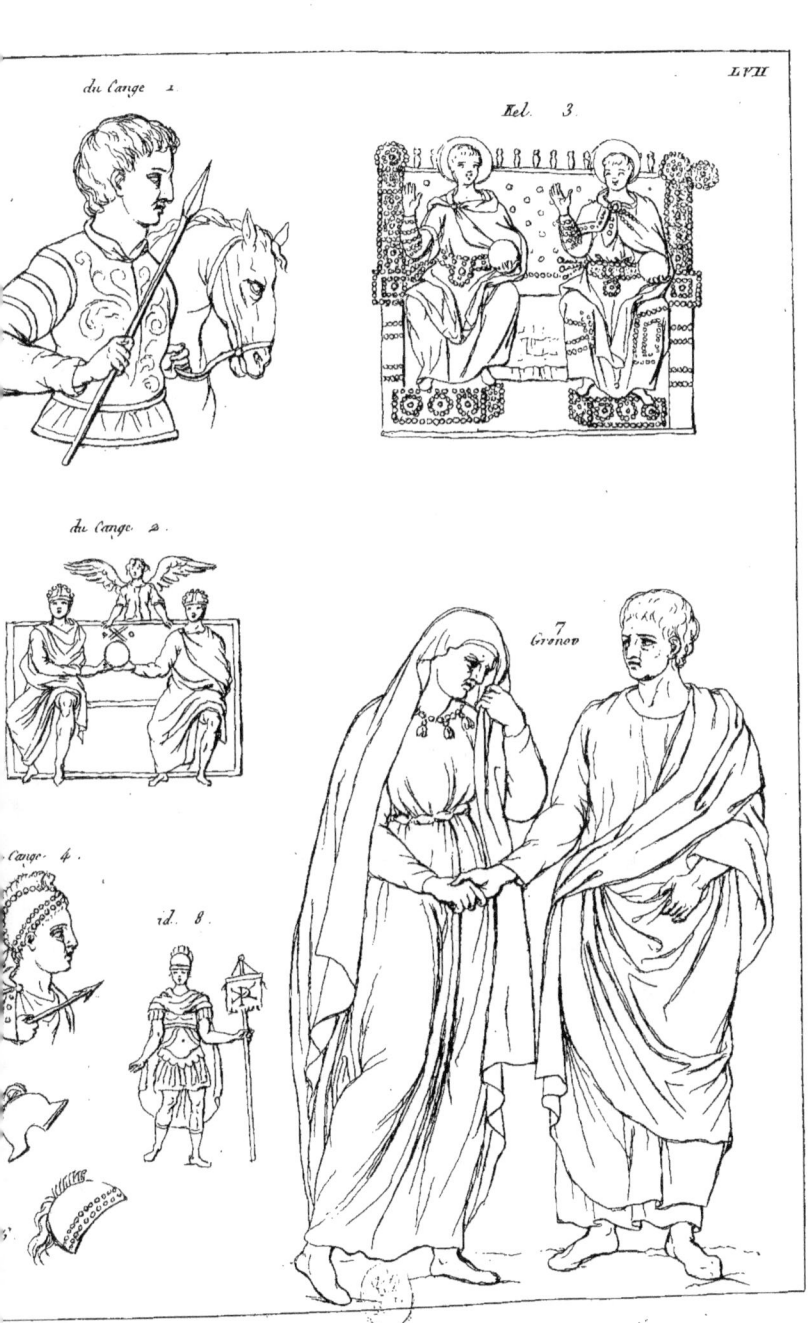

la main; d'autres prétendent que c'est une tunique brodée (*tunica phrygiata*); la demi-pique qu'il tient d'une main et le cheval qu'il conduit de l'autre prouvent qu'il porte un corselet et non une tunique brodée.

Valentinien Ier succéda à Jovien l'an 364, et mourut l'an 375, âgé d'environ cinquante-cinq ans: il partagea l'empire avec son frere *Valens*, qui décéda l'an 378, âgé de cinquante ans: ils étaient beaux hommes et d'une figure intéressante, quoique Valens fût borgne; ils sont quelquefois représentés assis ensemble (2, 3); leurs vêtements et leur trône sont tantôt riches, tantôt simples; ils sont affublés d'un long et ample manteau qui, placé et agraffé à l'ordinaire, ne laisse que le bras droit libre; la manche de la tunique descend jusqu'à la main; leur chaussure fermée est une espece de bas qui remonte jusqu'au haut de la cuisse; quelquefois de dessous le manteau sort un petit appendice qui tombe sur la poitrine, et dont la richesse est assortie à celle des autres vêtements.

Ces empereurs sont tantôt nu-tête, tantôt avec une couronne fermée; ils sont rasés, ainsi qu'une longue suite de leurs successeurs. Sur les médailles de Valentinien on voit des casques grecs et romains (4, 5, 6).

Le monument (7) représentant Probus, préfet du prétoire, et son épouse, nous apprend que les Romains en ce temps-là portaient la toge, que leur tunique à longues manches descendait jusqu'aux pieds, et enfin que les dames avaient des ceintures à gros bouillons, et des colliers de perles d'où par intervalles pendaient de petits glands.

Le luxe, pendant que Valens survécut à son frere, s'était accru au point que les hommes et les femmes allaient vêtus de la *paragaude*, dont nous avons vu qu'Aurélien avait fait une récompense militaire : il en défendit l'usage.

Procope. *Procope*, qui se révolta vers le commencement du regne de Valentinien, avait la moustache; le tour de la mâchoire n'était pas rasé : ce tyran était grand et voûté.

Gratien, 378-390. *Gratien*, fils de Valentinien, était rasé, avait les cheveux courts, et l'air majestueux : les troupes sous son regne Thoracomaque substitué à la cuirasse. ayant adopté le *thoracomaque*, les fantassins ne porterent plus ni cuirasse, ni bouclier, ni grève, ni les archers des brassards; le thoracomaque, selon eux, tenait lieu de tout cela.

Ce prince, qui était chrétien, se démit du souverain pontificat et l'abolit; il supprima les privileges et les revenus dont jouissaient les prêtres païens, les vestales, etc. : il fut étranglé à l'âge de vingt-six ans.

Valentinien II, 383-392. *Valentinien II* le jeune régna depuis l'an 383 jusqu'à l'an 392 : sa *saie* quelquefois n'a de manche que du côté gauche, et le plus souvent n'en a point; sur le petit *laba-*
1. *rum* qu'il tient est le monogramme sacré (1) (*a*).

Orient. Théodose, 379-395. *Théodose*, à qui Gratien donna le titre d'Auguste et confia l'empire d'Orient l'an 379, était d'une belle taille et d'un extérieur imposant; on lui trouvait de la ressemblance avec Trajan dont il descendait. Ses médailles le représentent avec les cheveux qui lui couvrent le derriere du cou, et rasé : il ne l'est pas, ainsi que la plupart des Romains, sur la colonne que Théodose le jeune fit élever en son honneur dans Constantinople, et qui nous fournira ce que nous avons à dire sur le costume suivi de son
Pl. LVIII, 1. temps (1).

(*a*) Les hommes sous ce regne portaient des pendants d'oreilles, et les plaçaient au haut et non au bas; cette mode se perpétuait encore sous Valentinien III.

DES ROMAINS.

Sa cuirasse, que serre une ceinture, a des festons au-dessus du tonnelet orné de lambrequins, et au-dessus des épaulières qui consistent en des glands; ses chausses, à pli de cuisse, finissent pareillement par des festons au-dessous du genou; sa chaussure ne couvre que la moitié du pied, laisse les orteils nus, et remonte jusqu'au-dessous du mollet; son casque à la grecque a pour cimier un aigle ombragé d'un panache; son *paludamentum* s'agraffe sur l'épaule; son long sceptre se termine comme le bourdon d'un pélerin; sa large et courte épée à l'espagnole est placée sur la hanche droite; tous ses guerriers en ont de pareilles et les portent de même: son cheval est richement harnaché; l'usage de la selle était alors généralement adopté (*a*).

Le cavalier (2) représente un officier ou un capitaine des gardes de l'empereur. On ne portait guere que des casques à la romaine (3, 4, 5, 6, 7), dont la forme était très variée et plus ou moins élégante, de même que celle de la chaussure (8, 9, 10, 11).

La pique, alors en usage, n'avait qu'environ treize décimetres de long; le bouclier était ovale: celui des cavaliers les couvrait depuis l'épaule jusqu'au bas des hanches, et celui des fantassins (pl. LIX, 1) jusqu'au bas de la cuisse.

(*a*) A la suite de la figure qui vient d'être décrite on voit celle d'un autre empereur à cheval: Menetrier et Montfaucon n'ont osé décider laquelle des deux représente Théodose; un artiste n'aurait pas hésité. On sait que ce prince, après avoir vaincu les Scythes, fit son entrée triomphale à Constantinople avec son fils Arcadius; la figure principale, celle qui porte le sceptre et marche devant sur un coursier plus richement harnaché, représente évidemment celui en l'honneur duquel a été élevée cette colonne.

La cuirasse avait quelquefois des lambrequins vers les épaules et sur le tonnelet; les bords, ainsi que ceux de leur *paludamentum*, qu'ils plaçaient sur l'épaule gauche et relevaient sur la hanche droite avec la ceinture, étaient tantôt unis, et tantôt festonnés.

La sculpture de cette colonne prouve que les beaux arts sous Théodose le jeune avaient repris une partie de leur lustre que les successeurs de ce prince ne surent pas conserver; il prouve de plus que le costume était très varié.

Théodose, en habit de paix, a par-dessus sa tunique, descendant jusqu'au-dessus du genou, un ample manteau fermé par-devant; la tête passe par une ouverture qui est au milieu; sa chaussure est fermée, et recouverte vis-à-vis les malléoles par une espece de guêtre attachée au-dessus et au-dessous des mollets: il est nu-tête, ainsi que deux Romains qui sont à ses côtés: le costume de l'un ne differe du sien que par des festons qui bordent son manteau, l'autre porte une tunique de plus; celle de dessus, qui est la plus courte, a une espece de collet renversé; son manteau descend diagonalement vers la hanche droite, et laisse les épaules et les bras découverts : le reste des figures de ce groupe n'étant que des Scythes, j'en parlerai dans le volume suivant.

3. Les mulets qui portent les bagages ont des muselieres (3); leurs conducteurs ont quelquefois un cimeterre à leur
4, 5, 6, 7, 8. côté: ils sont diversement coëffés (4, 5, 6, 7, 8); tous ont quelque aigrette ou panache; quelques uns portent un casque: ils ont vers la hanche droite une espece de poche faite comme une gibeciere.

5, 9. Il y en a avec diverses chaussures fermées (5, 9), d'autres sont nu-pieds.

DES ROMAINS.

Ælia Flaccilla, premiere épouse de Théodose, est représentée avec le diadême (1); ses cheveux ornés de quelques perles sont bouclés autour du front, et forment une queue nattée qui remonte de la nuque jusqu'au-dessus du diadême; sa tête était souvent couverte de pierreries, dont les cordons venaient par intervalles assujettir les cheveux du tour de la face avec le diadême (2); elle portait un collier et des boucles d'oreilles; son manteau s'agraffait ordinairement sur l'une des épaules, et quelquefois les couvrait toutes les deux (3). AElia Flaccilla.
Pl. LX, 1.

2.

3.

Magnus Maximus, tyran, était rasé, et avait les cheveux longs de quatre doigts : il se révolta l'an 383, et périt l'an 388. Occident. Magnus Maximus, 383-388.

Fl. Victor son fils avait la barbe et les cheveux de même : son pere le déclara Auguste l'an 387; il se précipita dans la mer l'année suivante. Fl. Victor, 387-388.

Eugene, tyran, avait quatre doigts de cheveux, et une longue barbe : il rétablit l'autel de la Victoire que Gratien avait abattu, et rendit aux prêtres païens les revenus de leurs temples. Occ., Eugene, 392-394.

Arcadius était rasé, et avait les cheveux longs de quatre doigts : il fut empereur d'Orient l'an 395, et mourut l'an 408, âgé de trente-un ans; ses yeux mourants étaient à demi-fermés; il était laid, petit, mal bâti, et avait le teint basané (*a*). Or., Arcadius, 395-408.

ÆElie Eudocie, son épouse l'an 395, mourut l'an 404 : elle était coëffée à-peu-près comme Ælia Flaccilla (4, 5). AElie Eudocie.
4, 5.

Honorius, empereur d'Occident l'an 395, mourut l'an Occ., Honorius, 395-423.

(*a*) Tous les soldats sur sa colonne ont des ceinturons, et l'épée suspendue à droite avec deux courroies ou deux chaînettes.

423, âgé de trente-neuf ans: ses cheveux et sa barbe étaient comme ceux d'Arcadius; une médaille de Ducange le représente avec la barbe.

Triomphant il est tantôt avec le casque, et la robe triomphale par-dessus sa cuirasse, et tantôt il n'a ni l'un ni l'autre; ce qui fait penser que le dernier monument ne représente qu'une marche consulaire: il tient ou un globe ou une palme d'une main, et de l'autre une baguette près du bout de laquelle est un crochet (selon Banduri c'est un fouet); son char est traîné par quatre ou par six chevaux de front; ils ont quelquefois une palme dressée au sommet de leur tête.

Cet empereur fit graver une croix sur son bouclier; ses cavaliers, selon Claudien, avaient des baudriers de soie couleur d'écarlate.

Placidie.

Pl. LX, 6, 7.
Pl. LXI, 11, 12.

La coëffure de *Placidie,* sœur d'Honorius, et mere de Placide Valentinien, participait des deux que j'ai décrites en parlant de Flaccilla (6, 7; pl. LXI, 11, 12); elle avait de plus une riche aigrette, un double collier, et des boucles d'oreilles: elle mourut l'an 451.

Occ., Constance III, 421.

Constance III reçut d'Honorius la qualité d'Auguste l'an 421, et mourut près de sept mois après: il avait l'air grave, les cheveux et la barbe courts.

Occ., Constantin, 407-411.

Constantin, tyran, se révolta l'an 407, et fut décollé l'an 411: il était rasé, et avait les cheveux longs de quatre doigts.

Occ., Jovin, 411-413.

Jovin se révolta l'an 411, et fut décapité l'an 413: ses cheveux étaient longs de quatre à huit doigts, et sa barbe rasée.

Sébastien, 412-413.

Sébastien, frere de Jovin, qui l'associa à l'empire l'an 412, périt avec lui l'an 413: ses cheveux et sa barbe étaient comme ceux de Jovin.

Attale, à qui Alaric fit prendre la pourpre l'an 409, fut bientôt un objet de mépris : il avait la barbe et les cheveux comme les précédents.

Théodose le jeune, empereur l'an 408, à l'âge de sept ans, mourut l'an 450, âgé de quarante-neuf ans : il était rasé (8). Arrivant à Rome il abolit toutes les fêtes du paganisme, et ordonna que toutes les idoles fussent mises en pièces, excepté seulement celles qui seraient d'un ouvrage exquis, non pour en faire un objet de culte, mais seulement pour l'ornement de la ville; il substitua une croix à la figure de la Victoire, qui jusqu'alors était au-dessus du globe que les empereurs portaient dans leur main : cet usage fut suivi.

Son code, publié l'an 438, interdit aux Romains les longues chevelures et les habits de fourrures qui caractérisaient les Goths : il ordonna à certains agents, que l'on appelait *officiales*, de porter le *pallium* par-dessus la *penula*, afin qu'ils pussent être reconnus; ce *pallium*, qui était fait comme celui des évêques, devait être de diverses couleurs.

L'usage des riches tuniques appelées *paragaudes* se perpétuant malgré les défenses récentes de Valens, il le défendit de nouveau.

Depuis Constantin le Grand on avait accourci peu-à-peu la haste pesante, en sorte que sous ce regne-ci elle n'avait tout au plus que treize décimètres.

Eudocie, épouse de Théodose le jeune, est tantôt à-peu-près avec le costume de Flaccilla (9), et tantôt avec celui de Placidie, épouse de Théodose le Grand (10) : on la voit aussi représentée en face avec une couronne radiée terminée par une croix (11); deux chapelets de perles descendent de chaque côté de la tête, et, après s'être croisés vers le bas du cou, sont rejetés en arriere; un troisieme tient par ses deux bouts vers le haut de la tête, et vient passer sur le haut de la poitrine.

<small>Jean, 423-425.</small> *Jean,* tyran, prit la pourpre à Rome l'an 423; il eut la tête tranchée l'an 425, à l'âge d'environ quarante-cinq ans: ses cheveux avaient quatre doigts de long; sa barbe <small>Pl. LXI, 1, 2.</small> était frisée autour de la mâchoire inférieure (1, 2).

<small>Occ., Placide Valentinien III, 425-455.</small> *Placide Valentinien III* fut déclaré Auguste l'an 425, à l'âge de six ans : il fut poignardé l'an 455, dans sa trente-sixieme année. Ses médailles le représentent rasé; ses cheveux ont quatre doigts de long; il est tantôt avec le dia- <small>3, 4.</small> dême (3, 4), tantôt avec une couronne festonnée dans le goût de celles des rois de France de la premiere race; <small>5.</small> il a par-dessous une calotte ou bonnet juste à la tête (5). <small>6.</small> Le revers de ce médaillon (6) fait voir la simplicité du costume du bas peuple; il n'avait pour tout vêtement que la tunique descendant jusqu'au-dessus du genou; les manches se terminaient tantôt au coude, tantôt au poignet.

La chaussure et l'habit consulaire étaient encore à-peu-près les mêmes que du temps de Licinius, avec cette dif-férence que l'on faisait un peu plus large la riche bande d'étoffe brodée dont on la décorait: chacun la disposait à sa maniere par-dessus ses habits; c'était une des marques <small>7, 8.</small> consulaires que les empereurs ne dédaignaient pas (7, 8); l'usage s'en conserva long-temps: on y fit quelques petits changements; j'en parlerai dans l'occasion. Je finirai cet article en observant que Théodose le jeune et Placide Valentinien sont représentés sur une médaille de Ducange tenant chacun une croix à la main, et que ce dernier en tient quelquefois une double enrichie de pierreries, et que

sur ses enseignes il substitua la croix au monogramme de Christ, qui était en usage depuis Constantin le Grand.

Ducange donne deux autres médailles sur lesquelles on voit Boniface triomphant : ce guerrier porte la cuirasse ; les manches de sa *saie* descendent jusqu'au poignet ; sa chlamyde ne paraît que vers le haut de la poitrine. Sur la médaille où le char est traîné par quatre chevaux il tient un fouet et une couronne de laurier de la main droite, et de la gauche une palme et les rênes ; sur l'autre, où le char est traîné par quatre cerfs, il ne tient qu'une branche de laurier.

<small>Boniface triomphant.</small>

On voit dans Montfaucon un disque où Valentinien est représenté avec l'épée sur la hanche gauche, ce qui n'avait pas été pratiqué par ses prédécesseurs ; cet usage était alors assez généralement suivi.

Ce fut sous ce regne qu'*Attila*, roi des Huns, porta la désolation dans l'Europe, et ébranla les trônes d'Orient et d'Occident. La taille de ce conquérant était au-dessous de la médiocre : il était rasé ; il avait les cheveux longs de trois ou quatre doigts, la couleur noire, la tête grosse, et les yeux petits ; mais leur vivacité, jointe au reste de sa physionomie, convenait parfaitement à celui qui se disait *la terreur du monde et le fléau de Dieu*. Simple et sans faste dans son intérieur, une cabane lui servait de palais ; il y mangeait dans de la vaisselle de bois : dans ses expéditions il se faisait gloire de traîner à sa suite les souverains et les princes qu'il avait vaincus, et de les traiter comme des esclaves. Il mourut l'an 454, après un regne de vingt ans.

<small>Attila, 434-454.</small>

Eudocie, épouse de Valentinien III l'an 437, a la tête ceinte d'un chapelet de perles, auquel par côté sont attachés deux autres rangs, dont l'un passe devant le bas du cou, et l'autre devant le haut de la poitrine, un peu au-dessus

<small>Eudocie.</small>

de son collier qui est très bas; le devant de sa couronne radiée est terminé par une croix (9).

Honoria, sœur de Valentinien III, avait presque le même costume que Placidie sa mere, avec cette seule différence qu'il était moins riche, et que vers l'épaule droite elle avait une croix brodée sur son habit; son manteau, placé sur l'épaule, s'agraffait suivant l'usage ordinaire (10).

Pétrone Maxime, empereur l'an 455, ne régna que quatre-vingt-cinq jours, et fut poignardé à l'âge de soixante ans : il avait, selon une médaille de Banduri, quatre doigts de cheveux, et deux doigts de barbe ; il était rasé, selon une autre de Ducange.

Marcien avait les cheveux courts; il était rasé : il fut empereur l'an 450, et mourut l'an 457, âgé de soixante-six ans (1).

Khell a publié une médaille (2) représentant le mariage de cet empereur avec Pulcherie en présence d'Anatole, patriarche de Constantinople : ses cheveux sont courts (*a*); sa tunique se termine vers le genou; elle a de longues manches enrichies de trois tours de perles placés sur le milieu du bras, sur celui de l'avant-bras, et vis-à-vis le coude; une large ceinture la serre au-dessus des hanches; sa chaussure ressemble à un long bas dont le haut est caché par la tunique.

Ce qui fait la différence des ajustements de Marcien avec ceux de Pulcherie c'est que les trois rangs de perles de la tunique de celle-ci sont tous sur le bras, et que son manteau, au lieu de descendre jusqu'aux pieds, se termine vers la ceinture.

(*a*) Banduri rapporte une médaille où cet empereur a les cheveux longs de quatre doigts.

LXII

1. Banduri.   5. Ducange.   9. Kel.

6. Banduri.   12. id.

13. Ducange.   7. Cab. Nation.   14. Ducange.

2. Kel.

4. Banduri.   8. Mez Barb.

11. id.   3. Kel.   10. Mez Barb.

DES ROMAINS.

Quant au patriarche *Anatole*, l'ample vêtement dont il est affublé lui couvre les deux épaules, et vient se croiser devant la poitrine.

Pulcherie, sur une de ses médailles, a la coëffure assez juste à la tête (3); le devant imite un diadême fort simple, au-dessus duquel s'éleve une aigrette : elle a des pendants à ses oreilles qui sont découvertes; sa tunique, sans plis vers le haut, lui remonte par derriere jusqu'à la nuque, et laisse le devant du cou nu; son manteau s'agraffe sur l'épaule droite. Mezzabarba et Banduri (4) représentent cette princesse avec une coëffure pareille à celles d'Eudocie, épouse de Théodose le jeune, et d'Honoria, sœur de Valentinien III.

Avitus monta sur le trône l'an 455, et abdiqua l'an 456 : il était rasé, et avait les cheveux longs de quatre doigts.

Léon Ier monta sur le trône l'an 457, et mourut l'an 474 : il était ordinairement rasé, quelquefois il portait la barbe; ses cheveux avaient quatre doigts de long.

Les tribuns militaires, vers la fin de la république, avaient substitué des agraffes d'or à celles de fer et de cuivre dont on s'était servi précédemment pour attacher les habits; les soldats, sous les empereurs, obtinrent d'en avoir d'argent, et peu-à-peu le luxe de ces ornements devint excessif : Léon Ier défendit de les enrichir avec d'autres pierreries que celles qui ne coûtaient que la façon. Cet empereur était le premier qui à son avènement au trône avait été couronné solennellement par un prêtre : il est représenté en habit consulaire (5), portant une couronne bordée de perles, tenant un volume d'une main, et une croix de l'autre.

AElie Verine, épouse de Léon, morte l'an 484, porte

une riche aigrette attachée à son diadême; elle a un collier et des boucles d'oreilles; une riche agraffe retient son manteau sur l'épaule (6).

Occ., Majorien, 457-461.

Majorien, élu l'an 457, et poignardé l'an 461, était rasé, et avait les cheveux longs de quatre doigts (7); le bout des manches de sa tunique était enrichi de pierreries; il portait par-dessus la riche bande d'étoffe qui caractérisait la robe consulaire croisée devant la poitrine: Tibere Constantin, qui régna près d'un siecle après lui, la portait encore de même. La couronne de Majorien avait quelque rapport avec la tiare des papes; elle était un peu moins élevée: Mezzabarba le fait voir avec le diadême, et singulièrement coëffé (8).

Occ., Lib. Sévere III, 461-465.

Lib. Sévere III occupa le trône depuis l'an 461 jusqu'à 465: il avait la barbe et les cheveux comme Majorien.

Occ., Anthemius, 465-472.

Anthemius, empereur l'an 467, et tué l'an 472, était rasé, et ses cheveux, très courts derriere, avaient deux ou trois doigts sur le front (9).

Occ., Olybrius, 472.

Olybrius, empereur l'an 472, ne régna que trois mois et douze jours; *idem*.

Occ., Glycerius, 473.

Glycerius, *idem*: il prit la pourpre l'an 473, et fut chassé quinze mois après.

Or., Léon le jeune, 474.

Léon le jeune, empereur l'an 474, mourut dix mois après, âgé de dix-sept ans: ses cheveux sont longs de six doigts (10).

Or., Zénon, 474-491.

Zénon est ordinairement avec le costume de Justinien (13). Mezzabarba est peut-être le seul qui le fasse voir avec une longue barbe (11); il était hideux, mal fait, et entièrement couvert de poil: il périt dans un tombeau, où il fut porté encore vivant, âgé de soixante-cinq ans.

Occ., Jules Nepos, 474-475.

Jules Nepos, empereur l'an 474, chassé l'an 475, et

assassiné l'an 480, était rasé, et avait les cheveux longs de quatre doigts.

Romulus, empereur, était bel homme : il portait la barbe et les cheveux comme son prédécesseur ; il monta sur le trône l'an 475, et en fut chassé dix mois après. Occ. Romulus, 475.

Basilisque avait les cheveux et la barbe de même ; il fut élu empereur l'an 475 : Zénon le fit mourir de faim l'an 477. Or. Basilisque, 475-477.

Anastase, successeur de Zénon, était rasé, et portait ses cheveux longs de quatre doigts ; il monta sur le trône l'an 491, et mourut d'un coup de foudre l'an 518, âgé de quatre-vingt-huit ans : son costume était le même que celui de Théodose le jeune et de Zénon : il fut surnommé *Dicore*, parcequ'il avait un œil noir et l'autre bleu ; sa figure cependant était agréable ; il était d'une belle taille. Or. Anastase, 491-518.

Justin Ier, proclamé empereur l'an 518, mort l'an 527, âgé de soixante-dix-sept ans ; il avait la taille élevée, était rasé, et portait les cheveux suivant l'usage d'alors. Justin I, 518-527.

Le costume d'*Euphémie*, son épouse, est à-peu-près comme celui de Vérine (12). Euphémie. 12.

Hildéric, roi des Vandales, était rasé, et avait les cheveux de la dimension ordinaire ; il monta sur le trône d'Afrique l'an 523, fut détrôné l'an 530, et tué dans la prison l'an 532 ; il est tantôt avec le diadème, et tantôt avec un bonnet rond et assez juste à la tête (pl. LXIV, 1, 2). Hildéric, 523-530. Pl. LXIV, 1, 2.

Justinien monta sur le trône l'an 527, et mourut l'an 565, âgé de quatre-vingt-deux ans et demi ; il abolit le consulat qui depuis long-temps n'était qu'un vain titre : sur quantité de médailles il est représenté jeune, sans barbe, avec les cheveux longs de cinq à six doigts (13, 14 ; pl. LXIII, 1, 2) ; sur quantité d'autres, où il paraît plus Justinien, 527-565. 13, 14. Pl. LXIII, 1, 2.

âgé, ses cheveux sont plus courts; il a quelquefois des
3. moustaches (3).

Il fut le premier empereur qui chargea d'une croix son
bonnet enrichi de perles, et quelquefois son diadême : sur
1. une médaille où il est avec un collier de perles (1) il a une
2. grande croix pectorale; ailleurs (4) il est représenté debout, portant une cuirasse au bas de laquelle, au lieu
de lambrequins sur le tonnelet, sont deux appendices de
mailles pour défendre ses cuisses.

La forme de sa couronne était celle d'un mortier riche-
5. ment décoré (5).

Il assiste à la consécration d'une église. Pl. LXIII, I A. Ciampinus donne le dessin de deux mosaïques de ce temps : la premiere (I A) représente cet empereur assis-
7. tant à la consécration d'une église (7); il tient un vase
d'or; sa robe est blanche, et sa chlamyde violette : S. Maxi-
8. min, évêque de Ravenne (8), porte une chasuble d'étoffe
d'or; l'habit est blanc, et le *pallium* chargé de croix : le
9. prêtre ou diacre qui est à côté (9) est avec une dalmatique
blanche; le livre qu'il tient est enrichi d'or et de pierreries :
10. le suivant (10) est vêtu de la même couleur; le vase qu'il
tient est violet; c'est peut-être un encensoir : on voit la
tonsure de ces deux derniers : trois courtisans sont l'un à
la gauche, et deux à la droite de l'empereur; à côté de
ceux-ci paraissent quatre guerriers avec la lance; l'un
d'eux porte un bouclier ovale où est le monogramme sacré.

Théodora, épouse de Justinien. II, B. 11 L'autre mosaïque (II B) représente (11) *Théodora*,
épouse de Justinien, assistant à la même cérémonie; sa
robe, dont le bord est enrichi d'or et de pierreries, est violette; l'habit de dessous est blanc; sa tête et ses épaules sont
12. couvertes de pierreries : à côté (12) est une dame dont le
manteau blanc est bordé; l'habit de dessous est violet :

LXIV.

1. Ducange
2. id.
3. Banduri
9. Ducange
12. Mez. Barb.
5. id.
4. Banduri
6. Vaillant
7. Ducange
10. Foucaud
8. Ducange
11. id.

sa voisine (13) porte une robe verte brodée en or; le manteau blanc de la figure 14 est à fleurs vertes : 15 tient un mouchoir; son habit est verd, et son manteau violet : 16 a sa robe à fleurs d'or ; 17 et 18 ne montrent que la tête; 19 est vêtu de blanc, et 20 d'écarlate.

Athalaric, un des rois goths d'Italie, n'avait que huit ans lorsqu'il monta sur le trône l'an 526; il mourut l'an 534 : ses cheveux étaient longs de quatre doigts; ses armes étaient comme celles des Romains du haut empire (3); sa chlamyde s'agraffait sur l'épaule droite; sa cuirasse avait des lambrequins sur le haut du bras, et non sur le tonnelet où elle se terminait par quelques festons; son casque était à la grecque, et son bouclier ovale.

Théodebert, roi goth d'Italie, mourut l'an 548, âgé de quarante-trois ans; il était roi d'Austrasie depuis l'an 534; il était rasé, et portait ses cheveux longs : son casque à la romaine avait une grande fleur pour cimier (4); on le voit aussi avec le diadême et un double collier (5).

Théodahat, autre roi goth, monta sur le trône l'an 534, et fut tué l'an 536; il était rasé (6), avait quelquefois un peu de moustaches (7), et ses cheveux longs de quatre doigts : une grande croix, brodée en perles ou en pierreries, ornait le devant de sa tunique; il portait une chape très riche : le bonnet qui lui servait de couronne était chargé d'un globe tantôt simple, tantôt surmonté d'une croix; on le voit aussi avec un casque à la grecque (8).

On voit sur une médaille de *Vitigès*, successeur de Théodahat, un casque du même genre (9).

Baduela, autre roi goth, plus connu sous le nom de Totila, prit la pourpre l'an 541, et mourut l'an 552 : il est rasé; ses cheveux forment une boucle de chaque côté de

la face; sa tunique est ceinte fort haut; son manteau est
10. sans ornements (10), ou rayé, ou enrichi de deux rangs
de perles; il a tantôt une espece de scapulaire, et tantôt
11, 12. une croix devant la poitrine (11,12).

Justin II, 565-578. *Justin II le jeune*, élu empereur l'an 565, rétablit le consulat; il mourut l'an 578: il était rasé, et portait ses cheveux
Pl. LXV, 1, 2. tantôt très courts, tantôt longs de deux à huit doigts (1, 2):
on le voit quelquefois avec une espece de bavette où est
3. brodé le monogramme de Christ (3); mais il surpassa
bientôt, en ce genre d'ornements, tous ses prédéces-
4. seurs. Ducange rapporte une de ses médailles (4) où il
tient d'une main le globe surmonté d'une croix, une croix
de l'autre, et une croix enfin s'éleve du milieu de son
5. énorme couronne radiée: Pellerin (5) le fait voir avec une
espece de tiare dont le sommet imite une couronne radiée,
Sophie. et *Sophie*, son épouse, avec un mortier.

Tib. Constantin, 578-582. *Tibere Constantin* fut placé sur le trône par Justin II
l'an 578; il mourut l'an 582: il était bien fait; il est ordi-
6. 7. nairement représenté rasé et avec les cheveux courts (6, 7,
8, 9, 10, 11 8, 9, 10). Foucault a publié une médaille (11) où il a la
barbe et les cheveux longs; la riche bande d'étoffe qu'il
12. porte par-dessus sa robe ressemble à une bandouliere (12);
quelquefois, après s'être croisée sur la poitrine, elle lui fait
7, 8. le tour du bras (7, 8). Il est tantôt avec une cuirasse, et
tantôt avec une jacque de mailles; sa couronne fermée,
tantôt élevée, tantôt basse et aplatie, est quelquefois
terminée par une croix: il tient ou un aigle, ou un sceptre
terminé par un aigle ou un globe chargé d'une croix, ou
une croix d'environ un metre de long dont il paraît se
12. servir comme d'un appui (12).

Maurice, 582-602. *Maurice* parvint à l'empire l'an 582; Phocas lui fit tran-

cher la tête l'an 602, à l'âge de soixante-trois ans: il porte sur sa tunique un ample et long manteau, carré par le bas, agraffé sur l'épaule droite; il tient le globe surmonté d'une croix (1), ou s'appuie sur une croix presque aussi haute que lui (2). Les médailles que divers savants ont publiées le représentent rasé; ses cheveux sont courts, ou de trois à quatre doigts de long; son costume est plus ou moins riche: on en jugera par les figures 3, 4, 5, 6, 7, 8, 9, 10: la riche bande d'étoffe qu'il porte quelquefois (11) croisée devant la poitrine est deux fois plus large du côté gauche que du côté droit.

Pl. LXVI, 1.
2.
3, 4, 5, 6, 7, 8, 9, 10.
11.

Phocas prit la pourpre l'an 602, et fut décapité l'an 610: petit, mal fait, et tirant sur le roux, il avait le regard menaçant, la barbe et les moustaches longues; ses cheveux étaient longs de quatre doigts: la riche bande d'étoffe dont il est décoré se croise devant la poitrine (12, 13): sa couronne est ordinairement très aplatie; elle est quelquefois placée sur un bonnet de fourrures (14): une seule, rapportée par Ducange, est d'une forme opposée, et s'élève en pointe terminée par une croix (15): on le voit quelquefois avec une croix à chaque main; une ceinture serre sa robe à manches longues et étroites (16): *Léontia* (17), son épouse, porte une couronne bordée de perles dont un double rang tombe sur sa poitrine un peu au-dessus de son collier; le bout de sa ceinture, enrichie de pierreries, descend du côté droit jusqu'au bas de sa robe dont les manches ne lui couvrent que le bras.

Phocas, 602-610.
12, 13.
14
15.
16.
Léontia, 17.

Héraclius, élu empereur l'an 610, mourut l'an 641, âgé de soixante-six ans; il avait une grande barbe, ses cheveux étaient longs de six à huit doigts; il portait le manteau ou sur les deux épaules (1), ou sur la gauche seulement: il

Héraclius, 610-641.
Pl. LY-

1. est représenté (1) entre Eudocie et Héraclius Constantin, son fils; ils tiennent chacun un globe surmonté d'une croix : le manteau de l'épouse et du fils est fermé par-devant, leur tête passe par une ouverture; le haut du
2, 3. manteau (2, 3) était quelquefois couvert par un large et riche collet fermé par-devant.

4. Héraclius, sur certaines médailles (4), porte la riche bande d'étoffe croisée sur la poitrine; son casque est à la
5. romaine (5); sa couronne, tantôt faite comme le bonnet
1, 6, 7, 3. chinois (1), ou plate (6, 7), ou plus ou moins arrondie (3,
8, 9, 10. 8), ou formant une pointe du côté gauche (9, 10), est ordinairement chargée d'une croix, à côté de laquelle sont
11, 12. quelquefois des ailes éployées (11); finalement (12) on le voit avec un simple rang de perles autour de la tête.

Le grand médaillon d'or qui est dans le cabinet national, et que des savants ont regardé comme suspect, le fait voir avec une chape brodée tout autour et de haut en bas; sa couronne, autour de laquelle on croit voir des fleurs de lis, est aussi avec des plumes; il est assis, et tient une croix: son char, couvert d'un dais, est à quatre roues, et traîné par trois chevaux; le cocher qui le conduit porte un assez long bonnet d'étoffe pointu (a).

Eudocie, 2. *Eudocie*, épouse d'Héraclius, porte une couronne fermée (2), d'où descend de part et d'autre sur les épaules un double rang de perles; sés cheveux sont cachés; le devant de sa collerette, enrichie de perles, se termine en pointe: elle mourut l'an 613.

Héraclius Constant., 641. *Héraclius Constantin*, empereur l'an 641, fut empoi-

(a) Les médailles qui portent le nom de cet empereur, et qui représentent une personne sans barbe, sont d'Héraclius Constantin son fils, dont le costume est le même.

LXVIII.

3. id.

4. Ducange

6. Banduri

7. Banduri

5. Ducange

2. Ducange

9. Caylus

8. Ducange

1. Ducange

DES ROMAINS.

sonné trois mois et treize jours après, à l'âge de vingt-neuf ans : il était rasé, et portait ses cheveux longs comme ceux de son pere ; son costume était à-peu-près le même. Une médaille, frappée pendant son consulat avant d'être empereur (13), le représente affublé d'un ample manteau, et tenant dans sa main un sceptre terminé par un croissant. 13.

Constant, empereur l'an 641, à l'âge de onze ou douze ans, fut tué l'an 668 : ses cheveux étaient longs ; sa barbe était remarquable par la maniere affectée dont elle était aplatie et disposée devant la poitrine, où elle se terminait carrément (1, 2) ; ce qui ne doit pas être regardé sur les médailles comme une faute de l'artiste, puisque les cheveux et la moustache sont traités différemment : son armure et sa chlamyde étaient pareilles à celles dont on usait vers le haut empire (3). Constant, 641-668.
Pl. LXVIII, 1,2.
3.

Constantin Pogonat ou le Barbu, fils du précédent, monta sur le trône l'an 668, et mourut l'an 685 : ses cheveux et sa barbe sont tantôt longs (4, 5, 6), tantôt courts (7,8) ; sa robe a ses longues manches tantôt larges (4), tantôt étroites (5, 7, 8) ; son long manteau s'agraffe sur l'épaule droite (7) ; il en a quelquefois un petit où il y a une ouverture par où passe la tête ; il est quelquefois agraffé sur les deux épaules, et lui couvre seulement le haut de la poitrine et des reins (4) : les figures 6 et 8 donneront une idée de son accoutrement militaire. Constantin Pogonat, 668-685.
4, 5, 6, 7, 8.
4.
5, 7, 8.
7.
4, 6, 8.

Le monument antique d'ivoire (9) rapporté par Caylus représente, selon lui, un empereur ou consul, ou proconsul du bas empire ; on le croit du regne de Constantin Pogonat : sur sa robe, qui descend jusqu'aux pieds, et dont les manches se terminent au poignet, il porte un long 9.

manteau bordé qui s'attache vers le haut et du côté droit de la poitrine; sa tunique est ceinte fort bas; sa chaussure est pointue : la tunique des deux jeunes enfants qui sont à ses côtés est leur unique vêtement; elle est ceinte, et descend jusqu'aux genoux; leur chaussure ressemble à un bas.

Justinien II Rhinotmete, 685-711.
Pl. LXIX, 1.

Justinien II Rhinotmete ou le Mutilé, fils de Pogonat, est vêtu d'une casaque brodée dont une des manches est retroussée jusqu'au coude (1), tandis que l'autre descend jusqu'au poignet; la broderie imite un réseau (*a*); cette casaque a une ouverture par où passe la tête; elle est ouverte de chaque côté depuis les hanches jusqu'en bas : il relève sur son bras gauche la partie de devant, et laisse voir par-dessous une large bande d'étoffe brodée, descendant par-devant presque aussi bas que la tunique en forme de scapulaire; sa barbe est assez longue; ses cheveux par côté ne descendent pas plus bas que le menton; son bonnet aplati est chargé d'une croix; sa chaussure est fermée : il s'appuie sur une croix.

Cet empereur monta sur le trône l'an 685, et fut mis à mort l'an 711, à l'âge de quarante-un ans.

Léonce, 695-698.

Léonce détrôna Justinien l'an 695; il fut détrôné à son tour l'an 698, et décapité l'an 705 : il est représenté rasé; ses cheveux sont longs et flottants : quoiqu'armé, il a quelquefois un collier de perles; sous son armure est une *saie* dont les manches descendent tantôt jusqu'aux mains, et tantôt jusqu'à l'avant-bras seulement : son casque à la romaine est quelquefois sans oreillettes (2, 3).

2, 3.

Tibere Absimare, 698-705.

Tibere Absimare, tyran, s'empara du trône l'an 698, et fut décapité sept ans après : ses cheveux et sa barbe sont

---

(*a*) Les habits ainsi brodés s'appelaient *scutulatæ vestes*.

longs, et son armure est enrichie de pierreries ; devant sa poitrine est un plastron carré, festonné tout autour ; sa couronne, terminée par une croix, est bordée d'un rang de perles (4).

Philippique Bardanes, élu l'an 711, et détrôné l'an 713, était bel homme; il est représenté avec la barbe et les cheveux longs : sa couronne est fermée, tantôt haute, tantôt aplatie et chargée d'une croix ; il est quelquefois vêtu d'une casaque à réseau sans manches (5) : celles de la tunique descendent jusqu'aux mains : il a un collier de perles ; au bas de la couronne, qui est terminée par une croix, est un petit feston de perles qui lui descend sur le front : le globe qu'il tient d'une main est aussi chargé d'une croix, et le long sceptre qu'il tient de l'autre se termine par un aigle.

Sur une autre médaille (6) sa robe, dont les manches très amples ne couvrent que le bras, est enrichie de perles ainsi que le vêtement qu'il a dessous ; sur l'épaule gauche est une espece de manteau dont la broderie imite des écailles, et dont les bords sont enrichis de perles ; il tient dans sa main un globe surmonté d'un aigle.

Artemius Anastase II, couronné l'an 713, eut la tête tranchée l'an 719 : ses cheveux étaient longs, et ses moustaches aussi (7) ; la barbe, qu'il soignait, autour des joues et des mâchoires n'avait qu'environ deux doigts de long ; sa couronne, un peu pointue, se terminait par une croix de pierreries.

Théodose III, surnommé l'*Adramitain*, élu l'an 716, abdiqua après un regne de quatorze mois : son costume est le même que celui de Justinien Rhinotmete.

Léon III l'Isaurien régna depuis l'an 717 jusqu'à l'an

4.
Philippique
Bardanes, 711-713.

5.

6.

Artemius Anastase II, 713-719.
7.

Théodose III
Adramitain,
716-717.

Léon III l'Isaurien, 717-741.

741 : ses cheveux ont six à huit doigts de long, et la barbe quatre ; il a sur quelques médailles la riche bande d'étoffe, plus large d'un tiers sur l'épaule gauche que sur l'épaule droite (8, 9).

8, 9.

10. Ailleurs (10) il est rasé; son habit militaire est fort simple, sa cuirasse est sans lambrequins ; les manches de la *saie* descendent jusqu'aux mains ; son *paludamentum* s'agraffe sur l'épaule droite ; sa chaussure fermée ne couvre guere que le tiers de la jambe : on le voit quelquefois avec une double croix à la main.

Constantin VI Copronyme, 741-775.

Pl. LXX, 1.

2, 3.

4.

1.

Constantin VI Copronyme, fils du précédent, empereur dès l'an 720, à l'âge d'un an, monta sur le trône l'an 741, et mourut l'an 775 ; il conserva sa barbe et ses cheveux (1) : les médailles où il est sans barbe (2, 3) ont été frappées pendant sa premiere jeunesse, notamment une (4) où sa tête paraît entièrement rasée : il y porte trois longs vêtements ; celui de dessus, qui est enrichi de perles et de broderies, n'a qu'une manche ample et longue, et une ouverture pour y passer la tête ; sur le tout il a un riche collet rond, et pareillement fermé, qui lui couvre les épaules ; sur d'autres médailles il est vêtu d'une longue robe, faite comme une aube, mais fermée par-devant (1) ; le haut est bordé de pierreries : sa couronne fermée est souvent surmontée d'une croix ; ainsi que son père, souvent, au lieu de sceptre, il tient une double croix.

Irene.

Irene, épouse de Constantin V, porte un diadême fort élevé, ressemblant à une mitre ; du milieu s'éleve une croix : elle en tient une double sur laquelle elle s'appuie, ainsi que son fils (3).

3.

Artabasde, 741-743.

Artabasde prit la pourpre l'an 741, et fut proclamé l'année suivante : Constantin Copronyme, deux ans après,

le détrôna, lui fit crever les yeux, ainsi qu'à son fils Nicétas, et les envoya en exil : ils avaient la barbe courte; leurs cheveux descendaient jusqu'aux épaules.

Irene, épouse de Léon IV Chazare, monta sur le trône avec son fils Constantin VII, l'an 780; elle causa sa mort en lui faisant crever les yeux l'an 797 : elle fut détrônée l'an 802, et mourut de chagrin l'année suivante. Ses cheveux sont cachés sous une espèce de couronne sur le devant de laquelle il ne paraît qu'une croix entre deux pointes terminées par une perle; son front est couvert d'un bandeau d'où tombent deux chapelets de perles : par-dessus sa robe est une simarre à réseau, sans manches; d'une main elle tient un globe surmonté d'une croix, et une simple croix de l'autre (5). Irene, 780-802.

5.

L'habit des *patrices* à Rome consistait alors en une longue tunique sous un grand manteau traînant dont un des côtés était relevé sur l'épaule droite. Costume des patrices.

Nicéphore Ier détrôna Irene, et prit sa place l'an 802 : il périt en combattant, l'an 811; il avait deux doigts de barbe; ses cheveux flottaient presque jusqu'aux épaules (6, 7); un feston de perles partant de dessous sa couronne, souvent chargée d'une croix, lui tombait sur le front; une riche agrafe retenait son manteau sur l'épaule. Nicéphore I, 802-811.

6, 7.

Ce regne est l'époque où commence le bas empire ou l'empire des Grecs : les curieux de belles médailles la font remonter beaucoup plus haut; ils la font commencer vers le regne d'Aurélien ou de Claude Gothique. Bas empire.

Staurace, fils de Nicéphore, monta sur le trône l'an 811; Michel Rhangab l'en fit descendre deux mois après : sa figure était hideuse; sa barbe et ses cheveux comme ceux de son pere; par-dessus sa robe est une espece de man- Staurace, 811.

teau à large et riche collet, placé sur l'épaule gauche; sur le tout il porte un ajustement chargé de perles et de pierreries; sa forme est celle d'un large scapulaire, ou d'une chasuble moderne (8).

Michel Rhangab s'empara du trône l'an 811, et fut obligé d'en descendre l'an 813, et de se retirer dans un monastere, où il mourut trente-deux ans après: son costume est à-peu-près le même que celui de Staurace; il n'a que l'ajustement ressemblant au scapulaire par-dessus sa robe à manches étroites et longues (9).

Michel II Balbus ou le Begue, proclamé empereur l'an 820, mourut l'an 829: il avait à-peu-près le même costume que Nicéphore II; sa couronne forme un triangle, au sommet très obtus duquel est une croix (10).

Théophile, fils de Michel II, est sans barbe; ses cheveux sont longs lorsqu'il est représenté à côté de son pere (10); il est quelquefois sans cheveux et sans barbe lorsqu'il est seul (11); dans ce cas sous sa couronne, qui ressemble à une toque béarnoise terminée par une croix, est une espece de cornette dont les pendants flottent de part et d'autre.

Ailleurs sa barbe est longue et ses cheveux aussi; sa couronne, dont la forme ainsi que celle de ses ajustements varie souvent, ressemble quelquefois au boisseau de Sérapis (12, 13, 14).

Théodora, épouse de Théophile, tint les rênes du gouvernement depuis l'an 842 jusqu'à l'an 857: les manches amples de sa robe se rétrécissent vers le poignet (1); elle a par-dessus un vêtement fermé par-devant, et brodé en réseau: sa couronne fermée est surmontée d'une croix; deux rangs de perles flottent de part et d'autre; d'une main elle tient un globe surmonté d'une double croix, et de l'autre une croix simple.

DES ROMAINS.

Técle, sœur de Théophile, est à-peu-près vêtue comme la précédente (2); c'est vraisemblablement un effet de l'ignorance des graveurs de ce temps-là si la couronne, qui est chargée d'une croix, ressemble à une corde faisant deux fois le tour de la tête; il y a de part et d'autre en-dessus une espece de baguelette; les deux bouts pendent en-dessous.

Basile fut associé à l'empire par Michel III l'an 867, et mourut l'an 886: sa barbe et ses cheveux sont ordinairement longs; il a quelquefois sur sa robe (3) une espece de mantelet fermé par-devant, d'où pend presque jusqu'à terre une riche bande d'étoffe d'environ deux décimetres de large; quelquefois aussi il porte une espece de chasuble, dont la large ouverture (4) par où passe la tête est carrée; ce ne sont bien souvent que deux pieces d'une étoffe des plus riches, placées l'une devant, l'autre derriere; une agraffe sur chaque épaule les réunit ensemble (5).

Il a divers attributs, tels que le *labarum*, la double croix, le globe surmonté d'une croix, et un livre (3, 4, 6).

C'est avec raison que Montfaucon a prétendu que la figure de Théodose (7), peinte sur un manuscrit du neuvieme siecle, le représente avec le costume de Basile, qui vivait lorsque ce morceau fut peint: sur sa robe, dont les manches longues et étroites ont les bouts enrichis de pierreries, il porte un long manteau agraffé sur l'épaule; il a depuis la poitrine jusqu'aux cuisses un ajustement de forme irréguliere tout couvert de pierreries; sa chaussure est fermée: ce costume s'accorde avec celui de Constantin, fils de Basile, et celui de quelques uns de ses successeurs.

En conséquence, et d'après un autre morceau du même manuscrit représentant Hélene, mere de Constantin, au milieu de sa cour (8), et d'après l'invention de la vraie croix de J.-C., on peut inférer que les impératrices qui vécurent dans le neuvieme siecle avaient à côté d'elles des massiers vêtus d'une robe allant tantôt à mi-jambe, et tantôt jusqu'aux genoux seulement; elle était ceinte sur les hanches, ou sans ornements, ou enrichie de broderie: le petit manteau qu'ils avaient par-dessus couvrait à peine la moitié du bras; il était fermé par-devant où le bas était carrément échancré; quelques uns avaient de plus un manteau agraffé sur l'épaule gauche; du haut des masses pendaient de riches festons.

Le reste des personnages qui occupent le devant de cette composition sont des ecclésiastiques: tous ont les cheveux courts, et la barbe plus ou moins longue; leur robe descend jusqu'à terre; ils portent la chasuble par-dessus; les plis qui sont autour de l'ouverture ressemblent assez à une cuculle tantôt ample, tantôt étroite: le prêtre qui est à genoux, et leve la croix qui est à terre, a par-dessus sa robe un ample manteau long par derriere, court et fermé par-devant, où il se termine en pointe vers la ceinture: tous ont la chaussure simple et fermée; un des massiers seulement en a une qui ressemble à une sandale sur un bas.

Le manteau de l'impératrice n'a qu'une manche longue et ample du côté gauche; il est ouvert du côté droit pour laisser le bras libre; le haut forme un riche mantelet, du bas duquel descend par-devant jusqu'à terre une bande d'étoffe qui, ainsi que les manches et le bas de sa robe, est enrichie de perles et de pierreries; les longues tresses de ses cheveux sont nattées et flottent sur la poitrine; sa couronne est fermée, ainsi que sa chaussure qui est pointue.

Constantin VIII, 868-879. *Constantin VIII* fut associé à l'empire par son pere

Basile l'an 868; il mourut l'an 879, âgé d'environ seize ans: son costume le plus souvent diffère peu de celui de son pere (3, 5, 6); il a quelquefois la riche bande d'étoffe un peu large croisée sur la poitrine (9): Ducange fait voir la forme de sa couronne avant la mort de Basile (10).

3, 5, 6.
9.
10.

Léon VI le Philosophe, autre fils de Basile, lui succéda l'an 886, et mourut l'an 911, âgé de quarante-six ans: ses cheveux lui flottaient sur les épaules; s'il est quelquefois représenté sans barbe (1), ce n'est que sur des médailles frappées pendant son jeune âge: son manteau, d'une forme simple, s'agraffe sur l'épaule; il en porte quelquefois un qui est richement bordé, et agraffé sur la poitrine; sa couronne, terminée par une croix, ressemble à une tiare (2).

Léon VI le Philosophe, 886-911.
Pl. LXXII, 1.
2.

Cet empereur arma une partie de ses soldats avec des sarisses d'environ huit metres de long.

Alexandre, troisieme fils de Basile, né l'an 870, monta sur le trône l'an 911, et mourut l'an 912: il est sans barbe, ses cheveux flottants, et son costume le même que celui de Léon VI.

Alexandre, 911-912.

Romain Ier Lécapéne, associé à l'empire l'an 919, et détrôné par Christophe, un de ses fils, l'an 944, mourut dans un cloître l'an 959, âgé de cinquante-quatre ans: ses cheveux sont assez longs: il est représenté à Constantinople dans l'église de N. D. Periblepte, entre son pere et sa mere; son manteau, parsemé d'aigles, s'attache sur l'épaule droite; il tient un sceptre; il est couronné d'un cercle d'or enrichi de pierreries et d'un tour de perles; sur le devant est un diamant enchâssé dans l'or.

Romain I Lécapéne, 919-944.

Zoé Carbonopsine, quatrieme épouse de Léon VI, mere de Constantin Porphyrogenete, est tantôt avec le diadême et la mitre (4), tantôt avec une couronne d'une forme pa-

Zoé Carbonopsine.
4.

5. reille à celle d'Irene, épouse de Léon Chazare (5); ses longs cheveux bouclés sont en partie relevés sous son diadême, le reste flotte autour du cou et sur les épaules; quelquefois une petite piece d'étoffe carrée, fixée sur les épaules par deux angles, lui couvre la poitrine; elle a quelquefois par-dessus sa robe un très ample manteau agraffé d'un côté sur l'épaule, et relevé de l'autre sur la poitrine.

Théophanie. 6. *Théophanie*, épouse de Romain II le jeune (6), porte un long manteau fermé par-devant; elle le releve de part et d'autre sur le bras; par-dessus elle a une large collerette pareillement fermée par-devant, ne passant pas les épaules, mais se prolongeant un peu carrément vis-à-vis l'estomac; d'une main elle tient le globe, qui étant surmonté de trois feuilles, ressemble à une pomme, et de l'autre un long sceptre; sa coëffure est haute, et s'élargit vers le haut; un chapelet de perles et un ruban qui pendent de part et d'autre en font tout l'ornement.

Nicéphore Phocas, 963-969. *Nicéphore II Phocas*, empereur l'an 963, tué l'an 969, à l'âge de cinquante-sept ans, était petit, avait, dit-on, beaucoup de barbe, les cheveux noirs et crêpus, la tête et le ventre gros, les cuisses longues, les jambes courtes, 7. et les pieds difformes : la médaille de ce prince (7) ne s'accorde guere avec ce portrait, car il n'y a ni barbe ni cheveux.

Jean Zimiscès, 969-975. *Jean Zimiscès*, proclamé empereur l'an 969, et empoisonné l'an 975, a la tête et la barbe rasées; sa robe est ceinte sur les reins, et son manteau placé tantôt sur les deux épaules, et tantôt agraffé sur la droite: il tient ou une pique ou une longue croix d'une main, et le globe 8, 9, 10. surmonté d'une croix de l'autre (8, 9); la figure 10, selon Banduri, représente la sainte Vierge.

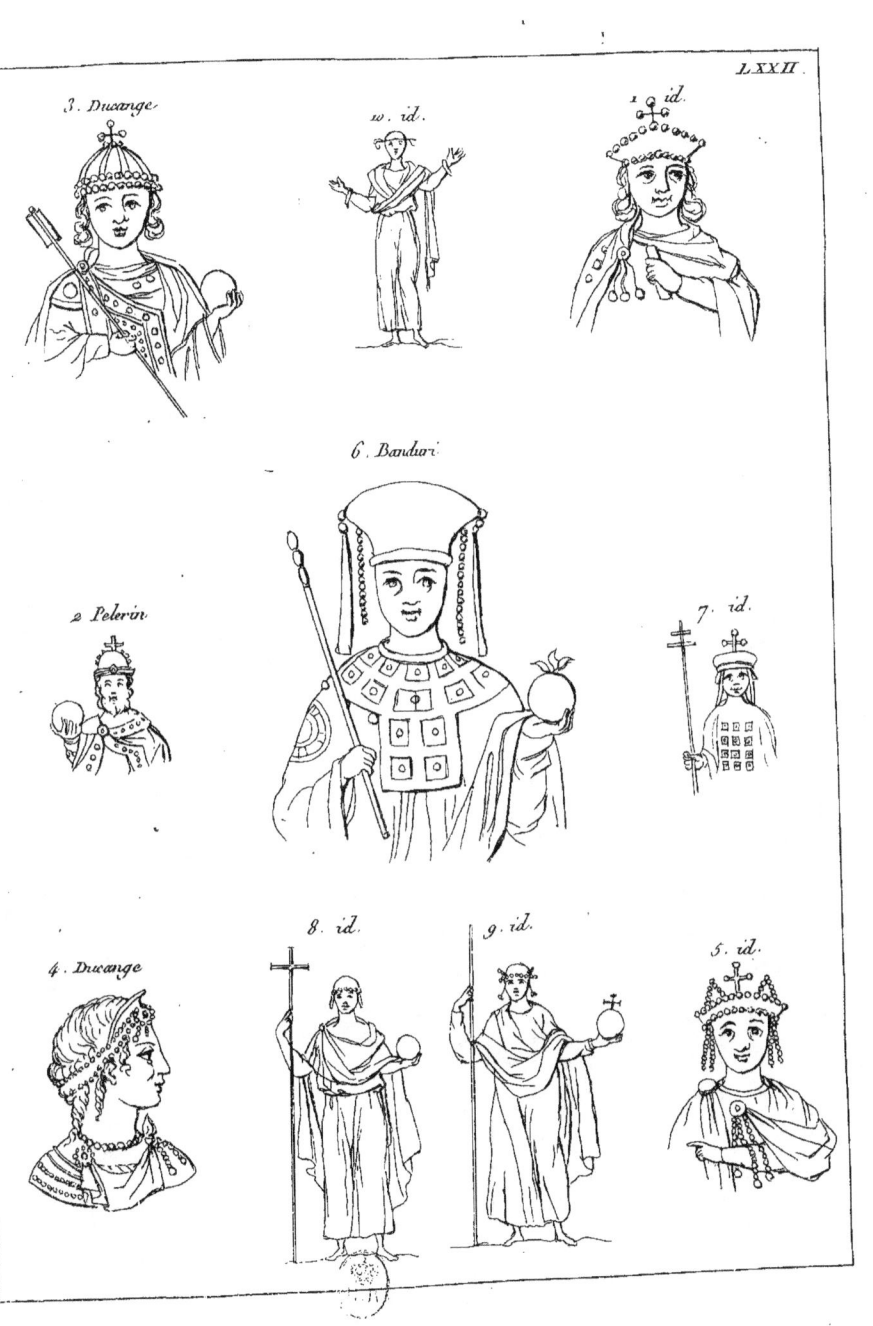

DES ROMAINS.

Cet empereur, qui devait son élévation à un assassinat, rentrant à Constantinople triomphant des Bulgares, fit lier Barisès, leur roi, derriere le char qu'on lui avait préparé; au lieu d'y monter, il y fit placer une statue de la Vierge, et suivit à cheval.

Basile II, fils aîné de Romain le jeune, succéda à Zimiscès l'an 975, et mourut l'an 1025, âgé de soixante-dix ans; il est représenté avec son frere Constantin X à côté de lui (1, 2); Basile quelquefois porte une longue barbe: leur chevelure, longue de six à huit doigts, est souvent cachée; Basile a les compartiments de sa simarre carrés, et son frere en losanges; celui-ci est aussi représenté avec le manteau agraffé sur l'épaule droite. *Basile II, 975-1025, et Constantin X. Pl. LXXIII, 1, 2.*

Constantin XI Monomaque, empereur l'an 1042, mourut l'an 1054: il a les cheveux courts et la barbe longue; il tient le petit *labarum* d'une main et le volume de l'autre (3, 4), et quelquefois le globe chargé d'une double croix et un long sceptre terminé par une croix simple (4 A); ce croquis de sa coëffure suppléera à l'ennuyeux détail que je supprime. *Constantin XI, 1042-1054. 3, 4. 4 A.*

Zoé, fille de Constantin X, épouse de Romain III l'an 1028, ensuite de Michel IV le Paphlagonien, l'an 1034, finalement de Constantin Monomaque, l'an 1042, mourut l'an 1050, âgée d'environ soixante-douze ans; sa couronne était une tiare dont le bas était bordé de perles, et le haut décoré d'une croix (5). *Zoé. 5.*

Théodora, troisieme fille de Constantin X, et sœur de Zoé, fut proclamée impératrice avec elle l'an 1042, mais elle ne jouit alors de l'empire que cinquante-un jours; elle fut proclamée une seconde fois l'an 1054, et mourut l'an 1056, âgée de soixante-quinze ans: elle a sur sa robe *Théodora, 1042-1054, 1056.*

un riche manteau dont le haut quelquefois est fermé jusqu'au-dessous de la poitrine; sa collerette, enrichie de perles, arrive à peine jusqu'aux épaules; d'une main elle tient un sceptre terminé par une rose de perles ou de pierreries, et de l'autre un globe chargé d'une croix, ainsi que sa couronne d'où tombent de part et d'autre deux rangs de perles (6, 7).

<small>6, 7.</small>

<small>Isaac Comnene, 1057-1059. 8.</small> *Isaac Comnene* prit la pourpre l'an 1057, et abdiqua l'an 1059 : une médaille (8) le représente avec un pourpoint tailladé et un collier; son long manteau est entièrement rejeté en arriere : il n'est point rasé; ses cheveux sont longs, et sa couronne décorée d'une croix; d'une main il tient le *labarum*, et de l'autre son épée : Khell, Beger, Liebe, fournissent quelques variétés (9, 10, 11).

<small>9, 10, 11.</small>

Khell le fait voir portant sur son pourpoint tailladé une cuirasse chargée d'ornements; elle n'a de lambrequins que sur le tonnelet : le devant de sa chaussure, depuis le pied jusqu'au genou, est garni de perles, ainsi que le bord de son manteau qui part de l'épaule droite vers la hanche gauche, comme celui que l'on voit sur la médaille de Ducange; de sa main droite il tient une courte épée, et de l'autre le fourreau.

<small>Constantin XII Ducas, 1059-1067.</small> *Constantin XII Ducas*, élu l'an 1059, mort l'an 1067, âgé de soixante ans, a la barbe et les cheveux longs : par-dessus sa robe enrichie de perles est une simarre à longue queue, fermée par-devant; elle a des ouvertures par où passent la tête et les bras; le droit seulement est entouré de lambrequins : il a un plastron carré-long devant la poitrine, tient le *labarum* d'une main, et un rouleau ou volume de l'autre (12).

<small>12. Romain IV Diogene, 1068-1071.</small> *Romain IV Diogene*, empereur l'an 1068, mourut l'an

1071: il est tantôt rasé et tondu, tantôt avec les cheveux courts et deux doigts de barbe; il porte sur sa robe brodée, à manches longues et étroites, un ajustement singulier dont les manches larges se terminent antérieurement au-dessus de l'avant-bras (1); le devant ressemble à celui d'une chasuble: il est enrichi de perles, ainsi que le bas de sa couronne, qui est ou très peu élevée, ou imite la tiare; de part et d'autre pend un petit rang de perles ou de pierreries.

Eudocie, épouse de Romain Diogene, porte un manteau brodé, fermé par-devant: sa large couronne forme une pointe peu élevée; les attaches flottent des deux côtés de la face: elle tient un globe d'où s'élève une grande croix (2).

Michel VII Ducas, son fils, empereur l'an 1071, fut forcé d'abdiquer l'an 1078; il est tantôt rasé et a ses cheveux longs de quatre doigts, et tantôt ses cheveux sont courts, et sa barbe longue de deux ou trois doigts (3, 4).

Marie, épouse de Michel VII, a deux rangs de perles à sa couronne radiée; quelquefois le rang supérieur de ces perles ou pierreries en a alternativement de grandes et de petites qui en terminent les pointes: tantôt son manteau s'agraffe sur l'épaule, et tantôt il est fermé, ainsi que son large collet (3, 4).

Nicéphore III Botoniate était avancé en âge lorsqu'il prit la pourpre l'an 1078; il fut forcé d'abdiquer l'an 1081: sa barbe et ses cheveux sont courts; son costume est à-peu-près le même que celui de Constantin Ducas (5), avec cette différence qu'au lieu de plastron sur la poitrine il a une large collerette, et que sous sa simarre il a par-devant une bande d'étoffe ressemblant à un scapulaire:

vers le bas de la hampe du *labarum* qu'il tient sont deux petites baguettes en sautoir ; il tient un globe chargé d'une croix.

<small>Alexis I Comnene, 1081-1118.</small>

Alexis Ier Comnene prit la pourpre l'an 1081, et mourut l'an 1118, âgé de soixante-dix ans : il portait la barbe et les cheveux courts; son manteau agraffé sur l'épaule est ample, carré, et, ainsi que son large collet, enrichi de perles et de broderies qui vers la hanche droite forment une espece de trapeze; son sceptre est un petit *laba-*

<small>6.</small> *rum* (6); dans sa gauche est un globe.

<small>Jean II Comnene Porphyrogenete, 1118-1143.</small>

Jean II Comnene Porphyrogenete, fils du précédent, monta sur le trône l'an 1118, à l'âge de trente ans : sa grande beauté lui fit donner le nom de *Calo-Jean*, c'est-à-dire le beau Jean; il mourut l'an 1143 : il a les cheveux

<small>7, 8.</small> courts, et deux doigts de barbe (7, 8); il est quelquefois
<small>9, 10.</small> rasé (9, 10), et tantôt vêtu comme Nicéphore Botoniate, et tantôt comme son pere, mais avec cette différence que son manteau, qui a quelquefois une courte manche du côté droit seulement, est moins riche; son sceptre est terminé par une croix ou par trois boules, l'une à la suite de l'autre ; quelquefois il tient une croix double ou simple d'une main, et le globe surmonté d'une croix ou un petit sceptre de l'autre.

Sur le revers d'une de ses médailles sont trois personnages priant la sainte Vierge; elle est assise, ils sont debout : leur vêtement est assez juste au corps; leurs caleçons se terminent ou sur le genou, ou un peu au-dessus; deux ont une espece de tonnelet où l'on croit voir des lambrequins; en ce cas ce sont des guerriers : tous portent une cuculle; celui qui est devant les autres semble tenir un chapeau à la main.

LXXIV.

1. Ducange

9. Beger

5. Banduri

6. Banduri
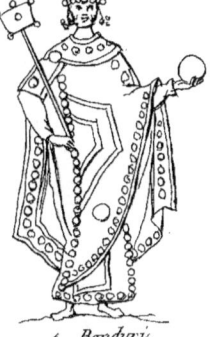

7. Beger

10. Ducange

4. Banduri

2. id.

8. Beger

3. Ducange

LXXV

DES ROMAINS.

Manuel Ier Comnene, fils du précédent, empereur l'an 1143, mourut l'an 1180, âgé de soixante ans : il est souvent avec le costume de Nicéphore Botoniate et d'Alexis Comnene ; il est tantôt avec deux doigts de barbe, tantôt rasé, et ses cheveux tantôt longs, tantôt très courts (1, 2, 3, 4, 5, 6, 7).

Alexis II Comnene, fils de Manuel, empereur l'an 1180, tué l'an 1183, à l'âge de treize ou seize ans, avait à-peu-près le même costume que Nicéphore : ses cheveux étaient assez longs (8).

Andronic s'empara du trône l'an 1183, et fut à son tour massacré l'an 1185 : ses cheveux et sa barbe sont courts ; son costume diffère peu de celui d'Alexis II (9, 10).

Isaac II l'Ange, proclamé empereur l'an 1185, détrôné l'an 1195, rétabli l'an 1203, mourut six mois après, âgé d'environ cinquante-deux ans : il n'est point rasé ; ses cheveux ne paraissent pas ; son costume ne présente rien de nouveau (1, 2, 3).

Alexis III l'Ange détrôna son frere Isaac II l'an 1195, et fut à son tour détrôné par des croisés l'an 1203 : son costume est le même que celui d'Isaac II.

Théodore Ier Lascaris, gendre d'Alexis Comnene, proclamé empereur par le peuple l'an 1204, mort l'an 1222, âgé de quarante-six ans (5), a par-dessus sa robe qui descend jusqu'aux pieds une simarre brodée, ouverte par-devant, peu ample, et plus courte que sa robe de sept à huit doigts ; sur le tout est une épitoge bordée de perles, fermée par-devant, et ne couvrant que les épaules ; par derriere est une longue piece d'étoffe, peu large, qu'il releve sur l'avant-bras gauche, comme Nicéphore : ses cheveux et sa barbe sont longs ; sa couronne, qui est fermée, s'élargit et s'arrondit vers le sommet ; de chaque côté pendent deux rangs de perles et de pierreries (a).

<small>Michel VIII Paléologue, 1259-1283.</small>

Michel VIII Paléologue s'empara du trône l'an 1259, et mourut l'an 1283, âgé de cinquante-huit ans : une médaille de Ducange le représente avec une simarre boutonnée par-devant ; il y a quelques pierreries sur le côté gauche de la poitrine ; l'épitoge bordée de perles lui couvre les épaules : sa tête est rasée ; il a des moustaches, et une touffe sur le menton ; d'une main il tient une croix, et de l'autre un globe surmonté d'une croix (7) ; sa couronne diffère peu de celle de Lascaris (8).

<small>7.</small>
<small>8.</small>

<small>Jean Cantacuzène, 1341-1355. Couronnes fermées.</small>

Jean Cantacuzène prit la pourpre l'an 1341, et abdiqua l'an 1355 : on lui attribue l'invention des couronnes fermées par d'autres cercles d'or ; ce fut pour en décorer Manuel et Jean Azem, frères de sa femme, qu'il promut à la dignité de *sebastocrator* ; elles étaient enrichies de turquoises et de perles, et fermées d'un seul cercle par-devant ; les gendres, les cousins de l'empereur ne pouvaient y en avoir qu'un ; les fils des empereurs les fermèrent avec quatre.

<small>Urose, 1356-1368.</small>

Urose, fils d'Etienne, qui l'an 1356 prit la pourpre, fut assommé l'an 1368 : sa barbe est courte, et ses cheveux longs de quatre à six doigts ; par-dessus sa robe est un manteau singulier, qui paraît carré d'un côté et arrondi de l'autre ; ce qui pourrait bien être la faute de l'artiste qui a cru par là faire mieux sentir qu'il est relevé sur le bras gauche (9).

<small>9.</small>

<small>Constantin Paléolog. XIV, 1448-1453. Pl. LXXVII, 1, 2.</small>

Constantin Paléologue XIV, empereur l'an 1448, périt en combattant l'an 1453, à la prise de Constantinople par Mahomet II. Un beau médaillon de bronze (1, 2) le représente avec une veste boutonnée par-devant, et une

---

<small>6.</small> (a) C'est le premier empereur dont on voit les armoiries (6).

courte simarre par-dessus ; son chapeau, à haute forme, terminée par un riche bouton, a le bord relevé et formant une corne en avant : il est à cheval, porte son carquois à droite et son arc à sa gauche ; ses cheveux bouclés arrivent à peine jusqu'aux épaules ; sa barbe, longue de quatre ou cinq doigts, se termine en pointe : un cavalier, qui est à côté de lui, a les manches de sa simarre étroites par le haut, larges et pendantes à commencer du coude ; ses cheveux en rond ont quatre ou cinq doigts; il porte un petit chapeau.

FONCTIONS ET COSTUME DE DIVERS MAGISTRATS ET OFFICIERS ; COMICES, FORUM.

Proconsuls.

Auguste ordonna que les proconsuls fussent précédés par six licteurs avec les faisceaux et les haches ; ils ne jouissaient de ce privilege que hors l'enceinte de Rome ; ils ne portaient ni baudrier, ni épée, ni chlamyde, parceque le droit de vie et de mort qu'ils pouvaient exercer ne s'étendait pas sur les soldats ; ils portaient la prétexte ; ainsi que les lieutenants (*legati*) ils allaient à pied : ce ne fut que sous Septime Sévere qu'ils commencerent de se faire porter dans des caleches.

Vers le bas empire ils avaient le collier d'or, et le droit d'aller dans un char argenté conduit par deux chevaux ; ils faisaient porter devant eux le code des lois, et les images des empereurs : je m'étendrai bientôt un peu plus sur ces deux objets.

Les consuls originairement s'appelaient aussi préteurs : *Préteurs.* leurs fonctions s'étant accrues avec la puissance romaine, les premiers magistrats de Rome garderent le nom de consuls ; celui de *préteur* fut réservé (l'an 289 de Rome) pour un magistrat qui en leur absence et en leur nom exerçait leur pouvoir dans Rome : sa puissance était civile et militaire ; on lui confia dans la suite le commandement d'une province.

L'an 510 de Rome on en nomma un de plus qui devait rester en ville (*prætor urbanus*), l'autre était pour le dehors (*prætor peregrinus*) ; ces deux magistrats ne pouvant suffire à juger les affaires, leur nombre fut augmenté : celui de la ville fut toujours choisi parmi les patriciens tant qu'il n'y en eut qu'un ; les plébéiens voulurent participer à cet honneur quand il y en eut plusieurs.

Le pouvoir du préteur, ainsi que celui du consul, ne durait qu'un an : il portait la prétexte ; il venait le jour de son élection la prendre au Capitole avec les mêmes cérémonies que le consul ; il avait la chaise curule : six licteurs avec les faisceaux précédaient le préteur étranger dans les provinces ; il n'y allait commander qu'après avoir exercé la préture dans Rome pendant un an. (On pouvait obtenir cette charge deux ans après l'édilité.)

Basiliques. Ce magistrat n'avait point de lieu déterminé pour rendre la justice ; quelquefois c'était dans la place publique, mais, sous les empereurs, ce fut ordinairement dans des salles entourées de portiques ; c'est ce qu'on appelait des basiliques : la chaise curule, à côté de laquelle était placée une lance et une épée, était dans un lieu disposé en demi-cercle, un peu plus haut que les sièges des juges qu'il avait choisis, et dont le nombre était impair et indéfini ; Cicéron en a vu soixante-quinze et quatre-vingt-un : le préteur prononçait ses jugements tantôt assis, tantôt debout.

Nous avons vu qu'il portait la prétexte dans les commencements ; il eut dans la suite une robe de pourpre s'il était question d'affaires civiles; il prenait une robe noire s'il s'agissait d'une affaire capitale.

Le mot *prétoire* signifiait anciennement la tente du général; on en étendit la signification pour exprimer les lieux où le préteur des étrangers (*prætor peregrinus*) et les gouverneurs rendaient la justice : la préture fut abolie vers le temps de Justinien. Les magistrats et les juges inférieurs n'étaient assis que sur des bancs. Prétoire.

Les *propréteurs* envoyés dans les provinces avaient cinq faisceaux et un assesseur auprès d'eux; ils commandaient aux soldats, et portaient l'épée et la chlamyde. Propréteurs.

Les censeurs furent établis l'an 311 de Rome; c'étaient des magistrats chargés de faire le dénombrement du peuple; ils avaient l'inspection sur les mœurs : assis sur leur chaise curule, dans le Champ de Mars, ils faisaient appeler chaque tribu suivant son rang, et successivement ceux qui la composaient, pour rendre un compte exact de leur conduite; malheur à celui qui eût trahi la vérité! il aurait été fouetté, vendu comme esclave, et ses biens confisqués auraient été vendus à l'encan. Censeur.

Les marques distinctives de cette magistrature furent d'abord une robe de pourpre et la chaise curule; à l'exception des licteurs, ils eurent dans la suite toutes les marques de la dignité consulaire; ils avaient la garde du registre où étaient inscrits les citoyens : dans les commencements on les choisissait parmi les anciens consuls des familles patriciennes les plus distinguées; des plébéiens parvinrent aussi à cette dignité.

Après le *cens* ou dénombrement du peuple au commencement de chaque *lustre*, qui était un intervalle de cinq ans, le censeur fixait un jour où il assemblait tous Cens, lustre.

les citoyens en armes au Champ de Mars pour les purifier en immolant une truie, une brebis, et un taureau, après les avoir fait promener autour de l'assemblée : cette sorte de sacrifice s'appelait *suove-taurilie*.

<small>Suove-taurilie.</small>

<small>Ediles.</small> Les *édiles* étaient chargés de l'entretien des édifices publics, des jeux, de la police, etc. : ils étaient pris parmi les patriciens et les plébéiens ; les premiers portaient la prétexte, avaient la chaise curule, d'où ils tiraient le surnom de curules ; ils avaient aussi le droit d'images ; ils faisaient célébrer à leurs dépens les grands jeux, les jeux floraux et ceux de Cérès : les édiles plébéiens en faisaient célébrer d'autres, mais qui étaient moins dispendieux. Il fallait être âgé de trente-sept ans pour pouvoir être élu édile (selon Juste-Lipse il n'en fallait que vingt-sept ou vingt-huit).

<small>Marques distinctives des magistrats.</small> Tous les magistrats, sous les empereurs, portaient l'anneau et la ceinture, ou le baudrier (*a*); c'était leur principale marque distinctive sans laquelle ils n'auraient osé se présenter devant le prince.

Le baudrier des officiers était enrichi de petites plaques d'or en forme de têtes de clous ; celui des soldats avait le même ornement, mais d'un métal moins précieux.

<small>Tribuns du peuple.</small> Les *tribuns du peuple* étaient des magistrats plébéiens établis pour contenir l'ambition des patriciens : leur personne était sacrée ; ils ne devaient point sortir de Rome tant qu'ils étaient revêtus de cette charge : un de leurs principaux privileges était celui de proposer des lois, et de s'opposer à celles proposées par le sénat ; ils ne pouvaient pas entrer dans le lieu de ses assemblées, mais ils demeuraient assis sur des bancs à la porte.

(*a*) *Cingulum* exprimait l'un et l'autre.

DES ROMAINS.

Ils ne portaient pas la prétexte. Vigenere, d'après Cicéron dans son discours pour Cluentius, dit qu'ils étaient vêtus de pourpre; ce témoignage d'un contemporain est préférable à celui de Plutarque qui leur donne des vêtements noirs : un homme portant un bâton (*viator*) les précédait; la porte de leur maison ne se fermait jamais, même pendant la nuit.

Du temps de Trajan cette charge avait perdu tout son lustre; il n'en est plus fait mention dans l'histoire après le regne de Constantin.

Les *questeurs* faisaient les fonctions de receveurs et de trésoriers : il y en avait de différentes especes; celui de la ville n'avait point de marques distinctives; ceux des provinces avaient des licteurs, mais on prétend que ce n'était qu'en l'absence du préteur. Le trésor public était déposé dans le temple de Saturne. Questeur.

Les deux préteurs ne pouvant suffire à juger les affaires qui étaient portées devant eux, on choisit cinq hommes de chacune des trente-cinq tribus; on les appela *centumvirs :* les préteurs leur renvoyaient les affaires de peu de conséquence; ils prononcerent dans la suite sur les plus importantes; c'est pourquoi il y avait une hache déposée dans la basilique où ils s'assemblaient : les sieges sur lesquels ils étaient assis s'appelaient *tribunal*. Centumvirs.

Les marques distinctives du *préfet de la ville* étaient les mêmes que celles du préteur. Préfets de la ville.

Les *decemvirs*, élus pour rédiger les lois de la république, avaient alternativement les marques de la puissance souveraine. Decemvirs.

On appelait *candidats* ceux qui aspiraient à une charge; ils se trouvaient sur la place au jour marqué; ils embras- Candidats.

saient les uns, prenaient la main des autres, et les sollicitaient; ils avaient soin de se faire accompagner de quelque personnage de poids qui fût agréable au peuple pour parler en leur faveur, et souvent (ce qui était contre la loi) de quelques serviteurs qui connaissaient un grand nombre de citoyens, et leur en disaient le nom pour pouvoir les appeler et les nommer en les saluant : lorsque le moment de l'élection était arrivé, ils venaient se placer sur une petite éminence pour être vus de l'assemblée, et haranguer le peuple.

Ils étaient sans tunique : on les appelait *candidats* parcequ'ils étaient vêtus d'une étoffe dont l'art avait relevé la blancheur et l'éclat (*a*); elle était transparente, et l'habit peu ample; par ce moyen il était aisé de voir, à travers, les blessures qu'ils avaient reçues en combattant pour la patrie, et il ne leur était pas possible de rien porter pour corrompre ceux qui avaient droit de suffrage.

<small>Age requis pour exercer certaines fonctions.</small> Un soldat devait avoir au moins dix-sept ans; dès-lors il avait droit de suffrage : il fallait avoir porté les armes pendant dix ans pour pouvoir aspirer à quelque charge, à moins d'une dispense, comme Scipion et Pompée; à vingt-sept ans on pouvait être questeur et sénateur; à trente tribun du peuple, à trente-sept édile, à quarante préteur, et à quarante-trois consul.

Un artiste doit faire attention à ces particularités, car ce serait une faute de représenter un consul, un préteur, sous les traits d'un jeune homme; c'en serait une bien plus grande s'il s'agissait d'un dictateur, puisqu'il ne pou-

---

(*a*) L'épithete *albus* se donnait à l'étoffe qui n'avait que la blancheur naturelle de la laine.

vait être choisi que parmi ceux qui avaient été consuls.

Les *comices* étaient l'assemblée générale du peuple : pour éviter la confusion lorsqu'il fallait recevoir les suffrages, chaque centurie avait son urne ou panier sur un cippe élevé sur un pont de bois, où l'on ne parvenait que par un passage étroit; des *rogateurs* placés à côté veillaient à ce que chacun y déposât sa tablette ; enfin des patriciens irréprochables, appelés *custodes*, étaient préposés à l'exécution et à la conservation des formes. Comices. Manière de recueillir les suffrages.
Rogateurs.
Custodes.

Lorsque tous les citoyens avaient donné leur suffrage, les *custodes* ouvraient le scrutin, écrivaient sur une table les noms et le nombre des voix à mesure que les tablettes sortaient de l'urne ou du panier où on les avait déposées.

L'usage était de placer un étendard sur le fort du Janicule pendant la tenue de l'assemblée qui cessait aussitôt que l'étendard était enlevé.

Lorsque les comices se tenaient au marché, des cordes tendues séparaient les citoyens d'une tribu de ceux d'une autre : du temps de la république, un endroit séparé, et entouré de palissades (*sceptum*), était destiné à recevoir les suffrages; mais dans la suite ces palissades furent remplacées par de magnifiques portiques où chaque tribu entrait à son tour.

Lorsqu'il s'agissait de délibérer sur les affaires les plus importantes de la république, le peuple s'assemblait sur la place appelée par excellence *forum romanum* : elle était vaste; on l'entoura successivement d'édifices de la plus grande magnificence; on y voyait les statues des douze grands dieux, enrichies d'or (*a*). Forum, Tribune aux harangues.

(*a*) On désignait sous ce nom Jupiter, Neptune, Apollon, Mars,

C'est dans cette place qu'était la tribune aux harangues, où les orateurs et les magistrats venaient discuter en public les intérêts du peuple romain : on l'appelait *rostra* à cause des proues de vaisseau qui y furent placées après la victoire navale de Duillius sur les Antiates.

<small>Auditoires, Basiliques.</small>

Les empereurs firent construire près des marchés publics des salles vastes et magnifiques, ouvertes de tous côtés, plus longues que larges, ornées de portiques et de colonnades, où venaient les négociants pour traiter d'affaires : il y avait au milieu un endroit où siégeaient certains magistrats pour rendre la justice ; c'est ce qu'on nomma *auditoire, basilique;* ce dernier nom dans la suite fut donné aux principales églises de Rome, et enfin à toutes les grandes églises.

Le consul y avait une place distinguée sur un siege élevé de quelques marches, au-dessus duquel étaient des rideaux de pourpre qui se relevaient de part et d'autre avec des anneaux et des cordons : on les baissait lorsqu'on voulait délibérer.

Pour rendre l'appareil plus imposant, nous verrons que dans des temps moins reculés, à côté du consul, on plaçait le livre des lois sur un pupitre couvert d'un tapis; un peu plus bas étaient assis les scribes, et plus bas encore étaient les clients, etc.

Mercure, Vulcain, Junon, Minerve, Vénus, Diane, Cérès, et Vesta.
Les orateurs, les empereurs même, et les rois, chez tous les peuples, haranguaient debout : il est bon d'observer que les magistrats romains, avant de haranguer le peuple, commençaient par invoquer les dieux.

GRANDS MAGISTRATS DU BAS EMPIRE.

Grands magistrats du bas empire.

L'établissement de la plupart des magistrats dont il va être question ne remonte guere qu'au regne de Valentinien ou de Constantin : Pancirole, dans son Commentaire sur la Notice de l'empire d'Orient, me fournira presque tout ce que j'ai à dire à ce sujet.

A la tête du cahier des instructions que l'on remettait aux gouverneurs des provinces, comtes, ducs, et autres officiers, il y avait des frontispices où étaient peints les symboles de la dignité qui leur était confiée; ceux à qui l'on remettait ce cahier sans ces ornements ne le recevaient que comme une marque d'honneur et un simple titre sans autorité : Gratien ordonna que le juge prévaricateur serait dégradé, rentrerait dans la classe des plébéiens, et qu'on arracherait de son registre les peintures qui en décoraient le frontispice.

Les cahiers des grands magistrats des provinces, comme préfets, proconsuls, vicaires, avaient pour marques distinctives, ou des figures de femme, symboles des provinces qui leur étaient soumises, ou la représentation des villes de leur ressort, ou celle du cahier même, placé sur une table couverte d'une riche étoffe, enfin l'image des princes placée sur un cippe doré : sur les cahiers des officiers inférieurs étaient représentés des objets relatifs à leur charge; tels que des boucliers, des lances, des glaives, des cuirasses, etc. pour ceux qui faisaient fabriquer les armes ; des coffres, de l'or monnoyé, etc. pour les trésoriers, et ceux qui étaient chargés de la dépense; des tables, des buffets chargés de pain, des vases, etc. pour les maîtres-d'hôtel; des livres, des registres pour les grands secrétaires et les chanceliers.

<small>Généraux.</small> Les généraux, outre les marques honorables de la magistrature, avaient sur leur brevet la représentation des divers drapeaux, des différents boucliers qui servaient à distinguer les troupes qui étaient sous leurs ordres.

<small>Illustres.</small> Les grands décorés du titre d'*illustres* avaient l'image de l'empereur sur la reliure de leur cahier, qu'ils faisaient porter devant eux avec pompe dans les provinces : les <small>Images des empereurs.</small> *images des empereurs* précédaient d'ailleurs tous les grands magistrats civils de l'empire.

Les militaires, tels que les chefs de la milice, les comtes, les ducs, et juges palatins, ne faisaient point porter ces images devant eux; ils les avaient seulement représentées sur la reliure de leurs instructions.

Sous les Paléologues les magistrats portaient sur le devant et le derriere de leur habit l'image de l'empereur représenté tantôt debout, tantôt assis, tantôt à cheval; l'image qui le représentait dans ces deux dernieres positions était toujours derriere (*a*) : ils portaient une écharpe enrichie d'or et de pierreries, selon leur rang, et des especes de sceptres dont l'extrémité était ou dorée, ou noire, ou rouge.

Le faste augmentant vers le bas empire, lorsque les préfets du prétoire d'Orient, d'Illyrie, d'Italie, des Gaules, de Rome, de Constantinople, paraissaient en public, outre le cahier et les images des empereurs, au-dessous desquelles était celle de la Félicité tenant une corne

---

(*a*) Cet usage remonte beaucoup plus haut, puisque du temps de Gratien c'était un des principaux ornements de la robe consulaire

d'abondance, que l'on portait avec appareil devant eux, ils étaient précédés de licteurs avec des faisceaux dont les haches étaient enrichies d'argent ciselé ; ils avaient la chaise curule; ils portaient la prétexte, la trabée, et un sceptre d'ivoire; ils y ajoutaient des colliers d'or, des ceintures ou baudriers de pourpre enrichis de glands d'or, quand ils allaient dans les provinces.

Leur trabée était tissue d'or et de pourpre : il est inutile de faire ici la description ennuyeuse de cet habit tel qu'on le portait après la décadence des arts ; il suffit de voir dans les diptyques de Bourges (pl. XVI, 3) un capitaine des gardes à cheval avec ce vêtement; sa coëffure ressemblerait à une couronne radiée si les pointes n'en étaient pas arrondies; il tient dans sa main une espece de sceptre terminé par l'image de l'empereur supportée par un aigle. *Trabée.*

Le char à quatre roues, sur lequel était leur chaise curule, était doré et traîné par quatre chevaux blancs; on portait même du feu devant eux comme devant les empereurs; un héraut les précédait en les appelant peres de la patrie, et le peuple répétait les mêmes paroles: le cocher portait des bottines, et par-dessus sa *saie* un manteau retroussé sur l'épaule. *Honneurs rendus aux grands magistrats.*

Dans leur salle d'audience on voyait le code des lois debout sur un autel d'airain, couvert d'un tapis blanc brodé en or; sur la reliure était l'image de l'empereur : de chaque côté brûlaient deux flambeaux, mais qui n'étaient permis qu'aux préfets susnommés et aux vicaires de la province de Pont : les vicaires même en général n'avaient que des lampes ; Justinien leur en permettait quatre. *Salle d'audience.*

Les *magistrats inférieurs* avaient le code simplement *Magistrats inférieurs.*

placé sur un pupitre couvert d'un tapis, sans lumieres; Justinien ordonna que le livre des saints évangiles fût mis à la place de ce code : en général tous les magistrats portaient un sceptre d'ivoire.

Les *images des empereurs* dans la magistrature n'étaient pas disposées comme celles que l'on portait avec les enseignes militaires; elles étaient au bout d'une espece de pilier ou pilastre doré, et se plaçaient sur un guéridon ou trépied : lorsque l'Orient et l'Occident avaient chacun leur empereur, leurs images paraissaient se regarder, s'embrasser, ou se tenir par la main : elles étaient, selon les circonstances, d'or, d'argent, d'airain, de cire, quelquefois dorées ou argentées, et se faisaient aux dépens des empereurs.

Le peuple ne les regardait qu'avec respect; il s'inclinait lorsqu'elles passaient : les renverser était le signal de la révolte.

Maîtres de la milice, ou généraux. Les *chefs de la milice* (*magistri militum*) et dans la suite les généraux étaient des personnages consulaires, ou qui en avaient les marques : Végece prétend qu'ils ne prenaient ce titre que parcequ'ils avaient sous leurs ordres une armée consulaire. Sous Alexandre Sévere ils portaient le nom de lieutenants (*legati*) : cet empereur voulut que quatre soldats précédassent le tribun, six le commandant (*ducem*), et dix le lieutenant (*legatum*); celui-ci avait quelquefois des licteurs.

Maire du palais. L'officier qui s'appelait *præpositus sacri cubiculi* était comme le maire du palais, le grand chambellan; il avait une grande autorité dans le palais de l'empereur : sous les Paléologues il portait une écharpe brodée, un manteau de pourpre, et une robe sur le devant de laquelle était brodée l'image de l'empereur debout, et par derriere l'image du même assis sur son trône; il portait dans sa main un sceptre de bois dont l'extrémité était en or, et le reste entouré de fils d'or et d'argent.

A la même époque, le trésorier chargé des dépenses portait une écharpe blanche, enrichie de perles et de pourpre, et un manteau de pourpre sans ornements : sa robe blanche était brodée d'or et de pourpre; on voyait devant et derriere l'image de l'empereur assis : il n'avait point le sceptre des juges; un héraut, depuis Gratien, le précédait en public, l'appelant pere du peuple : les chefs de la milice et les grands magistrats étaient vêtus de la même maniere. *Trésorier.*

L'*intendant de la maison et bâtiments, le maître-d'hôtel,* était vêtu comme les précédents; il marchait devant l'empereur, portant un sceptre dont l'extrémité était en or, et le reste orné de moulures alternativement noires et dorées. *L'intendant de la maison et bâtiments, le maitre-d'hôtel.*

Les *gouverneurs, propréteurs, lieutenants de l'empereur,* avaient dans leur province seulement cinq licteurs avec les faisceaux et les haches, et le char enrichi d'argent. *Gouverneurs, propréteurs, lieutenants de l'empereur.*

Le *comte d'Orient* avait les mêmes prérogatives, et de plus son auditoire était décoré de l'image de l'empereur et de celles des quinze provinces; il portait l'épée, car il commandait au peuple et aux soldats : le *préfet augustal* avait les mêmes marques d'honneur. *Comte d'Orient, préfet augustal.*

Le *lyciarque,* le *syriarque,* et autres qui portaient des noms de province auxquels on ajoutait les syllabes *arque,* étaient des préfets et prêtres de ces mêmes provinces; ils étaient chargés des jeux qui se célébraient en l'honneur des dieux; ils portaient sur leur tête une couronne d'or, et leur robe ou prétexte était enrichie d'or et de pourpre. *Lyciarque, etc.*

Comtes, ducs. L'origine des *comtes* et des *ducs* remonte au temps d'Hadrien : les comtes étaient des sénateurs expérimentés qu'il choisit pour s'aider de leurs conseils ; ils l'accompagnaient par-tout, ce qui est exprimé par leur nom latin *comites* qui signifie compagnons : les successeurs de cet empereur se déchargerent peu-à-peu sur ces conseillers du poids des affaires d'état ; ils leur confierent dans la suite le commandement des armées : quant aux *comtes du palais* ou *palatins*, ils rendaient la justice en l'absence de l'empereur dans les plus grandes affaires.

Les *ducs* étaient des lieutenants des empereurs ; ils marchaient à la tête des troupes, ce qu'exprime leur nom *duces* qui signifie conducteurs ; on leur donna le gouvernement de certaines provinces ; ils avaient aussi leurs comtes qui les accompagnaient pour rendre la justice, et commander les troupes en leur absence.

Les ducs portaient des tuniques, un riche baudrier, un anneau avec deux pierres précieuses, un bracelet, un casque et un bouclier enrichis d'or, une agraffe d'or, le laticlave, et la robe de pourpre.

« Les ducs et les princes, dit saint Ambroise, s'empres-
« sent, même en temps de guerre, de paraître devant les
« souverains avec des habits de soie et des baudriers enri-
« chis d'or » : sous le regne de Justinien ils étaient précé-
Bandophore. dés par un *bandophore* ou porte-banniere, du mot *bandum*, banniere, étendard ; cet officier était d'un grade inférieur à celui des comtes qui suivaient l'empereur ; il n'avait que le livre ; les comtes avaient de plus la table et le pupitre.

Correcteurs. Les *correcteurs* ayant des soldats sous leurs ordres portaient l'épée, la chlamyde de pourpre ou bordée de pourpre, et faisaient arborer devant eux les images des empereurs; les gouverneurs n'avaient ce droit qu'en Occident (*a*).

AMBASSADEURS, FÉCIALIENS.   Ambassadeurs.

La personne des ambassadeurs fut toujours sacrée; les anciens ordinairement n'en choisissaient pas qui eussent moins de cinquante ans : ceux des Romains portaient un anneau d'or; ils étaient vêtus de pourpre s'il était question d'affaires d'état; leur vêtement était blanc s'il n'était question que de politesse et de bienséance : Rome, ainsi que les peuples de la Grece, n'en envoyait pas ordinairement moins de trois, ni plus de dix.

Les Romains, dans leurs spectacles, plaçaient les ambassadeurs étrangers dans l'orchestre : Auguste abolit cet usage; Trajan le rétablit en faveur des ambassadeurs des rois.

On ne leur donnait audience que hors l'enceinte de Rome; c'était le plus souvent dans le temple de Saturne, ou d'Apollon, ou de Minerve : nous avons déja vu que c'était dans celui de Bellone lorsque l'on avait des raisons pour ne pas les laisser entrer dans la ville; ils furent logés et défrayés aux dépens du public jusqu'à ce que les relations que nécessita l'accroissement de l'empire romain rendit ces dépenses trop onéreuses.

(*a*) La Notice d'Orient et d'Occident parle de beaucoup d'autres officiers que je passerai sous silence : peut-être dira-t-on que j'aurais pu négliger plusieurs de ceux dont j'ai parlé; on ne me fera pas ce reproche si l'on se met à la place du jeune artiste qui veut traiter certains sujets ; c'est pour son instruction que cet ouvrage a été entrepris.

Fécialiens. Les *fécialiens*, institués par Numa, étaient des hérauts, des ambassadeurs qui allaient terminer à l'amiable les différents qui s'élevaient avec les peuples voisins : on les consultait dans les premiers temps pour savoir s'il fallait faire la guerre.

Ils allaient déclarer la volonté du peuple romain, ce qu'ils faisaient ayant la tête couverte d'un voile de laine, et couronnés de verveine : si le peuple chez lequel ils étaient envoyés refusait de réparer le tort dont ils venaient se plaindre, alors, après avoir fait des imprécations horribles contre les coupables, en présence de trois personnes dont la plus jeune devait au moins avoir quatorze ans, ils jetaient une lance ou une fleche sur les terres de l'ennemi (a) ; dès ce moment la guerre était déclarée : lorsque la paix était conclue, ils frappaient un pourceau avec anathême.

Leur personne était sacrée ; on en établit jusqu'à vingt ; ils portaient quelquefois un caducée et un javelot, symboles de la paix et de la guerre dont ils donnaient l'option : leur *Pere patrat.* chef s'appelait *pere patrat*.

Si l'on faisait un traité, le fécialien jurait par Mars et par la pierre, en invoquant les dieux, qu'il garderait sa foi ; faisant ensuite des imprécations contre lui-même, et laissant tomber à terre la pierre qu'il tenait dans sa main, il demandait de périr seul et de tomber comme elle s'il violait sa promesse.

Quelquefois on sacrifiait un cochon ou une truie que l'on tuait avec des pierres tranchantes ; on ne mangeait point de la victime qui avait été offerte en faisant un serment ou un traité ; celui qui le prononçait finissait comme on vient

---

(a) Il y en a qui prétendent qu'elle était teinte de sang.

de le dire; mais, au lieu de laisser tomber simplement le caillou qu'il tenait dans sa main, il le jetait à terre avec force.

Les fécialiens assistaient en qualité de juges aux combats singuliers qui se livraient quelquefois pour la patrie; Lorsque les Romains eurent étendu leur puissance au-delà de l'Italie, les hérauts ou fécialiens ne furent plus envoyés pour déclarer la guerre; on dressa devant le temple de Bellone une colonne par-dessus laquelle le général venait avec appareil, le jour de son départ, lancer une javeline sanglante qu'il avait prise dans le temple de Mars, après y avoir remué les boucliers sacrés et la lance qui était dans la main du dieu, et il disait, « Veille sur nous, ô Mars! »; cette coutume était encore en usage du temps de Marc-Aurèle.

LÉGION.

Légion.

La légion, chez les Romains, était un corps de troupes dont le nombre varia beaucoup; il était originairement de trois mille hommes de pied et de trois cents cavaliers : ce nombre fut successivement augmenté jusqu'à quatre, cinq et six mille hommes d'infanterie, et sept cent trente-deux ou trente-six cavaliers; ce qui fut le nombre le plus ordinaire.

Il y avait trente légions du temps de Marc-Antoine; il y en avait quarante-trois selon Appien, mais Auguste diminua ce nombre; il y en avait trente-sept du temps de Vespasien.

La légion se divisait en dix cohortes, dont la première, *Cohorto.* composée de gens d'élite, s'appelait *la milliaire;* c'est celle à qui étaient confiés l'aigle et l'image de l'empereur qui étaient les principales enseignes de la légion : cette cohorte était composée de onze cent cinq fantassins, et de cent trente-six cavaliers cuirassés; les autres n'étaient que de cinq cent cinquante-cinq fantassins et de soixante-six cavaliers cuirassés, excepté la quatrième et la septième qui avaient six cents hommes de pied : ces cohortes avaient des étendards de diverses couleurs, sur lesquels étaient marquées la légion, la cohorte, la centurie à laquelle ils appartenaient; la force des légions consistait dans l'infanterie.

Alliés. Il y avait outre cela les troupes des alliés dont le nombre des gens de pied était inférieur, mais souvent supérieur en cavalerie.

Corps de réserve. Les troupes qui formaient le corps de réserve se tenaient assises à terre pendant le combat; c'est de là que leur était venu le nom de *subsidia*.

Tribuns militaires, centurions. Les Romains eurent quelquefois des tribuns militaires avec la puissance consulaire; leurs fonctions et les marques de leur dignité étaient les mêmes que celles des consuls : ce n'est pas d'eux qu'il est ici question, mais de ceux qui étaient chargés de la police, guet et garde du camp et des munitions, etc. Lorsque le général leur conférait ce grade il leur remettait une courte épée (*parazonium*); ils portaient un anneau d'or, distinction qui cessa lorsque Septime Sévère permit à tous les soldats d'en avoir.

Sur les colonnes trajane et antonine, ainsi que sur l'arc de Septime Sévère, les tribuns militaires et les centurions sont avec le même costume que l'empereur, soit en armes, soit avec les habits que nous avons déja observé convenir dans les pays du nord, où était le théâtre de la guerre.

Selon les auteurs de l'histoire auguste « les tribuns mi- « litaires, sous les empereurs, avaient le droit de porter la

DES ROMAINS.

« tunique rouge, une casaque en forme de manteau, des
« agraffes de vermeil, une boucle d'or avec l'ardillon de
« cuivre, un baudrier d'étoffe d'argent brodé en or, une
« bague à deux pierres pesant une once, un bracelet pe-
« sant sept onces, un collier d'une livre, un casque doré,
« des boucliers enrichis d'or, des cuirasses, de grosses lan-
« ces que l'on appelait herculanes, des javelots d'une de-
« mi-coudée, attachés avec une corde, qu'on lançait sur
« l'ennemi, et qu'on retirait après le coup, des sabres re-
« courbés, des faux à faucher le fourrage, une robe blan-
« che moitié soie, avec des parements de pourpre, sans
« doute pour les cérémonies, un manteau court bordé de
« pourpre, des vestes simples, d'autres galonnées, des
« écharpes, une toge, un laticlave, des manteaux à la
« gauloise avec leur agraffe (*Mém. de l'Acad.*) » : d'après
ce détail on peut voir qu'il est aisé de varier le costume
de ces officiers, puisqu'ils avaient le droit d'user d'un aussi
grand nombre d'ajustements, etc.

Nous lisons dans Tacite qu'à la mort d'Auguste ils obtinrent le droit de porter la robe triomphale pendant la
célébration des jeux augustaux.

Un cep de vigne dans la main était la marque distinc- Marques dis-
tinctives du
tive du *centurion;* c'est pour cela que son grade était ex- centurion.
primé par le mot vigne (*vitis*), ce qui eut lieu tant que
dura la légion : le chiffre arabe 7 dans les inscriptions exprime la même chose ; les *vétérans* volontaires qui ren- Vétérans.
traient au service portaient aussi le sarment.

ENSEIGNES.

Enseignes.

Sous Romulus quelques poignées de foin, d'herbe, ou
de broussailles diversement figurées, au bout d'une pique,

servaient d'enseigne pour cent hommes : il en fut de même dans la suite lorsqu'on détachait quelques soldats de différentes compagnies; ils s'en faisaient une avec quelques poignées d'herbe en forme de couronne.

Cette poignée d'herbe servit long-temps après pour distinguer les décuries, ou pelotons de dix ou seize hommes (*manipuli*) : on y substitua une banderolle après qu'on eut pris pour enseignes la représentation d'un loup, d'un minotaure, d'un cheval, et d'un sanglier; à celles-ci Marius, étant consul pour la seconde fois, substitua un aigle : il y en a néanmoins qui prétendent que l'aigle était auparavant une des enseignes romaines, mais que l'usage, vers le temps de Marius, étant de laisser dans le camp celles qui représentaient les autres animaux, celui-ci les supprima entièrement, et y substitua des aigles; néanmoins ce qui n'appuie guere ce sentiment, c'est que dans un endroit de la colonne trajane, qui représente un départ de l'armée romaine, le loup et l'aigle sont les deux enseignes qui précedent les autres.

Pl. LXXVIII,1. L'aigle d'or était long-temps auparavant l'enseigne des Perses; elle fut chez les Romains la premiere enseigne de chaque légion; elle était d'argent, quelquefois d'or ou dorée, et attachée au bout d'une pique sur un piédestal de même matiere : celles de Brutus, de Cassius, de Catilina, étaient d'argent.

L'aigle de la légion était l'enseigne la plus grande, mais ordinairement sans ornements : on plaçait quelquefois au-dessous un médaillon où était l'image de l'empereur; la pique dont on se servait pour la soutenir était un peu plus courte que celle des autres qui avaient vingt à vingt-trois décimetres.

Le nombre des légions s'étant accru, on ajouta aux aigles des marques distinctives, telles que des fercules, des couronnes de laurier, des inscriptions, etc.; il suffit, pour avoir une idée de ces variétés, de jeter les yeux sur les monuments antiques, et notamment sur la colonne trajane.

On appelait *fercules* des espèces de plateaux ronds dont étaient composées certaines enseignes (2); il y en avait quelquefois de placés au-dessous de leur marque distinctive : celles des alliés étaient remarquables par les images de leurs divinités, et divers autres ornements (3); quelquefois au-dessus des fercules est une traverse d'où flottent de part et d'autre des rubans (4). Fercules.
2.
3.
4.

Les auteurs ne sont pas d'accord sur le nombre des enseignes de chaque cohorte : on ne sait pas si chacune des divisions jusqu'au manipule avait la sienne.

Les enseignes des cohortes avaient des couronnes de laurier; elles ne consistaient quelquefois que dans l'image d'une divinité, ou de l'empereur, ou du général, dont le nom était écrit par-dessous, non en lettres d'or, mais en lettres rouges; quelquefois au-dessous de ces objets était un pan d'étoffe dont le bas était garni de franges (*a*); le haut de l'enseigne se terminait par un fer de lance (*b*).

(*a*) Il y avait de ces pans d'étoffe de diverses couleurs; ils avaient six à huit décimètres en carré : outre les franges qui les bordaient, il y en avait de brodés en or.

(*b*) Si l'on y joignait, comme à celles de certaines légions, des marques distinctives, telles que la représentation d'une tour, d'une porte de ville, etc., on peut présumer que c'était une marque d'honneur accordée à cette légion, à cette cohorte, pour s'être rendue maîtresse

Enseigne pure. On appelait enseigne pure (*vexillum purum*) celle qui n'était que d'une ou de deux couleurs, pourvu qu'il n'y eût pas d'autre ornement; telles étaient celles que les empereurs donnaient pour récompense à leurs braves officiers.

Les Romains n'arborerent la figure d'un dragon qu'après le regne de Trajan; sa colonne n'en fait voir qu'à la tête des armées des Daces ou de leurs alliés : les Romains en ayant donné aux cohortes, celui de la prétorienne qui accompagnait l'empereur était couleur de pourpre; ces dragons étaient tantôt en ronde bosse, et tantôt brodés sur une piece d'étoffe découpée.

Lorsque les cohortes eurent des dragons, les centuries eurent des enseignes pareilles à celles qu'avaient auparavant les cohortes, excepté le pan d'étoffe qui n'y était pas : la centurie était conduite par un centurion dont le casque était décoré d'une aigrette transversale, qui dans le besoin était une enseigne de plus pour conduire le soldat, et le rallier dans la mêlée.

Les enseignes, dans le bas empire, étaient surmontées de figures d'animaux.

Quant à la prétendue lanterne que Ciaconius dit représenter une enseigne de manipule, on est assez d'accord que c'est le piédestal d'un aigle que le temps ou quelque accident a détruit.

Une bande d'étoffe légere et fine, attachée au-dessous de l'aigle, faisait la différence des enseignes de la cavalerie légere avec celles des hommes d'armes.

de quelque fort, ou pour être montée la premiere à l'assaut : un soldat vétéran de la cinquieme légion ayant combattu victorieusement contre un éléphant vers l'an 706 de Rome, 46 ans avant J.-C., cette légion depuis cette époque ajouta un éléphant dans ses enseignes.

Les étendards de la cavalerie étaient bleus et taillés en banderolles; il y en avait dont la forme, selon Montfaucon, était la même que celle du *labarum* (5): le *labarum* était une piece d'étoffe carrée, de six ou huit décimetres; on le portait comme nos bannieres: c'était, dit-on, par excellence l'enseigne du général.

Labarum, 5.

Les savants d'après qui on a trop souvent répété cette définition auraient mieux fait de dire qu'il y avait un *labarum* qui par excellence était l'enseigne du général, puisque dans beaucoup de monuments antiques représentant des allocutions la plupart des enseignes qui sont autour de l'empereur, et quelquefois toutes, sont des *labarum* (*a*).

Il y en avait de plusieurs sortes; celui des consuls, sous la république, était de pourpre avec une frange d'or; des empereurs y ajouterent des pierres précieuses: celui du sénat était en argent, celui d'un chef était rouge, et celui de la flotte était bleu.

Constantin y plaça au-dessus, ou selon quelques uns y fit broder, ou selon d'autres y substitua une croix et le monogramme de Christ, ☧. Sans entrer dans ces discussions, on peut dire, d'après les monuments, que lui et la plupart de ses successeurs firent usage de ces deux derniers signes.

La main droite sur les enseignes romaines était le symbole de la concorde (6); Tacite nous apprend que ceux de

Enseigne de la concorde. 6.

(*a*) A côté de Septime Sévere haranguant sont, sur son arc, sept enseignes, dont quatre *labarum*; parmi les autres l'une a des images et des fercules; les autres ont de plus des aigles en bas-relief: sur un autre endroit du même arc il n'y a que des *labarum*.

Sur un endroit de l'arc de Constantin l'empereur n'a que des *labarum* à côté de lui.

Langres en envoyerent aux légions de la Germanie, comme à des amis, à des hôtes.

Enseigne du belier

Les Romains arboraient rarement l'enseigne du belier; ce n'était qu'au commencement de la guerre, en entrant chez l'ennemi: elle précédait portée par un fécialien entre l'aigle et l'enseigne de la concorde; on observait cette formalité pour donner à entendre à l'ennemi que ce n'était que par sa faute et pour une juste cause que la guerre allait commencer.

Toutes les enseignes étaient adaptées à des piques pointues par le bas, pour pouvoir les planter à terre: on choisissait pour les porter des soldats d'élite distingués par leur force et leur courage: il paraît que ce grade était très honorable.

Primipile.

Le *primipile* avait la garde de l'aigle; c'est pour cela qu'elle fut mise dans la troisieme ligne jusqu'à Marius: celui-ci ayant placé les meilleures troupes à la tête de l'armée, l'aigle se trouva à la premiere ligne après les premiers rangs; le primipile était le centurion de la premiere centurie des triaires; il assistait au conseil avec les principaux officiers.

Porte-enseignes.

Ceux qui portaient les enseignes avaient l'armure légere, le bouclier rond ou ovale; leur *sica* ou dague était du côté droit: les monuments les représentent quelquefois nu-tête ou avec le casque, mais le plus souvent coëffés avec la dépouille de quelque bête féroce dont le mufle leur couvre le front; les pattes de devant s'attachent quelquefois sur la poitrine: quant au reste, leur costume était le même que celui des autres militaires. Selon la Notice d'Orient ils avaient des colliers vers le bas empire: si les porte-enseignes qui, sur la colonne trajane, viennent au-devant de l'empereur qui ravitaille une ville baignée par le Danube sont avec des habits longs, c'est pour caractériser la froideur du climat; les torches allumées qui sont au haut des enseignes font voir comment on s'éclairait de nuit (3).

3.

Les enseignes étaient une chose sacrée; on jurait par elles, on les couronnait quelquefois de fleurs : elles étaient placées dans le camp dans une tente faite exprès, à côté de celle du questeur; on y faisait brûler de l'encens : c'était un asyle où les soldats mettaient leur argent en sûreté; on y plaçait autour et le butin et les prisonniers : c'est dans ce même lieu que des princes recevaient quelquefois le diadême des mains des généraux romains, ou étaient confirmés dans leur possession.

Avant d'arracher les enseignes de ce lieu on offrait un sacrifice, et l'on regardait comme un mauvais présage si on ne les arrachait qu'avec difficulté; en temps de paix on les gardait à Rome dans le trésor.

Les généraux et les empereurs romains faisaient porter les enseignes à côté d'eux lorsqu'ils sacrifiaient dans le camp, et pendant les *allocutions*, c'est-à-dire lorsqu'avant de combattre ils haranguaient leurs troupes, placés sur un *tribunal;* on appelait ainsi un lieu un peu élevé, fait souvent avec du gazon : le soldat manifestait le désir de combattre et ses applaudissements par des cris de joie, par le bruit qu'il faisait en frappant son bouclier avec ses armes, et en levant la main; dans le cas contraire sa contenance était morne.

Allocution.

Le général annonçait le combat en faisant placer au-dessus de sa tente sa cotte d'armes qui était de pourpre.

Les enseignes, vers le bas empire, s'appelaient *bandum;*

de là vint le nom de *bandophores* que l'on donna à ceux qui les portaient.

INSTRUMENTS MILITAIRES.

<small>Instruments militaires.</small>

Les Romains avaient divers joueurs d'instruments militaires, savoir les *tubicines*, les *liticines*, et les *cornicines*: <small>Pl. LXXIX, 1.</small> les premiers sonnaient d'une trompette droite (1); d'abord elle fut en or, mais dans la suite on la fit ordinairement d'airain; elle ne servait que pour l'infanterie : les se- <small>2.</small> conds sonnaient du *lituus* ou clairon (2); c'était, dit-on, la trompette de la cavalerie (*a*) : pour appuyer cet instrument qui était recourbé il y avait une traverse chargée de moulures, dont l'extrémité antérieure servait quelquefois d'arme offensive; c'est, selon quelques auteurs, cette arme <small>Sicilix.</small> qui s'appelait *sicilix*.

<small>3.</small> Les derniers étaient ceux qui sonnaient du *cornet* (3); cet instrument, qui est un des plus anciens, ne fut d'abord qu'une corne de bœuf ou de buffle : on en fit ensuite d'airain; il servait indifféremment pour l'infanterie, la cavalerie, et les marins, qui n'en furent pas les inventeurs comme le prétend Higin.

<small>Tambour. Naqueres, *Anacara*.</small> Quant au *tambour*, c'est un instrument oriental qui ne servit jamais dans les armées romaines; elles ne connurent les naqueres, *anacara*, espece de timbale, que vers le bas empire.

Les joueurs d'instruments militaires étaient vêtus comme les porte-enseignes : un savant a cru le contraire, mais il est prouvé par la colonne trajane qu'il n'y avait aucune dif-

---

(*a*) Si cette opinion est fondée, il est certain que cet usage ne fut pas constamment suivi, car sur la colonne trajane on ne voit de liticines que parmi les gens de pied.

LXXIX.
voy. la pl. suiv.

4. Caylus.   9. du Choul.

8. Boissard.

3.

1.

LXXIX.
voyez la pl. précéd.

10. du Choul

5. Gronov

2. du Choul

7. Montf.

6. Montf.

férence; ils se couronnaient de laurier lorsqu'ils assistaient à des fêtes, à des cérémonies religieuses.

USAGES MILITAIRES, LEVÉE DES TROUPES.

Usages militaires, levée des troupes.

Lorsque la guerre était résolue, et qu'il n'y avait point d'armée, le général qui avait été choisi avait trente jours de délai pour faire ses préparatifs et ses levées ; il ne pouvait partir qu'après ce terme : pendant ce temps-là on arborait sur le haut du Capitole un étendard rouge : selon Servius, on en arborait aussi un verd; celui-ci était pour la cavalerie, et le premier pour l'infanterie.

Le soldat, du temps de la république, faisait serment entre les mains des consuls de se rendre à leurs ordres, et de ne point quitter l'armée sans leur permission : cette formalité, dans certaines circonstances, sur-tout lorsque le nombre des légions fut considérablement augmenté, rendant les levées très longues à faire, les tribuns militaires en furent chargés l'an 537 de Rome.

Les jeunes gens d'une naissance distinguée s'attachaient au général, ou à quelque officier de distinction qui se chargeait de leur entretien, et ils servaient sous lui.

Dans des circonstances où il fallait de la célérité, le consul ou le général déployait une enseigne couleur de rose pour l'infanterie, et une bleue pour la cavalerie : il marchait vers le Capitole en criant à haute voix : « Que « celui qui veut le salut de la patrie me suive »; ceux qui lui prêtaient serment dans cette circonstance s'appelaient *conjurés*.

Conjurés.

Le légionnaire devait avoir dix-sept ans; il cessait, alors seulement, d'être un enfant (*puer*); jusqu'à quarante-six il était appelé jeune homme (*junior*); après cet âge il était

Age du légionnaire.

exempt de service militaire, et prenait le nom de vieillard (*senior*). (*Mém. de l'Acad.*)

<small>Taille du légionnaire.</small>

La taille requise du légionnaire ne fut pas toujours la même : sous Hadrien on admettait des soldats dont la taille n'équivalait qu'à 1^m63; sous Valentinien et Valens, 1^m66; la plus ordinaire néanmoins jusqu'au temps du bas empire fut de 1^m73.

Les guerriers, chez les Romains, étaient les seuls qui portassent des armes; ce n'était ni dans Rome ni en temps de paix, mais chez l'ennemi et dans les armées : de retour chez eux, ils les suspendaient ordinairement à leur chevet; on les déplaçait pour les mettre au pied du lit lorsqu'ils étaient à l'agonie : s'ils en portèrent quelquefois dans Rome ce ne fut que dans des temps de trouble et de sédition.

<small>Vêtements militaires.</small>

VÊTEMENTS MILITAIRES.

<small>Paludamentum.</small>

Les généraux partant pour aller faire la guerre quittaient la toge, et prenaient le *paludamentum*; rentrant à Rome ils quittaient le *paludamentum*, et reprenaient la toge. Du temps de la république il n'y avait pas grande différence, quant aux habits, entre les officiers et les soldats; une cotte d'armes d'écarlate, quelques bandes de pourpre suffisaient pour distinguer le général : les Romains pensaient avec raison que le courage du soldat et la bonté de ses armes devaient être sa parure, et non l'or et l'argent dont ses vêtements et ses armes pouvaient être enrichis; ce ne fut que peu-à-peu que le luxe s'introduisit dans leurs camps; il ne tarda pas tant d'être à son comble dans Rome.

On voit par les monuments que dans le camp même on n'était pas toujours armé; la toge étant embarrassante pour des soldats, on l'accourcit, et elle devint, non la *saie*, mais le *paludamentum;* on l'agraffait tantôt sur l'épaule, tantôt sur la poitrine.

Le nom de *saie* dans les auteurs est souvent embarrassant, parcequ'ils le donnent à presque tout ce qui servait à couvrir le soldat : on est cependant d'accord que la *saie*, qui était en usage chez les Gaulois, les Bretons, les Germains, et que les Romains adopterent, était une espece de gilet ou hoqueton sans manches, fermé par-devant, et assez juste au corps (*a*).

Saie.

Elle fut d'abord de la couleur naturelle de la laine, on la teignit ensuite en rouge (*b*); ce rouge était beaucoup inférieur en éclat à l'écarlate qui était réservée pour les officiers : on la portait sous la cuirasse; elle descendait quelquefois jusqu'aux genoux lorsqu'on avait un grand bouclier; celle des porte-enseignes, des cavaliers, et des soldats légèrement armés, ne débordait la cuirasse que de deux ou trois doigts.

Le *sagulum gregale* n'était vraisemblablement qu'une longue *saie;* c'était une tunique descendant jusqu'aux genoux, par-dessus laquelle le soldat mettait en hiver une peau de bête avec le poil (4); ce cuir préparé était quelquefois orné de clous; enfin la *saie* était l'habit de guerre, comme la toge était l'habit de paix.

Sagulum gregale.

4.

Les soldats, selon le pays et la saison, avaient une espèce de cravate autour du cou, nouée sur le devant (*sudarium, mappa*).

Sudarium, Mappa.

(*a*) Les *saies* des Espagnols et des peuples d'Italie avaient des manches.

(*b*) La *saie* est encore aujourd'hui une étoffe de laine rouge que l'on fabrique à Venise à l'usage des Mamelouks d'Egypte, et dont ils font un large pantalon. (*Note de l'Editeur.*)

Paragaude.   La *paragaude* était une riche tunique dont le col, le bout des manches, et toutes les parties exposées à la vue, étaient enrichis de broderies, et quelquefois d'un, deux, trois, quatre, ou cinq galons d'or, ou de diverses couleurs : c'était un des vêtements des Romaines; les joueurs de cithare et autres musiciens s'en décoraient pendant les fêtes de Bacchus : les hommes n'en firent usage que du temps d'Aurélien qui en fit une récompense militaire; mais peu-à-peu l'on s'en décora, et le luxe fut porté si haut que Valens et Théodose firent des lois pour l'interdire.

La *chlamyde*, la *cotte d'armes*, le *paludamentum*, selon Nonius Marcellus, étaient le même genre de vêtement; toute la différence consistait dans la richesse de l'étoffe et de ses ornements relatifs à la qualité de celui qui en était revêtu; les rois, les empereurs, en avaient dont les bords étaient enrichis de broderies et de galons d'or : on se servait de préférence des deux dernieres dénominations lorsqu'il était question du général et des chefs, et qu'ils étaient armés.

Chlamyde.   La *chlamyde* n'était point une longue veste sans manches, comme l'ont écrit quelques uns, mais une espece de manteau qui s'attachait sur l'épaule ou sur la poitrine avec un nœud, un bouton, ou une agraffe; on la rejetait à volonté à droite ou à gauche; on la faisait porter aux enfants : quant à sa couleur, il en fut comme de celle de la *saie*.

Cotte d'armes ou *Paludamentum*.   La *cotte d'armes* ou *paludamentum* était une draperie ouverte qui se portait par-dessus l'armure; sa forme était ovale; celle des généraux romains, du temps de la république, était ordinairement de pourpre un jour de bataille :

on l'enrichit successivement sous les empereurs; une boucle ou agraffe l'attachait sur l'épaule (*a*).

« Le *paludamentum*, dit Winckelmann, était pour « les Romains ce que la chlamyde était pour les Grecs; sa « couleur était de pourpre...: c'était le vêtement de l'ordre « équestre (Xiphil. Aug. pag. 94, lib. III) et le manteau « que portaient les capitaines, et ensuite les empereurs « romains: cependant nous apprenons que les empereurs « jusqu'à Gallien ne paraissaient pas à Rome avec le *pa-* « *ludamentum*, mais qu'ils s'y montraient avec la toge; « nous en découvrons la raison dans les remontrances qui « furent faites à Vitellius par ses amis lorsqu'il voulut faire « son entrée dans Rome avec le manteau sur les épaules. « Cet ajustement, lui dirent-ils, ferait croire que vous vou- « lez traiter la capitale de l'empire romain comme une « ville prise d'assaut; et à ces représentations il mit la toge « consulaire. Septime Sévere observa la même cérémonie « avant son entrée superbe dans Rome: vêtu en *imperator* « il s'avança jusqu'aux portes de la ville, où étant descendu « il prit la toge, et fit le reste du chemin à pied. »

Les agraffes dont se servaient les premiers Romains pour attacher leurs habits étaient de fer ou de cuivre; les tribuns militaires n'en firent d'or qu'à la fin de la république; on permit aux soldats d'en porter d'argent: Léon Ier voyant ce luxe porté à l'excès, défendit de les enrichir de

<small>Agraffes.</small>

(*a*) On donnait aussi le nom de *paludamentum* aux riches manteaux que portaient quelquefois les impératrices lorsqu'elles paraissaient en public.

Quand les auteurs latins donnent à un général l'épithete de *paludatus*, cela signifie qu'il est avec tous ses ornements militaires.

pierreries, excepté de celles qui n'avaient d'autre prix que la main-d'œuvre.

Campestre; Subligar.

Le *campestre* ou *subligar* était une espece de tablier qui s'attachait fort bas, et descendait jusqu'aux genoux; les soldats le portaient pendant leurs exercices pour ne pas montrer ce que l'honnêteté veut que l'on cache: quand on ne portait point de tunique, on mettait un *campestre* sous la toge; on appelait aussi de même, selon Ciaconius et Lebeau, une espece de caleçon qui couvrait depuis le nombril jusqu'au-dessous du genou.

Chaussure militaire.

Outre les brodequins les militaires avaient une chaussure qui leur couvrait le bas de la jambe, et se liait à la semelle par le moyen de quelques courroies qui laissaient une partie du pied découverte.

Caliga.

La *caliga* était une chaussure militaire à semelle épaisse, attachée avec des courroies qui faisaient quelques tours autour de la jambe; il y en avait quelquefois une qui passait entre le gros orteil et le suivant, et venait se fixer à la semelle: c'est de cette espece de chaussure que Caligula avait pris son nom; il y avait quelquefois aussi des especes de clous aux endroits où les courroies se croisaient, et quelquefois des clous ou des pointes aiguës sous la semelle.

Campagus.

Le *campagus* des empereurs, des généraux, des tribuns, ne différait guere de la *caliga* des soldats: c'était une espece de rets; l'un et l'autre laissaient le pied découvert: on observe néanmoins, sur les monuments, que les empereurs et les officiers portaient souvent des chaussures qui couvraient entièrement le pied et une partie de la jambe. Du temps de Théodose elles montaient au-dessus du mollet; c'est vraisemblablement le *campagus* dont se servaient les sénateurs vers le bas empire, et dont l'usage fut permis aux diacres du temps de Constantin le Grand.

Les Romains, dans les Gaules, laçaient leur chaussure par-dessus le chausson, ou soulier gaulois, qui étoit fermé et ressemblait à une babouche.

Soulier gaulois.

ARMÉES ROMAINES.

Armées romaines, citoyens divisés en six classes.

Servius Tullius divisa en six classes les citoyens de Rome : ceux de la premiere avaient au moins cent mille *as*; leurs armes défensives étaient le casque, le grand bouclier (*scutum*), le corselet, et la *gréve*, armure qui couvrait le devant de la jambe; le tout était d'airain : les armes offensives étaient l'épieu et l'épée, outre quelques traits pour lancer de loin sur l'ennemi; à cette classe il joignit deux centuries de charpentiers qui suivaient sans armes; ils n'étaient chargés que de la conduite et de l'entretien des machines de guerre.

La deuxieme classe était composée de ceux qui au-dessous de cent mille *as* en avaient au moins soixante-quinze mille; leurs armes offensives et défensives étaient les mêmes, excepté qu'ils étaient sans cuirasse, et que leur bouclier était plus petit.

La troisieme classe comprenait ceux qui avaient cinquante mille *as* au moins; ils n'avaient ni casque, ni cuirasse, ni *gréve*; les armes offensives étaient les mêmes.

Ceux de la quatrieme classe devaient avoir au moins vingt-cinq mille *as*; ils n'avaient pour armes qu'un javelot et un gros épieu court de hampe, mais dont le fer était long.

La cinquieme classe, où étaient compris ceux qui n'avaient au plus que onze mille *as*, n'avaient pour arme que la fronde; parmi eux étaient les *accenses* ou soldats surnuméraires, les sonneurs de cors et de clairons.

La sixieme classe, où il n'y avait que des misérables, était exempte de tribut et de service.

Les vieillards de ces différentes classes étaient chargés de la défense de la ville; les jeunes gens marchaient vers l'ennemi.

Infanterie. L'infanterie était composée de trois corps, des *hastaires*, des *princes*, et des *triaires;* les *hastaires*, ainsi nommés parcequ'ils étaient armés de *hastes* ou piques, formaient la premiere ligne; les *princes* la seconde, et les *triaires* la troisieme.

Vélites. Outre ces trois corps il y avait dans chaque légion des *vélites* ou soldats armés à la légere, lesquels ne faisaient pas un corps séparé, mais étaient répandus dans les trois autres : on les choisissait parmi les plus jeunes et les plus agiles; c'étaient des frondeurs et des archers qui sortaient des rangs pour harceler l'ennemi, et sur-tout la cavalerie: nous avons vu que Servius Tullius ne leur avait point donné d'armes défensives; mais vers l'an 542 de Rome ils eurent une petite rondache, un casque léger, une épée, sept javelots, et la fronde (*a*).

Bientôt après, du temps de Polybe, contemporain de Scipion, ils eurent pour armes l'épée espagnole, la javeline ou haste de jet, et un bouclier rond d'environ un metre de diametre; leur casque léger était couvert d'une peau de loup ou autre semblable animal, selon leur mérite.

Les troupes légeres, sous Trajan et Antonin le Pieux, portaient de simples corselets de lin ou de feutre; il y en

(*a*) Il y en a qui ne fixent point le nombre de javelines, hastes de jet ou piles qu'avait chaque soldat.

avait cependant de couverts d'écailles comme ceux des archers; quelques uns, ainsi que les cavaliers, avaient par-dessus leur *saie* un corselet de cuir dont les formes imitaient le nu; l'un et l'autre étaient festonnés par le bas et autour des ouvertures par où passaient les bras. Les frondeurs quelquefois combattaient sans casque; ils n'avaient qu'un petit bouclier, une courte épée qu'ils portaient du côté droit, et la fronde; ils n'avaient souvent que la *saie* sous le manteau qu'ils agraffaient sur l'épaule droite, et dans un pan duquel ils portaient des pierres; ils avaient quelquefois de petits sacs pour cet usage: au défaut de pierres ils jetaient des balles de plomb dont la forme était celle d'une olive, et sur lesquelles Caylus prétend qu'il y avait souvent des inscriptions.

Sous les rois de Rome les *hastaires* étaient les troupes légeres, et n'avaient que des hastes de jet: seize ans après l'expulsion des rois on les arma de la haste pesante, et l'an 259 de Rome on y ajouta une épée; ils formerent la premiere ligne: les *rorarii* et les *accenses*, qui étaient les derniers soldats de l'armée, prirent leur place; ils n'avaient pas de bouclier, mais une épée et deux hastes légeres, appelées *gæsum* (a); après avoir fait leur décharge ils passaient dans les intervalles, et venaient se placer derriere les triaires: les vélites leur succéderent.

Hastaires.

Le bouclier des *hastaires* était carré-long et recourbé; il avait un peu plus de huit décimetres de largeur, et treize à quatorze de hauteur; il était composé de deux planches

(a) J'observerai que le *gæsum* proprement dit avait la hampe de fer; ce qui ne s'accorde guere avec l'épithete de léger que lui donnent ici les auteurs, à moins que par ce mot ils ne veuillent faire entendre que la hampe de celui-ci était de bois.

doublées d'une grosse toile collée en dedans, et d'un cuir de veau, de mulet ou de jeune cheval, en dehors; le bord était garni de fer, pour mieux parer les coups de taille, et l'empêcher de se dégrader lorsqu'on l'appuyait à terre; sur le centre il y avait une plaque de fer relevée en bosse ou en pointe, pour mieux résister aux coups de pierre, de sarisse, etc., et même pour en frapper l'ennemi. Ils avaient à leur côté droit l'épée espagnole; chacun avait deux gros javelots; leur casque d'airain les couvrait par-devant jusqu'aux yeux, et par derriere jusqu'aux épaules : de son sommet s'élevaient trois plumes ou panaches rouges et noirs, de près de quatre décimetres, qui faisaient paraître le soldat plus grand et plus terrible : ils avaient des cuissards et des *gréves;* ceux qui avaient plus de deux mille sesterces de bien portaient des cottes de mailles; les autres se contentaient d'un plastron carré d'airain, de vingt-quatre centimetres de côté, qu'ils plaçaient devant la poitrine.

Princes. Les *princes* étaient ainsi appelés parceque dans l'origine ils formaient la premiere ligne des troupes pesamment armées, et commençaient le combat l'épée à la main; ils formerent ensuite la seconde qui était composée de vieux soldats pour soutenir la premiere : leurs rangs étaient moins serrés pour la recevoir dans les intervalles; en cas d'évènement ils se servaient de l'épée, et de l'épieu dont la hampe était d'environ quatorze décimetres et demi, et ferrée jusqu'au bout : ils lançaient des traits de loin, et combattaient de près avec l'épieu ou avec l'épée qui était l'arme redoutable des Romains : leur armure était la même que celle des *hastaires;* ne quittant jamais les

DES ROMAINS.

rangs, ils soutenaient l'effort de l'ennemi, le pressaient, et ne le poursuivaient pas s'il fuyait.

Végece fait marcher les princes avant les *hastaires*.

Les *triaires* formaient la troisieme ligne ; ils étaient pe- Triaires.
samment armés : si les deux premieres lignes étaient repoussées, ils les recevaient dans leurs rangs dont les intervalles étaient encore plus grands que ceux des princes ; ils servaient à les rallier, et le combat recommençait ; c'était la derniere ressource : ils avaient les mêmes armes que les princes, si ce n'est qu'au lieu de traits et d'épieu ils portaient des piques plus longues et plus pesantes.

Selon Tite-Live ils avaient le genou droit à terre, la jambe gauche en avant ; appuyés sur leurs boucliers, ils attendaient l'ordre du général ; ils se levaient au moment de la charge, et décidaient ordinairement de la victoire.

Marius changea l'ordre de bataille, mit les meilleures troupes à la tête, et les nouveaux soldats en corps de réserve : César suivit cette ordonnance, et l'on ne conserva guere plus que le nom de *hastaires*, de *princes*, et de *triaires*. Tous furent armés de forts javelots : il n'y eut guere que les *auxiliaires* qui fussent armés de piques ; ils étaient Auxiliaires.
toujours sur les ailes.

Autour du général étaient des gens d'élite à pied, les Prétoriens,
Soldats d'élite.
uns avec des boucliers ronds ou ovales et la pique, les autres avec de longs boucliers et des hallebardes ; c'est ce que quelques auteurs entendent par *prétoriens* (a).

(a) Les *soldats d'élite* que les empereurs avaient toujours auprès d'eux avaient des armes éclatantes ; on les appelait vers le bas empire *protectores, equites domestici, pedites domestici* : ils adoraient l'empereur, c'est-à-dire qu'ils le saluaient en baisant le bas de sa robe de

COSTUME ET USAGES

Le nombre des cohortes prétoriennes changea souvent : il y en avait neuf selon Tacite ; Auguste les fixa à dix, composées de mille hommes chacune ; il y en avait une partie pour Rome : Dion en compte quatre, formant en tout six mille hommes ; le nombre, selon une inscription, fut porté à seize.

Vétérans.
Evocati.
On appelait *vétérans* ceux qui continuaient de servir après avoir fait vingt campagnes ; les *evocati* étaient certains vétérans alliés ou romains que l'on rappelait sous les drapeaux : sous les empereurs on donna ce nom à des cavaliers d'élite qui leur servaient de gardes.

Ecuyers.
Les empereurs avaient des écuyers (*stratores*) chargés d'acheter, de seller, et de tenir leur cheval ; ces fonctions furent très honorables vers le bas empire : on voit de ces écuyers sur la colonne trajane.

Chevaliers.
L'ordre des chevaliers tenait le milieu entre le peuple et le sénat : Romulus en fut l'instituteur ; il en choisit cent parmi les jeunes gens les plus distingués de chaque tribu, et trois cents en tout : leur nombre s'augmenta à mesure que la population et le domaine de Rome s'étendirent. Sous Tarquin l'ancien il y en avait déja dix-huit cents : ils servaient à cheval ; on exigea, dit-on, dans la suite qu'ils eussent quatre cent mille sesterces de bien (*a*), et au moins dix-huit ans.

La république leur fournissait un cheval ; ils le reçurent dans la suite avec appareil des mains du censeur ; ils étaient vêtus de l'angusticlave, et portaient au doigt un anneau d'or : les gens du peuple n'en portaient que de fer.

pourpre ; le premier d'entre eux marchait devant lui tenant une épée ; les protecteurs seuls pouvaient baiser le visage du préfet du prétoire.

(*a*) Le sesterce valait environ quinze centimes de notre monnaie.

DES ROMAINS.

Ils jouissaient de divers privilèges: voici les principaux; au théâtre, les quatorze gradins les plus voisins de l'orchestre leur étaient affectés; on choisissait parmi eux les fermiers de la république; ils furent enfin chargés du jugement de certaines affaires, et c'était dans leur corps qu'étaient choisis les nouveaux sénateurs.

Leur revue se faisait tous les ans le 13 juillet; ils étaient tous couronnés d'olivier et décorés, c'est-à-dire portant à la main les récompenses militaires qu'ils avaient reçues de leurs généraux: tous les cinq ans ils terminaient cette cérémonie en descendant de cheval, et en le conduisant vers le censeur qui était assis devant le Capitole dans sa chaise curule; ceux qui étaient gravement repréhensibles étaient privés de leur cheval et du titre de chevalier; celui d'entre eux que le censeur inscrivait le premier sur le registre public s'appelait *prince de la jeunesse:* ce nom dans la suite se donnait à celui que l'empereur avait désigné pour son successeur.

_{Prince de la jeunesse.}

Il n'y en eut d'abord que trois cents par légion; ce nombre fut augmenté dans des cas extraordinaires, et sur-tout vers la décadence de l'empire, époque où les Romains dégénérant renforcèrent leur cavalerie.

Les ailes de la cavalerie étaient divisées en autant de compagnies de trente hommes qu'il y avait de cohortes dans l'infanterie; chaque compagnie se divisait en trois décuries.

Les archers à cheval étaient légèrement armés; ils avaient leur carquois plein de fleches sur le dos du côté droit; d'une main ils tenaient l'arc, et de l'autre une fleche; à leur côté droit pendait l'épée, et quelquefois au gauche un poignard: tous avaient des casques et des *gréves*.

_{Archers à cheval.}

Cavalerie légere.

La cavalerie légere, dans les premiers temps, n'était armée que d'une javeline, ou de trois dards à large pointe, et d'une parme convexe, faite d'un simple cuir de bœuf ; elle devenait absolument inutile si elle était mouillée : une large ceinture de cuir et une espece de caleçon lui tenaient lieu d'armure : du temps de Polybe on l'arma comme celle des Grecs ; elle eut de forts javelots acérés des deux bouts, et de meilleurs boucliers.

Cavaliers pesamment armés.

Les cavaliers pesamment armés avaient la lance, l'épée, la masse, qui le plus souvent n'était qu'une boule de métal emmanchée d'un court levier, la trousse ou le carquois garni de trois dards à large pointe, et la hache ; une grande *parme*, qu'ils ne prenaient qu'en présence de l'ennemi, pendait à droite sous la housse du cheval.

Quoiqu'en général les cavaliers eussent le même casque et la même armure que les gens de pied, selon qu'ils étaient légèrement ou pesamment armés, ils avaient sous la cuirasse une cotte de mailles qui descendait jusqu'aux genoux ; les manches couvraient les bras : ils avaient de plus des brassards, des gantelets, et des *gréves* de métal ; leurs chevaux quelquefois étaient bardés (*a*).

On voit par la colonne trajane, quoique le contraire ait été avancé, que les cavaliers n'étaient pas sans manteau ; pour l'empêcher de donner prise au vent ils mettaient leur ceinture par-dessus (pl. XXVI, 4).

Pl. XXVI, 4.

Si on en excepte ceux qui étaient couverts d'écailles de fer depuis la tête jusqu'aux pieds, leur chaussure était la même que celle des fantassins.

(*a*) L'armure ne se compléta ainsi que par degrés ; ce fut Constantin qui l'acheva.

Une housse plus ou moins riche de drap ou de cuir leur *Housse.*
tenait lieu de selle : on mettait quelquefois plusieurs housses les unes sur les autres ; celles de dessus plus petites étaient disposées de maniere que celle de dessous fût en évidence : la housse n'avait qu'une sangle sous le ventre du cheval ; une bande de cuir découpée l'assujettissait devant le poitrail ; une autre pareille passant sous la queue la retenait par derriere (pl. XXIX, 1). *Pl. XXIX, 1.*

Néron fut le premier des Romains qui se servit de *selle;* *Selle.*
le plus ancien monument où on la voit représentée est la colonne trajane ; on en voit sur deux chevaux (*ibid.*) *:* l'u- *Ibid.* sage cependant n'en était pas répandu ; ce ne fut que très long-temps après, vers le regne de Théodose, à la fin du quatrieme siecle, qu'il fut assez généralement adopté. Il était défendu d'enrichir une selle avec des perles, des émeraudes, des hyacinthes ; ainsi que sur le baudrier, on ne pouvait y employer que les autres pierreries moins précieuses qui ne coûtaient guere plus que la façon : la colonne trajane fait voir la forme du bât des bêtes de somme (*ibid.* et pl. LVIII) ; une piece d'étoffe grossiere quelque- *Ibid et Pl. LVIII.* fois en tenait lieu.

Les cavaliers chez les Romains et chez tous les peuples *Etriers.*
anciens n'avaient point d'étriers ; ils n'en firent usage que vers le sixieme siecle ; on s'en servait cependant du temps de Constantin : les jeunes gens, pour y suppléer, s'exerçaient auparavant à monter à cheval les armes à la main ; les personnes riches qui n'avaient pas cette adresse avaient un écuyer pour les aider à monter, ou faisaient porter avec eux un marche-pied. Pour épargner ce soin aux voyageurs C. Gracchus fit placer de grosses pierres le long des grands chemins, de distance en distance. Lebeau cite

d'après Winckelman une pierre gravée où l'on voit un cavalier qui, pour monter à cheval, s'appuie sur un crampon placé vers le bas de la hampe de sa pique.

<small>Chevaux ferrés.</small> Si nous en croyons quelques savants, on ne ferrait pas les chevaux ni les bêtes de somme comme on le fait aujourd'hui, mais on les chaussait d'un sabot de fer que l'on attachait au pied sans le clouer : les auteurs contemporains de Néron parlent de ses chevaux chaussés d'argent, et de ceux de Poppée chaussés d'or ; on pourrait néanmoins inférer de leurs expressions qu'il ne s'agit que des attaches et des cordons liés à la plaque de métal qui était appliquée à la corne : mais selon Eustate, d'après Homere, on chaussait les chevaux avec des pieces d'airain qui avaient la forme d'un croissant; on voit aussi dans Aristote que l'on enveloppait les pieds charnus des chameaux avec du cuir de bœuf; mais on ne lit ni on ne voit rien de positif là-dessus dans ce qui nous reste de l'antiquité.

<small>Chevaux bridés.</small> Il est certain, d'après les colonnes trajane et antonine, que les chevaux de la cavalerie romaine étaient bridés, et qu'ils avaient un mors.

<small>Armes.</small>

ARMES.

La plupart des outils, des ustensiles, et des armes, furent long-temps de cuivre; les anciens avaient l'art de lui donner la trempe nécessaire : l'usage du fer ne fut connu que plus tard.

Je crois devoir m'étendre sur quelques armes dont j'ai déja parlé, et sur d'autres dont les Romains se servirent <small>Haste.</small> dans la suite. Ils donnaient le nom de *hasta* entre autres à celles qu'ils mettaient à la main de certains dieux et des héros; c'était la *haste pure:* elle n'avait point de fer; le bois dont le gros bout se terminait par une moulure, avait quelque rapport avec un bourdon; elle tenait lieu de sceptre chez les Égyptiens et, selon Homère, chez les Grecs aussi.

Les fantassins en avaient de deux autres espèces: l'une *pesante* était une arme de main dont la longueur excédait la taille du soldat de tout le fer; du temps de Trajan elle avait environ vingt-un décimètres de longueur en y comprenant le fer; du temps de Marc-Aurèle sa longueur en tout n'excédait pas celle du soldat: la proportion fut toujours la même jusqu'au règne de Constantin; mais sous Théodose elle n'avait tout au plus que treize décimètres.

L'autre était une arme de jet de la grosseur du doigt, et longue d'environ un mètre; le fer, qui était très mince et en forme de flèche, ne pouvait servir qu'une fois; il avait vingt-quatre centimètres de long: celle-ci n'était en usage que pour les troupes légères; c'était le *javelot léger:* on en portait un certain nombre indépendamment des autres armes (a).

La haste ou pique fut dès le commencement l'arme des hastaires, et le fort javelot (*pilum*) celle des triaires, que l'on appelait aussi à cause de cela *pilati*; on voit cependant par les détails que Tite-Live donne de certaines batailles que les hastaires étaient armés de javelots, et les triaires romains et latins de piques; celles-ci étaient plus pesantes que celles dont se servaient auparavant les hastaires.

La *hasta amentata* était une lance attachée à une courroie dont on se servait pour la faire tourner et la lancer

---

(a) Les mamelouks se servent encore de cette arme qu'ils appellent *djerid*. (*Note de l'éditeur.*)

avec plus de roideur; elle n'était guere en usage que parmi certains gladiateurs que l'on nommait *vélites.*

Contus. Le *contus*, à l'usage des fantassins et des cavaliers, était une espece de pique dont le fer était long et menu; on pouvait le tenir comme la sarisse macédonienne, ou le lancer comme le *pilum* ou javelot romain.

Framea. Les savants aujourd'hui ne sont pas d'accord sur ce qu'on entendait par *framea;* selon les uns c'était la même chose que le *pilum*, selon d'autres c'était une javeline, et selon d'autres une très longue épée: je serais de l'avis de ceux qui pensent que c'était la pique des Germains; le fer en était court, étroit, et fort; on s'en servait pour combattre de près et de loin.

Romphæa. La *romphæa* était une espece de *pilum.*

Pilum. Le *pilum* était l'arme favorite des Romains : il y en avait, selon Polybe, de plus ou moins forts, de ronds, de carrés; les forts ne l'étaient qu'autant qu'il le fallait pour pouvoir être bien empoignés (*a*); les autres étaient comme des épieux de grosseur médiocre: les uns et les autres avaient la hampe d'environ trois coudées, et le fer d'autant; celui-ci, qui emboîtait près de la moitié de la hampe, y était fixé par deux chevilles; il avait un doigt et demi d'épaisseur à sa base qui se terminait en fer de fleche; cette partie triangulaire du javelot jusqu'au bout faisait la sixieme ou septieme partie du javelot entier: l'autre extrémité de la hampe n'était armée que d'un fer

(*a*) Ce passage de Polybe a dérouté bien des auteurs: les uns ont dit que cette arme avait quatre doigts de contour; en ce cas elle n'aurait guere mérité l'épithete de forte: d'autres lui ont donné quatre doigts de diametre, ce qui l'aurait rendue trop lourde et trop difficile à manier; le vrai sens de l'auteur est qu'elle était aussi grosse que quatre doigts réunis ensemble.

de trois ou quatre doigts pour pouvoir le ficher en terre; on ne le lançait qu'immédiatement avant de mettre l'épée à la main; pour le lancer on portait le pied gauche en avant.

Le *pilum* ou javelot des cavaliers était quelquefois armé des deux bouts.

Marius supprima une des chevilles de fer qui fixait le javelot à la hampe; il y en substitua une de bois, aisée à rompre; par ce moyen le fer frappant le bouclier de l'ennemi y restait engagé, la cheville de bois se rompant, la hampe restait suspendue au bouclier de l'ennemi, et le lui rendait très embarrassant.

Selon Végèce l'infanterie pesamment armée avait deux armes de jet; l'une plus grande, appelée *spiculum*, et auparavant *pilum*; la hampe avait environ dix-huit décimètres, et le fer, qui était triangulaire, un peu plus de vingt-quatre centimètres de long : le soldat vigoureux et exercé perçait avec cette arme le fantassin et son bouclier, le cavalier et sa cuirasse. *Spiculum.*

L'autre arme de jet ou javelot était plus petite, le fer de même figure n'avait qu'environ treize centimètres, et la hampe près de douze décimètres; c'est ce qu'on appela d'abord *verriculum*, et ensuite *verutum*. *Verriculum, Verutum.*

Les proportions de cette arme varièrent très souvent, mais la forme triangulaire de son fer fut toujours la même; ce fut de tout temps une arme pesante qui ne se lançait que de près (*a*).

On appelait *falarica* un javelot d'environ un mètre de longueur, dont on se servait pour mettre le feu quelque *Falarica.*

(*a*) Montfaucon prétend que les Romains appelaient *verutum* une espèce de javelot qui, selon Polybe, avait trois coudées de long, et ressemblait à une broche.

part par le moyen de la filasse poissée et enflammée dont il était chargé.

Sarisse. L'empereur Léon, dans ses Tactiques, donne à entendre que les Romains se servaient de *sarisses ;* cette arme avait près de huit metres de longueur.

Plumbata. La *plumbata* était une balle de plomb qui se lançait avec la fronde : on donnait le même nom à des courroies garnies de plomb, instrument de supplice dont il est assez souvent fait mention dans les Actes des Martyrs.

Plumbata tribulata. La *plumbata tribulata*, selon Végece, était un javelot semblable à une fleche empennée qui faisait le même effet qu'une chausse-trappe si elle tombait à terre sans avoir atteint l'ennemi; le bois, à quelque distance du fer, était hérissé de pointes fixées avec du plomb; entre ce plomb et les plumes était un espace suffisant pour l'empoigner.

Plumbata mamillata, Martio-barbulus ou Saliba. La *plumbata mamillata*, ou *martio-barbulus*, ou *saliba*, ne différait de la précédente qu'en ce que le plomb qui lui donnait du poids n'était pas hérissé de pointes, et que son fer arrondi finissait simplement en pointe; cette sorte de traits pouvait être lancée de plus loin, et perçait hommes et chevaux : chaque fantassin pesamment armé en avait cinq sous son bouclier ; il les lançait au commencement du combat : deux légions d'Illyrie s'en servirent avec succès, peut-être pour la premiere fois, sous Dioclétien et Maximien.

Aclides. Les *aclides* étaient des massues ou javelots d'une coudée et demie, garnis de pointes; on les retirait par le moyen d'une courroie ou d'une corde après en avoir frappé l'ennemi.

Fustibale. Le *fustibale* était une fronde de cuir, attachée à un bâton long de quatre pieds romains; sa portée passait celle

DES ROMAINS.

de la fronde ordinaire de trente-neuf metres; ses coups, pareils à ceux des machines, fracassaient les casques et les cuirasses les plus fortes.

Les Romains se servaient de la massue du temps de Trajan; ils ne firent guere usage de l'arc; s'il y en eut dans leurs armées, ce fut ordinairement parmi les troupes auxiliaires.

Massues, Arcs.

L'épée espagnole, selon Polybe, était forte, large, pointue, et à deux tranchants; elle était exactement semblable à celle des Romains: on en frappait d'estoc l'estomac et le visage de l'ennemi. Les auteurs ne sont guere d'accord sur sa longueur, ni sur la maniere dont on la portait; mais il est aisé de voir que l'on donnait ce nom à deux armes qui n'avaient d'autre rapport entre elles que d'être droites, aiguës, larges, et à deux tranchants: l'une était une véritable épée, et l'autre un poignard.

Epée espagnole.

Selon des savants elle avait de quarante-neuf à cinquante-quatre centimetres de longueur: Joli de Maizeroi, dans ses Essais militaires, lui en donne environ soixante-seize; Montfaucon en cite deux qui se sont conservées, et qu'il a vues; la lame de l'une a un peu plus de trois décimetres et demi, et l'autre environ trois (*a*).

Comme on ne pouvait en faire usage que de bien près, on l'alongea à mesure que le courage diminua, et l'on ne fit de pointe qu'à celles qu'on laissa courtes: celle des cavaliers ne différait de celle des fantassins qu'en ce qu'elle était plus longue.

La courte épée espagnole, et les différentes especes de

(*a*) Sur le bouclier de Scipion elle ne paraît pas avoir guere plus de quatre décimetres.

Sica, Pugio, Paramœrium, Parazonium. poignards connus sous les noms de *sica, pugio*, s'appelaient en général *paramœrium, parazonium*, parcequ'on les fixait à la ceinture : il n'y eut pendant long-temps que les généraux et les officiers qui en eussent. Du temps de Martial, contemporain d'Othon et de Trajan, c'était une marque distinctive des tribuns ; l'usage bientôt en devint général : la poignée était de corne pour les soldats, et d'ivoire pour les officiers ; le luxe dans la suite s'étant introduit dans les armées, des soldats en avaient d'ivoire diversement enrichies.

Les monuments nous représentent les Romains avec l'épée tantôt du côté droit, tantôt du côté gauche ; en général cependant elle est du côté droit lorsqu'ils n'en ont qu'une. Ces variétés n'étaient pas un effet du caprice, mais étaient nécessitées par la position du bouclier : si les archers du temps de Procope la portaient du côté gauche, c'est qu'ils avaient le carquois du côté droit, et que de plus l'épée les aurait embarrassés lorsqu'ils se seraient servi de l'arc.

Armes défensives.
Cuirasse, armure gauloise ou Cotte de mailles.

Les Romains eurent d'abord des cuirasses de cuir sans être préparé ; Servius Tullius, dit-on, y substitua l'armure gauloise, qui était faite de mailles, d'anneaux de fer ou d'airain entrelacés. Si l'on considère la plupart des monuments des temps postérieurs, on voit que la cuirasse en général n'était qu'un composé de bandes de cuir qui entouraient le corps depuis les hanches jusqu'aux aisselles (a).

Cuirasse simple.

Il y en avait d'une seule piece qui ne couvraient que

Pl. LXXIX, 5, 6.

(a) L'armure du soldat, du temps de la république, était simple : j'observerai en citant deux monuments (5, 6) que si leur costume est exact en général, les casques grecs y ont été vraisemblablement ajou-

le devant du corps; les simples, sans ornement, présentaient la forme des muscles; celles dont se servaient les officiers étaient doubles, et les couvraient par-devant et par derriere: elles étaient souvent de métal; on les assujettissait d'un côté par des charnieres, et de l'autre par des agraffes ou des boucles; quelquefois avec une double ceinture de même matiere que la cuirasse et les lambrequins, qui en ornaient le bas, et descendaient par-dessus le *tonnelet*, espece de jupon qui se terminait au-dessus du genou. On appelait *clibanaires* des soldats dont la cuirasse de fer un peu voûté ressemblait à un four.

<small>Cuirasse double.</small>

<small>Tonnelet.</small>

<small>Clibanaires.</small>

Les généraux et les officiers, vers la fin de la république, et sur-tout sous les empereurs, en eurent de magnifiques et par le travail et par la matiere: elles n'étaient que pour l'appareil seulement; ils préféraient le jour du combat celles de cuir, qui étaient plus légeres et moins gênantes.

<small>Cuirasse des généraux.</small>

Sur la colonne trajane les soldats pesamment armés ont la cuirasse faite avec de fortes courroies recouvertes de lames de métal; elles s'agraffent par-devant et par derriere, et paraissent fixées par d'autres qui couvrent les épaules: celles qui couvrent le bas-ventre sont garnies de clous, et sont disposées comme les lambrequins sur le tonnelet.

<small>— des soldats pesamment armés.</small>

Le haut du bras seulement était couvert par la cuirasse; le reste était nu: les seuls archers avaient un brassard au bras gauche.

Il y avait aussi des cuirasses faites de lames de métal en

<small>— en écailles de poisson.</small>

tés en les restaurant; les figures 7, 8, 9, 10, donneront une idée de l'accoutrement et de l'armure du soldat romain vers le bas empire, lorsqu'il eut renoncé à l'usage de la cuirasse.

<small>7, 8, 9, 10.</small>

forme d'écailles de poisson cousues sur une toile (*a*): il y avait des armures de ce genre pour les chevaux.

 Un savant a prétendu que ce genre de cuirasses ne s'introduisit dans les troupes romaines que vers la décadence de l'empire; mais il faut remonter beaucoup plus haut, puisque Plutarque, dans la vie de Lucullus, raconte que ce général, marchant contre Tigrane, en portait une, et qu'on en voit sur les colonnes trajane et antonine, et sur des bas-reliefs de l'arc de Trajan, dont on a enrichi celui de Constantin (*b*). On doit conclure d'après cela que cette armure était connue des Romains depuis les derniers temps de la république; les généraux alors en usaient quelquefois: l'on n'en donna vraisemblablement aux soldats que sous les empereurs. Il est bon d'observer que les casques des soldats qui portaient de ces armures s'élevaient quelquefois en pointe, formée par quatre bandes de métal qui se réunissaient au sommet; il y en avait dont ces quatre bandes étaient assujetties par deux cercles de la même matiere.

Grèves. L'*ocrea* ou *grève*, que l'on croit être la même chose que le *knemis* des Grecs, était une espece de botte en usage dans les siecles les plus reculés, puisqu'Homere en fait mention dans l'Iliade; il y en avait, selon lui, de couvertes d'étain; il y en avait aussi avec des lames de cuivre: celles des Romains étaient de cuir, couvertes d'une lame de fer; elles montaient jusqu'aux genoux: quelques uns citent des

---

 (*a*) On en conservait l'éclat et le luisant en les couvrant et les frottant avec un tissu de poil de chevre.

 (*b*) On y voit un soldat qui nous montre que les Français du commencement du seizieme siecle ne furent pas les premiers qui porterent des braguettes (pl. XXVII, 1).

monuments pour en inférer que le soldat en portait deux ;
mais ces monuments représentent vraisemblablement des
généraux ou des officiers. Arrien et Végece nous apprennent que le soldat n'en avait que sur la jambe droite, qui
se trouvait devant lorsqu'il mettait l'épée à la main ; les
troupes qui se servaient d'armes de jet portaient cette armure, ainsi que les Samnites et les Sabins, sur la jambe
gauche qui devait se trouver devant.

Les casques se faisaient de différents métaux et de dif- Casques.
férentes matieres : les Romains d'abord en eurent de cuir ;
mais les Gaulois se servant d'épées si pesantes que d'un
seul coup ils partageaient ou abattaient une tête, Camille
fit forger des casques de fer ; ils étaient fort lourds : on en
fit dans la suite de plus légers ; ils étaient de cuir, et fortifiés de deux bandes de métal qui se croisaient sur le sommet, où était fixé un anneau : en marche ils le portaient
suspendu devant l'épaule droite ; deux oreillettes de métal,
larges de deux doigts ou environ, couvraient les joues, et
venaient s'attacher sous le menton avec une courroie.

Ces casques dans les premiers temps étaient sans ornement ; les Samnites, vers l'an 443 de Rome, ayant ajouté
des aigrettes à ceux de leurs soldats, Papirius Cursor dit
aux siens qui n'en avaient pas, et qui paraissaient en desirer de pareilles, « Mes amis, les aigrettes ne blessent pas ».
Les Romains cependant ne tarderent pas à suivre cet
usage, qui déja depuis long-temps était adopté par la plupart des nations.

Des panaches rouges et noirs, qui s'élevaient d'une
coudée, furent alors une des marques distinctives du
centurion ; c'était souvent pour le soldat une enseigne
de plus pour se rallier dans la mêlée. Nous voyons dans

Polybe que vers la fin de la république on avait déja décoré de trois plumes noires ou rouges les casques des hastaires, des princes, et des triaires : on donna apparemment alors aux centurions ces aigrettes transversales dont parlent les auteurs.

Bonnet à la pannonienne.

Du temps de Vegece, contemporain de Valentinien II, ces aigrettes étaient argentées : jusqu'à cette époque, nous dit-on, les soldats avaient habituellement porté un *bonnet à la pannonienne*, qui était de laine et fort lourd ; ils étaient moins gênés lorsqu'ils mettaient le casque sur des calottes de feutre. Cet usage ne remonte pas aussi haut qu'on le pense et ne fut guere suivi, puisque si on examine les monuments on voit que les soldats qui sont sans casque sont nu-tête.

Casques imitant le corno-phrygien.

Après avoir étendu les bornes de leur empire les Romains emprunterent souvent la maniere de s'armer des peuples soumis : on en voit un exemple dans les casques imitant le corno-phrygien ; ils peuvent être employés pour les Italiens, puisque sur une médaille d'Antonin l'Italie en a un pour coëffure. Les soldats romains, sur l'arc de Septime Sévere en ont de ce genre ; cette mode à la vérité ne dura point long-temps.

Casque grec.

Casque romain.

Les casques des empereurs et des généraux étaient enrichis d'or et d'argent ; leur forme varia beaucoup : on en voit un grand nombre avec le casque grec ; celui-ci se distingue à sa grande capacité, et à sa pointe creuse en-dessous et saillante en avant : le casque romain au contraire est assez juste à la tête, aplati sur le devant, ou s'il y a quelque saillie elle est creusée en-dessus, et va en remontant ; le soldat romain en eut presque toujours de ce genre.

Galea, chez les auteurs latins, signifie indifféremment toute sorte de casques, mais plus particulièrement ceux de cuir; *cassis* est un casque de métal, un casque magnifique. Galea, Cassis.

Les *boucliers* dans les temps héroïques étaient, dit-on, d'airain, ou de bois recouvert de cuir; les premiers dont se servirent les Romains étaient de bois ou d'osier recouvert de cuir: Servius Tullius en fit faire d'airain et de forme arrondie comme ceux des Toscans (*parma*); on les préféra de la grandeur de ceux des Samnites, mais au lieu d'être pointus par le bas ils étaient carrés-longs; Camille les fit border de métal. Bouclier.

Parme.

Ceux des porte-enseignes, des *tubicines*, *liticines*, *cornicines*, et des cavaliers, étaient ovales du temps de la république et sous les empereurs; mais dès le temps de Marc-Aurele ces derniers furent en usage pour la plus grande partie des légionnaires; ils en eurent même d'hexagones comme ceux des Daces et des Gaulois.

Les généraux, les officiers, les vétérans en avaient d'airain: ils étaient extérieurement décorés de diverses manieres; on voyait même sur quelques uns des traits d'histoire, des emblêmes qui rappelaient le souvenir de leurs belles actions, ou celles de leurs ancêtres (*a*); quelquefois les boucliers avaient des marques relatives au corps auquel le soldat était attaché, comme la lettre initiale du nom du général ou du centurion placée en dehors sur les angles: le nom du soldat y était ordinairement écrit en dedans.

Il y avait une grande différence entre ce que les anciens appelaient *scutum*, *clypeus*, *parma*, et *pelta*: le *scutum* Scutum.

(*a*) C'est à ces ornemens que Virgile fait allusion par ces mots, *Parmâque inglorius albâ*.

était le bouclier des fantassins pesamment armés; sa forme était celle d'une tuile-canal; il avait, selon les historiens, treize à quatorze décimetres de hauteur, et un peu plus de huit décimetres de largeur (*a*); il était de plusieurs pieces de bois, renforcées d'une toile en dedans et d'un cuir de veau en dehors; le bord supérieur et l'inférieur étaient garnis de métal, afin qu'il pût mieux résister aux coups de taille, et qu'il ne s'endommageât pas lorsqu'on l'appuyait à terre : au centre était en dehors une éminence pour mieux résister aux coups de pierre et d'estoc; elle était de métal, se terminait en pointe, et servait quelquefois d'arme offensive. On se servit de ces grands boucliers jusqu'à Macrin, qui fit prendre à ses soldats le *clypeus*, qui était plus léger.

Clypeus ou bouclier argien.

Le *clypeus* ou *bouclier argien* était d'airain, concave, rond ou ovale, beaucoup plus petit que le *scutum*; il servait avant Macrin à la cavalerie, aux porte-enseignes, aux troupes auxiliaires.

Les cavaliers se servaient aussi de la *parme*, qui était plus légere que le précédent; elle n'était que de cuir : ils la quitterent pour prendre la *pelte grecque*; mais celle-ci étant trop petite, ils l'agrandirent, et lui conserverent sa forme.

Parmula ou parme des vélites.

La parme des vélites, *parmula*, était ronde, et plus petite que celle des cavaliers qui avait près d'un metre.

Pelte ou cetre.

La forme de la *pelte ou cetre* en général était celle d'un croissant ou d'un demi-cercle; c'est par inadvertance

---

(*a*) Si cependant on consulte les monuments, et qu'on le compare avec la taille du soldat, on verra qu'il n'avait tout au plus que huit décimetres de hauteur, et quatre de largeur.

LXXX

1. Caylus.

2. id.

3. Col. Traj.   *4. id.*

qu'un de nos savants, dont l'érudition est connue, a dit que la pelte des Grecs et des Romains était ronde, puisque la justesse de l'épithete *lunata,* que lui donne Virgile, est confirmée par quantité de monuments.

<small>Boucliers hexagones.</small>

Des soldats romains avaient des boucliers hexagones du temps de Trajan; on en voit de semblables sur l'arc de Constantin, et sur celui de Septime Sévere: nous en avons déja donné les figures.

On voit sur les deux frontons antiques qui sont chez le cardinal Albani (1, 2) la forme des armes dont se servaient les Romains du temps des premiers empereurs : il y a des cuirasses dont quelques unes sont ceintes au-dessous de la poitrine, le haut est décoré d'une tête; toutes ont des épaulieres; le haut des bras, ainsi que les tonnelets, sont couverts de lambrequins diversement disposés : quelques armures imitent les écailles de poisson.

<small>Pl. LXXX, 1, 2.</small>

Il y a de la variété dans la forme, les ornements et la disposition de l'aigrette des casques, dont l'un imite le corno-phrygien; il y a des armures pour les jambes, des boucliers longs et à pans, de carrés-longs un peu concaves, d'ovales, de ronds, des peltes, des javelots, des fleches, des carquois, des épées, des enseignes, des cors, des trompettes, des clairons, etc.

<small>Baudrier.</small>

Les soldats sur la colonne trajane ont des baudriers qui vont de l'épaule gauche vers la hanche droite; ce n'est qu'une bande de cuir; il y en avait même du temps de la république de décorés avec des têtes de clou : on les agrandit, on les fit servir de bourse, et dans la suite on les orna de plusieurs manieres; on les enrichit de broderies en or, en argent, et de pierreries; on y ajouta même des talismans.

Nourriture.   Ainsi que chez les Grecs, la paie et la ration du cavalier étaient le triple de celles du fantassin : celui-ci tous les huit jours recevait un boisseau de bled ; le soldat le broyait lui-même sur une pierre, après l'avoir fait rôtir sur les charbons ; il en faisait de la bouillie avec de l'eau et du sel, et ce fut là pendant long-temps sa nourriture. Chacun portait son bled dans un sac de peau ; chaque chambrée, vers la fin de la république, eut une meule pour moudre son bled : on fit alors des gâteaux cuits sous la cendre.

Lebeau, d'après des auteurs anciens, pense que ce ne fut que sous les Antonins que l'usage du biscuit s'introduisit dans les armées romaines ; outre le bled et le sel le soldat recevait de la chair de porc ou de mouton, du fromage, de l'huile, du vinaigre, des légumes, de l'orge, du foin, de la paille, etc., selon les circonstances et le pays où l'on se trouvait : de l'eau avec quelques gouttes de vinaigre lui suffit pour sa boisson jusqu'au regne de Constance, qui lui fit donner alternativement un jour du vinaigre et un jour du vin ; enfin sous Arcadius on ne lui donna que du vin.

Les soldats ne faisaient que deux repas : ceux d'une même chambrée mangeaient ensemble ; le gazon leur servait de table : pendant le dîner, qui était léger, ils se tenaient debout ; ils pouvaient pendant le souper s'asseoir, ou se coucher sur le gazon, la paille, ou des peaux : les généraux pendant long-temps en donnerent l'exemple.

Cothon.   Le *cothon* était un vase un peu profond, plus large par le ventre que par le cou : les soldats s'en servaient de préférence pour puiser et boire de l'eau, qui se trouvant quelquefois bourbeuse déposait le limon, et était moins exposée à se troubler de nouveau ; d'ailleurs la petitesse du goulot ne leur permettant pas d'en voir le fond, ils la buvaient avec moins de répugnance.

DÉPART ET MARCHE DES SOLDATS.

Nous avons vu quels étaient les devoirs du général avant son départ; les soldats et les guerriers qui allaient servir sous ses ordres étaient accompagnés par leurs femmes et leurs enfants jusqu'aux portes de la ville; elles y suspendaient des tablettes où étaient écrits les vœux que l'on faisait pour eux, et que l'on avait soin d'accomplir à leur retour. *Départ du soldat.*

Les soldats en marche étaient précédés par leurs enseignes; outre leurs armes offensives et défensives, qui consistaient depuis Marius en un casque pendant de l'épaule droite devant la poitrine, une cuirasse, une longue épée, un poignard, un *pilum,* et un grand bouclier, ils portaient une perche fourchue à laquelle était attaché leur bagage, consistant en ustensiles de cuisine et autres, tels que broche, vase, cuillere, corbeille, coignée, faux, scie, corde, courroie, et leur provision de bled, non pour huit jours, sur-tout lorsqu'on eut étendu les bornes de l'empire, mais pour dix-sept et quelquefois trente, et au moins pour trois jours (*a*). *Soldats en marche.*

Chacun avait de plus trois ou quatre palissades, où tenaient deux ou trois et tout au plus quatre branches toutes du même côté, ce qui les rendait plus commodes à transporter, et plus difficiles à arracher.

On ne voyait guere d'argenterie que sur les harnois des chevaux; des charrettes portaient certains bagages.

Il y avait sur la frontiere, le long des chemins, et de *Logements.*

(*a*) Voyez la planche XXVIII, fig. 4.

distance en distance, des logements pour les soldats, les magistrats, les empereurs, etc.; ils servaient de greniers, d'arsenaux, etc.

<small>Passage des rivieres.</small>   Lorsqu'on avait à passer une riviere dont le gué était un peu profond, les soldats se mettaient nus, et portaient leurs armes et leurs vêtements sur leur bouclier.

<small>Camp.</small>   Le camp des Romains était toujours de figure carrée; on campait autant que cela se pouvait dans un lieu sûr, sain, et à portée du bois et de l'eau: aussitôt que le camp était tracé, au premier signal partie des soldats quittait ses armes; les uns avec leurs coignées abattaient des arbres, les autres en faisaient des palissades, et ce qui était nécessaire pour le camp; une autre partie creusait un fossé large et profond de deux metres, et quelquefois davantage; on en jetait la terre du côté du camp: en même temps, si l'on était à portée de l'ennemi, les triaires et la cavalerie étaient en ordre de bataille pour protéger les travailleurs.

On avait soin de construire dans le camp des magasins pour les vivres, avec des tours, au haut desquelles pendant la nuit étaient des torches allumées; on y plaçait des gardes.

Les tentes étaient de forme carré-long; leur toit était à deux eaux; elles étaient plus ou moins décorées, mais cependant moins riches, moins élégantes que celles des orientaux: on faisait en sorte que celle du général fût dans le lieu le plus élevé du camp; autour de cette tente on dressait les autels, on plaçait les images des dieux, les tentes du questeur et des principaux de l'armée; une palissade forte et serrée, et des soldats de garde, en empêchaient l'approche.

Quand la saison était rigoureuse on couvrait les tentes

avec des bannes; lorsque le soldat revenait vainqueur dans le camp on les parait avec des festons et des guirlandes de lierre et de laurier : il y avait quelquefois des illuminations.

Les armées ne partaient jamais de Rome sans avoir avec elles des ministres de la religion; sitôt que le camp était tracé on y dressait un autel, car le général n'entreprenait jamais rien sans avoir invoqué et consulté les dieux : les empereurs étant souverains pontifes s'acquittaient de ce devoir.

On ne s'exerçait, on ne jouait point dans le Champ de Mars, ni dans le camp, sans être revêtu de la tunique : il paraît, par un endroit du discours pour Sextius, que cela n'était pas exactement observé du temps de Cicéron, c'est-à-dire vers la fin de la république.   *Exercices du soldat.*

Selon Végèce les maîtres d'escrime exerçaient plus le soldat à se servir de la pointe que du tranchant : outre les évolutions militaires on l'accoutumait à porter de pesants fardeaux, à sauter, à courir à pied et à cheval, à se servir d'armes pesantes, par exemple, à s'escrimer avec un levier comme avec une épée, à creuser des fossés, à les combler, à fortifier des places, etc., à nager, à danser la pyrrhique, à se servir de l'arc, de la fronde, du bouclier, à s'exercer au poteau (*a*); le soldat, qui alors était pesamment armé, tournait et s'élançait comme si c'eût été contre un ennemi; le maître indiquait le lieu qu'il fallait frapper : celui qui s'escrimait devait se tenir en garde comme si on eût pu lui riposter; c'est ce qu'on nommait *palaria*.   *Palaria.*

(*a*) Cet exercice consistait à porter de grands coups contre un poteau qui sortait de deux metres au-dessus de terre.

Il y avait dans le Champ de Mars un lieu couvert où pendant l'hiver on exerçait les cavaliers à s'élancer de droite, de gauche, et par derriere, sur un cheval de bois; d'abord sans armes, et ensuite armés, et les armes à la main : lorsqu'ils étaient assez exercés ils exécutaient les mêmes choses avec leurs chevaux, et faisaient, par troupes, leurs évolutions sur des terrains inégaux.

MACHINES.

Machines.

Mantelet. Pour se mettre à l'abri des traits de l'ennemi les Romains se servaient de mantelets; c'étaient des assemblages de planches d'un bois léger, d'environ vingt-neuf décimetres de hauteur sur quarante-huit de largeur, recouvertes de cuirs trempés dans l'eau; les côtés étaient d'osier, et couverts de la même maniere.

Tortue. Ainsi que les Grecs, les Belges et les Gaulois, allant à l'assaut ils se mettaient à couvert des pierres et des traits en réunissant leurs boucliers au-dessus de leurs têtes en forme de toit; c'est ce qu'ils appelaient *faire la tortue :* ils employaient le même moyen lorsqu'ils étaient entourés d'un trop grand nombre de gens de trait.

On appelait aussi *tortue* un toit portatif posé sur quatre roues; il était carré, avait quatre-vingt-un décimetres de face, et environ trente-neuf de hauteur: des matelas couverts de peaux fraîches que l'on plaçait dessus mettaient hors d'insulte les ouvriers qui étaient dessous.

Musculus. Le *musculus* était une longue galerie de charpente, à l'abri de laquelle l'assiégeant s'approchait du corps de la place.

Belier. Il y avait des machines de guerre pour ébranler et renverser les plus fortes murailles; le *belier* était de ce nombre ; c'était une poutre énorme que l'on appelait ainsi, parcequ'un des bouts était armé d'une masse d'airain ou de fer à laquelle on donnait quelquefois la forme d'une tête de belier; ces poutres étaient suspendues par le milieu à de fortes pieces de bois au-dessus desquelles on plaçait une tortue.

L'*hélépole* était une machine, ou plutôt une tour de charpente à plusieurs étages qui allaient en diminuant; elle était portée sur des roues, et servait pour les sieges. Hélépole.

La *sambuque* était une échelle très élevée, garnie d'une balustrade, assujettie sur deux galeres : elle servait à escalader les places maritimes. Sambuque.

La *catapulte* était une machine par le moyen de laquelle on jetait des pierres d'une énorme grosseur, quelquefois de cent vingt-deux kilogrammes (1). Catapulte.
Pl. LXXXI, 1.

La *baliste* servait à lancer des traits énormes. Les auteurs confondent souvent, et assez mal-à-propos, la baliste et la catapulte, puisque les machines des anciens, dont le nom est composé de celui de baliste, servaient toutes à lancer des traits; voyez-en la figure prise sur la colonne trajane: il y en a de montées sur des roues (2). Baliste.
2.

La *carrobaliste* était conduite par deux mules, et servait à lancer fort loin plusieurs traits à la fois; elle était servie par onze hommes; il y en avait, dit-on, cinquante-cinq par légion: on les plaçait derriere l'infanterie pesamment armée. Pour ce qui concerne la plupart de ces machines, voyez Polybe avec les commentaires de Folard. Carrobaliste.
Pl. LXXX, 3, 4.

On donnait le nom de *centon* à des especes de matelas, à des étoffes mouillées qui, ainsi que les cuirs cruds et les peaux, servaient à préserver des embrasements, et même à éteindre le feu que l'ennemi tâchait de mettre aux ma- Centon.

Centonnaires. **Dendrophores ou charpentiers**
chines: ceux qui en étaient chargés s'appelaient *centonnaires*; ils marchaient ordinairement avec les dendrophores ou charpentiers, et autres chargés de l'artillerie. Les soldats dans certains postes se servaient de centons pour se mettre à couvert des traits de l'ennemi.

Scorpion.
Le *scorpion* était une espece d'arbalète qui servait à lancer des traits et des pierres.

Currus drepanus.
Le *currus drepanus* servait au même usage que les chars armés de faux; c'étaient de grosses pieces de bois portées sur deux roues dont l'essieu était terminé par deux faux tranchantes; la partie supérieure de ces pieces était armée de pointes aiguës et tranchantes : un ou deux cavaliers, armés de toutes pieces, les conduisaient montés sur des chevaux bardés.

Outre ces machines il y en avait beaucoup d'autres dont on peut voir la figure dans Végece et dans le Commentaire de Pancirole.

Marine.
MARINE DES ROMAINS ET DES GRECS.

On serait avec raison étonné de voir les premieres flottes romaines aussi nombreuses que le disent les historiens, si l'on ne faisait attention que ce n'étaient que des barques, puisque Duillius fit traîner devant lui, dans Rome, les vaisseaux qu'il avait pris sur l'ennemi.

Principales parties du vaisseau.
Les principales parties du vaisseau pris dans sa longueur étaient la *proue* ou le devant, la *poupe* ou le derriere, et la *caréne* ou le milieu; la carène proprement dite était la quille du navire, en sorte que dans ce sens un vaisseau plat n'avait point de carène.

Acrostolion, Corymbe.
Pl. LXXXI, 3.
Au bout de la proue était l'*acrostolion* ou *corymbe* (3), au-dessous duquel s'avançaient à fleur-d'eau une ou deux

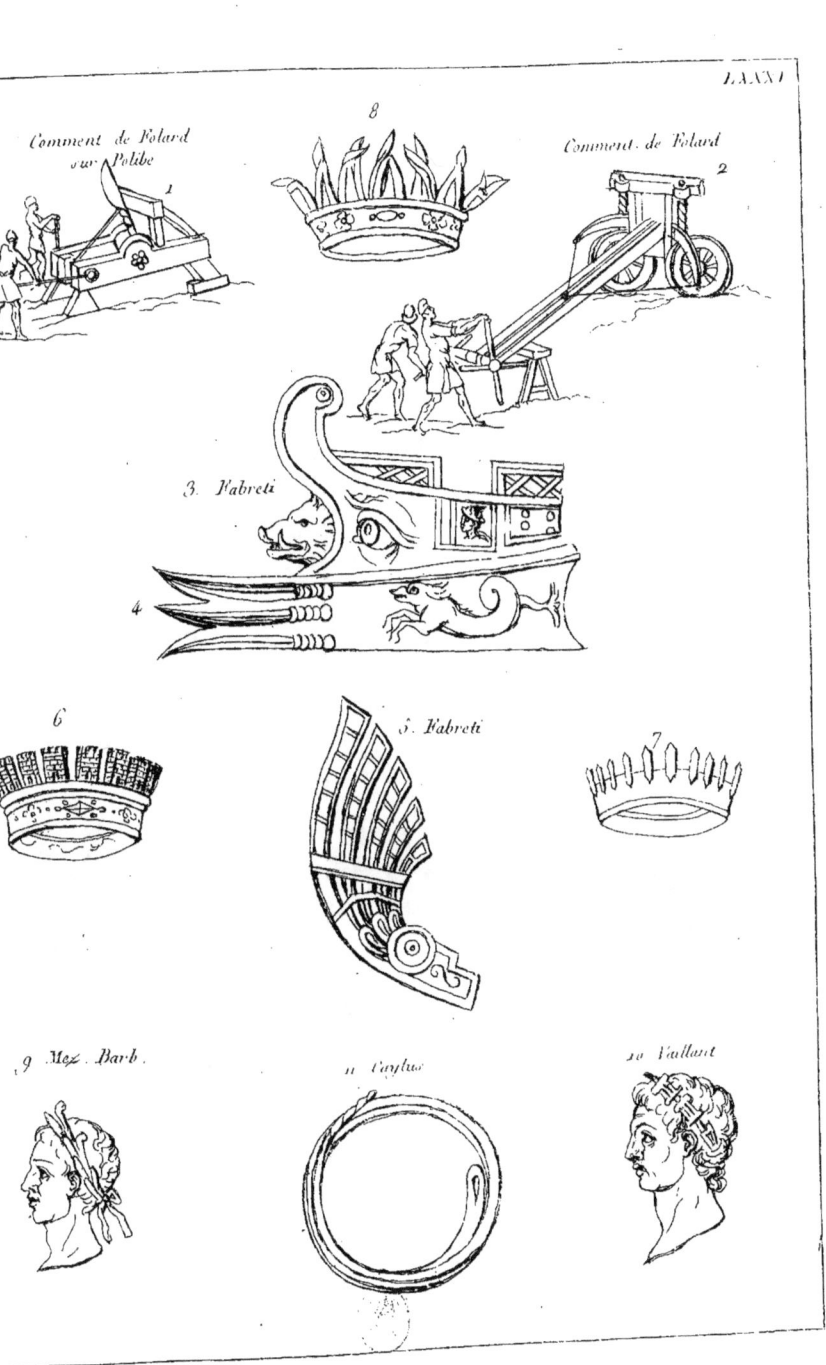

pointes armées de cuivre ou de fer; c'est ce qu'on appelait *embolus*, *rostrum* (4).

Embolus, Rostrum, 4.

L'*aplustre* était un ornement plus ou moins riche que les anciens ajoutaient à la poupe de leurs vaisseaux; il se repliait, et passait par-dessus le logement du capitaine: on ignore à quoi il servait, si ce n'était peut-être à y suspendre une banne, des ustensiles, des fanaux, et autres choses pareilles; on y ajoutait quelquefois en dehors un *chenisque*, dont la figure était celle d'une volute, et le plus souvent celle d'une tête de cygne avec son long cou: ces ornements n'étaient destinés que pour des birèmes, trirèmes, etc.; on les faisait peindre et même dorer: ils auraient été déplacés sur des bâtiments de transport.

Aplustre, 5.

Chenisque.

Ce n'était pas le chenisque qui avait fait donner le nom de bec *rostrum* à la proue, puisqu'il était placé à la poupe, mais les éperons ou avant-becs armés de pointes d'airain ou de fer, qui dans un combat venant à frapper avec force le flanc du vaisseau ennemi, l'ouvraient et le coulaient à fond (*a*).

Vers la proue on représentait de part et d'autre un œil.

Avant l'invention de l'*ancre* on se servait de gros quartiers de pierre, ou de marbre, ou de masses de plomb, ou de sacs remplis de pierres: les premières ancres n'avaient qu'une pointe.

Ancre.

Lorsque les Grecs et les Romains lançaient à l'eau un vaisseau neuf, c'était avec appareil; ils le couronnaient de fleurs, et le traînaient majestueusement vers la mer: il était dédié à la divinité dont il portait l'image.

(*a*) La tribune aux harangues, que les Romains appelaient *rostra*, était ornée de proues et non de poupes de vaisseau.

COSTUME ET USAGES

Voiles. Les vaisseaux des anciens allaient à voiles et à rames : les premieres voiles que l'on employa n'étaient que des peaux ; les peuples de Vannes, du temps de César, leur donnaient encore la préférence. Plusieurs nations, et notamment les Egyptiens, selon Strabon, se servirent longtemps de nattes faites avec des roseaux, des joncs, et autres substances pareilles ; on employa dans la suite des étoffes, de la toile : il n'y eut d'abord qu'une voile ; dans la suite on en ajouta plusieurs : certaines nations, certains souverains porterent le luxe jusqu'à les teindre des couleurs les plus éclatantes et les plus précieuses (*a*) ; la prudence faisait teindre en verd non seulement les voiles, le vaisseau et ses agrès, mais aussi les habits de ceux qui allaient à la découverte.

Biremes, triremes, etc. On distinguait par le nom de *biremes, triremes, quadriremes, quinqueremes*, les vaisseaux à deux, à trois, à quatre, à cinq rangs de rames : les anciens en construisirent d'un beaucoup plus grand nombre de rangs, mais ils n'étaient d'aucune utilité par la difficulté qu'il y avait de les faire mouvoir ; les biremes, les triremes, furent les plus usités chez les Romains.

Esquifs. Lorsque dans les auteurs il est question d'esquifs ou de petits vaisseaux, ces mêmes noms, au lieu d'exprimer le nombre des rangs de rames, n'expriment que le nombre des rameurs.

Tours sur des vaisseaux. Les Grecs et les Romains élevaient quelquefois des tours

---

(*a*) Le vaisseau sur lequel Cléopâtre vint à Tarse vers Marc-Antoine avait la poupe dorée, les rames couvertes de lames d'argent ; les voiles étaient de pourpre ; sur le tillac était un pavillon d'étoffe en or, sous lequel était la reine entourée de jeunes personnes dont la beauté ne cédait qu'à la sienne.

sur les vaisseaux de guerre pour combattre l'ennemi avec plus d'avantage.

L'*asser* était une grosse poutre armée des deux bouts, et suspendue au mât; on en frappait le soldat ennemi, et même son vaisseau que l'on coulait quelquefois à fond; on avait aussi des machines pour lancer des pierres, des grapins avec lesquels on accrochait le vaisseau ennemi, des pots remplis de feu, des corbeaux, espece de grue que l'on plaçait sur les vaisseaux, et du haut de laquelle on laissait tomber sur le vaisseau ennemi une masse de plomb que l'on appelait *dauphin*, et qui souvent en enfonçait le pont jusqu'au fond de cale. *Asser.* *Dauphin.*

On entendait par *vaisseaux longs* des vaisseaux de guerre; les vaisseaux qui étaient plus petits et plus légers étaient ce qu'on appelait *actuariæ naves*: ils allaient tous à rames; on y ajoutait quelquefois des voiles. Vaisseaux longs, vaisseaux légers.

Les *vaisseaux de charge* étaient courts ou arrondis; ils allaient à voiles et à rames : les *phaseli* ou *myoparones*, et peut-être le *cercure* et l'*hémiole*, étaient de petits bâtiments qui tenaient un peu de l'un et de l'autre; ces derniers n'avaient souvent que deux ou trois rames. Vaisseaux de charge, *Phaseli* ou *Myoparones*, Cercure. Hémiole.

On appelait *cymba*, *acatium*, *celocium*, *lembus*, *scapha*, *linter*, *carabus*, de petites barques, des esquifs, où il n'y avait pareillement que deux, trois, ou quatre rames; les trois dernieres étaient quelquefois d'osier recouvert de cuir crud. Esquifs.

Les *liburnes* étaient d'abord des vaisseaux légers à rames dont les Romains empruntèrent l'usage des Liburniens, peuple d'Illyrie : on donnait ce nom, du temps de Végece, à des vaisseaux qui avaient un, deux, trois, quatre, et cinq rangs de rameurs. Liburnes.

Utricularii. — Les *utricularii* étaient des mariniers qui se servaient d'outres remplies de vent, et réunies en guise de bateau.

Vaisseaux pontés et découverts. — Certains vaisseaux étaient pontés, les autres étaient découverts.

Les côtés du navire se divisaient horizontalement en trois parties, qui donnaient leur nom aux rameurs qui y étaient placés; la plus basse *thalamia*, ou étaient les thalamites; la moyenne *zyga*, où étaient les zygites; et la plus haute *thranos*, où étaient les thranites.

Thalamites.
Zygites.
Thranites.

Les thranites étaient les plus vigoureux, et les mieux payés des rameurs, parcequ'étant les plus élevés leurs rames étaient les plus longues; les thalamites étaient les plus faibles, et ceux qui avaient la moindre paie, parcequ'étant les plus bas placés leurs rames étaient les plus courtes.

Matelots rameurs. — Les matelots avaient quelquefois pour vêtement des habits faits de poil de chevre; ils étaient ordinairement presque nus : les *rameurs* n'étaient guere vêtus que dans les pays septentrionaux, ou pendant l'hiver.

Armes des marins. — Les troupes de mer se servaient des mêmes armes que celles de terre; leurs piques seulement étaient plus longues pour pouvoir atteindre l'ennemi : elles avaient aussi de longues perches armées de faux pour couper les cordages.

Récompenses militaires.

RÉCOMPENSES MILITAIRES.

Drapeaux.

Des marques de distinction, des récompenses distribuées à propos aux généraux, aux officiers et aux soldats, faisaient autant de héros de tous ceux qui y aspiraient. Sextus Pompée, après avoir vaincu Auguste sur mer, prit un vêtement dont la couleur était verd-bleuâtre; mais à son tour ayant été vaincu par Agrippa, celui-ci reçut d'Auguste un drapeau de la même couleur.

On donnait quelquefois une *couronne d'or* aux généraux, aux principaux officiers : la *couronne triomphale* était celle que portait le triomphateur; elle n'était originairement que de laurier; elle fut dans la suite d'or, ou de laurier entre-mêlé de feuilles et de fils d'or. — Couronne d'or.
— triomphale.

La *couronne ovale* était de myrte, et destinée à ceux qui obtenaient le petit triomphe appelé *ovation*. — ovale.

Une armée assiégée ou bloquée, sans ressource, et presque à la merci de l'ennemi, une armée enfin qui devait son salut à la bravoure et à l'intelligence de son général, lui offrait la couronne *obsidionale;* elle n'était faite que du *gramen* ou des herbes qui se trouvaient sur le terrain; c'est pour cela qu'elle s'appelait aussi *graminea* : c'était la plus glorieuse de toutes les couronnes. — obsidionale.

Le général, après l'action, assemblait l'armée, et faisait l'éloge de ceux qui s'étaient distingués; il leur distribuait diverses couronnes, savoir :

La *civique*, qui était de chêne, à celui qui, en combattant, avait sauvé la vie à son concitoyen, et tué l'ennemi qui allait la lui ôter. — civique.

La *murale* (6), qui était d'or et entourée de creneaux, à celui qui le premier était monté sur le rempart d'une ville assiégée. — murale. 6.

La *castrense* (7), à celui qui le premier avait franchi le retranchement du camp ennemi; cette couronne, qui était d'or, imitait des palissades. — Castrense. 7.

La *navale* ou *rostrale* (8, 9, 10), qui était d'or, et dont le tour était décoré de pointes imitant des proues de vais- — navale ou rostrale. 8, 9, 10.

seau, à celui qui dans un combat naval s'était élancé le premier dans un vaisseau ennemi.

  Les généraux romains ne se contentaient pas de distribuer les couronnes dont nous avons parlé, ils faisaient des présents qui pour les militaires étaient autant de marques de distinction, notamment des épaulieres (*armillæ*); c'étaient des ornements d'or ou d'argent qui se portaient au haut du bras vers l'épaule; ils avaient quelquefois la forme d'un mufle.

<small>Epaulieres, *Armillae*.</small>

  Des *colliers*, des *bracelets* (11).

<small>Collier, bracelet. 11.</small>

  Des *baudriers*; ces larges bandes de cuir qui servaient à tenir l'épée étaient enrichies d'ornements d'or, d'argent, etc.

<small>Baudrier.</small>

  Des *demi-piques* ou *hastes pures*; elles étaient neuves, et sans fer au bout: cette récompense ne s'accordait qu'à ceux qui dans les armées avaient rendu des services signalés.

<small>Demi-pique ou haste pure.</small>

  Le *dard gaulois* se donnait à celui qui avait blessé son ennemi.

<small>Dard gaulois.</small>

  Le *vase d'or*, au piéton qui avait renversé un cavalier.

<small>Vase d'or.</small>

  On donnait aussi au soldat certaines banderolles dont il ornait ses armes; c'est ce qu'on appelait *phalera*. On se servait du même nom pour exprimer, non seulement certains riches colliers qui des épaules tombaient sur la poitrine, mais aussi certains ornements, quelquefois enrichis d'or, d'argent, et de pierreries, qui se plaçaient sur le front, sur la bride, ou sur le poitrail des chevaux.

<small>Banderolle, *Phalera*.</small>

  Le général distribuait aussi de l'argent, et ce qu'il imaginait pouvoir faire plaisir, selon l'importance du service et de la personne.

<small>Argent.</small>

  Ceux qui avaient mérité ces marques de distinction, ou

qui avaient certaines dépouilles glorieuses, avaient soin de s'en parer en allant contre l'ennemi, de même que dans les triomphes, les sacrifices, les fêtes, les jeux, les banquets, etc.; on avait soin d'en décorer leur pompe funebre; leurs descendants les gardaient précieusement, et s'en faisaient honneur.

Outre cela le peuple romain éleva quelquefois des monuments en l'honneur de ses généraux et de ses empereurs; de ce nombre étaient les arcs de triomphe, les colonnes, les statues. *Monuments.*

La *colonne rostrale* se dressait en l'honneur d'un général qui avait remporté une victoire navale; son nom dérivait des proues de navire dont elle était décorée. *Colonne rostrale.*

Les premieres *statues équestres* érigées à Rome furent celles que l'on décerna, l'an 417 de Rome, aux consuls L. Furius Camillus et C. Mænius, vainqueurs des Latins: la grandeur des statues *pédestres* était alors fixée à environ un metre; on les fit dans la suite de grandeur humaine: les *augustales*, c'est-à-dire celles des rois et des empereurs, étaient d'environ vingt-trois à vingt-six décimetres; celles des *héros* étaient du double de leur taille; les *colossales* excédaient de beaucoup celles-ci, et ne représentaient ordinairement que des divinités; les figures nues, représentant de jeunes guerriers tenant une lance, avaient l'épithete d'*achilléenes* (a). *Statue équestre.* — *pédestre.* — *augustale.* — *héroïque.* — *colossale.* — *achilléene.*

Les *colonies* étaient une des récompenses militaires: une colonie n'était composée que d'un certain nombre de vieux soldats, à chacun desquels on distribuait environ deux arpents et demi de terrain dans un pays conquis; on *Colonie.*

(a) Celle qu'Acilius Glabrion éleva, l'an 571 de Rome, en l'honneur de son pere fut la premiere statue dorée qu'on eût vue en Italie.

y fondait quelquefois une ville; avant d'en tracer l'enceinte on faisait, selon Plutarque, une fosse ronde, on y jetait les prémices de toutes les choses nécessaires et bonnes à manger; chacun y ajoutait une poignée de la terre du pays qu'il venait de quitter: celui qui devait tracer l'enceinte voilait sa tête d'un pan de sa toge, et roulait le reste autour de son corps; c'est ce qu'on appelait la ceinture à la gabinienne; il attelait à la même charrue un taureau blanc indomté, et une génisse de même couleur qui n'avait jamais été saillie; le taureau à droite et la génisse à gauche: la charrue, dont le manche était courbe, avait un soc d'airain; on interrompait le sillon en levant la charrue quand on était aux endroits où devaient être les portes; à mesure que l'on traçait le sillon, qui devait être profond, on y jetait des fleurs que l'on couvrait de terre; lorsqu'enfin l'enceinte était tracée on sacrifiait le taureau et la génisse: ces usages avaient été empruntés des Etrusques; l'espace compris entre les maisons de la ville et les remparts était ce

Pomœrium. qu'on appelait *pomœrium.*

Triomphe. TRIOMPHE.

On n'est guere d'accord sur celui qui le premier triompha chez les Romains: Romulus, selon Denis d'Halicarnasse, après avoir subjugué les Céciniens et les Autumnates, fut le premier qui vêtu d'une robe de pourpre entra dans Rome dans un char triomphal; selon d'autres il fit son entrée triomphante à pied, portant le tronc d'un chêne où il avait attaché les dépouilles opimes du roi Acron, qu'il vint déposer sur le mont Capitolin, où il indiqua la place du temple qu'il avait voué à Jupiter Férétrien; d'autres prétendent que ces dépouilles furent portées dans un char, et que Romulus les suspendit à un chêne qui se trouva dans le local destiné pour le temple.

Selon Plutarque ce fut Tarquin fils de Démarate qui triompha le premier, et selon d'autres enfin ce fut Valerius Publicola.

Il y avait deux sortes de triomphe; le triomphe proprement dit, et l'ovation : le premier était une entrée brillante et solennelle, accordée à un général qui revenait victorieux, après une guerre déclarée avant d'être commencée : pour avoir le droit de le demander il fallait être dictateur, consul, ou préteur; ce fut pour cela que Scipion, qui dans la suite eut le surnom d'Africain, ne triompha point après avoir chassé les Espagnols de l'Espagne bétique : Sylla fit faire une exception en faveur du jeune Pompée qui n'était que chevalier.

Pour pouvoir l'obtenir il fallait, dans un seul combat et avec peu de perte, avoir taillé en pièces au moins cinq mille ennemis, et avoir étendu les limites de l'état dans de nouvelles contrées.

Le général qui croyait avoir rempli ces conditions écrivait au sénat, lui rendait compte de sa conduite, de ses victoires, du peu de perte qu'il avait essuyée, et demandait le triomphe; il quittait le commandement de l'armée, et se rendait aux portes de Rome, où il ne lui était pas permis d'entrer; le sénat venait dans le temple de Bellone, situé hors l'enceinte des murs, pour entendre sa demande, recevoir le serment des centurions attestant qu'il y avait eu cinq mille ennemis tués, et celui par lequel il en assurait l'exactitude : on délibérait ensuite; la demande quelquefois n'était pas accueillie. Des généraux en pareils cas s'adresserent au peuple qui fut plus indulgent; il y en eut enfin pour qui le peuple fut aussi inexorable que le sénat : certains d'entre eux, regardant ce refus comme une injustice, allèrent de leur autorité sur le mont Albain, à douze milles de Rome, pour y jouir de la pompe triomphale.

Si la demande était accueillie, le général reprenait le commandement de l'armée, et l'on faisait les préparatifs de la pompe, qui au jour marqué partait du Champ de Mars pour se rendre au Capitole, en passant par les principales rues de la ville : on entrait toujours par la porte Capene ou Appienne ; les temples qui se trouvaient sur la route étaient ouverts, et ornés de festons de fleurs.

Le triomphateur était précédé par les trompettes, les clairons, et les autres instruments militaires ; par les bœufs qui devaient être immolés, à côté desquels marchaient les popes et les victimaires, portant des pateres d'or et d'argent : on voyait ensuite quantité de chariots chargés de dépouilles, et des choses les plus rares qui se trouvaient chez l'ennemi : les généraux, les officiers, les princes, les souverains qui avaient été faits prisonniers, suivaient à pied ; on faisait porter leurs portraits lorsqu'on n'avait pu se rendre maître de leur personne : on portait aussi devant le char du triomphateur la représentation en relief des villes qu'il avait prises ; des tableaux, des écriteaux, où se lisait le nom des provinces conquises ; des brasiers ou encensoirs où brûlait de l'encens ; on en plaçait dans tous les carrefours où passait la pompe triomphale : l'image du vainqueur marchait avec les enseignes ; sur les étendards se lisaient des devises honorables ; des gens préposés pour maintenir l'ordre portaient des bâtons dorés, et repoussaient la foule qui se trouvait sur le passage.

Le char, ordinairement fermé et arrondi par-devant,

était indifféremment traîné par divers animaux, selon la fantaisie du triomphateur : celui de Romulus, dit-on, l'était par quatre coursiers ; Camille fut le premier qui y en attela de blancs : Pompée à son retour d'Afrique se servit de quatre éléphants ; il vint de nuit au Capitole à la clarté des flambeaux que portaient quarante autres éléphants ; celui de M. Antoine était traîné par des lions ; celui d'Aurélien par des cerfs : les chevaux blancs néanmoins furent presque toujours préférés.

Les licteurs, qui précédaient à cheval, portaient devant eux les faisceaux entourés de branches de laurier, et la hache en avant : le triomphateur avait le visage fardé, ainsi que toutes les parties de son corps qui étaient à découvert; il portait un anneau de fer à son doigt, et dans sa main un sceptre d'ivoire, surmonté d'un aigle ou d'une figure de la Victoire, et une palme, et quelquefois une branche de laurier; il était debout ou assis sur sa chaise curule. Selon Zonare il portait des bracelets; Winckelman observe néanmoins qu'on n'en voit point aux bras de Titus ni de Marc-Aurele triomphants.

Les empereurs plaçaient souvent avec eux dans leur char leurs enfants, même leurs fils adoptifs : Antonin le Pieux, triomphant des Bretons, est représenté sur une médaille de Vaillant avec Lucius Verus et Marc-Aurele devant lui.

Le triomphateur, dans les commencements, était couronné de cette espece de laurier qui porte des baies : quelquefois, avec l'agrément du sénat, il l'était de *gramen;* cette couronne, je l'ai déja dit, était la plus honorable de toutes : un esclave placé derriere lui tenait la couronne au-dessus de sa tête; au lieu de cet esclave on plaça une figure dorée de la Victoire ou de la Renommée, qui d'une main tenait la couronne, et de l'autre une palme ; un homme était chargé de le suivre, et de lui répéter ces mots, « Regarde derriere toi, et n'oublie pas que tu es homme»; et pour la même raison on suspendait à son char une clochette, et un de ces fouets dont on se servait pour ceux qui étaient condamnés au supplice (*a*).

La tunique palmée et la robe ou toge peinte du triomphateur étaient déposées au Capitole; Gordien fut le premier qui en porta une qui lui appartînt (*b*).

Le char du triomphateur était immédiatement suivi de ses enfants à cheval s'il en avait; les consuls, les magistrats, le sénat, suivaient à pied : après eux venaient les officiers et les soldats victorieux, couronnés de lauriers, et chantant des chansons où souvent les railleries et les traits les plus mordants contre le triomphateur étaient mêlés avec les éloges les plus sinceres et les plus flatteurs.

Pour ne pas troubler la cérémonie du sacrifice, lorsqu'on était arrivé au bas du Capitole on conduisait les captifs en prison, ou souvent on leur ôtait la vie : le triomphateur étant arrivé, descendait de son char, entrait dans le temple, y suspendait une couronne, et y sacrifiait un taureau blanc à Jupiter, après quoi il faisait des

---

(*a*) Il serait superflu d'avertir que les usages de ce genre n'avaient pas lieu lorsque les empereurs triomphaient.

(*b*) L'épithete de *palmée* que l'on donnait à cette tunique venait de la broderie et des ornements qui l'enrichissaient; la toge peinte, c'est-à-dire la robe de pourpre, se mettait par-dessus : c'est peut-être la seule maniere de concilier les différents noms et les diverses descriptions que les auteurs nous ont donnés de ces deux sortes de vêtements.

largesses à ses soldats : ensuite venait le festin où étaient invités tous les magistrats et les grands, excepté les consuls, parceque le triomphateur ce jour-là était chef du peuple romain. Dans la crainte que tant de grandeur ne l'éblouît, un esclave placé derrière lui pendant le repas lui répétait de temps en temps ces mots, « J'obéis à « ton valet plutôt qu'à toi-même ». Les tribuns du peuple avaient le droit de le saisir, et de le faire descendre de son char pour le faire conduire en prison; ce qui serait arrivé au père de la vestale Claudia si elle ne se fût mise entre lui et les tribuns, et ne l'eût accompagné jusqu'au Capitole (a).

Celui qui demandait le triomphe après une victoire navale envoyait d'abord à Rome un vaisseau couronné de laurier; il le faisait bientôt suivre par d'autres ornés des dépouilles de l'ennemi; autrement il venait lui-même sur le plus grand vaisseau, richement décoré : il le choisissait parmi ceux de sa flotte, ou parmi ceux qu'il avait pris à l'ennemi; il les faisait suivre attachés à la poupe des vaisseaux romains, et chargés de dépouilles : les Romains informés de son arrivée venaient au-devant de lui; il débarquait, et demandait le triomphe : s'il l'obtenait, la marche commençait par ses licteurs, suivis de ses soldats et de ses matelots, au bruit des instruments en usage sur la flotte, et au milieu des tableaux qui indiquaient les mers et les fleuves où s'était donné le combat, et le nombre des vaisseaux pris.

On portait avec appareil sur des chars les dépouilles

(a) Ceux qui avaient eu les honneurs du triomphe avaient le droit d'assister aux spectacles avec la couronne triomphale.

navales, et notamment les *aplustres* et autres pareils ornements des vaisseaux, l'argent pris sur l'ennemi, et les couronnes d'or envoyées par les alliés; venaient ensuite les matelots ennemis, leurs commandants, et sur-tout leur général, s'il avait été pris : le vainqueur terminait la pompe triomphale; il était couronné, ainsi que ceux qui sous ses ordres avaient remporté la victoire (*a*): on marchait dans cet ordre jusqu'au Capitole, où le triomphateur, après avoir sacrifié, offrait aux dieux une partie du butin qu'il suspendait autour du temple.

Ce sont les principales choses qui s'observaient ordinairement; le reste variait à l'infini selon le goût du triomphateur, les circonstances de la victoire, l'opulence des rois et des peuples vaincus, les animaux, les productions rares, les monuments même qui caractérisaient les régions conquises, etc. : on peut voir dans l'Histoire romaine les détails du triomphe de Paul Emile, dont la pompe dura trois jours; c'est un des plus magnifiques dont l'histoire nous ait conservé le souvenir (*b*).

Les empereurs, jaloux de la pompe triomphale, la réserverent pour eux; ils n'en accorderent que les ornements à des particuliers, excepté vers le bas empire.

(*a*) Sa couronne, selon Montfaucon, était d'olivier.

(*b*) Un coup-d'œil sur l'entrée d'Alexandre dans Babylone et sur le triomphe de Constantin, par Lebrun, suffiront pour enflammer le génie de l'artiste; ils laissent peu à desirer quant à la marche et à la richesse de l'ordonnance : pour ce qui est des détails il faut toujours se conformer à ceux que les historiens nous ont transmis; car le spectateur du premier coup-d'œil doit, s'il est possible, connaître quelle est la nation dont on célebre la défaite, et en quel temps à-peu-près le fait s'est passé.

Le petit triomphe s'appelait *ovation* : on accordait cet honneur à un général lorsque sa prudence et son éloquence avaient suffi pour terminer la guerre, lorsque la victoire n'avait pas été sanglante, ou que l'ennemi n'était ni puissant ni redoutable. Ovation.

Le sénat et les magistrats venaient au-devant du général : il faisait son entrée à cheval ou à pied, couronné de myrte, précédé des flûtes et des hautbois, suivi de ses soldats, quelquefois du sénat seulement; il venait au Capitole dans le temple de Jupiter y offrir une brebis, qui en latin s'appelle *ovis*, d'où dérive *ovation*; il était vêtu d'une robe de pourpre comme celle des consuls et des préteurs, et n'avait dans sa main qu'une branche de laurier, sans sceptre d'ivoire; il faisait porter devant lui, comme dans les autres triomphes, tout ce qui pouvait donner de l'éclat à la fête.

Il y avait aussi une cérémonie bien rare et bien glorieuse, c'était celle des *dépouilles opimes* : on appelait ainsi l'offrande que faisait à Jupiter Férétrien le vainqueur en déposant dans son temple les dépouilles d'un général ennemi qu'il avait tué de sa main. Dépouilles opimes.

Les Romains dès leur origine eurent des arcs de triomphe, puisqu'on en érigea un pour Romulus : ces monuments alors étaient des plus simples; celui-ci n'était que de brique et sans ornements. Ceux qu'on éleva dans la suite pour célébrer les victoires des empereurs furent de la plus grande magnificence : il y en a encore sur pied; ils présentent ordinairement trois arceaux; celui du milieu est le plus haut et le plus large; au-dessus étaient des statues, des chars, etc. Arcs de triomphe.

Les trophées étaient des groupes d'armes prises sur l'en- Trophée.

nemi; on les consacrait aux dieux sur le champ de bataille pour conserver le souvenir de la défaite; on les disposait de manière que celles qui caractérisaient le mieux la nation vaincue fussent le plus en évidence.

Les premiers trophées élevés par les Romains furent ceux de Domitius et de Fabius dans la Gaule, l'an 632 de Rome, 120 ans avant J.-C.; c'eût été dans les premiers temps un sacrilege de les abattre; on aurait néanmoins regardé avec horreur celui qui les aurait relevés lorsque le temps les avait renversés : les mœurs changerent, et l'on en éleva de marbre et de pierre.

Esclaves, etc.
Pl. LXXXII.
LXXXIII.
LXXXIV.

ESCLAVES, PAYSANS, AFFRANCHIS, etc.

Le costume des esclaves était relatif à leurs fonctions, et sur-tout au goût et à l'opulence de leur maître; en général les principaux d'entre eux, et notamment ceux qui servaient dans les appartements, avaient des tuniques blanches, qu'une ceinture, quelquefois enrichie d'or, relevait par-devant au-dessus du genou, et par derriere au-dessus des jarrets. Nous lisons dans Philon que les plus jeunes et les plus beaux servaient à table; ils étaient d'une grande propreté, fardés comme des femmes; et quoiqu'à Rome, ainsi que dans la Grece, les esclaves eussent la moitié de la tête rasée, ceux-ci avaient leurs cheveux plus ou moins longs, frisés, ou coupés en rond autour du visage (pl. LXXXV, 3, 4).

Pl. LXXXV,
3, 4.

Quelques esclaves portaient sur la tunique un manteau peu ample fermé par-devant; ils le rejetaient par-dessus les épaules, ou sur l'épaule gauche seulement : ces vêtements étaient souvent bordés. La tunique de quelques uns, sous les premiers empereurs, n'avait qu'une manche : beau-

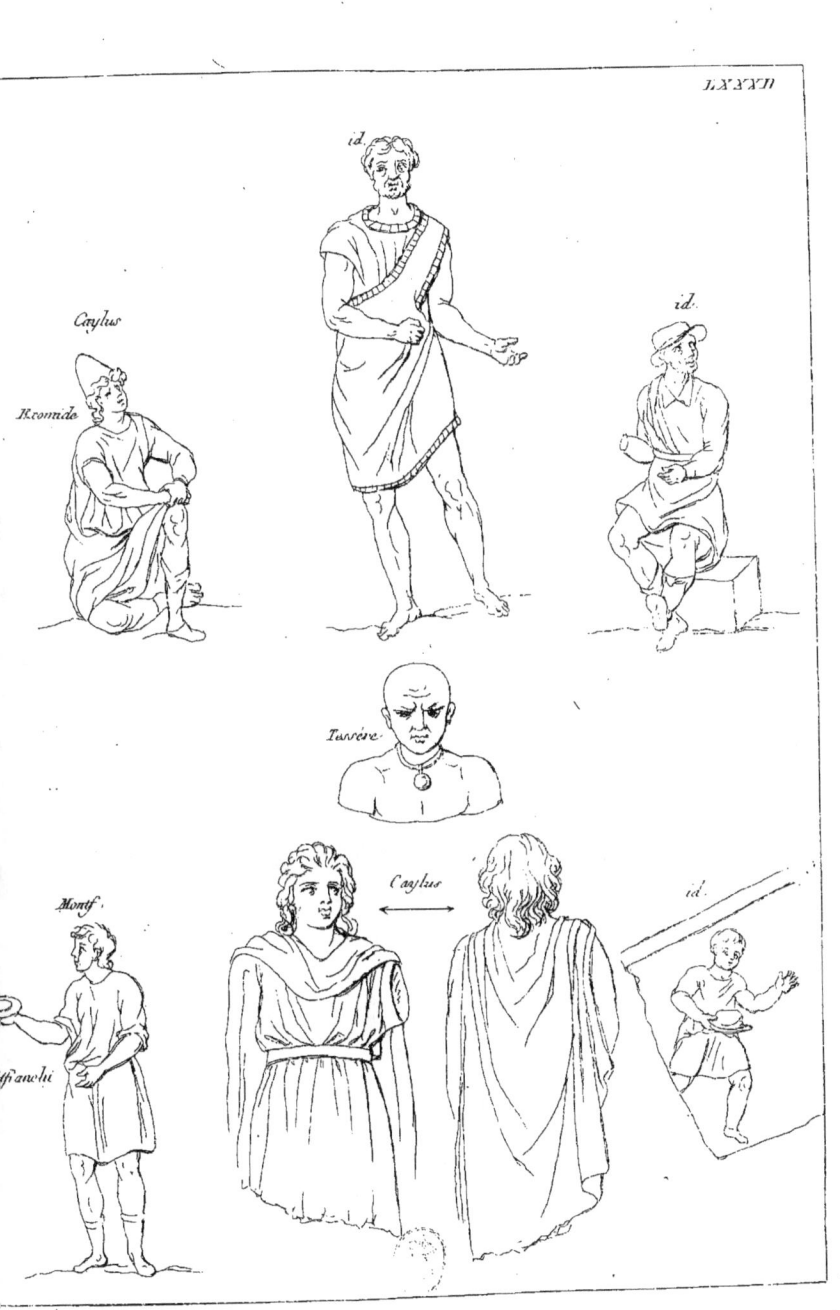

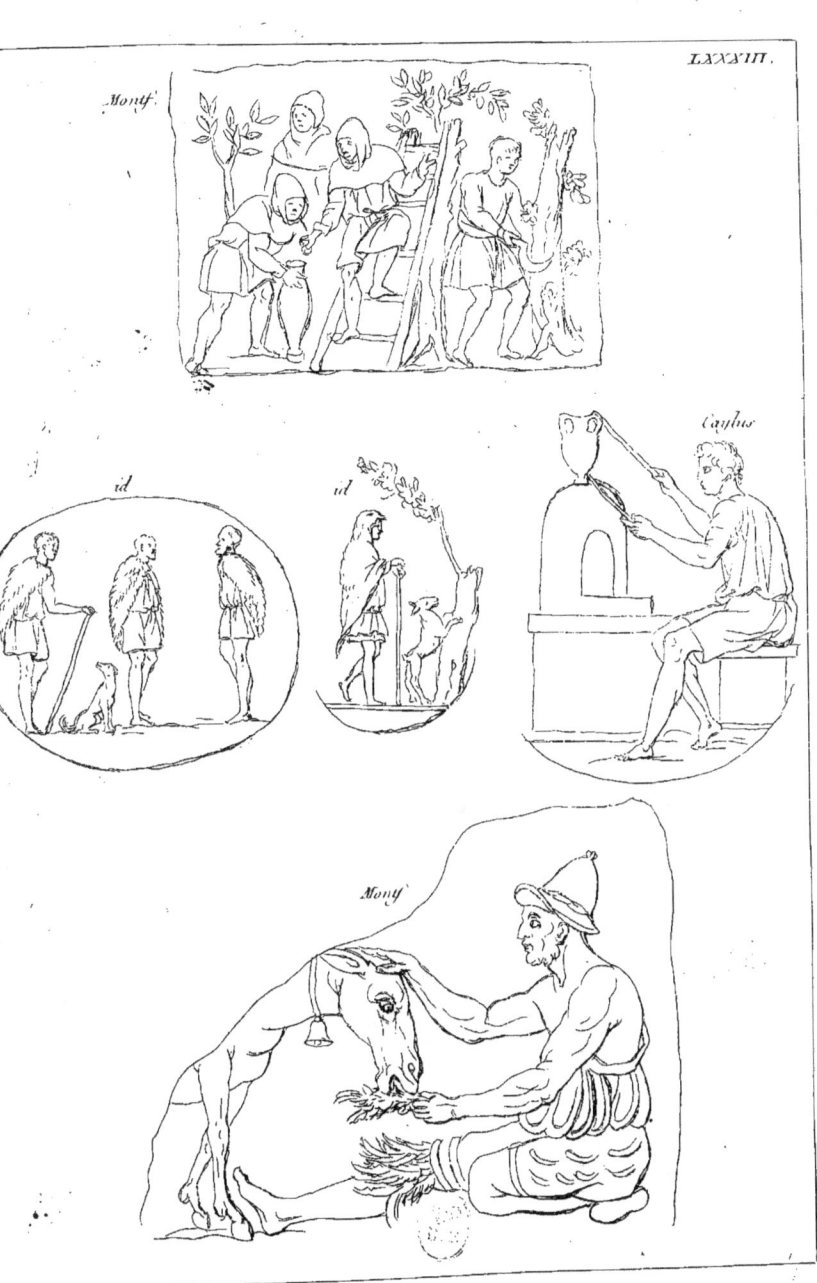

LXXXIV.

Berger

Mus. Cort.
Faustule

Montf.
Faustule

id.
Agriculteur

Aff. et Affranchie
du tems de la rep.

Montf.

coup de monuments les représentent nu-pieds ; il y en avait cependant d'élégamment chaussés : les deux jeunes qui sont sur un monument du bas empire n'ont que la tunique ceinte; leur chaussure couvre le gras de la jambe.

Quant aux esclaves d'un certain âge on en voit avec la chevelure et la barbe; il y en a de tondus et rasés : les principaux d'entre eux, de même que certains affranchis, portaient au cou des tesseraires (*tesseras*) ou d'autres marques qui leur servaient de passe-port, et indiquaient la confiance que l'on devait avoir en eux.

Ceux qui étaient chargés des troupeaux et de l'agriculture étaient nus, ou plus ou moins couverts, selon la saison; une espece de tablier, un court caleçon leur suffisait; quelquefois pour tout ajustement ils portaient une courte tunique, ou la tunique et le manteau, ou le *scorteum*, espece de casaque de cuir, ou la dépouille d'un animal dont une partie, dans l'occasion, leur couvrait la tête, faute de *pétase* ou de *cuculle*.

Ce costume étant le plus simple et le moins gênant, des artisans dans leurs atteliers, des hommes libres travaillant à la campagne en faisaient usage, ainsi que de l'*exomide*, qui était un composé de la tunique et du manteau ; elle était sans manches; quelquefois elle en avait une (*a*).

<small>Artisans, agriculteurs.</small>

<small>Exomide.</small>

Ce ne fut que du temps de Martial qu'il fut permis aux esclaves de porter la *penula ;* ils se servaient, selon Hesychius, de la *chlæna*, qui ne différait de la *penula* qu'en ce que le bas était bordé de peau de brebis (*b*).

(*a*) Quelquefois en hiver ils portaient une cuculle par-dessus leur tunique.

(*b*) C'est ce vêtement que les paysans de l'Attique furent forcés de prendre par ordre du tyran Pisistrate.

COSTUME ET USAGES

Esclaves publics.

Les Romains avaient une multitude d'esclaves répandus dans l'étendue de l'empire et condamnés aux travaux publics, tels que l'extraction et la fonte des minerais, la construction et les réparations des chemins, le nettoiement des cloaques, le service des fours à chaux, des soufrieres, des bains (*a*); ils avaient sur leurs habits des bandes tranversales d'une couleur différente.

Pendant les saturnales les esclaves jouissaient de la liberté, mangeaient à table avec leurs maîtres, et se revêtaient de leurs habits: cette fête d'abord ne durait qu'un jour; Auguste y en ajouta deux autres; elle fut dans la suite prolongée jusqu'à sept.

Débiteurs insolvables.

Les *débiteurs insolvables* étaient livrés à leurs créanciers qui en exigeaient les mêmes services que de leurs esclaves: dans la crainte qu'ils ne prissent la fuite on les tenait enchaînés, soit à la ville, soit à la campagne.

Punition des esclaves.

Quoique l'usage de marquer les esclaves sur le front avec un fer chaud fût très ancien, on ne le faisait guere que lorsqu'ils avaient commis des fautes graves : du temps de la république on usait de beaucoup moins de rigueur que sous les empereurs; les maîtres cherchaient plus à les mortifier qu'à les faire souffrir: un des châtiments les plus ordinaires était de leur lier les mains à une fourche dans laquelle passait leur cou, et de les faire ainsi promener dans le voisinage faisant l'aveu de leur faute, pour que

---

(*a*) Ceux qui étaient envoyés aux carrieres devaient en extraire huit blocs par jour; on en exigeait douze s'ils se rendaient coupables de quelque nouveau délit. Tarquin le premier, établissant cet usage, n'y soumit que les prisonniers de guerre; Caligula y condamna des citoyens.

l'on s'y tînt sur ses gardes : c'est là l'étymologie du mot *furcifer* dont on se servait pour exprimer un vaurien.

Les autres supplices auxquels on condamnait aussi les brigands étaient la chaîne, le fouet, les mines, la rame ; le plus affreux et le dernier était celui de la croix. Il avait commencé à être en usage sous Tullius Hostilius ; Constantin l'abolit : ceux qui étaient condamnés portaient jusqu'au lieu de l'exécution une meule suspendue au cou : les cadavres des suppliciés à Rome étaient précipités dans des puits profonds appelés *gémonies*.

On donnait aussi à Rome le nom de *gémonies* à un lieu élevé, voisin du mont Aventin : Camille, après sa victoire sur les Véïens, le destina au même usage que nos fourches patibulaires ; on y exposait le cadavre des criminels ; il y était gardé jusqu'à ce qu'il fût pourri ; on le traînait alors avec un croc dans le Tibre. Gémonies.

Les maîtres affranchissaient leurs esclaves de trois manières : Affranchis.

1° En les faisant inscrire par le censeur sur le livre des citoyens.

2° Par *la baguette*, ce qui se faisait ainsi : le maître, suivi de l'esclave, allait chez le préteur, et lui demandait qu'il fût libre comme les autres Romains ; le préteur en le lui accordant touchait la tête de l'esclave, ou la lui faisait toucher par le licteur avec une baguette, en disant : « Je déclare que cet homme est libre comme les autres Romains » ; alors le maître ou le licteur, après lui avoir donné un soufflet, le saisissait par le bras, et lui faisait faire une pirouette.

3° Par *testament* : le maître quelquefois se contentait

de le faire mettre à table, ou de le déclarer libre dans une lettre qu'il lui écrivait.

On rasait en entier la tête des esclaves en les affranchissant : ils allaient dans le temple de Féronie, près de Terracine dans le Latium, y prendre le *pileus* ou bonnet d'affranchi ; ils s'asseyaient ensuite sur une pierre où étaient écrits ces mots, « *Bene meriti servi sedeant, surgant liberi.* »

<small>Tunique droite. 5, 6.</small> Les affranchis portaient une baguette : quelques uns ne mettaient pas de ceinture par-dessus la tunique ; c'est ce qu'on entendait par tunique droite ; d'autres pouvaient la porter (5, 6).

<small>Peines et supplices.</small>

PEINES ET SUPPLICES.

Les Romains le plus souvent ne condamnaient les coupables qu'à une amende : si le délit était grave ils interdisaient l'eau et le feu (c'était la formule dont on se servait pour envoyer en exil) (*a*).

Quant aux supplices, on se contentait quelquefois de battre le coupable avec les verges : si le crime était capital, et que ce fût un homme libre, les licteurs, après l'avoir battu des verges, lui tranchaient la tête avec la hache ; souvent pour abréger, sous les empereurs, on se servait du cimeterre ; quelquefois on précipitait le criminel du haut du mont Tarpéien : les parricides étaient enfermés dans un sac bien cousu avec un coq, un chien, une vipere, et un singe, après quoi on les jetait dans la riviere ou dans la mer ; lorsque l'on en était trop éloigné le coupable était

<small>(*a*) On appelait aussi *exilés* ceux qui avaient quitté Rome sans payer l'amende à laquelle ils avaient été condamnés, ceux qui n'avaient pas comparu ou qui n'avaient pas attendu le jugement.</small>

brûlé vif, ou exposé aux bêtes. Les exécutions publiques à mort ne se faisaient que de jour et hors de Rome.

Les Actes des Martyrs nous apprennent que sous les empereurs les Romains avaient d'autres supplices; ainsi que les Grecs ils étalaient dans les prisons divers instruments pour la torture de ceux dont les crimes n'étaient pas capitaux : outre les entraves de différentes espèces pour forcer le condamné à garder la même attitude, qui toujours était des plus gênantes, on y voyait des potences où l'on donnait les deux estrapades, supplices encore en usage dans certains pays; l'*ordinaire* consiste à élever le patient par les mains liées sur le dos; dans l'*extraordinaire* on le laisse tomber tout-à-coup sans le laisser toucher terre; souvent on attache à ses pieds des poids considérables.

On faisait quelquefois étendre le patient sur un chevalet, on lui arrachait les entrailles en les dévidant sur un rouleau. Nous avons dit que l'on crucifiait les esclaves; la forme de la croix, selon S. Paulin, était celle de la lettre T (*a*) : la flagellation, qui précédait ce supplice, ajoutait à son ignominie; souvent les fouets étaient armés d'osselets et de balles de plomb, ou de pointes de fer; le patient quelquefois expirait sous les coups. Plutarque nous apprend que l'usage était que le condamné lui-même portât sa croix; on le suivit à l'égard du Sauveur: on la dressait ordinairement avant d'y attacher le criminel; quelquefois on l'y attachait avec des cordes, ou on l'y clouait par les pieds et par les mains; un clou suffisait pour

(*a*) Selon les SS. PP. celle de J.-C. était telle que les catholiques la représentent sur leurs autels.

les deux pieds, selon S. Grégoire de Nazianze; il y en avait un pour chaque pied, selon S. Cyprien : la croix, selon S. Justin et S. Irénée, avait un appui vers le milieu; le crucifié pouvait un peu s'y soulager; le sentiment le plus généralement suivi ne place cet appui que sous les pieds : le malheureux restait en croix jusqu'à la mort; quelquefois on lançait contre lui des lions qui le déchiraient; souvent on plaçait des brasiers au bas de la croix, et il était brûlé à petit feu (a).

Sénèque nous apprend que de son temps on empalait des criminels en leur introduisant par le fondement un pieu qui sortait par la bouche.

Si les anciens pendaient des criminels, c'était ordinairement à des arbres : on leur voilait la face (b); quelquefois au lieu de les pendre par le cou c'était par un pied; quelquefois aussi on leur attachait des pierres au cou : d'autres étaient pendus par les bras; ceux-ci étaient déchirés à coups de fouets : l'arbre qui avait servi pour un pareil supplice était regardé comme maudit.

Un supplice des plus ignominieux chez les Romains était d'étrangler le patient : il ne pouvait pas être infligé à une vierge; les tyrans ajoutèrent à l'horreur qu'il inspirait en la faisant déflorer par le bourreau : la loi défendait d'accorder la sépulture à quiconque avait péri par ce genre de supplice.

Les criminels quelquefois étaient tenaillés; les tenailles souvent étaient rougies au feu : il y avait des malheureux

(a) En conduisant le criminel au supplice on portait devant lui un écriteau où se lisaient son nom et la cause de sa mort.

(b) Il y en a qui prétendent que cela s'observait à l'égard de tous ceux que l'on conduisait au supplice.

que l'on sciait par le milieu du corps; quelques uns étaient brûlés, d'autres étouffés dans des étuves, d'autres plongés dans des chaudieres d'eau, d'huile, ou de poix bouillante.

Je n'ai déja donné que trop de détails sur cette matiere; ceux qui en desireront davantage n'ont qu'à lire l'ouvrage de H. F. Salomon *de Officiis civ. vitæ rom.*

Quant aux peines et aux supplices militaires, un seul mot du général était pour le soldat une grande punition; il suffisait pour le mortifier de le faire travailler aux retranchements du camp avec la tunique sans ceinturon, ou de le faire souper debout; on le condamnait quelquefois à une amende, on le privait de la paie; souvent au lieu de bled on lui donnait de l'orge. <small>Peines et supplices militaires.</small>

On décimait un corps de troupes qui avait manqué de courage; ceux sur qui était tombé le sort, ainsi que les soldats qui avaient commis des fautes graves, ou qui avaient été punis trois fois pour le même genre de faute, ou une sentinelle qui s'était écartée de son poste, encouraient un genre de peine particulier; le tribun les touchait simplement avec le bout d'un bâton, et à l'instant les légionnaires tombaient sur eux à grands coups de sarments si c'étaient des Romains, et à grands coups de baguettes si c'étaient des auxiliaires; ils leur jetaient aussi des pierres, et s'ils en réchappaient ils étaient un objet d'horreur même pour leurs plus proches parents qui ne leur accordaient plus d'asyle; ils étaient pour toujours bannis de leur patrie (les voleurs étaient traités de même); on se servait de bâtons si la faute était capitale, et le coupable expirait ordinairement sous les coups; ceux que l'on avait épargnés étaient condamnés à faire certains ouvrages sans armes, ne portant que la seule tunique.

COSTUME ET USAGES

Le comble de l'ignominie pour une armée vaincue c'était lorsque l'ennemi la forçait de passer sous le joug, ce qui se faisait en fichant à terre deux lances, au haut desquelles on en attachait une autre en travers, sous laquelle on faisait passer les vaincus.

Stigmates. — Les *stigmates* étaient des marques que l'on imprimait sur certaines parties du corps avec un fer chaud : elles furent d'abord ignominieuses, et on ne les appliqua que sur le front des esclaves et de certains criminels condamnés aux mines, ou à périr dans les spectacles du cirque ; il y eut des empereurs qui de plus firent arracher un œil et couper le jarret gauche à ceux qui étaient condamnés aux carrières.

Les stigmates sur le front des esclaves indiquaient le genre de travail auquel ils étaient condamnés, ou le nom du maître auquel ils appartenaient.

On imprimait la lettre K sur le front des calomniateurs.

Vers la décadence de l'empire, les Romains admettant dans leurs légions des soldats de toute nation, et les désertions étant fréquentes, les stigmates ne furent plus une peine infamante, et on marqua des lettres initiales du nom de l'empereur non le front mais la main des soldats : cet usage, selon la remarque de beaucoup d'auteurs, acheva de les avilir, et porta peut-être le dernier coup aux armes romaines (*a*).

Les armuriers et tous ceux que l'on occupait à la fabrique des armes étaient marqués au bras (*b*).

Ceux qui étaient employés aux aqueducs étaient mar-

(*a*) On lit dans S. Grégoire (lib. 2, cap. 5.), *Ne quis manu signatus ante expletam militiam in monasteriis reciperetur.*

(*b*) On lit dans le code théodosien, *Stigmata (hoc est notæ publicæ)*

qués sur les deux mains. (Voyez ci-dessus l'article des *esclaves*.)

POLITESSE ROMAINE, USAGES.

Politesse romaine, usages.

Les Romains, en certaines occasions, embrassaient et recevaient les embrassades : pour saluer, applaudir, ou adorer ils portaient la main sur la bouche, et l'avançaient vers la personne ou vers la divinité.

Ils avaient presque toujours la tête découverte, et plus particulièrement en présence de leurs supérieurs, ou lorsqu'ils s'adressaient aux dieux.

Ils marquaient leur respect envers quelqu'un en lui baisant la main.

En donnant ces marques de politesse on ne s'inclinait pas et l'on ne fléchissait point le genou ; ce ne fut que long-temps après la ruine de la république. (Voyez l'article des *empereurs*.)

Les *clients* en toge blanche venaient le matin saluer leur patron ; s'il paraissait en public ils lui formaient un cortege, et se faisaient un honneur d'être près de lui et d'écarter la foule. — Clients.

Les *inférieurs* se levaient lorsqu'un grand passait ou arrivait ; ils lui laissaient la place du milieu, lui donnaient la droite en marchant, s'arrêtaient à sa rencontre, et laissaient le haut du pavé libre si c'était dans les rues. — Inférieurs.

Ainsi que la plupart des peuples de l'antiquité ils exerçaient l'hospitalité même envers des inconnus ; c'était souvent une obligation réciproque par laquelle deux personnes quelquefois éloignées promettaient de s'accueillir — Hospitalité.

fabricensium brachiis, ad imitationem tyronum, infligantur, ut hoc modo saltem possint latitantes agnosci (lib. X, tit. 22, leg. 4).

à perpétuité elles et leur famille ; cette alliance se consommait en se faisant des présents mutuels, ou en divisant une piece de monnaie, une baguette d'ivoire, dont chacun retenait une partie, c'était la preuve et le gage d'hospitalité ; les familles les gardaient soigneusement : deux hôtes, quoique de nation ennemie, se rencontrant dans la mêlée se respectaient mutuellement.

Quand on voyait arriver chez soi son hôte ou un inconnu demandant l'hospitalité on s'empressait de lui laver les pieds ou de le conduire au bain, de lui présenter à boire et à manger ; s'il était inconnu on ne lui demandait son nom qu'après le repas.

Les Romains arrivant d'un voyage se faisaient précéder par quelqu'un qui annonçât leur arrivée à leurs épouses.

<small>Fiançailles.</small> Les *fiançailles*, chez les Romains, n'étaient que de simples conventions verbales ; on les faisait quelquefois en présence des parents et des amis assemblés ; souvent on se contentait de se faire le serment de fidélité en présence du <small>Pronubus. Pronuba, Pronubum.</small> confident (*pronubus*), ou de la confidente (*pronuba*), qui ne devaient pas avoir été mariés plusieurs fois ; le *pronubum* était un anneau de fer que le fiancé envoyait à la fiancée : dans la suite on le fit d'or ; l'épouse néanmoins ne portait ce dernier anneau qu'en public.

<small>Conventions.</small> Lorsqu'il y avait des conventions importantes à stipuler on les écrivait sur le vélin, le papyrus, les tablettes enduites de cire, ou sur des plaques de métal, etc., et on les scellait avec l'anneau pendant la nuit ou au point du jour.

<small>Sacrifice.</small> Au point du jour on immolait un bœuf ou un belier, et une colombe ou une tourterelle, pour se rendre les dieux favorables.

<small>Costume de la fiancée.</small> La veille de leurs noces les jeunes filles, avant de se cou-

cher, mettaient une tunique blanche, et se coëffaient avec du réseau jaune; elles croyaient que c'était un heureux présage : du temps de la république on leur accourcissait les cheveux.

Il y avait trois sortes d'épousailles. La premiere et la plus sacrée était par la *confarréation* : c'est celle dont les anciens Romains faisaient usage; elle fut dans la suite réservée aux prêtres : les nouveaux mariés venaient au temple en présence de dix témoins, précédés d'un homme qui portait un gâteau salé dont on leur faisait manger : pour dissoudre le mariage on venait répéter la même cérémonie en présence d'un pareil nombre de témoins; c'est ce qu'on appelait *diffarréation* (*a*). Trois sortes d'épousailles.

Diffarréation.

La seconde *per coemptionem*; l'homme et la femme se tenant par la main s'assuraient mutuellement (*in coemendo*) de leur ferme volonté d'être unis en mariage.

La troisieme était par la cohabitation (*usu*), lorsque la mariée passait un an et un jour avec le mari sans découcher trois jours de suite.

Les anciens Romains mettaient un joug sur le cou des deux époux. Joug sur le cou des mariés.

On ne manquait jamais de prendre auparavant les auspices, et de sacrifier à Jupiter, à Junon, à Vénus, à Diane, etc. : aussitôt que l'épouse avait reçu l'anneau de fer que l'époux lui envoyait on lui divisait les cheveux en six tresses avec le fer d'un javelot, après quoi on la couronnait de *verveines* qu'elle avait cueillies elle-même et tenues cachées sous son habit (*b*); cette couronne était Auspices.

(*a*) Ces noms viennent du gâteau salé, *à farre et molá salsá*.
(*b*) Sous ce nom de verveine on comprenait toutes les herbes sacrées.

Flammeum. sous son *flammeum*, grand voile de crêpe couleur de safran qui lui couvrait la face.

Costume de la mariée. La robe de la mariée devait être neuve, simple, d'une seule couleur, blanche ou couleur de safran, et sans aucun ornement (*a*); par-dessus était le ceste, ceinture mystérieuse de laine à nœuds embrouillés, que le mari seul avait droit de dénouer; ce qui ne se faisait que dans l'obscurité, et n'avait lieu que pour les vierges et non pour les veuves : les souliers étaient de cuir jaune.

L'époux venait sur le soir chez l'épouse, et la prenait comme s'il l'eût arrachée des bras de sa mere ou de sa plus proche parente ; il la plaçait dans une voiture fermée, et la conduisait chez lui : le même usage avait lieu chez les Grecs.

Outre les personnes qui portaient des branches de pin allumées, et qui précédaient la voiture, il y en avait cinq autres avec des torches qui s'allumaient chez les édiles.

Quelquefois, au lieu de voiture fermée, l'épousée était mise sur un brancard, assise sur une chaise brisée dont la forme approchait de celle de la curule; deux, quatre, six, ou huit hommes, selon son état, la portaient sur leurs épaules chez son mari; d'autres fois enfin la mariée à pied était conduite par deux de ses parents, ou par deux jeunes garçons, *Paranymphes.* éclairée et précédée par un ou trois autres portant chacun une torche de pin ou des branches d'aubépine (*b*): à sa suite on portait une quenouille garnie de laine et un fuseau; un autre garçon de condition libre, et âgé de moins de quatorze ans, portait un panier couvert où étaient divers ustensiles pour son usage.

(*a*) C'est ce que l'on entendait par l'épithete de pure.
(*b*) Ces jeunes paranymphes devaient avoir pere et mere.

DES ROMAINS.

La mariée était suivie de ses compagnes, les unes portant des tourterelles, les autres des guirlandes pour parer la chambre nuptiale; un poëte couronné de feuillages les précédait en chantant; un joueur de flûte double, et quelquefois aussi un joueur de lyre, assistaient à cette cérémonie.

J'ai dit que l'on portait une quenouille devant la mariée; j'observerai qu'il lui était expressément défendu de filer alors par les chemins, quoique ce fût une des occupations qui étaient le plus recommandées.

La porte de la maison de l'époux était ornée de guirlandes de fleurs et de feuillages; l'épouse, avant d'entrer, en entourait les montants (*postes*) avec des bandes de laine, et les oignait avec un mélange d'huile et de graisse de cochon: on lui demandait son nom; elle répondait « Caia », et adressant la parole à son époux elle lui disait, « Où vous « serez Caius je serai Caia »; et de suite on la poussait dans la maison, on lui en présentait les clefs (*a*): étant arrivée dans la salle on la faisait asseoir sur une peau de mouton où était encore la laine; l'époux lui présentait de l'eau et du feu, et après qu'on l'avait arrosée d'eau il l'introduisait dans la salle à manger: pendant le repas on chantait des hymnes relatifs à la fête; on distribuait quelquefois aux convives des médailles où était empreinte l'image des époux: on n'oubliait pas, à différentes reprises, de crier *thalassus*, en mémoire d'un Romain qui, lors du rapt des Sabines, en ayant une très belle pour son lot, et craignant que ses camarades ne la lui enlevassent, criait

Thalassus.

(*a*) Les pronubes la soutenaient, et lui faisaient prendre soin, en y entrant, de ne pas toucher le seuil de la porte.

en l'emportant qu'elle était pour le capitaine Thalassion ; il la conserva par ce moyen, et fit son bonheur.

L'épouse enfin était conduite dans la chambre du mari où était un autel portatif : à l'instant où elle entrait les parents arrachaient le flambeau des mains de celui qui marchait devant ; on n'oubliait pas ce jour-là de faire un sacrifice à Priape ; on conduisait la mariée vers son simulacre qui était élevé dans un coin de la chambre avec ceux des dieux et des déesses qui présidaient au mariage ; les principaux étaient *Subigus*, *Virginensis*, et *Prema*.

On la faisait asseoir sur un énorme *phallus* ou sur une espece de siege que l'on prétendait être enchanté ; il était décoré pour cette cérémonie : elle y restait un instant pour délibérer et se vaincre.

Les deux époux offraient un sacrifice à Junon, et avant et après la cérémonie ils faisaient des libations sur tous les meubles avec une patere ; avant de se coucher on lavait et l'on parfumait les pieds de la mariée ; l'époux répandait dans les appartements voisins quantité de noix, que des jeunes gens se disputaient, ramassaient, et cassaient pour les manger ; il leur distribuait aussi des fruits et des fleurs : les figures 1 et 2, planche LXXXV, pourront satisfaire pour l'accoutrement des époux.

BAINS, MAISONS.

Les anciens, notamment les Romains, se lavaient : l'usage des bains chauds et la coutume de se raser ne commencerent à Rome qu'environ quatre cent cinquante ans après sa fondation. Ils avaient de grandes et de petites baignoires, d'abord de bois, puis de pierre, de marbre, de métal. Tant que la propreté et la rareté du linge furent les

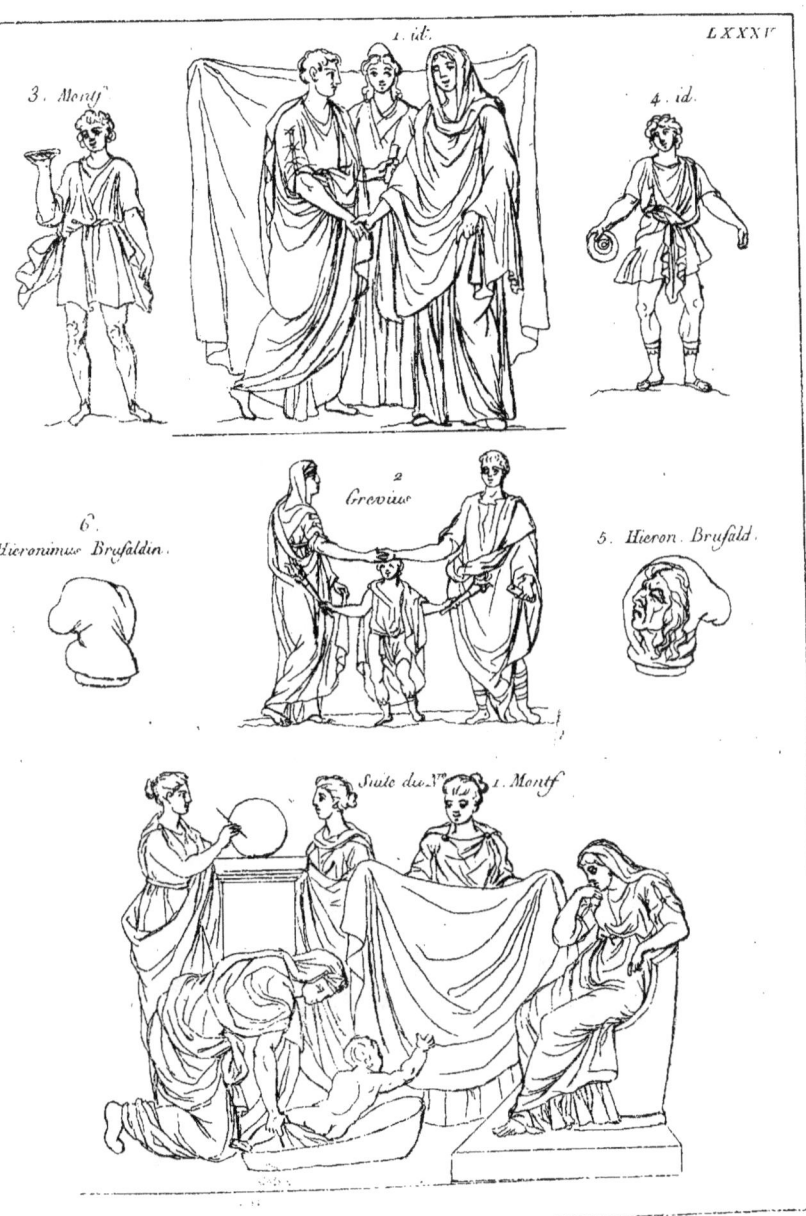

seuls motifs de cette opération, l'honnêteté et la simplicité y présiderent; il n'en fut pas de même dans la suite, où en quelque sorte l'on épuisa tout ce que le luxe put imaginer pour satisfaire la mollesse et la volupté; on construisit des thermes ou bains publics dont la magnificence et la somptuosité sont attestées par les ruines qui en existent encore; les marbres les plus rares, les plus belles statues, et notamment celles d'Esculape et de la Santé, les chefs-d'œuvre des plus grands peintres, les meubles les plus précieux y étaient étalés de toutes parts; les essences, les parfums les plus exquis y étaient employés avec profusion.

Dans les commencements les fils en âge de puberté ne se mettaient jamais dans le même bain avec leur pere, ni un gendre avec son beau-pere; il y avait des salles où les femmes seules étaient admises: une précaution aussi sage fut négligée dans la suite, et des personnes de l'un et de l'autre sexe ne rougirent point de se trouver dans le même bain; ce qui fut la source d'une infinité de désordres.

Les thermes étaient distribués en divers appartements; savoir:

1° Les étuves où l'on venait suer; 2° la chambre des bains chauds où était la cuve; on y faisait venir à volonté de l'eau chaude, tiede ou froide par le moyen de trois grands vases d'airain adaptés et placés à portée; 3° celle où l'on venait s'essuyer et se nettoyer avec des éponges: on se servait aussi de pierres ponces, et d'un instrument appelé *strigil*, avec lequel de jeunes esclaves enlevaient la mal-propreté du corps; il y avait de ces strigils de diverses grandeurs, en ivoire, en or, en argent, et en cuivre: un esclave, selon Plutarque, présentait un miroir à ceux qui sortaient du bain.

Strigil.

COSTUME ET USAGES

A côté du lieu où l'on avait déposé son habit entre les mains d'un officier, était celui où l'on se frottait avec des parfums qui se tenaient dans de petits vases appelés *guttus*.

Piscines. — Les *piscines* étaient de vastes réservoirs remplis d'eau douce, et quelquefois de la mer, où l'on s'élançait en sortant des bains chauds; il y avait aussi des lacs artificiels où l'on venait nager.

Promenades. — A portée des bains étaient des promenades et des lieux destinés aux exercices du corps : c'était aux bains que l'on venait quelquefois pour entendre discourir les philosophes.

Portes des maisons. — Les portes des maisons, vers les commencements de la république, ne s'ouvraient pas en dehors comme chez les anciens Grecs, quoiqu'on l'ait avancé, puisque ce fut une distinction accordée par le peuple à Valerius-Publicola.

Brasiers, et point de cheminées. — Les Romains se servaient de brasiers; ils n'avaient point de cheminées ni de tuyaux pour conduire la fumée hors des appartements; le feu se plaçait au milieu : Sénèque, dans son épître XC^e, parle comme d'une nouvelle invention des tuyaux adaptés au mur, à l'aide desquels on propageait la chaleur dans les appartements, et l'on échauffait également le haut et le bas.

Atrium. — Le plancher supérieur, dans plusieurs pays, était ouvert, et s'élevait quelquefois en entonnoir renversé; en général le feu se faisait dans *l'atrium*, d'où l'on portait la braise dans les endroits où elle était nécessaire : *l'atrium* était une espèce de cour entourée de portiques; il servait quelquefois de salle à manger; le milieu, qui était découvert,

Impluvium. — s'appelait *impluvium*.

Vitres. — Montfaucon se trompe en disant qu'il n'est prouvé nulle part ni par les auteurs ni par les inscriptions que les an-

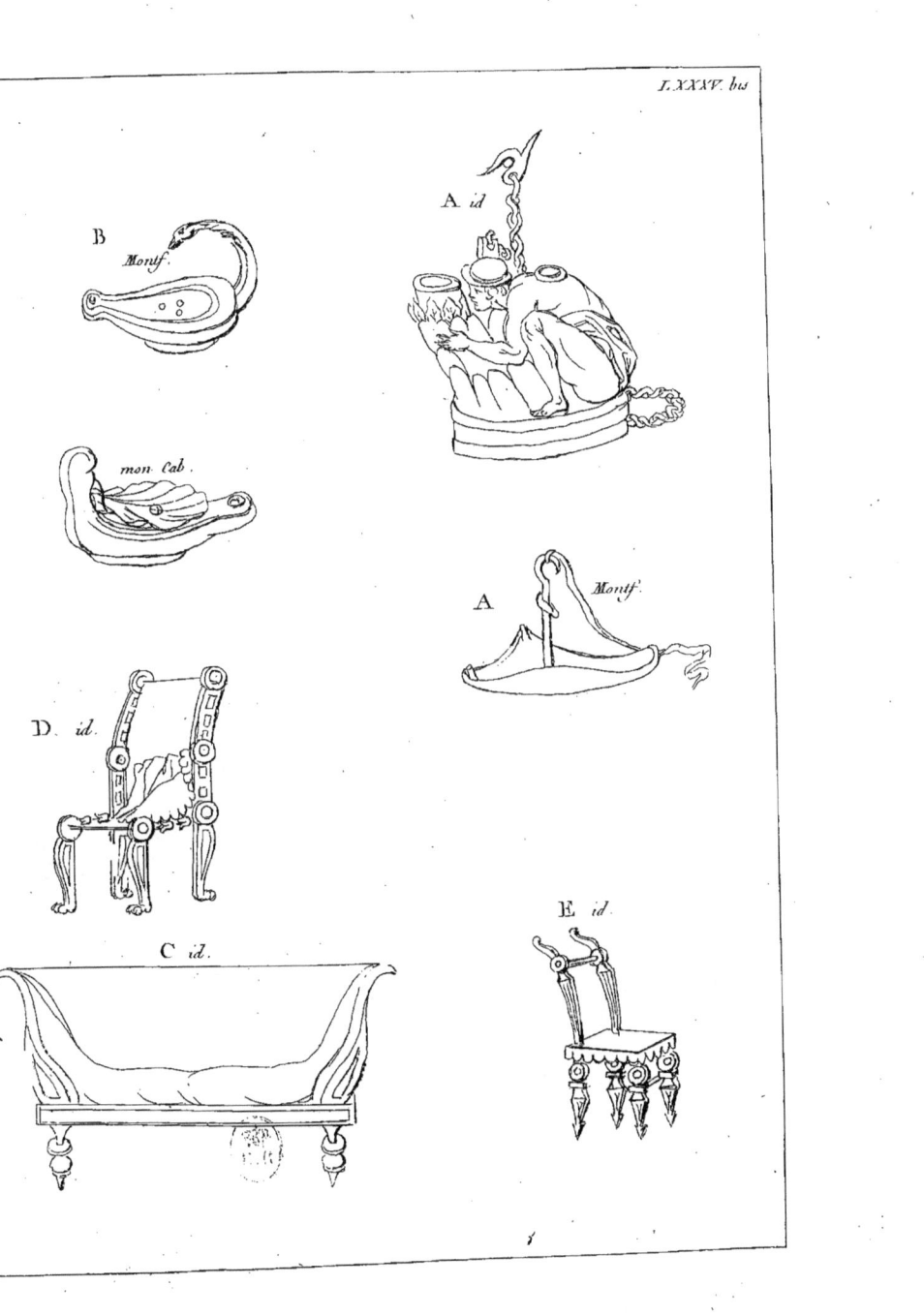

DES ROMAINS.

ciens se servissent de vitres (*a*), puisque Sénèque parle des fenêtres garnies de talc comme d'une chose connue depuis long-temps ; il y en avait aux litieres couvertes des dames romaines. S. Jérôme fait mention du verre employé aux fenêtres, qui auparavant n'étaient garnies que de toile : on connaissait cependant depuis long-temps l'usage des vases de verre.

Outre les lampes suspendues, dont les anciens se servaient dans les appartements (A A), ils en avaient d'autres qui pouvaient se placer sur les tables (B B). Lampes.
Pl. LXXXV *bis*, A A.
B B.

La forme du plus grand nombre des meubles des Romains et des Grecs avait beaucoup de rapport avec celle que nous avons adoptée pour les nôtres : leurs lits étaient de différentes formes et grandeurs ; il y en avait à un et à deux chevets ; ceux-ci étaient plus longs du double : on en fit, vers le bas empire, à quatre chevets ; c'était comme quatre lits réunis par les pieds. Meubles, lits.

Les anciens Romains étaient sobres ; ils mangeaient assis sur des bancs à la vue de tout le monde, ou devant leur porte ; il y en a qui prétendent que chacun avait une petite table devant lui ; les mets les plus simples suffisaient alors pour leur repas, qui souvent consistait en un peu de bouillie et quelques légumes : ils n'allaient jamais souper hors de leur maison sans emmener leurs enfants avec eux, et quelquefois un ami, c'est ce qu'on appelait un *ombre* : ils s'écarterent bientôt de cette simplicité et de cette frugalité. Repas.

Ombre.

Ils ne prenaient que trois repas, le déjeûner, le dîner, On prenait trois repas.

(*a*) Le mot *vitre* est pris ici dans un sens figuré.

et le souper : avant de se mettre à table ils ne manquaient jamais de faire des libations en l'honneur des dieux, et d'invoquer chacun son dieu tutélaire ; il y avait une coupe destinée pour cet usage ; on la faisait passer à tous les convives, qui répandaient quelques gouttes de vin sur la table; on avait soin aussi d'offrir aux dieux quelque partie des mets qui étaient servis en la jetant dans le feu.

Libations.

L'antecœnium était ce que les Italiens appellent *merenda*, et les Français *goûter*.

Antecœnium.

Le souper était le repas par excellence, et se prolongeait ordinairement bien avant dans la nuit ; il ne commençait que deux ou trois heures avant le coucher du soleil ; c'était une débauche de se mettre à table plutôt : on y venait au sortir du bain, nu-pieds, après s'être parfumé, et vêtu de la *synthese*, robe très ample, de diverses couleurs, courte, et plus commode que la toge: le maître de la maison se faisait quelquefois un honneur d'en fournir de magnifiques à ses hôtes (*a*); ceux qui portaient la toge la rabattaient de dessus les épaules.

Souper.

Synthese.

L. Scipion, et Cn. Manlius, après la défaite d'Antiochus et la conquête de l'Asie, portèrent dans Rome le faste, les commodités et la mollesse de ces empires : on connut alors les triclines.

Le *triclinium* était la salle à manger (*b*) : elle devait, selon Vitruve, avoir deux fois plus de longueur que de largeur; le pavé était souvent une mosaïque représentant les débris d'un repas ; on lui donnait ce nom à cause des trois lits qui y étaient dressés : ces lits, qu'on appelait

Triclinium.

(*a*) On affectait de se servir de la synthese pendant les saturnales.

(*b*) Le *triclinium* était pour les esclaves un lieu privilégié où l'on ne les châtiait jamais.

aussi *triclinium*, étaient chacun pour trois personnes : la salle qui ne contenait que deux lits portait le nom de *biclinium*. *Biclinium.*

Les convives couchés sur ces lits avaient le dos soutenu d'un oreiller, et s'appuyaient un peu sur le coude gauche; la place d'honneur était la plus voisine du dossier s'il n'y avait que deux convives; c'était celle du milieu s'il y en avait trois, et s'il y en avait quatre c'était la seconde : on était placé de maniere que le plus voisin du dossier avait ses jambes devant le suivant, et ainsi de suite.

Lorsqu'il y avait trois lits, la place la plus honorable, que l'on appelait consulaire, était la seconde du lit du milieu, parceque de là on voyait sans se gêner tout ce qui se passait dans le *triclinium* : on s'alongeait entièrement ou l'on s'asseyait comme nous lorsqu'on était las de manger ou qu'on se réservait pour quelque mets; car avant de commencer un officier annonçait les plats qui devaient être servis.

Pour éviter les maux de tête que pouvaient occasionner les excès de la table, les Romains dans les premiers temps serraient leur front avec des bandeaux de toile ou d'étoffe; on y substitua par la suite des couronnes de lierre, de myrte, de roses, et même d'or.

C'était un signe d'affliction et de deuil pour un homme que de manger assis; les enfants au contraire ne mangeaient que de cette maniere : on a prétendu qu'il en était de même pour les femmes, dont les pieds devaient toucher à terre : si quelques monuments semblent appuyer cette opinion, il y en a un grand nombre qui prouvent que cet usage n'était pas généralement suivi. Les enfants étaient ordinairement au fond du lit; par ce moyen l'époux, le pere les avait devant lui et comme dans son sein : la maxime reçue était qu'à table, pour se réjouir, il ne fallait pas que le nombre des convives fût moindre que celui des Graces, ni plus grand que celui des Muses; les monuments prouvent que cette maxime était souvent oubliée.

Les lits du *triclinium* étaient garnis de tapis et de coussins qui se ressentaient du luxe et de la magnificence de celui qui donnait le repas.

Il y avait quatre sortes de tables; 1° celle autour de laquelle étaient les convives : elle était quelquefois carrée, ouverte par un bout, laissant un vide au milieu pour la commodité des servants; trois côtés seulement étaient bordés de lits : Vespasien en fit faire en fer à cheval; on les appelait *sigma;* elles étaient disposées pour sept convives : la place d'honneur était à l'extrémité du côté droit, la seconde place à celle du côté gauche; sa forme et sa grandeur étaient le plus souvent relatives au nombre des convives : les monuments en font voir de triangulaires et d'ovales; au-dessus de la table était une espece de dais.

2° Celle sur laquelle étaient les cruches, les urnes et les autres vases destinés à contenir l'eau; elle était ordinairement carrée, on la plaçait le plus souvent dans la cuisine.

Cartibulum. 3° Celle qui servait de buffet, où étaient les bouteilles, les flacons, les vins, les coupes, etc., s'appelait *cartibulum;* elle était de pierre, carrée-oblongue, et supportée par une petite colonne.

Monopode. 4° On appelait monopode (*monopodium*) de petites tables de la forme de nos guéridons, d'un bois rare, et d'un travail recherché.

De grands vases (*crater*) placés au milieu de la salle à manger, contenaient le mélange de vin et d'eau préparé pour le repas, et mesuré avec un petit vase appelé *cyathus*, dont on se servait aussi pour y puiser lorsqu'il fallait verser à boire. Crater.

On donnait le nom de *diota* à un vase à deux anses.

Des jeunes esclaves, pendant le repas, chassaient les mouches, agitaient l'air avec des éventails de plumes de paon, tandis que d'autres (*structores*) portaient les plats, et les rangeaient avec symmétrie; ceux que l'on appelait *analectes* avaient soin de frotter et d'essuyer la table lorsqu'on y avait répandu quelque chose : autour des lits et de la table était une espece de marche-pied pour leur faciliter le moyen de servir et de faire ce qui était nécessaire. Structores.
Analectes.

La table quelquefois se portait chargée de plats; à chaque service on l'enlevait pour en substituer une autre avec de nouveaux mets (*a*).

Le maître-d'hôtel (*tricliniarches*) était chargé de veiller au service; celui qui faisait les fonctions d'écuyer-tranchant (*carptor*) découpait les viandes en autant de morceaux qu'il y avait de convives, et un de plus que l'on mettait à part pour l'offrir à Mercure; les autres se tiraient au sort : on servait avec les doigts, car l'usage des fourchettes n'était point connu; chaque convive avait la liberté de donner de sa portion à un esclave, et d'en envoyer à son épouse. Tricliniarches.
Carptor.

Dans les premiers temps les Romains ne se servaient Linge de table.

(*a*) Tandis que des esclaves étaient attentifs à servir les mets, d'autres desservaient et changeaient les assiettes.

pas de napes; ils en userent dans la suite, mais ce ne fut que long-temps après Auguste; on en changeait à chaque service; Gallien en avait de drap d'or : quant aux serviettes, l'usage n'en fut introduit que fort tard; chaque convive portait la sienne : le luxe pour cette sorte de linge fut porté si haut qu'Héliogabale en avait où étaient tissus des fils d'or; son successeur, plus économe que lui, se contentait d'en avoir de rayées de jaune, ou bordées de pourpre : les essuie-mains dont on se servait étaient de laine, et dans la suite de lin; ceux d'Héliogabale étaient de toile peinte.

Roi, *modimperator*.

A l'exemple des Grecs, dans les grands repas on choisissait au sort un roi (*modimperator*) qui décidait du nombre des coups qu'il faudrait boire; des esclaves propres et lestes (*pocillatores*) (3, 4), présentaient des coupes : il y en avait une que l'on appelait *magistrale*; on y buvait à la ronde à la santé des personnes qui étaient cheres; si c'était une maîtresse on buvait quelquefois autant de coups qu'il y avait de lettres à son nom.

Pocillatores. Pl. LXXXV, 3, 4.
Coupe magistrale.

On est étonné de voir ce peuple, chez qui c'était un crime de ne rien laisser de reste sur la table, porter la gloutonnerie au point d'avoir à côté de la salle à manger un endroit où les convives venaient s'exciter au vomissement pour pouvoir se gorger de nouveau.

Les femmes ne buvaient pas de vin; c'était pour n'en être pas soupçonnées qu'elles baisaient leurs parents sur la bouche.

Anagnoste.

Les personnes riches avaient des lecteurs (*anagnostes*); c'étaient des esclaves dont l'esprit était cultivé, et qui pendant le repas lisaient des morceaux instructifs et amusants : on jouait de la flûte au commencement, au milieu,

Amusements pendant le repas.

et à la fin; c'était un signal pour le cuisinier et les domestiques; quelquefois ils servaient en cadence.

On avait différents moyens d'ajouter à l'éclat de la fête, soit par une musique mélodieuse qui ne cessait qu'au départ des convives, soit en faisant venir vers le milieu du repas des bouffons, ou des danseuses quelquefois nues ou immodestement habillées (*a*), ou d'autres personnes de ce genre qui par leurs propos ou par leur adresse réjouissaient et amusaient les convives; soit en jetant sur la table des masques grotesques, soit enfin (ce qui achève de caractériser ce peuple sanguinaire) en faisant combattre des gladiateurs dans le *triclinium* même.

Outre leurs riches possessions les citoyens opulents avaient des maisons de plaisance décorées de pieces d'eau, de portiques, de jardins, de bosquets et d'allées en berceau qu'ils appelaient *gestationes*, parcequ'ils s'y faisaient porter dans une litiere par des esclaves; ils prodiguaient là tout ce qui pouvait en faire des lieux de délices; les statues, notamment celle du dieu des jardins, n'y étaient pas oubliées : pour bâtir ces maisons on choisissait ordinairement un lieu d'où la vue pût s'étendre au loin ; ils y ajoutaient pour cet effet une tour élevée.

Maisons de plaisance.
Gestationes.

FUNÉRAILLES (*b*).

Funérailles.

Avant de parler de ce qui s'observait aux funérailles il est bon de prévenir sur certaines personnes qui y étaient employées.

Les maîtres de cérémonies (*designatores*) étaient des

Maîtres de cérémonies.

(*a*) Théodose le Grand mit fin à cet usage.
(*b*) Guischard et Vigenere nous ont fourni presque tout ce que nous dirons sur les funérailles des différents peuples.

gens chargés de régler la marche, l'ordre et le rang de ceux qui assistaient aux funérailles et aux pompes funèbres; ils se chargeaient non seulement de ces détails, mais encore des jeux et des spectacles analogues; ils étaient précédés par des licteurs ou des massiers.

Libitinarii.
Pollinctores.

Ceux qui avaient le soin de faire ensevelir les morts (*libitinarii*) avaient sous leurs ordres des embaumeurs (*pollinctores*) qui en leur présence lavaient, oignaient, embaumaient, enveloppaient les cadavres, et préparaient les offrandes qui devaient être présentées aux divinités infernales.

Præficæ.

Pl. LXXXV, 5, 6.

Funera.

Les pleureuses (*præficæ*) étaient des femmes qui faisaient métier de suivre le cercueil en pleurant et en imitant les gémissements d'une personne désolée (5,6).

La plus proche parente (*funera*), renfermée dans la maison avec les autres parentes, faisait réellement ce que la préfique ne faisait qu'imiter : les Romains, dans les commencements, s'égratignaient le visage, ce qui leur fut défendu par la loi des douze tables.

Archimime.

L'*archimime* était un histrion qui marchait après le cercueil, contrefaisant celui que l'on conduisait au bûcher. Suétone rapporte qu'aux obseques de Vespasien l'archimime *Favon*, qui le contrefaisait, ayant demandé à ceux qui avaient soin de la cérémonie combien elle coûterait, et ceux-ci lui ayant répondu, cent mille sesterces : « Donnez-moi, dit-il, cent sesterces, et jetez-moi dans le Tibre »; il voulait marquer l'avarice du prince mort.

Cadavres brûlés.

L'usage de brûler les cadavres fut de tout temps connu des Romains, puisque Numa avait défendu de répandre du vin sur le bûcher; il est certain néanmoins que vers les commencements de Rome la plupart des citoyens voulaient être enterrés, et que Numa fut de ce nombre : quoique l'histoire fasse mention de quelques cadavres brûlés à Rome vers l'an 253 de sa fondation, et que les lois des décemvirs en parlent, cet usage pendant très long-temps ne fut suivi que par un petit nombre de personnes : on sait que Sylla fut le premier de la famille Cornelia qui voulut que son corps fût réduit en cendres ; les historiens observent même qu'il le voulut ainsi dans la crainte qu'on ne fît à son cadavre ce qu'il s'était permis en déterrant celui de Marius : cet usage fut bientôt adopté par les patriciens ; il était généralement suivi vers la fin de la république : il se ralentit sous les Antonins ; bien des gens alors voulaient être enterrés : on cessa entièrement du temps de Théodose.

On ne brûlait pas le corps d'un homme qui avait été frappé de la foudre, ni celui d'un enfant qui n'avait pas encore les dents.

A l'instant où quelqu'un allait expirer on fermait les rideaux du lit et des fenêtres ; le plus proche parent lui ôtait son anneau (si déja il ne l'avait remis lui-même à celui qu'il avait choisi pour son héritier) ; il l'embrassait tout éploré en le pressant sur sa poitrine, il approchait sa bouche de la sienne, recevait son dernier soupir, lui serrait les levres, et lui fermait les yeux pour les lui rouvrir sur le bûcher ; c'eût été un crime de manquer à ces deux dernieres cérémonies.

Il était libre dès ce moment à tout le monde d'entrer dans cette chambre ; trois ou quatre personnes à la fois appelaient à haute voix le défunt par son nom ; on le levait, et le plus proche parent venait lui donner un baiser ; ensuite, si le mort était pauvre, on le remettait aux serviteurs ou aux parentes, qui le posaient à terre et le lavaient

Funérailles du pauvre.

avec de l'eau chaude : aussitôt que le cadavre était préparé on lui mettait une obole dans la bouche pour qu'il eût de quoi payer le nautonnier Caron ; on le plaçait sur un lit de parade, la tête un peu relevée, au milieu du vestibule de la maison, la plante des pieds et la face tournées vers la porte d'entrée ; il était vêtu de la toge blanche et de ses habits ordinaires : chez la plupart des peuples de l'antiquité on plaçait une couronne sur la tête du mort, et sur-tout celles qu'il avait méritées pour quelque action d'éclat (les riches y en substituaient quelquefois d'or); on mettait des branches de pin de chaque côté de la porte d'entrée de la maison (les personnes de distinction y plaçaient des cyprès) ; enfin le cadavre était porté sans aucune pompe à sa destination sur une espece de civiere par des gens de la derniere classe (*vespillones*) (*a*) : ceux qui assistaient aux funérailles étaient vêtus de la toge.

<small>Funérailles du militaire.</small>   Quelle que fût la fortune du guerrier, on formait à côté de son cercueil une espece de trophée avec ses armes, telles que le casque, l'épée, le poignard, le bouclier ; on y joignait la chlamyde, et généralement tout ce qui devait être jeté sur le bûcher ; ces différents objets se portaient avec appareil et renversés ; lorsque le convoi marchait un *camille* suivait avec l'urne cinéraire couronnée de laurier : des militaires se faisaient un honneur de porter le cadavre.

<small>— du riche.</small>   Le cadavre de l'homme riche était remis aux *libitinarii* qui le faisaient embaumer ; la mere du défunt et les parentes pouvaient se faire admettre à cette cérémonie ; on lui mettait ensuite l'obole dans la bouche ; on le plaçait et on le décorait comme le pauvre des marques d'honneur qu'il

---

(*a*) Le cadavre du pauvre plébéien se brûlait sur le mont Esquilin.

avait méritées pendant sa vie; le consul, le général avec la robe prétexte, le censeur avec la robe de pourpre, celui qui avait triomphé avec la robe triomphale que l'on gardait au Capitole : quelquefois on fardait le visage du cadavre, sur-tout celui d'une fille; on le voilait s'il était difforme.

Le lit de parade était orné de guirlandes, enrichi d'ivoire, couvert de linceuls blancs, et de riches couvertures de pourpre.

Lorsqu'enfin le convoi marchait, on portait avec pompe la chaise curule, si le défunt en avait joui, son image, et celles de ses ancêtres qui en avaient eu le droit, excepté de ceux qui avaient été mis au rang des dieux; c'était le grand nombre de ces images qui prouvait l'ancienneté de la noblesse; on en parait quelquefois le cercueil; celle du défunt était toujours devant; ces images n'étaient que des têtes ressemblantes, et tout au plus des bustes; devant être déplacées et transportées dans des occasions comme celle-ci, on les faisait légeres, comme de bois, de cire, et rarement de marbre ou de métal; on les gardait dans certains endroits de la maison pour les montrer dans diverses circonstances; autour de chacune étaient les couronnes, les casques, les épées, les boucliers, et les autres marques de distinction qu'avait eues le personnage représenté; on y joignait même les trophées qu'il avait remportés sur l'ennemi, comme charriots, proues de navire, et autres dépouilles quelconques; ces trophées étaient une chose sacrée qui ne pouvait être déplacée lors même que la maison avait changé de maître (*a*).

Marche du convoi.

(*a*) Ces détails, ainsi que bien d'autres que m'a fournis Guischard sur les funérailles des anciens, peuvent procurer à l'artiste ingénieux le moyen d'enrichir ses compositions.

Pour donner plus d'éclat à la pompe funebre on ajoutait à ces images les ornements et les habits convenables; on les portait chacune sur une espece de brancard ou de litiere semée de feuilles de l'arbre consacré à la divinité à laquelle la personne représentée avait été le plus dévouée; des licteurs la précédaient si elle avait été décorée du consulat; les haches étaient renversées; lorsqu'on était arrivé au Champ de Mars ou à la place publique on asseyait les images sur leurs chaises curules, et le cadavre dans son cercueil était mis à terre, rarement de son long, mais comme debout, pour qu'il fût mieux vu; un jeune homme de ses plus proches parents prononçait son oraison funebre; ensuite l'on continuait la marche, en observant de sortir par la porte triomphale lorsque le défunt avait eu les honneurs du triomphe.

Si le défunt avait occupé les places les plus éminentes, les pontifes, les prêtres, les sénateurs précédaient le cercueil; immédiatement après venait celui qui portait le grand deuil, conduit par le plus proche parent; lorsqu'il devait y avoir de grands jeux il était vêtu d'une longue robe noire, bordée d'écarlate, précédé d'un huissier, et de licteurs ou de massiers; les parents, selon leur rang, venaient ensuite; si le défunt laissait des enfants, ils suivaient, la tête et la face voilée, vêtus de longues robes noires; c'étaient souvent eux, ou ses plus proches parents, ou à leur défaut quelques uns de ses affranchis ou de ses esclaves qui le portaient sur leurs épaules; les autres en gémissant précédaient avec le bonnet de laine blanche sur la tête.

La dame qui marchait la premiere était nu-tête, échevelée, ainsi que les filles du défunt; elle portait une longue mante noire, frappait sa poitrine qui était découverte, et poussait des gémissements en appelant le défunt par son nom; les autres parentes suivaient, vêtues de noir, mais avec des robes moins longues; elles étaient accompagnées de leurs domestiques : les filles, sous les empereurs, y assistaient vêtues de blanc (*a*).

Les amis du défunt, vêtus de noir (*b*), se joignaient au convoi, et le peuple suivait : les obseques se faisant de nuit, on portait de distance en distance des torches, et des paquets de moëlle de jonc allumés; on faisait aussi porter une grande quantité de lits pareils à celui où était déposé le mort : Sylla en eut six mille à ses funérailles, et Marcellus, neveu d'Auguste, six cents; on plaçait aussi par intervalles des vases, des brasiers, et des trépieds sur lesquels brûlaient des parfums.

Il y avait outre cela un grand nombre de joueurs de flûte recourbée ou cornets d'ivoire ou de buis, et quelquefois des tambourins; ils étaient placés entre les massiers, qui précédaient la bière, et les derniers rangs des personnes distinguées qui suivaient : selon Vigenere le convoi marchait au son des flûtes et des hautbois si c'était une jeune personne, et au son de certaines trompettes si c'était une personne âgée; elles étaient réparties sur tous les points du convoi; on les couvrait d'un voile si c'était pour les funérailles de quelqu'un mort à l'armée; si c'était un général les légions l'accompagnaient les armes renversées, c'est-à-dire la pointe en bas, le bou-

(*a*) Selon Montfaucon les femmes, ainsi que le mort, étaient vêtues de blanc.
(*b*) L'habit de deuil était fait comme la lacerne.

clier sur le dos et à l'envers, de maniere que les ornements et les images qui étaient dessus fussent cachées ; les faisceaux se portaient aussi renversés, et les enseignes traînantes et déchirées ; les hommes marchaient en chantant les louanges du défunt sur un ton joyeux, et les femmes sur un ton lamentable ; le cercueil, avant la fin de la marche, se trouvait couvert de fleurs et de tresses de cheveux qu'on y jetait des fenêtres (a).

Plus le convoi était nombreux, plus il était honorable ; c'est pour cette raison que les parents y envoyaient leurs esclaves, dont l'un, avec un éventail de plumes de paon, chassait les mouches de dessus le cadavre.

Spectacles funebres. Lorsque les funérailles devaient être suivies de spectacles magnifiques, comme jeux scéniques, gladiateurs, chasses, courses de chevaux, etc., un crieur public en faisait le détail, et invitait le peuple à se joindre au convoi ; quelquefois on se contentait de faire marcher avec la pompe funebre des bouffons et autres personnes de ce genre.

Souvent aussi, pour attirer un plus grand nombre de personnes au convoi, l'on distribuait au peuple de la viande crue, du pain, du vin, de l'huile ; c'est ce qu'on *Visceratio.* appelait *visceratio :* Hadrien, aux obseques de sa belle-mere, fit distribuer des parfums et des épiceries ; quelquefois on donnait aux vieillards sur les tombeaux des

---

(a) Nous lisons dans Tacite que l'urne où étaient les cendres de Germanicus était portée sur les épaules par les centurions et les tribuns, précédés des enseignes sans ornements et des faisceaux renversés : le peuple des colonies vêtu de noir, et les chevaliers en habit de cérémonie, jetaient au feu, selon leurs facultés, des parfums, des étoffes précieuses, etc.

repas magnifiques, où l'on étalait les meubles, les vases, les ustensiles les plus précieux, etc.: ces repas s'appelaient *silicernium*. *Silicernium.*

Le lieu où le corps était brûlé pour être enseveli ailleurs s'appelait *ustrina*; celui où le corps était brûlé et enseveli immédiatement après s'appelait *bustum*. *Ustrina. Bustum.*

Lorsqu'on était arrivé au bûcher, ceux qui portaient le mort le plaçaient dessus; celui qui lui avait fermé les yeux venait les lui rouvrir, lui donnait le dernier baiser, et répandait sur lui les parfums les plus précieux; quelquefois ensuite on enveloppait le cadavre dans de la toile d'amiante, et on étendait sur le bûcher les tapis d'écarlate, les vêtements, les armes, etc. dont on avait décoré la pompe funèbre; les parents, les amis, les uns à l'envi des autres, y répandaient des huiles, des aromates, et mille autres matieres odoriférantes (les pauvres y jetaient de la résine): il était défendu de former le bûcher avec du bois travaillé, et quelquefois on plantait autour des branches de cyprès.

Quelle que fût la qualité du citoyen, avant de faire brûler son corps, on lui mettait un anneau au doigt; enfin les instruments sonnaient, et le plus proche parent, prenant une des torches du convoi, et détournant la tête, mettait le feu au bûcher; les parents et les amis invoquaient les vents pour que tout fût bientôt embrasé; on immolait les animaux qui avaient été les plus agréables au défunt, on les jetait sur le bûcher, on portait les mets les plus exquis, et on les plaçait sur les tombeaux voisins.

On vit souvent à côté du bûcher allumé des gladiateurs, qu'on appelait *bustuarii*, combattre à outrance: *Bustuarii.* dans des temps plus reculés on y massacrait des prisonniers de guerre, ou des esclaves, dont on jetait le corps sur le bûcher : les pauvres plébéiennes s'arrachaient les cheveux, se meurtrissaient, se déchiraient le visage devant le bûcher où brûlait le corps de leur mari ou de leur enfant, etc.; tout cela se faisait pour appaiser les divinités infernales (*a*): en même temps les pleureuses, suivies des assistants, faisaient trois fois le tour du bûcher en chantant des vers lugubres auxquels tous répondaient; enfin, si c'était un officier distingué, les gens de pied et les esclaves se divisaient en plusieurs bandes, et faisaient au son des trompettes des évolutions militaires autour du bûcher; ils y jetaient de temps en temps diverses pieces d'armure ; c'est ce qu'on appelait *decursio*.

Decursio.

La flamme du bûcher cessant, on faisait les derniers adieux au défunt, en criant : Adieu pour toujours (*salve æternum et vale æternum*): lorsque le corps était brûlé, la mere ou l'épouse, ou la plus proche parente, ceinte et vêtue de noir, invoquait les dieux mânes et l'ame du trépassé, lavait ses mains, et éteignait le brasier (*b*); ensuite, aidée des enfants et des héritiers du défunt, elle en recueillait les os, et les mettait dans son sein ou dans un pan de sa robe: les prêtres quelquefois étaient chargés de ce soin; mais si c'étaient les funérailles d'un personnage distingué, comme un empereur, un prince, les premiers magistrats en *saie*, sans ceinture, et nu-pieds, lavaient leurs mains, recueillaient les os, et les arrosaient

(*a*) Les jeux funebres ne furent abolis que vers l'an 500 de J.-C. par Théodoric, roi des Ostrogoths.

(*b*) L'usage s'était introduit dans les premiers temps d'éteindre le feu avec du vin et du lait, ce qui occasionnait des dépenses, et fut défendu par la loi des douze tables; on l'éteignit depuis avec de l'eau.

de vin vieux et de lait; on les essuyait soigneusement avec un linge; ensuite on les enfermait dans une urne, plus ou moins précieuse, avec des roses et autres choses odoriférantes.

On mettait à part le premier os que l'on ramassait pour le couvrir de terre, et en le ramassant on disait: « Le trépassé est au nombre des dieux »; quelquefois au lieu de cet os on réservait un doigt sans le brûler, et on le couvrait de terre.

Quand les os et les cendres étaient dans l'urne chacun venait pleurer dessus : les larmes, dit-on, étaient reçues dans de petites fioles ou vases que l'on appelait *lacrymatoires*, que souvent on renfermait dans l'urne.

Lacrymatoires.

Les urnes cinéraires destinées à être mises en terre étaient pointues par le bas; celles qui ne l'étaient pas se plaçaient sur des colonnes, ou dans des niches pratiquées dans certains tombeaux; ces urnes avaient un couvercle (*operculum*) sur lequel étaient souvent représentés les attributs de la profession du mort.

Urnes cinéraires.

Finalement un prêtre prenait une branche de romarin, de laurier, ou d'olivier, la trempait dans de l'eau lustrale, en aspergeait par trois fois les assistants pour les purifier; ensuite ou lui ou la préfique disait à haute voix : *Ilicet* (syncope de *ire licet*), c'est-à-dire vous pouvez vous retirer.

On cessa peu-à-peu de faire les funérailles pendant la nuit : du temps de Julien l'Apostat cet usage ne subsistait plus que pour les jeunes personnes mortes dans l'adolescence; cet empereur avait l'intention de le rétablir entièrement.

Le neuvieme jour des funérailles on enterrait l'urne cinéraire près de l'endroit où avait été allumé le bûcher, sinon on la plaçait dans un tombeau; c'est alors que le prêtre jetait par trois fois de la terre dessus : le lendemain on plaçait l'épitaphe au son des trompettes, et après de nouveaux adieux on se retirait.

On serrait avec soin l'image du défunt, avec la décoration qui lui convenait, dans un lieu à ce destiné, pour en faire, lors des funérailles de ses parents, l'usage que nous avons indiqué.

Apothéose. Je terminerai cet article par quelques détails sur les apothéoses ou consécrations, c'est-à-dire sur ce qu'on observait à la mort des empereurs et des impératrices, à qui l'on décernait les honneurs divins.

La ville était en deuil, tous les travaux cessaient comme dans les plus grandes solennités; on plaçait dans un lit de parade, et à l'entrée du palais impérial, l'effigie de l'empereur; elle était de cire, pâle, livide, et dans l'attitude d'une personne malade : autour du lit et à gauche venaient s'asseoir pendant sept jours les sénateurs en lacernes brunes, et à main droite les dames les plus qualifiées de Rome ; elles ne portaient aucun bijou, et n'avaient pour toute parure qu'une longue robe blanche d'une étoffe très légere ; leur contenance était triste, elles paraissaient même désolées : pendant ce temps-là les médecins venaient comme pour visiter le malade, et témoimoignaient aux assistants que le mal empirait ; ils annonçaient enfin sa mort ; alors les plus jeunes sénateurs, et des chevaliers choisis par leur corps, enlevaient le lit et le cadavre, et le portaient sur leurs épaules jusqu'au vieux marché, où du temps de la république les magistrats venaient se démettre de leurs charges; ils le posaient là sur une estrade élevée, ornée de riches tapis; à côté étaient des sieges en amphithéâtre sur lesquels étaient deux chœurs de jeunes gens des familles les plus distinguées, l'un de jeunes garçons, et l'autre de jeunes filles : tous par des chants lugubres célébraient les louanges du défunt; un beau jeune homme, avec un éventail de plumes de paon, chassait pendant ce temps-là les mouches de dessus le cadavre : un instant après on enlevait de nouveau le lit (*a*); on le portait au Champ de Mars, au milieu duquel était préparé un monument de charpente ordinairement carré (*b*), rempli de matieres inflammables, revêtu en dehors de riches étoffes, décoré de tableaux précieux et de statues d'ivoire; il formait quatre étages qui allaient toujours en diminuant : le lit se plaçait sur le second; on répandait dessus des aromates et des parfums que tous les citoyens s'empressaient d'y porter; après quoi les chevaliers faisaient autour des évolutions à pas mesurés; plusieurs charriots suivaient les mêmes mouvements (*c*) : celui qui devait succéder à l'empire prenait une torche, et mettait le feu au bûcher; dans le même temps les consuls et les sénateurs l'allumaient de toutes parts; alors on faisait partir un aigle du dernier étage : le peuple applaudissait, et croyait qu'il emportait l'ame de l'empereur qui dès cet instant était révéré comme une divinité.

(*a*) Si c'était l'empereur on le faisait précéder de la représentation des villes et des provinces qu'il avait conquises.
(*b*) Celui de Pertinax était triangulaire.
(*c*) Ceux qui les conduisaient étaient vêtus de pourpre comme les anciens capitaines.

On fondait quelquefois des jeux circenses en l'honneur de ces dieux indigetes; on portait avec pompe leur simulacre, on le promenait autour du cirque, on l'y plaçait dans un lieu disposé et décoré pour cela : ces jeux se célébraient à certaines époques, d'où ils prenaient le nom de quinquennales, de décennales, etc.; on y assistait en habit brun, mais on en prenait de blancs pour les repas qui se donnaient ensuite.

<small>Tombeaux. Ara.</small> Les Romains donnaient le nom d'autel, *ara*, aux tombeaux et aux urnes sépulcrales (*a*); il y en avait quelque- <small>Acerra.</small> fois près des tombeaux un petit qu'ils appelaient *acerra* (*b*), sur lequel les parents et les amis des défunts venaient faire brûler de l'encens et des parfums.

<small>Sarcophage.</small> Le sarcophage (*c*) était un cercueil dans lequel on mettait le cadavre en contact avec une pierre qui avait la propriété de consumer les chairs en quarante jours : il y en avait de carrés, de carrés-longs, de presque ovales, et d'arrondis par les deux bouts; on en trouve qui indiquent par leur forme qu'ils étaient destinés à contenir le corps ou la cendre de plusieurs.

On plaçait les tombeaux le long des chemins, aux extrémités des possessions, et au moins à soixante pas des maisons voisines : on plantait un arbre à côté; quelquefois on y élevait un monceau de terre, ou un pilier, ou une colonne qu'il était défendu d'élever au-dessus de quatorze décimetres.

<small>Hypogée.</small> Outre ces tombeaux et les mausolées que les Romains élevaient pour les morts, à l'exemple des Grecs, ils avaient

(*a*) Le mot *bomos*, chez les Grecs, avait les mêmes significations.
(*b*) On appelait aussi *acerra* le petit coffret où l'on mettait l'encens.
(*c*) De Σαρξ, σαρκὸς, *chair*, et φαγειν, *manger*.

des *hypogées* ou lieux souterrains servant au même usage ; c'est ce qu'ils appelaient aussi *cinerarium*, *columbarium*, à cause des cendres qu'ils y déposaient, et des trous pratiqués à l'entour comme ceux d'un colombier pour y placer les urnes cinéraires.

Souvent, pour honorer la mémoire de quelqu'un dont on n'avait pas trouvé le cadavre, ou qui avait fait naufrage, ou qui était mort dans des pays éloignés, on lui dressait un tombeau qui restait vide ; c'est ce qu'on appelait *cénotaphe*. Cénotaphe.

On représentait des mains levées sur le tombeau d'une personne morte à la fleur de son âge.

Les empereurs, les vestales, et ceux qui avaient triomphé, étaient les seuls qu'il fût permis d'enterrer dans la ville ; ceux-ci devaient avoir été préalablement brûlés hors de l'enceinte des murs.

Pour prendre et marquer le deuil les premiers magistrats ne s'asseyaient plus sur la chaise curule ; ils quittaient leurs robes bordées d'écarlate, et prenaient le laticlave qui était affecté aux sénateurs ; ceux-ci quittaient le laticlave, et prenaient l'angusticlave : les chevaliers quittaient leurs anneaux d'or et en mettaient de fer, et au lieu de leurs robes ordinaires ils prenaient des habits noirs ou bruns comme le reste du peuple, qui alors sur-tout quittait la toge blanche (*a*) : on s'arrachait les cheveux, on n'en prenait plus soin, non plus que de la barbe ; on cessait de se laver, et on affectait une certaine malpropreté. Deuil.

Du temps de la république les femmes quittaient leurs

(*a*) L'ordre des chevaliers accompagnant le corps d'Auguste à son tombeau portait des robes traînantes ; les principaux d'entre eux étaient nu-pieds lorsqu'ils ramassèrent ses os.

bijoux, ne portaient sur elles ni pourpre ni or, et prenaient une robe noire; vers la fin de la république elles y en substituerent une blanche; elles se coupaient les cheveux, se meurtrissaient, et, comme les hommes, négligeaient la propreté : elles prirent quelquefois le deuil à la mort de certains grands capitaines (*a*).

Le plus grand deuil était d'un an, mais il n'était que de dix mois avant que janvier et février fussent ajoutés à l'année : il pouvait finir à l'occasion de quelque réjouissance publique, ou de quelque bonheur extraordinaire arrivé à la famille.

Fêtes funebres en février. Feralia.

Pendant les onze derniers jours de février on entretenait sur les tombeaux des flambeaux ou des lampes allumés : le peuple y plaçait des liqueurs, des viandes et des offrandes; on immolait dans une fosse des victimes aux dieux infernaux, ayant soin de leur tenir la tête baissée en les égorgeant : les victimes que l'on offrait à Pluton et à Proserpine devaient être noires; il fallait des mâles pour le dieu, et des femelles qui n'eussent pas porté pour la déesse.

On mettait dans un plat couronné de fleurs et d'herbes funebres du vin, de la farine de froment, et un grain de sel; on y trempait du pain, on répandait le tout sur la sépulture, et on jetait autour des violettes ou des floccons de laine blanche : il y avait des effusions solennelles où l'on arrosait le tombeau avec un mélange d'eau, de miel, de vin, de sang, et de lait, et par-dessus on jetait des roses et

---

(*a*) Coriolan étant mort, elles se revêtirent de noir pendant une année; le même usage durait encore lors de la bataille de Caunes, puisque Valere-Maxime dit que lorsqu'elles quitterent le deuil elles s'habillerent de blanc.

autres fleurs selon la saison; on finissait toujours en saluant le défunt par ces mots, *Vale, vale, sit tibi terra levis!* « adieu, adieu, puisses-tu n'être point incommodé « du poids de la terre qui te couvre »! toutes ces cérémonies se faisaient de nuit, et s'appelaient *feralia*.

Les *lares* étaient les ames des bons; les *larves*, les *fantômes*, celles des méchants; les *mânes*, selon quelques savants, étaient les ames de ceux qui n'avaient été ni bons ni mauvais: on les regardait tous comme des dieux domestiques, et Numa institua en leur honneur des *feralia* qui se célébraient le 21 février; on allumait des petits bûchers, ornés de couronnes et de bouquets, on y jetait de petits présents, on immolait des victimes, et on plaçait des viandes sur les sépulcres.

<small>Lares, larves, fantômes, mânes.</small>

Les dieux lares et les pénates étaient représentés sous la figure de deux, de trois, ou de quatre jeunes hommes assis, nus ou presque nus, vêtus seulement d'une peau de chien, ou d'une simple draperie sur les épaules ou autour de la ceinture, tenant quelquefois une lance à la main, ayant le plus souvent un chien à côté d'eux (*a*): chaque famille avait dans sa maison un lieu où étaient déposées les statues de ses dieux lares; c'est ce qu'on appelait *laraire*. (Voyez ci-après l'article concernant les *fêtes compitales*.)

MINISTRES DU CULTE, CÉRÉMONIES, FÊTES.

<small>Ministres du culte. Pl. LXXXVI, LXXXVII, LXXXVIII.</small>

Sans entrer dans beaucoup de détails inutiles pour l'artiste sur les auspices, les augures, les aruspices, les divinations, etc., je dirai seulement que les Romains ne fai-

---

(*a*) Dandré-Bardon s'est trompé en donnant comme la statue d'un de ces dieux celle d'un satyre dont le bas est celui d'un bouc.

saient rien qui pût intéresser la patrie sans observer certaines cérémonies pour prendre les *auspices* et les *augures*, c'est-à-dire pour connaître si les dieux étaient favorables; on appelait aussi augures les ministres chargés de ces fonctions.

Augures. L'habit des augures, selon Montfaucon, était la prétexte, et selon d'autres une robe de pourpre ou d'écarlate; ils portaient une couronne, et ne pouvaient entrer au sénat à moins qu'ils ne fussent dans la magistrature, ou qu'ils n'y fussent appelés par le censeur: ils portaient dans leurs fonctions un double amict sur leur tête. On donnait le nom de *lœna* à leur habit court, sans manches, qui s'agraffait sur les épaules ou sur la poitrine; ils avaient une grande *chape* de pourpre par-dessus; ils se plaçaient en un lieu élevé; le ciel devait être sans nuages, et le temps calme: pour s'en assurer ils avaient une lanterne ouverte
Lituus. à côté d'eux; ils tenaient dans leur main droite le *lituus* ou *bâton augural*, dont le bout supérieur était recourbé comme la crosse des évêques; ils s'en servaient pour indiquer à l'œil et en silence les régions du ciel d'où ils devaient prendre leurs augures, et sur lesquelles ils tenaient les yeux fixés, ayant intérêt d'y faire leurs observations.

Les auteurs sont partagés à tort pour savoir si l'augure avait la face tournée vers l'orient ou vers le midi, etc., puisqu'en divisant les régions du ciel avec le *lituus* il ne se servait point des termes orient, occident, midi, et septentrion, mais des mots devant, derriere, à droite, ou à
Temple. gauche. On donnait le nom de *temple* à l'espace qu'il avait choisi pour faire ses observations.

Présages. C'était un mauvais présage s'il laissait tomber le *lituus* ou si on l'interrompait; si dans le temple quelque chose

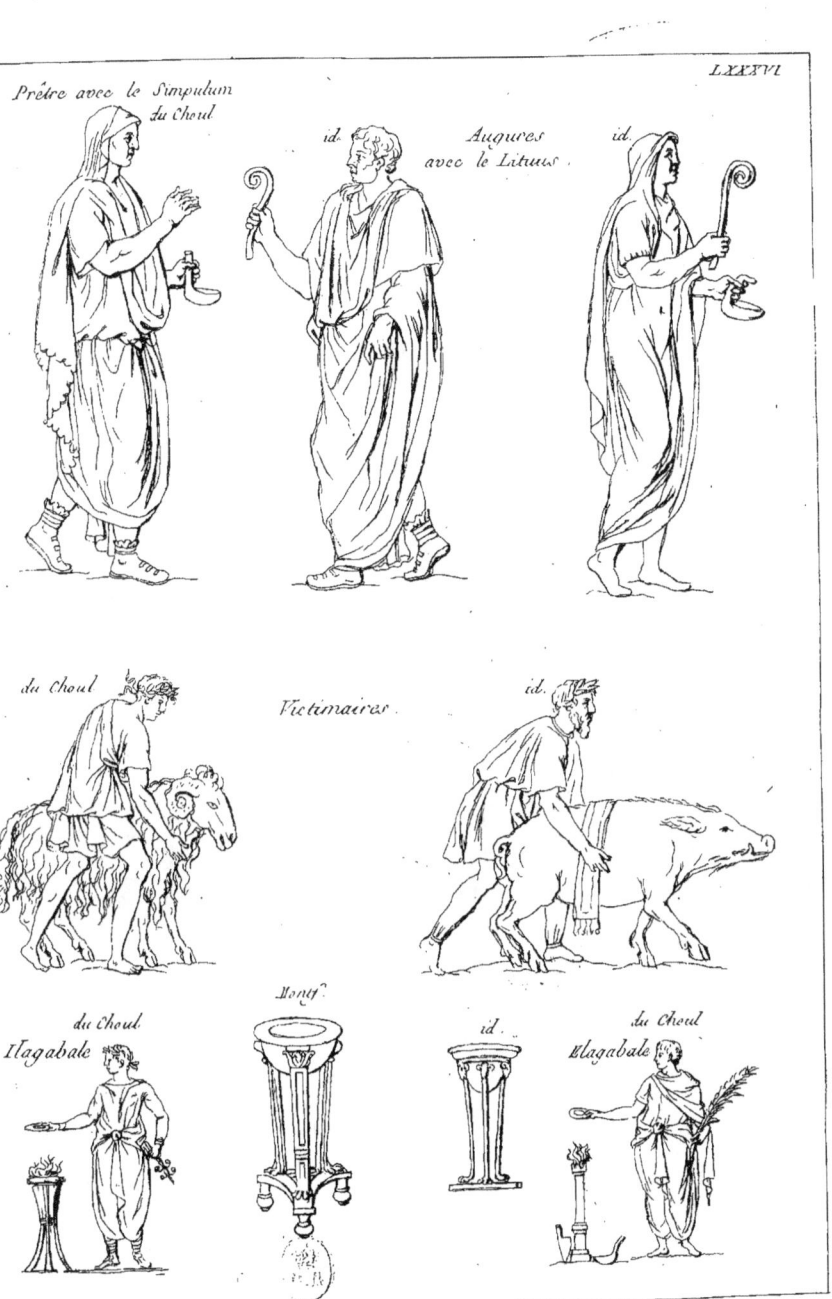

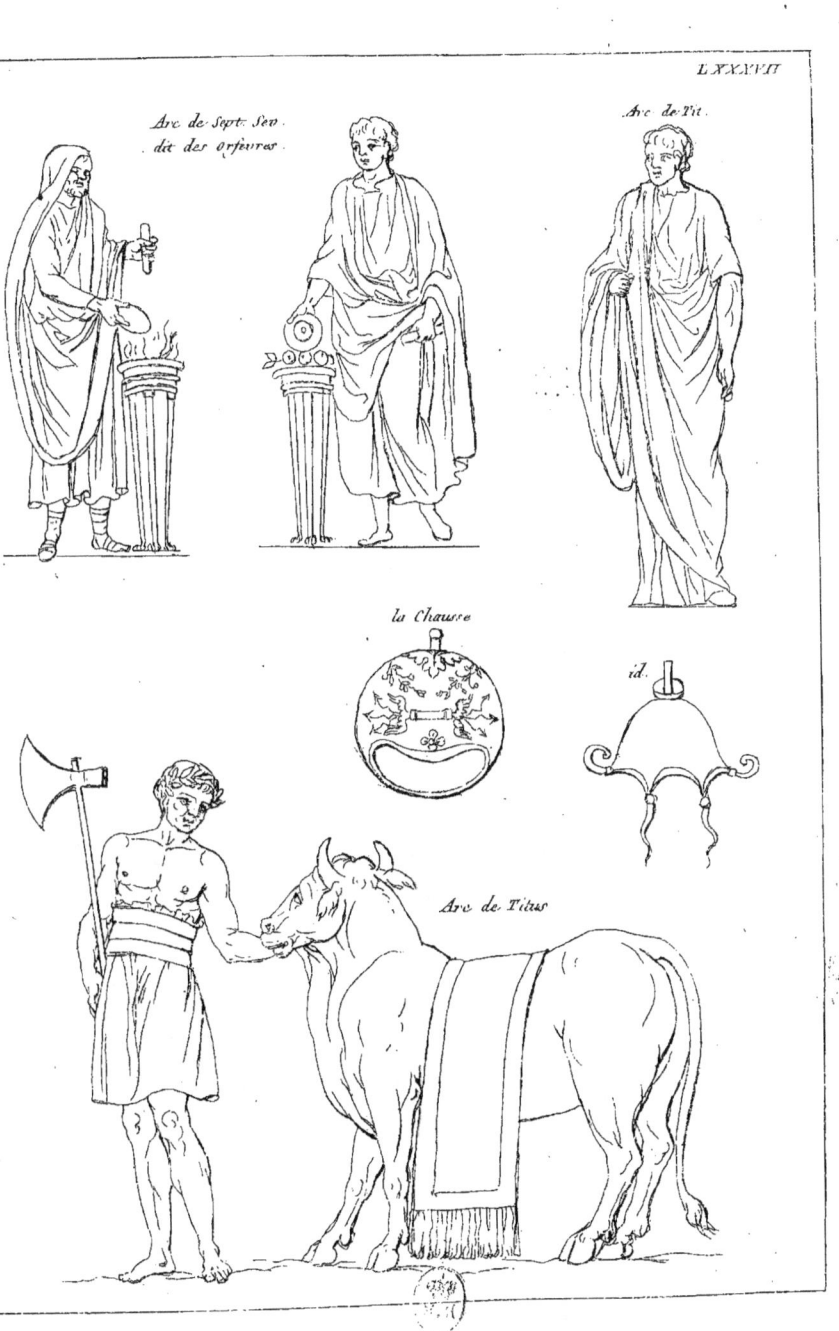

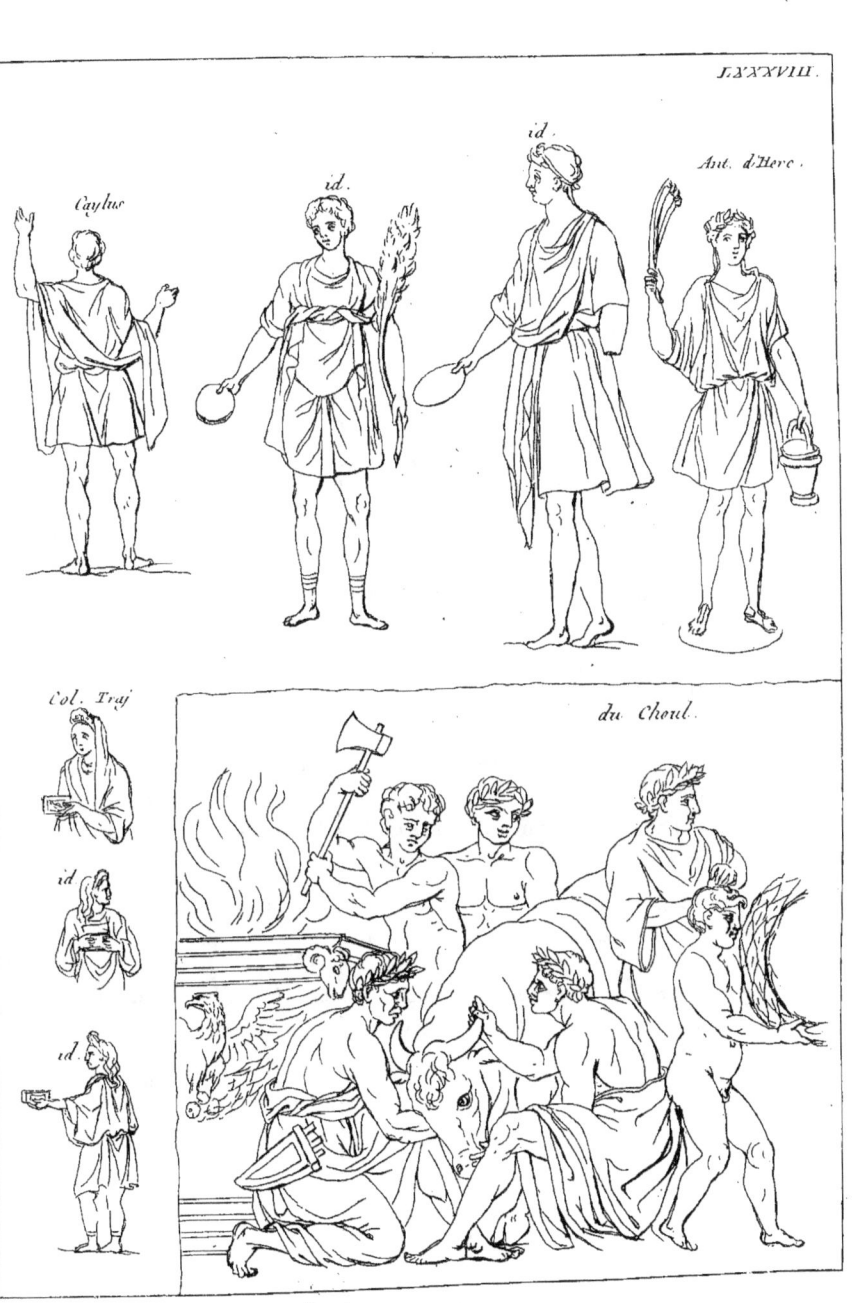

Aruspices.   Les Romains, dès les commencements, consultaient les aruspices étrusques; ceux-ci prétendaient connaître l'avenir et la volonté des dieux en examinant les entrailles des victimes; les Romains adoptèrent ce genre de divination dont ils surent tirer parti : voici les cérémonies qu'ils observaient.

La victime était toujours un veau, un chevreau, ou un agneau; le prêtre l'ayant conduite à l'autel, saississait d'une main un des angles, et adressait sa prière aux dieux; un ministre placé près de lui lisait dans un livre, et lui dictait les paroles qu'il devait prononcer; un autre écoutait attentivement s'il articulait bien les paroles sacrées, tandis qu'un troisieme faisait faire silence; en même temps un autre jouait de la flûte, et souvent de deux à la fois : il y avait en certaines occasions des hautbois, des cornets (*a*); ces instruments étaient de buis, au lieu que ceux dont on se servait pour les jeux étaient d'argent, ou de l'os de la jambe d'un âne : le nombre des trous de ces flûtes était impair.

Immolation.   L'aruspice ayant fini sa prière répandait entre les cornes de la victime un mélange de froment rôti, de sel, et **Mola salsa.**   d'encens mâle (c'est ce qu'on appelait *mola salsa*, d'où est venu le terme d'*immolation*); et prenant le vase appelé *simpulum*, où était du vin (*b*), il y en répandait aussi :

augures vinrent lui dire que les poulets sacrés refusaient de manger : « Qu'on les jette dans la mer afin qu'ils puissent boire », répondit-il, et à l'instant il donna le signal du combat.

(*a*) Certains de ces instruments étaient bruyants, et servaient, comme nos cloches, pour appeler le peuple, et pour l'avertir que le sacrifice allait être offert.

(*b*) Les *simpulum* dont on se servait pour les sacrifices du temps de Pline étaient de terre.

après en avoir goûté il en offrait à ceux qui étaient présents; c'est ce qu'on appelait *libation :* il arrachait quelques poils de la victime, et les jetait dans le feu qui brûlait sur l'autel, et, la face tournée vers l'orient, il traçait avec son long couteau une raie sur le dos de la victime depuis le front jusqu'à la queue, et la livrait au maître des sacrifices (*a*). Libation.

Une courte tunique sous un manteau peu long et peu ample, que souvent ils quittaient, faisait le vêtement ordinaire des aruspices; on les distingue dans les monuments à leur baguette, aux spatules, et aux couteaux; ces divers instruments leur servaient à remuer les entrailles de la victime pour les examiner : ils avaient avec eux plusieurs victimaires; les uns égorgeaient la victime, les autres en recevaient le sang dans de grandes pateres ou coupes, et le répandaient sur l'autel; d'autres l'écorchaient, et en attendant quelques uns en lavaient les entrailles après que l'aruspice les avait examinées ainsi que les autres parties intérieures; ils répandaient de la farine dessus, et les mettaient sur l'autel avec les parties destinées pour les dieux, tandis que d'autres y portaient du bois pour les faire brûler : ils mangeaient ensemble le reste de la victime en dansant autour de l'autel, et en chantant des hymnes sacrés. Victimaires.

Le victimaire proprement dit était chargé de conduire les victimes; elles étaient liées avec une corde qu'il tenait à la main : il ne devait pas la tirer, mais la laisser lâche,

---

(*a*) La forme du couteau des aruspices n'était point déterminée : il y en a qui ressemblent à un cimeterre; d'autres sont des couteaux pointus à double tranchant.

afin que l'animal ne parût pas venir de force, ce qui aurait été d'un mauvais augure; c'était lui qui préparait l'eau, la pâte, et ce qui était nécessaire pour le sacrifice.

C'était un mauvais présage, disaient-ils, si la victime étant frappée prenait la fuite, ou meuglait, ou bêlait; si étant ouverte on n'y trouvait pas certaines parties, comme le cœur (*a*).

Pope agone. Le victimaire appelé *pope* égorgeait la victime : il était presque nu; l'étoffe qui le couvrait de la ceinture jusqu'à mi-cuisse était bordée d'une bande ou d'une frange de pourpre, au lieu de laquelle il n'avait souvent autour du corps que des peaux fraîches des victimes immolées : le *pope* s'appelait *agone* parceque tenant le couteau levé sur la victime, et regardant le prêtre, il semblait lui dire, « Frapperai-je » ?

Un coup-d'œil sur les figures que j'ai rassemblées suffira pour connaître la différence qu'il y avait entre le costume du victimaire et celui du pope; ils y sont couronnés et *Cultrarius.* ceints à leur maniere : on appelait *cultrarius* celui qui était toujours près de l'autel, armé d'un couteau pour dépouiller la victime aussitôt qu'elle était égorgée.

L'usage du bois de laurier, d'olivier, et de l'écorce de chêne pour les sacrifices était prohibé; on allumait le feu avec des torches formées de branches de pin sauvage (*tœda*).

Flamines. Les *flamines* étaient les chefs des prêtres d'une divinité: il n'y en avait originairement que trois, qui étaient ceux de Jupiter, de Mars, et de Quirinus ou Romulus; ils étaient patriciens; on en ajouta douze autres qui étaient plébéiens:

(*a*) On sent assez que les prodiges de ce genre exigeaient une certaine adresse de la part de l'aruspice.

ils portaient tous le bonnet appelé *apex*, à cause d'une tige légèrement recouverte de laine qui était au sommet; il y en a qui prétendent que le nom de flamine (*filamen*) venait des fils (*filum*) avec lesquels ils assujettissaient leur bonnet.

Le flamine de Jupiter (*flamen dialis*) était décoré de la robe de pourpre et de la chaise curule; son bonnet (*albogalerus*), sur lequel était représentée la foudre, était fait de la peau d'une brebis blanche immolée à Jupiter; du milieu s'élevait une petite branche d'olivier; deux fils ou cordons de laine l'attachaient sous le menton comme celui des autres flamines. Le flamen dialis ne devait point avoir de nœud en aucune autre partie de ses vêtements, ni paraître en public sans avoir la tête couverte : les jours de solennité il était obligé de porter son bonnet; les autres jours il entourait sa tête d'un cordon de laine blanche : il ne pouvait se mettre nu en plein air ; il était défendu de placer un coffre près de son lit, et d'y entasser des hardes, du fer, etc.; il ne lui était pas permis d'aller à cheval, de voir une armée rangée en bataille, ni un cadavre; personne à table ne pouvait lui disputer la premiere place que le roi des sacrifices : en allant remplir ses fonctions il était précédé d'un jeune novice, d'un licteur ou massier, et de *præclamitatores*, chargés de faire cesser les travaux qu'il eût été irréligieux de présenter à la vue du flamen dialis : lorsqu'il était en exercice il était servi par de jeunes garçons, et quelquefois aussi par de jeunes filles.

La *flaminique* était ordinairement l'épouse du flamen dialis : les vêtements de cette prêtresse, selon Festus, étaient couleur de feu ; la foudre y était représentée de la même couleur; elle portait une branche de chêne verd entrelacée dans sa coëffure ; lorsqu'elle assistait à la fête des Argées sa coëffure et ses cheveux devaient être négligés (*a*).

<small>Fêtes des Argées.</small>

Les *pontifes*, chez les Romains, étaient les chefs suprêmes de la religion ; ils n'étaient soumis et n'avaient à rendre compte de leur conduite à personne, sur-tout le souverain pontife qui était à leur tête ; aussi les empereurs eurent soin de s'emparer de cette dignité : Numa en établit quatre, tous patriciens ; Sylla en augmenta le nombre jusqu'à quinze : les huit anciens étaient appelés grands pontifes ; ils avaient au-dessus d'eux le souverain ou très grand pontife ; ils formaient un college ainsi que les augures : le *suffibulum* ou voile carré-long dont ils se servaient était de pourpre ; eux seuls pouvaient en faire usage.

<small>Pontifes.</small>

<small>Suffibulum.</small>

Le souverain pontife était vêtu de la prétexte ; son bonnet était comme celui du flamine de Jupiter, à l'exception de la tige que celui-ci avait au haut du sien.

<small>Souverain pontife.</small>

En général on distinguait le souverain pontife au *simpulum* et au *præfericulum*, et l'augure au *lituus :* quant aux bonnets, l'*apex* était simple et léger, terminé par une tige ; le *tutulus* des prêtres était de laine, sa forme était celle d'un pain de sucre ; le *galerus* était fait de la peau de la victime : les auteurs ordinairement confondent entre elles ces coëffures.

<small>Apex.</small>
<small>Tutulus.</small>
<small>Galerus.</small>

Pour consacrer le souverain pontife on le faisait descendre dans une fosse ; il portait son bonnet, son habit pontifical, et sa robe ceinte et troussée (*b*) : la fosse était

(*a*) Cette fête consistait un jour de l'année à jeter dans le Tibre une trentaine de figures d'osier représentant des Grecs.

(*b*) Pendant long-temps elle fut de laine ; les empereurs la firent de soie.

couverte d'un plancher de bois percé de trous, sur lequel les victimaires immolaient un taureau dont le front était doré, et les cornes garnies de festons et de roses; le sang coulait sur le pontife, qui faisait en sorte que sa tête, et notamment toutes les parties de son visage, ses oreilles, ses habits, en fussent bien couverts : ensuite les flamines levaient le plancher et l'aidaient à sortir de la fosse, après quoi tous les assistants s'humiliaient devant lui; cette cérémonie était suivie d'un repas somptueux.

Le souverain pontife conservait avec soin les habits qu'il avait ensanglantés lors de sa consécration; il en était revêtu lorsqu'il renouvelait cette dégoûtante cérémonie que l'on appelait *taurobole* lorsqu'elle se faisait avec le sang d'un taureau (*a*), *criobole* si c'était avec celui d'un belier, et enfin *ægobole* si c'était avec celui d'une chevre. Taurobole. Criobole. AEgobole.

Le souverain pontife, ainsi que le flamen dialis, ne devait point se souiller par la vue d'un cadavre; c'est pour cela qu'on avait tendu un voile entre le corps d'Agrippa et Auguste lorsque celui-ci en prononça l'oraison funebre: les guerres que ses successeurs firent ensuite en personne, les combats où ils se trouverent, joints à ce que j'ai fait remarquer d'après la colonne trajane et l'arc de Constantin, font voir que, contents de jouir des prérogatives de cette dignité, ils surent s'affranchir de presque tout ce qu'elle avait de gênant pour le cérémonial et pour le costume.

(*a*) Il y en a qui prétendent que le taurobole n'avait lieu que pour la consécration du grand-prêtre de Cybele : les païens multiplierent ces baptêmes de sang vers la naissance du christianisme; peu-à-peu les prêtres de toutes les divinités, des magistrats, des particuliers même, voulurent participer à cette initiation.

Thensa. La *thensa* était une espece de charriot dont le souverain pontife avait droit de se servir; on donnait le même
Chars sacrés. nom aux *chars sacrés* sur lesquels on portait quelquefois les images des dieux.

Les pontifes qui étaient sans enfants en choisissaient dans les différentes tribus pour se faire servir pendant
Camilles. les sacrifices; on les appelait *camilles;* les garçons étaient renvoyés à l'âge de puberté, et les filles lorsqu'elles étaient nubiles: les camilles ordinairement avaient une belle chevelure; ils étaient quelquefois couronnés de feuillages ou de fleurs: on en voit sur la colonne trajane avec une espece de mitre ; quelquefois un simple ruban ceignait leur tête: dans deux *suove-taurilies* le camille porte un casque de dessous lequel sort sa longue chevelure ; leur vêtement consistait en une tunique légere qui rarement couvrait le genou ; ils avaient par-dessus une draperie longue et étroite que chacun agençait à sa maniere, tantôt comme un manteau, tantôt en écharpe, ou comme une ceinture (*a*).

Prêtres du premier ordre. Romulus voulut que les prêtres eussent au moins cinquante ans, ce qui dans la suite ne fut pas toujours observé. Ceux du premier ordre portaient la prétexte; leur tunique descendait jusqu'à terre: quoique plusieurs écrivains disent que les prêtres romains avaient la tête rasée, les monuments attestent seulement que leurs cheveux étaient courts comme ceux de la plupart des Romains; on

(*a*) La colonne trajane en fait voir un qui est voilé : Montfaucon se trompe lorsqu'il dit que l'habit des camilles était long ; les morceaux que j'ai extraits des Antiquités d'Herculanum, la colonne trajane, et
Pl. LXXXVIII. Caylus, n'appuient guere son sentiment (pl. LXXXVIII).

n'en voit guere qui soient nu-pieds ; leur chaussure ordinairement est fermée.

Ils jouissaient de plusieurs privileges ; ils pouvaient venir au Capitole dans un char appelé *carpentum* ; ils pouvaient aussi, dans les premiers temps de la république, entrer dans le sénat : on portait devant eux un flambeau et une branche de laurier. *Carpentum.*

Ils avaient la tête voilée lorsqu'ils sacrifiaient aux dieux *consentes*, c'est-à-dire aux douze grands dieux, savoir Jupiter, Neptune, Mars, Apollon, Mercure, Vulcain, Junon, Vesta, Minerve, Cérès, Diane, et Vénus ; ils étaient sans voile pour les autres divinités (*a*). Dieux consentes.

Les prêtres du second ordre avaient différents habits diversement agencés, mais toujours plus courts que ceux du premier ordre : Caylus en a publié deux : l'habit de l'un est très ample, les manches se terminent au coude ; il descend jusqu'au-dessus du genou ; une ceinture le serre sur les hanches ; une espece d'écharpe, placée sur l'épaule gauche, vient s'attacher sur la hanche droite, d'où elle pend jusqu'à mi-jambe ; un ruban ceint sa tête, assujettit ses cheveux et sa couronne de fleurs ; sa chaussure laisse une partie du pied découverte, et ne monte pas au-delà du tiers inférieur de la jambe ; il tient une patere : l'autre, qui est fort jeune, est un camille ; il tient aussi une patere d'une main, et de l'autre une branche d'arbre ; il differe du précédent en ce que le haut de son habit Prêtres du second ordre.

(*a*) Les pontifes ne l'observaient pas toujours ; ce qui est prouvé notamment par un bas-relief qui est à Rome, où Trajan, la tête découverte, offre un sacrifice à Mars, tandis que sur la colonne trajane faisant le même genre de sacrifice il a la tête couverte.

jusqu'au bas-ventre est presque juste au corps, le reste est ample ; l'écharpe lui forme une ceinture vers la poitrine, et les bouts pendent de chaque côté jusqu'à la naissance de la cuisse.

Lorsque les sacrificateurs ne faisaient que de simples offrandes ils portaient leurs habits ordinaires, en sorte que s'ils devaient avoir la tête couverte ils la couvraient d'un pan de leur vêtement : du temps de Constantin ils levaient seulement le capuchon de leur gausape. On ne les distingue dans les bas-reliefs antiques qu'à la patere qu'ils tiennent dans leur main.

Roi des sacrifices.

Les rois de Rome étaient chargés par Numa de présider à quelques cérémonies et de faire quelques sacrifices, qui cesserent après l'expulsion de Tarquin : pour que le culte fût observé, on créa, à l'exemple des Athéniens, un *roi des sacrifices ;* les pontifes et les augures le choisirent parmi les plus anciens d'entre eux : il lui était défendu de haranguer le peuple, d'exercer aucune magistrature, et de se mêler des affaires publiques ; il était soumis au souverain pontife, qui néanmoins ne se plaçait à table qu'après lui.

Il assistait une fois l'an aux comices, y offrait un sacrifice, et aussitôt il prenait la fuite ; c'était lui qui, tous les mois le jour des calendes, annonçait les jours de fête et ceux qui seraient destinés aux affaires, aux jeux, etc.

Reine des sacrifices.

Le même jour son épouse, qu'on appelait *reine des sacrifices*, immolait une jeune truie ou une brebis ; elle portait une couronne radiée, et une longue tunique sous un ample manteau.

Epulons.

Les *épulons*, d'abord au nombre de trois, ensuite de sept, enfin de dix, avaient le droit de porter la robe pré-

DES ROMAINS.

texte; c'étaient des prêtres établis pour présider à la célébration des fêtes, des solennités, et des jeux: ils étaient ainsi appelés parcequ'ils faisaient les préparatifs des sacrifices et des repas solennels qui accompagnaient les jeux; c'était eux aussi qui, lorsqu'on invitait certains dieux à des repas sacrés qui se donnaient dans le Capitole, y faisaient placer la statue de Jupiter sur un lit, et celles de Junon et de Minerve sur des chaises (a).

Les *saliens* étaient des prêtres de Mars choisis parmi les patriciens: Numa en établit douze; Tullius Hostilius en ajouta douze de plus; ils furent dans la suite en beaucoup plus grand nombre : ils portaient les *anciles* par la ville en chantant et en dansant une danse pyrrhique, se frappant les uns les autres en cadence avec une courte épée qu'ils tenaient de la main droite, et en parant avec les anciles qu'ils portaient à leur bras gauche; cette cérémonie commençait le premier jour du mois de mars, continuait pendant quelques jours, et se terminait par des repas publics.

Tite-Live et Plutarque, parlant du costume de ces prêtres, disent seulement qu'ils étaient vêtus de diverses couleurs ; d'autres prétendent qu'ils étaient vêtus de la trabée; selon d'autres leurs habits étaient d'écarlate : il y a des figures que l'*apex* fait connaître pour des saliens qui sur leur courte tunique portent une toge beaucoup plus étroite que celle des sénateurs et des patriciens; on lit ailleurs qu'ils portaient un plastron d'airain sur la poitrine : enfin Denis d'Halicarnasse dit qu'ils avaient des

---

(a) Pendant ces repas ceux qui mangeaient étaient debout, les autres en dansant chantaient les louanges des dieux.

saies brodées de diverses couleurs, des baudriers, et de larges ceintures où étaient des ornements de cuivre; pardessus était un manteau violet, doublé d'écarlate, retroussé et agraffé sur l'épaule; leur *apex* était de cuivre, et ressemblait à un casque (pl. XCI, 12, 13).

<small>Pl. XCI, 12, 13.</small>

<small>Saliennes.</small> Il y avait aussi des filles appelées *saliennes* mêlées parmi eux; elles avaient le même costume, et quelquefois seulement le *paludamentum* et l'*apex*.

<small>Anciles.</small> Les *anciles* étaient des boucliers sacrés d'airain : les auteurs ne sont guere d'accord sur leur figure; les uns disent qu'ils étaient grands, et les autres qu'ils étaient petits; ceux-ci les disent ronds, ceux-là comme les peltes thraciennes : selon Plutarque leur figure était celle d'un ovale échancré de part et d'autre; et c'est de là, selon Varron, que leur était venu le nom d'*anciles*: les monuments n'aident guere à décider la question, puisque les médailles de P. Licinius Stolo et d'Antonin le Pieux en font voir de ronds, d'ovales, et d'échancrés; les uns sont sans ornement ou avec une simple bordure; sur les autres est représentée la foudre ou quelque branche entrelacée (14, 15, 16, 17); on lit au-dessous *ancilia*. Le premier ancile tomba, dit-on, du ciel sous le regne de Numa, qui apprit de la nymphe Egérie que le salut de Rome dépendait de la conservation de ce bouclier; pour ne pas être la dupe de sa propre ruse il en fit faire douze pareils afin qu'on ne pût pas le reconnaître.

<small>14, 15, 16, 17.</small>

<small>Vestales. Pl. LXXXIX, XC.</small> Les *vestales* étaient les prêtresses de Vesta, dont le culte fut porté en Italie par Enée; c'est d'une vestale que Rémus et Romulus reçurent le jour: ces prêtresses étaient chargées de conserver le feu sacré. Numa en établit quatre, et les choisit dans les familles les plus respectables de

Rome : on ne les admettait qu'entre l'âge de six et de dix ans; Servius Tullius ensuite en ajouta deux autres : elles resterent long-temps fixées à ce nombre : la plus ancienne prenait la qualité de très grande (*maxima*).

La rigueur dont on usait envers celles qui manquaient à leurs devoirs était cause que, bien loin de briguer cet honneur pour leurs enfants, les parents mettaient tout en usage pour les en faire dispenser : lorsque personne ne se présentait pour remplir une place vacante le pontife choisissait, d'après la loi Papia, vingt jeunes filles, et le sort décidait de celle qui devait avoir la préférence; elle était saisie, comme enlevée, et n'était plus sous le pouvoir de ses parents.

Aussitôt qu'elle était arrivée au temple on lui coupait les cheveux, on les suspendait à un vieil arbre destiné à cet usage, après quoi on lui donnait l'habit de vestale qui était blanc.

Les revenus et les privileges de ces prêtresses étaient considérables; leur personne était sacrée; elles avaient la garde des testaments des empereurs, et le droit de tester du vivant de leur pere; elles avaient la chaise curule; un licteur les précédait en public et leur faisait faire place; lorsque le hasard leur faisait rencontrer un criminel que l'on conduisait au supplice il leur suffisait d'affirmer avec serment que cette rencontre était imprévue, et il avait sa grace; elles avaient dans les spectacles une place distinguée; après leur mort elles étaient enterrées dans l'enceinte de la ville, honneur qui n'était accordé qu'aux empereurs, et quelquefois aux triomphateurs, ou à d'autres qui avaient rendu des services signalés à la patrie.

Elles servaient dans le temple de Vesta pendant trente

ans; les dix premiers étaient employés à s'instruire, les dix suivants à remplir les fonctions de leur ministere, et les dix autres à former les jeunes novices : elles pouvaient après ce temps-là se marier; mais le petit nombre de celles qui userent de cette faculté ayant fini dans l'infortune, presque toutes préféraient rester parmi les prêtresses, et par rang d'ancienneté elles devenaient *grandes vestales*.

Elles sacrifiaient nu-pieds sur l'autel de Vesta devant le *palladium* dont elles étaient les gardiennes, ainsi que du feu sacré auprès duquel chacune veillait à son tour pendant la nuit; il était conservé dans des vases de terre, et s'il s'éteignait le grand pontife punissait la vestale en la battant de verges toute nue dans un lieu obscur, n'ayant qu'un rideau entre elle et lui : si elles avaient le malheur de perdre leur virginité et d'en être convaincues, leur complice était fouetté jusqu'à la mort par le pontife; la coupable était mise dans une biere couverte et bien fermée; on la portait en silence dans le lieu nommé *sceleratus campus*, situé sur un monticule voisin de la porte Colline; elle était accompagnée de ses parents et de ses amis fondant en larmes; chacun se détournait de son chemin, se mettait à l'écart, et ne pouvait suivre que de loin : quand elle était arrivée on la sortait de sa biere; le grand-prêtre invoquait les dieux à voix basse, la conduisait au caveau que l'on avait creusé pour elle, et dans lequel on avait placé une échelle, un lit, une lampe, avec du pain, de l'eau, une fiole de lait, et de l'huile; il se retirait aussitôt après avec les autres prêtres; dès qu'elle était descendue on retirait l'échelle et on comblait l'entrée au niveau du terrain : le jour de cette exécution était un jour de deuil et regardé comme de mauvais augure, toutes les affaires cessaient.

Grace aux commentateurs et à beaucoup de savants dont le but n'a été que de montrer de l'érudition il serait aujourd'hui bien difficile de rien assurer sur l'habit et la coëffure des vestales si le temps n'avait pas respecté divers monuments qui ne laissent aucun doute là-dessus.

Montfaucon donne le dessin d'une vestale vêtue d'une stole ceinte sous la poitrine ; elle porte un grand voile ; d'une main elle tient l'*acerra*, et de l'autre quelque chose de rond qu'il n'est pas aisé de distinguer ; sa chaussure est fermée (pl. XC, 1) : la figure 2 est à-peu-près avec le même costume, et porte le feu sacré. Pl. XC, 1. 2

Le même rapporte d'après Fabretti deux têtes de vestales ; elles sont avec l'*infula*, sans voile ; leur chevelure est cachée (3, 4). 3, 4.

Tullie (5) a ses deux tuniques sans manches ; celle de dessous descend jusqu'aux pieds, l'autre se termine au-dessus du genou ; sa ceinture les serre au-dessus des hanches : elle est nu-pieds et nu-tête. 5.

Les deux vestales gravées d'après l'antique par Périer ont une tunique descendant jusqu'à terre, sous deux autres vêtements courts ; ils se terminent vers la ceinture : celui de dessus, qui est le plus court par-devant, est le plus long par-derriere ; le bas est relevé sur la tête et les épaules, et leur sert de voile ; leur chevelure couvre le front, flotte de part et d'autre le long du cou et tombe derriere les épaules : celle dont on voit la pointe d'un pied a les orteils découverts.

Duchoul et Vigenere rapportent chacun un médaillon de Faustine ; l'un et l'autre représentent des vestales sacrifiant : dans l'un (2) les vestales et une novice ont les Pl. LXXXIX, 1, 2.

cheveux diversement agencés; dans l'autre (1) une seule est sans voile, c'est celle qui tient l'*acerra* d'où elle prend l'encens qu'elle répand sur le brasier ; derriere elle il y en a une avec le *suffibulum*, espece de voile blanc de forme ordinairement carré-long : celui-ci, par la maniere dont il est disposé, imite un *domino;* il est attaché sur la poitrine, et ne couvre que le bras ; sa tunique est sans manches.

Un médaillon de Julie, épouse de Sévere, qui se voit dans Spanheim, représente quatre vestales voilées ; les deux autres ne le sont pas. (pl. XC, 6). Banduri en rapporte un d'Etruscille, épouse de Trajan Dece (pl. LXXXIX, 3), où les six prêtresses sont voilées. Après ces détails il y a lieu d'être surpris du ton décisif avec lequel certains antiquaires fixent le costume des vestales.

Pl. XC, 6.
Pl. LXXXIX, 3.

C'est mal-à-propos, dit Winckelman, que des savants ont pris pour vestales des figures de femme ayant la tête couverte d'un manteau ; cette maniere de s'ajuster ne convenait qu'aux femmes : le principal indice est la mitre, ou la tête ceinte d'une bande large qui descend sur les épaules, ou le *suffibulum* (a).

La couleur blanche avait toujours été celle du costume des vestales ; quelquefois même elles étaient couronnées de fleurs de cette couleur ; cependant sous Théodose, qui abolit leur sacerdoce, S. Ambroise leur reproche le luxe de leurs vêtements de pourpre : selon Vigenere elles avaient conservé leurs habits blancs, et portaient par-dessus une mante de pourpre.

Sans entrer dans d'inutiles discussions, les monuments

(a) Cette large bande s'appelait *infula ;* elle s'attachait avec des rubans (*vitta*) dont les bouts pendaient de part et d'autre.

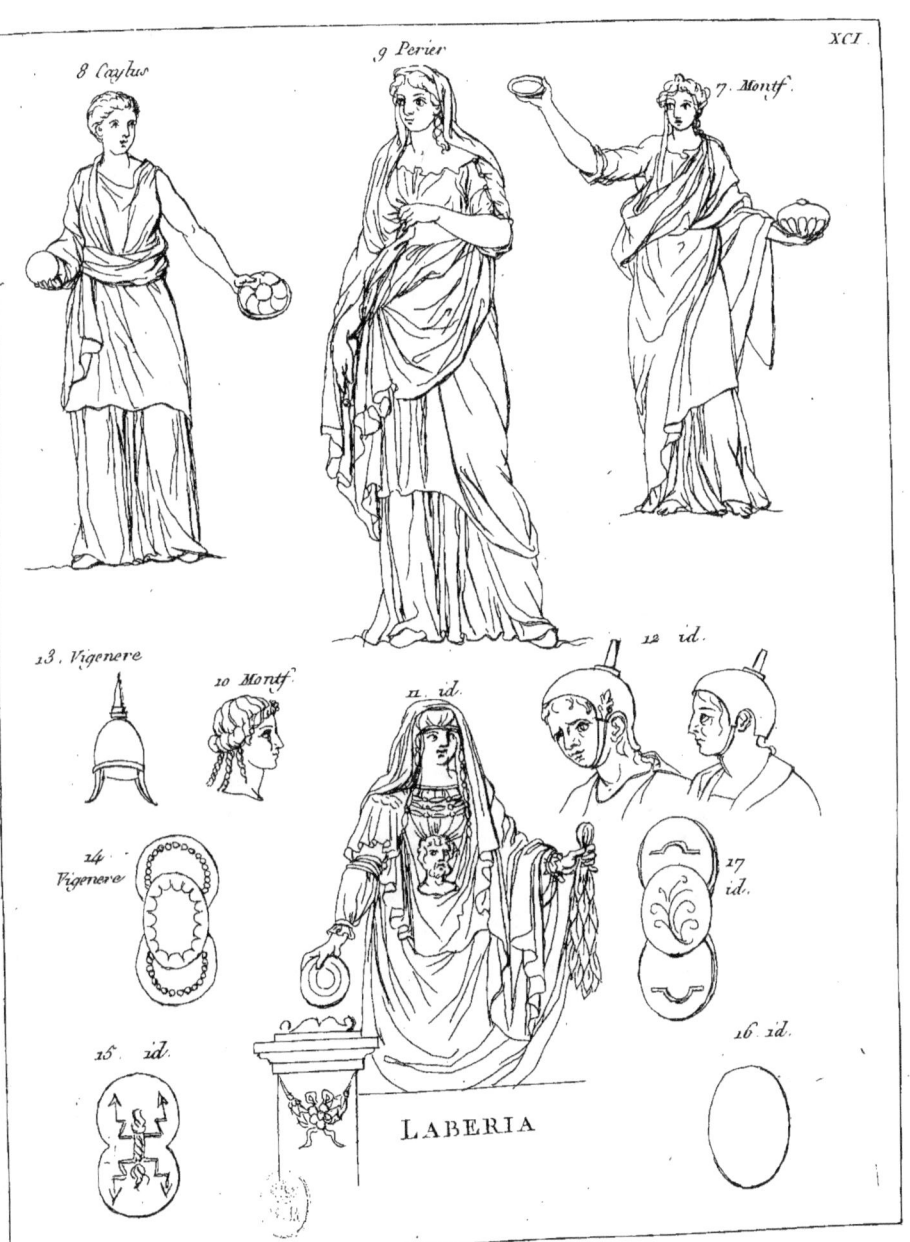

cités prouvent que la coëffure et le choix des vêtements dépendaient de ces prêtresses: quel parti cependant que prenne l'artiste il ne doit jamais oublier que leur costume doit être majestueux et conforme aux monuments, surtout lorsqu'il y en a de contemporains.

Si l'on ne jugeait du costume des prêtresses que d'après certains monuments on pourrait croire qu'à la coëffure près il ne différait guere de celui des prêtres; par exemple, la figure (7) n'a qu'une ample *palla* agencée par-dessus sa stole, à manches longues et larges; un petit voile placé sur le derriere de la tête laisse voir sa belle chevelure et flotte sur les épaules; elle est nu-pieds: mais si on la compare avec d'autres, comme celle que j'ai prise dans Caylus (8), on verra que leur costume était aussi varié que celui des vestales, et qu'on ne peut guere aujourd'hui les distinguer qu'à leurs attributs ou à leurs occupations. L'artiste doit se souvenir des conseils qui terminent l'article des vestales.

Prêtresses, Pl. XCI.

7.

8.

Quoiqu'il n'y ait rien de positif sur le costume des sibylles, il n'est pas aussi arbitraire que le pense Dandré-Bardon; ce serait une grande faute de les représenter toutes avec les mêmes habits; on sent que celles qui portent le nom d'un pays comme la Persique, doivent en avoir le costume: quant au reste je pense comme lui; dès-lors qu'on les regardait comme des prêtresses, il convient de leur donner un air et un maintien grave et respectable; des habits amples, des rouleaux, des volumes, un coffret rond, où elles serraient leurs cannes à écrire, leur encre, leurs pinceaux, et, mieux que tout cela, une inscription peut aider à les faire distinguer.

Sibylles.

La sibylle qui est dans le jardin de Médicis à Rome (9)

9.

porte une longue tunique dont les manches sont boutonnées en dehors depuis l'épaule jusqu'au coude, où elles se terminent (*Périer*).

Montfaucon a publié une médaille où est la tête d'une sibylle; sa chevelure est en grande partie roulée autour de la tête, le reste flotte derriere (10).

VASES ET USTENSILES DES SACRIFICES.

Vases et ustensiles des sacrifices. Pl. XCII.

La forme des vases et ustensiles dont on se servait pour les sacrifices variait beaucoup; j'en rapporterai quelques figures avec l'explication qu'en a donnée Montfaucon.

Præfericulum. I, *præfericulum*, vase d'airain, dans lequel on mettait du vin pour les libations; il y en avait avec anse et sans anse.

Simpulum. A, *simpulum* ou *simpuvium*, petit vaisseau qui était ordinairement de terre cuite, et dans lequel on versait du vin du *præfericulum* pour faire les premieres effusions; il n'avait pas de forme déterminée.

Capula. B, *capula*, petit vase de bois ou de terre cuite, servant à divers usages; on y mettait les liqueurs nécessaires pour les libations : il y en avait en forme de tasses à deux anses.

Patere. C, *patere*, tasse ou coupe dans laquelle on recevait le sang des victimes : les sacrificateurs s'en servaient aussi pour offrir du vin aux dieux.

La patere est un attribut qui caractérise les divinités et les ministres des autels; ceux-ci comme une marque de leurs fonctions, et les autres comme une marque du culte qu'on leur rendait; elle était plate, et quelquefois, selon l'usage auquel elle était destinée, elle était creuse et profonde : il y en avait avec un manche.

Aquiminarium, Amula. D, *aquiminarium*, *amula*, bénitier, vase où se tenait l'eau lustrale dont on aspergeait le peuple; il était à

DES ROMAINS.

l'entrée des temples : c'était la même chose que la *situla* (V),   *Situla.*
vase à une anse, arrondi par-dessous : on en voit un porté
par Isis sur le revers d'une médaille de Claude Gothique
(Caylus) ; il était quelquefois pointu par le bas et ne
pouvait se poser à terre (Duchoul); des *camilles* le tenaient
pendant le sacrifice, ou le plaçaient sur une espèce de
trépied ; l'eau lustrale se répandait sur les assistants avec
un goupillon ou aspersoir, ou avec un rameau de laurier,
d'olivier, etc. selon les circonstances : il y avait à l'entrée
des temples des citernes pleines d'eau où l'on se puri-
fiait avant d'entrer ; c'est ce qu'on appelait des *favisses*
(*favissæ*).   *Favisses.*

E, *disque*, espece d'assiette ou de bassin plat où l'on   *Disque.*
mettait quelquefois les entrailles de la victime, ou du sang
et de la farine, ou de la chair rôtie.

F, *maillet* pour assommer les grandes victimes.   *Maillet.*

G, *hache* pour démembrer la victime; on s'en servait   *Hache.*
aussi quelquefois pour l'assommer.

H, *secespita*, long couteau pour égorger les grandes   *Secespita.*
victimes (le taureau, le belier, le pourceau) ; les couteaux avaient ordinairement le manche d'ivoire, orné de
clous et de viroles d'or et d'argent.

I, *dolabra*, couteau pour démembrer les grandes vic-   *Dolabra.*
times.

K, couteaux pour les petites victimes.   Petits cou-teaux.

L, on donnait le nom d'*anclabris* à la table sur laquelle   *Anclabris,* table.
on mettait la victime pour considérer les entrailles et en
tirer les augures, et *anclabria* à quelques vases d'airain
employés aux sacrifices.

M, aspersoir dont on se servait pour s'arroser d'eau   Aspersoir.
lustrale.

Acerra.   N, *acerra*, coffre pour l'encens.

Thuribulum.   O, *thuribulum*, vase où l'on brûlait l'encens pendant le sacrifice (*a*).

Candelabrum.   P, *candelabrum*, chandelier.

Olla.   Q, *olla*, marmite où les prêtres faisaient cuire la portion de viande qu'ils avaient de la victime.

Cor, cornet.   R, espece de cor ou de clairon dont on sonnait aux cérémonies des hécatombes.

Etui, gaîne.   S, *étui, gaîne* que le sacrificateur pendait à sa ceinture ; il y mettait diverses sortes de couteaux.

Lituus.   T, *lituus*, bâton augural, espece de crosse que portaient les augures et avec laquelle ils décrivaient ou marquaient les espaces de l'air pour l'augure des oiseaux.

Guttus.   On donnait en général le nom de *guttus* à de petits vases d'où la liqueur ne pouvait sortir que goutte à goutte.

Cérémonial des sacrifices. Offrandes.

CÉRÉMONIAL DES SACRIFICES.

Sous Numa on n'offrait guere que des fruits et des végétaux, le prêtre n'arrosait l'autel qu'avec du lait, et non avec du vin (*b*); cette simplicité s'accordait avec la fortune médiocre des premiers Romains : ils furent bientôt en état d'y substituer des animaux, tels que des bœufs, des brebis, des chevres, des truies, etc. : on trouva même bientôt ces offrandes trop simples ; à la honte de l'humanité, dans Rome même, chez cette nation qui donnait à toutes les autres le nom de barbares, le jour de la fête des compitales on immolait de jeunes enfants : du temps

---

(*a*) La forme de ce vase ne paraît guere convenir à cet usage ; c'est pour cette raison qu'à côté j'en ai placé un autre (X) publié par Lachausse.

(*b*) Voyez ce qui a été dit en parlant de Numa, page 44.

de Marius on enterra vivants un Grec et une Grecque : ces horribles sacrifices furent défendus l'an 655 de Rome, 97 ans avant J.-C. ; cependant on les renouvelait de temps en temps ; les pontifes et les saliens, sous la dictature de César, immolèrent deux hommes dans le Champ de Mars ; du temps de Plutarque on enterra un Gaulois vivant : cet usage affreux se perpétuait encore sous Aurélien en 270, puisque demandant au sénat de faire consulter les livres sibyllins, il offrit pour les sacrifices des prisonniers de telle nation que l'on souhaiterait.

Les victimes que l'on immolait en nombre pair aux divinités infernales et terrestres étaient noires ; celles qu'on offrait en nombre impair aux dieux et déesses du ciel et de l'air devaient être blanches : les Romains passaient une couleur blanche sur les taches des bœufs qui n'étaient pas parfaitement blancs (*a*) : les mâles étaient pour les dieux, et les femelles pour les déesses. *Bos cretatus.*

Les victimes étaient relatives à l'état et aux moyens de ceux qui les offraient : le laboureur offrait un bœuf, le berger un agneau ou un chevreau ; les pauvres ne présentaient qu'un gâteau, ou l'image de la victime en pâte, en cire, ou un peu d'encens ; les plus misérables baisaient seulement leur main.

Lorsqu'on conduisait les grandes victimes vers l'autel leur front souvent était doré, ainsi que les cornes, où étaient presque toujours attachés des rubans ou des bandelettes blanches, ou des guirlandes qui pendaient de part et d'autre ; quelquefois elles étaient couvertes de riches tapis ou caparaçons. *Ornements des grandes victimes.*

(*a*) Ils les appelaient alors *bos cretatus*.

COSTUME ET USAGES

Ornements des petites victimes. — Les petites victimes étaient ceintes de guirlandes de laurier, ou portaient des couronnes faites avec des branches de l'arbre consacré à la divinité, ou simplement une *infula* de laine d'où pendaient deux bandelettes.

En conduisant la victime à l'autel on affectait, comme je l'ai déja dit, de tenir lâche la corde qui servait à la conduire, de crainte qu'elle parût marcher par force; elle ne devait pas même être liée lorsqu'elle était devant l'autel; mais afin qu'elle ne s'enfuît pas, ce qui aurait été regardé comme désagréable à la divinité, celui qui l'offrait la menait par les deux jambes de devant.

Victimes offertes à Cybele. — On offrait à Cybele une truie pleine, et quelquefois des pommes de pin qu'on lui portait en procession: dans la suite ce fut de préférence un taureau ou un belier.

— à Jupiter. — On immolait les mêmes animaux à Jupiter.

— à Junon. — On sacrifiait des génisses, des vaches, des agneaux femelles, des brebis, à Junon.

— à Pluton.
— à Neptune.
— aux divinités de la mer. — Des taureaux noirs à Pluton, à Neptune, et quelquefois à celui-ci des chevaux, des agneaux: quant aux autres divinités de la mer les victimes devaient être blanches; si c'étaient des oiseaux, ils devaient être noirs: lorsque le sacrifice se faisait sur le bord de la mer on y jetait les entrailles de la victime, après que le prêtre les avait examinées, et l'on repandait ensuite du vin sur le feu: on offrait une vache noire à Proserpine, et un chien à Hécate.

— à Proserpine, à Hécate.
— à Cérès. — On immolait le verrat, le cochon, la truie, et quelquefois aussi la brebis et le belier à Cérès.

— à Apollon. — Les taureaux offerts à Apollon avaient les cornes dorées; on lui présentait aussi des beliers, des boucs, des chevres, des brebis, et des chevreuils; on lui offrait un cheval lorsqu'on le prenait pour le soleil.

— au Soleil.
— à Mars. — Les victimes offertes à Mars étaient le verrat, le belier,

DES ROMAINS.

le taureau, et le cheval; le coq et le vautour lui étaient consacrés.

Minerve, disait-on, avait les chevres en horreur; le taureau, l'agneau, le bœuf indomté étaient pour elle des victimes agréables. *Victimes offertes à Minerve.*

On immolait la biche et la génisse à Diane. *— à Diane.*

On ne trouve guere d'animal excepté du nombre des victimes offertes à Vénus, pourvu que ce fussent des mâles : le bouc, le taureau, le cochon, le lievre, lui étaient les plus agréables; on lui offrait quelquefois une chevre blanche. *— à Vénus.*

On immolait un cochon, et quelquefois une génisse, ou un cerf, à Hercule : on avait soin pendant le sacrifice qu'il n'y eût aucun chien dans le pourpris du temple. *— à Hercule.*

On offrait des boucs à Mercure; des boucs, des brebis, des cochons à Bacchus; un âne ou un cochon à Priape, un ours ou un cochon à Sylvain; une chevre ou un agneau à Faune; un coq à Esculape. *— à Mercure. — à Bacchus, à Priape. — à Sylvain, à Faune. — à Esculape.*

Les nymphes se contentaient de miel et de vin. *— aux Nymphes.*

Les personnes riches sacrifiaient un taureau aux dieux lares; les pauvres ne leur offraient qu'un agneau femelle, ou un cochon, un coq, un chien, ou une hirondelle. *— aux Lares.*

On offrait des poissons à certaines divinités; il y avait même des peuples qui n'avaient point d'autres victimes à offrir (a).

On sacrifiait aux dieux infernaux et aux dieux mânes après le soleil couché, et aux autres après le soleil levé. *Heures des sacrifices.*

(a) Il y avait des animaux consacrés à certaines divinités; ils leur servaient d'attribut : l'aigle indiquait Jupiter; le paon, l'autruche, Junon; la chouette, le dragon, Minerve; la colombe, la tourterelle, Vénus; le lion, Vulcain; le dauphin, ou un cheval avec le derriere terminé comme la queue d'un dauphin, Neptune; l'alcyon, Thétis; le phénix, le Soleil; le loup, la corneille, Apollon; le loup, le vautour, *Animaux consacrés à certaines divinités.*

Sacrifices.   Lorsque tout était disposé, le prêtre, ordinairement vêtu d'un habit long et blanc, tenant le *simpulum*, et suivi de plusieurs enfants qui chantaient, accompagnés par des joueurs de flûtes et par d'autres instruments (*a*), s'approchait de l'autel, le saisissait de ses deux mains, et, la tête voilée ou découverte, selon la divinité ou le genre de sacrifice dont il s'agissait (*b*), il se tournait vers le soleil levant, s'humiliait devant les dieux, et promettait de mieux faire à l'avenir : il était couronné de branches de l'arbre consacré à la divinité qu'il invoquait ; ces branches étaient liées avec des fils écarlate, et entortillées par la bande de laine blanche qui entourait sa tête, et dont les deux bouts pendaient derriere.

Quand le pontife ou le prêtre avait invoqué les dieux, et livré la victime, il allait s'asseoir en silence, tenant sur ses levres le doigt index et le pouce de la main droite appuyés l'un sur l'autre tant que le sacrifice durait : il avait le *præfericulum* à sa portée ; le camille était derriere lui portant l'*acerra*.

Pendant le sacrifice on jouait ordinairement de la flûte dont j'ai parlé ; elle était double : on sonnait quelquefois de la trompette ; quelquefois de l'une et de l'autre, et même aussi de la lyre et de la cithare.

le pivert, Mars ; le dragon, l'once, et le tigre, Bacchus ; le coq, le corbeau, le bouc, le scorpion, la mouche, Mercure ; le serpent, la chouette, le coq, Esculape.

(*a*) Ces flûtes, ainsi que je l'ai déja observé, étaient de buis ; celles dont on se servait pour les jeux étaient d'argent, ou faites avec l'os de la jambe d'un âne.

(*b*) Si c'était un sacrifice votif il était sans voile, ainsi que les suppliants ; sa robe était détroussée, et ses pieds sans chaussure.

Si l'on s'adressait aux dieux *superi* on ne brûlait que les extrémités et la tête de la victime; on en mangeait les restes en chantant des hymnes sacrés, après l'avoir fait cuire dans une marmite (*olla*), que l'on appelait *apoda* lorsqu'elle était sans pieds, et qu'il fallait un trépied pour la mettre sur le feu : on appelait *labellum* les plats qui servaient pour ces repas sacrés : on mangeait debout, et on joignait à ces mets de petits pains ronds qui avaient été servis en l'honneur des dieux. *Apoda.* *Labellum.*

Les personnes même les plus qualifiées tenaient ordinairement leurs mains cachées par respect lorsqu'elles étaient dans un temple : ceux qui venaient y adorer la divinité se couvraient la tête et le visage d'un voile, se prosternaient devant son simulacre, après en avoir fait le tour, marchant à droite ; là, à genoux, ils portaient la main droite sur la bouche, et la baisaient en tenant les doigts élevés, excepté l'*index* qui s'inclinait sur le pouce (on faisait le même geste en passant devant un temple) : ceux qui priaient se tenaient debout, la tête voilée, et jamais assis.

On découvrait sa tête pour sacrifier à Saturne et à l'honneur, et pour saluer quelqu'un.

TEMPLES.

Temples.

Les temples des anciens furent d'abord construits de manière que ceux qui y priaient avaient le visage tourné vers l'occident ; mais Hygin nous apprend qu'on les construisit dans la suite dans une direction tout-à-fait opposée : ils n'avaient ordinairement qu'une entrée ; ils en avaient quelquefois deux, une à chaque extrémité, comme celui de Jupiter Olympien, à Athenes.

Ædes.   *AEdes* était le nom générique commun à tous les temples.

Templum.   *Templum* un lieu découvert où on observait le vol des oiseaux.

Fanum.   *Fanum* un lieu sacré où on rendait les oracles.

Delubrum.   *Delubrum* le lieu où on venait se laver, soit pour expier un crime, soit avant de commencer le sacrifice.

Sacellum.   *Sacellum* lieu découvert, entouré d'un simple mur, et consacré à quelque dieu.

Forme des temples de Jupiter.   Les temples de Jupiter étaient de forme carré-long, élevés et découverts; ceux de Janus, carrés; ceux de Cérès, de Vesta, de Bacchus, du Soleil, et des dieux qui avaient rapport à la terre, étaient le plus souvent ronds.

Il y en avait aussi d'hexagones, d'eptagones, d'octogones, etc. : on les plaçait de préférence sur des lieux élevés, ou du moins en les construisant on les exhaussait de manière que pour y entrer il fallait monter quelques marches.

— des divinités infernales.
— des Nymphes.   Ceux des divinités infernales étaient souterrains : on choisissait des antres pour les nymphes et les divinités champêtres.

C'était, selon Vitruve, une convenance de laisser découverts les temples où l'on invoquait Jupiter, la foudre, le ciel, le soleil, et la lune : ils avaient néanmoins dans leur pourtour intérieur une espece de portique soutenu par des colonnes; le peuple s'y mettait à l'abri lorsqu'il survenait de la pluie pendant le sacrifice.

Nous avons observé, en parlant de l'architecture, qu'il y avait des ordres que l'on employait de préférence à la décoration des temples de certaines divinités ; il y avait aussi des lieux qui leur étaient consacrés et où ils étaient bâtis de préférence.

Lieux où étaient ceux de Vesta.   Ceux des dieux tutélaires étaient dans les lieux les plus élevés des villes ; celui de Vesta à Rome était rond : on montait par douze marches au péristile qui l'entourait, et qui était soutenu par des colonnes d'ordre corinthien ; l'entrée en était interdite aux hommes ; il n'était point consacré par les augures ; le sénat ne pouvait s'y assembler.

La statue de la déesse, selon les uns, la représentait assise, un tambour à la main ; selon d'autres il n'y avait point de statue dans ce temple, mais seulement le feu sacré que les vestales entretenaient sur l'autel ; d'autres enfin disent que c'est dans ce temple qu'était le *palladium* : ce sentiment est appuyé par divers monuments dont j'ai donné le dessin en parlant des vestales.

Diane avait un temple dans la rue Patricienne ; l'entrée n'en fut interdite aux hommes que parcequ'une femme y fut violée : le coupable, selon Plutarque, fut mis en pièces par les chiens.

Les temples de Vulcain, de Mars, de Bellone, de Cérès étaient hors l'enceinte des villes ; ceux de Vénus aussi, mais près du port s'il y en avait un.

Ceux des dieux de la paix, des vertus, et des arts, dans les quartiers les plus peuplés.

Ceux de Mercure près du lieu où se tenait le marché.

Ceux d'Apollon et de Bacchus près du théâtre.

Ceux d'Hercule près du cirque et des lieux destinés aux courses des charriots.

Ceux de Neptune sur le bord de la mer.

Ceux d'Esculape et de la santé dans les lieux champêtres les mieux aérés et tempérés.

On suspendait dans les temples des *ex-voto* qui représentaient les parties affligées dont on demandait la guérison, ou ce qui était l'objet du vœu : le temple de Diane, sur le mont Aventin, était garni de cornes de vaches, dont

Ex-voto.

Tite-Live et Plutarque rapportent le motif: le Sabin *Autrocoratius* avait une vache d'une beauté extraordinaire; on lui avait dit que la ville au nom de laquelle cette vache serait immolée à Diane sur le mont Aventin commanderait à toute l'Italie; il vint pour l'offrir au nom de sa patrie; le prêtre lui ordonna d'aller auparavant se laver dans le Tibre, et fit en attendant venir Servius Tullius qui fit l'offrande au nom de Rome.

Statues. Tarquin l'Ancien fut le premier qui dans Rome fit dresser des statues aux divinités : quoique les premieres que les Romains éleverent à des citoyens fussent de bronze, les simulacres des dieux qui étaient dans leurs temples furent toujours de bois ou d'argile jusqu'à la conquête de l'Asie : Mars et Romulus à cette époque étaient encore adorés sous la forme d'une pique; mais bientôt après ces symboles, ces masses informes, firent place aux chefs-d'œuvre de l'art : quelques statues avaient les attributs de plusieurs divinités ; c'est ce qu'on appelait des *figures panthées* : Pline nous apprend qu'à certains jours de fêtes il y avait à Rome des personnes chargées de farder avec du vermillon les statues de Jupiter.

Figures panthées.
— fardées.

Autels. Les autels des Romains jusqu'à Tarquin l'Ancien ne furent que de gazon; ils étaient au milieu des temples devant le simulacre du dieu : il y en avait cependant beaucoup de placés en dehors; le sacrifice se faisait au bas des degrés par où l'on y montait.

Il y avait des autels fixes, et de portatifs, sur lesquels on égorgeait et brûlait les victimes : ils étaient ronds, carrés-longs, carrés, ou triangulaires, de pierre, de marbre, et quelquefois de métal; ceux-ci le plus souvent étaient portatifs comme les trépieds, et ne servaient guere à des sacrifices sanglants; on n'y brûlait le plus souvent que des fruits, des fleurs, des parfums: les uns et les autres ordinairement étaient enrichis de bas-reliefs et d'attributs analogues à la divinité à laquelle ils étaient voués; les autels que l'on construisait à la hâte, ceux que dressaient les habitants de la campagne, étaient de gazon, de briques, ou de bois; celui de Jupiter olympien était ordinairement un grand tas de cendres.

On creusait une fosse (*scrobs*) pour sacrifier et faire des libations aux dieux infernaux: la victime avait la tête baissée; on la frappait par-dessous, et le sang coulait dans un trou fait exprès: le prêtre faisant les libations tenait le dedans de la main droite renversé du côté de la gauche; lorsqu'il priait il tenait les mains baissées, et frappait la terre du pied. *Scrobs ou fosse. Dieux infernaux.*

On se servait d'un autel peu élevé pour les divinités terrestres, et d'un autel exhaussé, même avec des marches, pour les divinités célestes: celui-ci par excellence s'appelait *altare;* le mot *ara* convenait à l'un et à l'autre: la victime que l'on offrait aux divinités célestes avait la tête levée quand on la frappait, elle recevait le coup en-dessus; le sang se répandait sur l'autel, et les libations se faisaient en tenant le creux de la main tourné vers le ciel. *Altare, ara.*

Les festons et guirlandes qui paraient les autels des dieux, ainsi que les couronnes des prêtres et de ceux qui les servaient à l'autel, se faisaient avec des *verveines;* par ce mot on entendait diverses plantes et divers arbres dont les feuillages servaient pour les cérémonies sacrées, comme le laurier, l'olivier, le mirte, la quinte-feuille, etc.: il y en avait spécialement consacrés à certaines divinités; on en *Verveines.*

couronnait leurs statues, on en ornait leurs temples, les autels, les vases, etc. qui leur étaient consacrés.

Jupiter et Diane étaient ordinairement couronnés de feuilles de chêne ou de hêtre; Jupiter l'était quelquefois de toute sorte de fleurs.

Diane, Lucine, de dictame;
Junon, de branches de vigne;
Saturne, de figuier;
Cybele, de pin;
Cérès, d'épis, de pavots;
Pluton et Proserpine, de pavots;
Minerve et les Graces, d'olivier;
Mars, de frêne;
Vénus, de mirte, de roses;
Mercure, de pourpier;
Apollon, de laurier, de roseaux;
Les Muses, de laurier, de palmier;
Bacchus, de lierre, de pampres, de feuilles de figuier, ou de pampres et de raisins;
Hercule, de peuplier;
Pan, de pin, d'ieble, ou de roseaux;
Sylvain, de cyprès;
Palès, de gazon mêlé de fleurs champêtres;
Morphée, de pavots;
Les Euménides, d'aune et de cedre;
Les Pénates, d'ail, de myrte et de romarin;
Castor et Pollux, de roseaux.

Prieres publiques. Dans les temps de calamité les femmes venaient se prosterner dans les temples qu'elles balayaient avec leurs cheveux épars (*a*).

(*a*) Suétone nous apprend que lorsque les prieres et les vœux ne

Dans des occasions importantes le sénat et les magistrats ordonnaient des prieres publiques et solennelles : on plaçait les images des dieux dans de petits chariots d'argent ou d'ivoire (*thensœ*); on en peut voir la figure sur le revers d'une médaille de Nerva rapportée par Vaillant (1) : ces chariots étaient garnis d'oreillers; on les promenait par la ville en procession; ensuite le pontife, revêtu d'une longue robe de lin, immolait un taureau, au bruit des cantiques et au son des instruments, sur un autel dressé en public; ce sacrifice était quelquefois suivi de jeux et de repas que l'on donnait au peuple. *— Thensa, char sacré, processions. Pl. XCIII, 1.*

Le *lectisternium* était une cérémonie religieuse dont les Romains faisaient usage dans les grandes calamités et dans les grandes prospérités : les épulons faisaient dresser des tables dans les temples avec des lits magnifiques, parés de riches tapis, couverts de fleurs et d'herbes odoriférantes; ils y plaçaient les statues de leurs divinités : il n'y avait dans les commencements que celles de Jupiter, de Junon, et de Minerve; on y ajouta dans la suite celles de plusieurs autres divinités, et on affecta de placer toujours Neptune à côté de Minerve : les simulacres des dieux étaient mollement couchés sur des carreaux, ceux des déesses n'y étaient qu'assis; on servait devant eux des repas magnifiques. *— Lectisternium.*

Pendant les huit jours que durait cette fête les citoyens, ouvrant les portes de leurs maisons, offraient l'hospitalité à tout le monde, donnaient publiquement à manger à tous ceux qui se présentaient, connus ou non; les enne-

produisaient aucun effet on en venait jusqu'à jeter des pierres contre les temples.

mis se réconciliaient, et les prisonniers étaient élargis: on ajoutait souvent des jeux scéniques à cette cérémonie.

Hécatombe. L'*hécatombe* proprement dit était d'abord un sacrifice de cent bœufs : on se servit dans la suite de ce mot pour exprimer un sacrifice de cent animaux quelconques.

Suove-taurilie. On appelait *suove-taurilie* ou *solitaurilie* le sacrifice d'un cochon, d'un belier, et d'un taureau, que l'on faisait à Mars pour purifier une armée : on en voit les détails sur la colonne trajane, et sur divers autres monuments.

Lustration d'une flotte. Pour faire la *lustration* ou purification d'une flotte, on dressait des autels sur le rivage en face des vaisseaux sur lesquels étaient rangés les soldats et les matelots, gardant un profond silence ; les prêtres, après avoir égorgé les victimes, en prenaient les entrailles, et faisaient trois fois le tour de la flotte dans des esquifs, suivis des principaux officiers, priant les dieux de faire tomber sur ces victimes tous les malheurs dont cette flotte pouvait être menacée; après quoi ils jetaient dans la mer une partie des entrailles, et brûlaient l'autre.

Dévouement. Le *dévouement* fut quelquefois avantageux aux Romains; celui qui se dévouait prenait ses habits de cérémonie, couvrait sa tête, mettait ses deux pieds sur un javelot, levait sa main droite à la hauteur du menton, et prononçait certaines paroles que lui dictait le pontife ; il s'armait ensuite, et s'élançant à travers la mêlée, il affrontait les dangers et la mort : l'armée se croyant alors invincible, suivait son exemple, faisait des prodiges de valeur, et remportait la victoire.

Cybele. Cybele ou la bonne déesse, dont le simulacre, qui fut apporté de Pessinonte à Rome, n'était qu'une pierre informe, fut représentée dans la suite sous la figure d'une femme couronnée de tours, tenant un tambourin; à côté d'elle était un lion apprivoisé et une chaise.

Les dames romaines célébraient ses mysteres chez une des plus qualifiées d'entre elles; c'était un crime capital pour un homme de venir les troubler par sa présence. *Mysteres.*

Le 12 avril les prêtres de Cybele appelés *galles* portaient en grande pompe son simulacre avec tout ce qui lui était consacré, et allaient laver le tout hors de la ville au confluent du ruisseau Almon avec le Tibre. *Galles.*

A leur retour on portait avec appareil devant eux les ouvrages et les meubles les plus précieux qu'on pouvait se procurer; des hommes déguisés contrefaisaient les habitudes des citoyens, et ils y réussissaient si bien, que s'habillant quelquefois en magistrat, on ne savait les distinguer des véritables (*a*). Cette procession s'arrêtait à certains carrefours où il y avait des reposoirs richement décorés : elle était suivie de comédies obscenes.

Les galles se châtraient en mémoire d'Atis; ils affectaient une démarche efféminée, se parfumaient et se fardaient; ils allaient dans les rues avec des cymbales et des tambourins, sautant, tournant la tête avec rapidité, et faisant des gambades autour du simulacre de la déesse; ils se mordaient les uns les autres, s'ensanglantaient en se faisant des incisions tant sur le visage que sur les autres parties du corps; ils portaient quelquefois à leur cou de petites statues qui leur descendaient jusque sur la poitrine.

On les appelait aussi *métagyrtes*, parceque tous les *Métagyrtes.*

(*a*) Ils faisaient la même chose pendant la fête des Hilaries, qui se célébrait en avril en l'honneur de la même déesse.

mois ils promenaient la statue de la déesse dans les campagnes ; c'était quelquefois sur un âne.

<small>Archigalle.</small> Le chef de ces prêtres s'appelait *archigalle;* il était vêtu comme une femme de la stole et d'un long manteau de pourpre, il portait la tiare ; de son cou pendait un grand collier : on le voit dans Montfaucon portant sur chaque mamelle un Atis dans un médaillon ; sur le bas de sa poitrine est un bas-relief carré représentant la façade d'un temple, au milieu duquel est Cybele entre Jupiter et Mercure ; dans le fronton est la figure d'Atis couchée.

<small>Grand'prêtresse.</small> Un grand voile couvre la tête de la grand'prêtresse *Laberia*, ainsi que sa coëffure, d'où pendent de part et d'autre des bandelettes nouées par intervalles ; un ruban serre les manches de sa tunique près du poignet et vers le coude ; elle a par-dessus sa robe, qui est ample, une espece de mantelet fermé par-devant ; sur sa poitrine sont trois bandelettes transversales pareilles aux précédentes ; on voit au-dessous le buste d'un dieu qu'elle porte attaché à son cou ; d'une main elle tient une *patere*, et de l'autre <small>Pl. XCI, 11.</small> une guirlande (pl. XCI, 11)

La grand'prêtresse de Cybele sacrifiait elle-même ; quelquefois elle ne faisait qu'assister au sacrifice : il est bon d'observer que lorsqu'on décorait l'autel de la bonne déesse on n'y employait jamais le myrte.

<small>Sacrifice à Muta.</small> Le 21 janvier une vieille femme entourée d'un certain nombre de jeunes filles, offrait un sacrifice à la déesse *Muta* pour se mettre à couvert des médisances et des calomnies ; tout se faisait dans le plus grand silence.

<small>Palilies.</small> Les *palilies* se célébraient le 21 avril en l'honneur de la déesse Palès ; les bergers allumaient des feux et dansaient tout autour.

Les principaux d'entre les Romains venaient tous les ans à Ostie le premier jour de mai pour célébrer les *ma-* *jumes;* ils s'y amusaient à divers jeux, se précipitaient les uns les autres dans la mer : cette fête se célébrait encore sous les empereurs chrétiens. Majumes.

Le 9 juillet les Romaines célébraient les *caprotines* en l'honneur de Junon; selon Pline c'était en l'honneur de Vulcain : le sacrifice se faisait sous un figuier sauvage, dont elles arrachaient quelques feuilles et lui en offraient le suc qui ressemble à du lait; c'était la fête des femmes esclaves : Plutarque nous apprend qu'elles jouaient entre elles, se frappaient à coups de fouets, et se jetaient des pierres. Caprotines.

Les *amphidromies* étaient une fête que la famille célébrait cinq jours après la naissance de l'enfant; on se faisait des présents, et avant de lui donner un nom les parents portant le nouveau né couraient autour du foyer et des dieux lares; la cérémonie se terminait par un repas. Amphidromies.

Les *vestalies* furent instituées, dit-on, pour éterniser le souvenir des services qu'un âne avait rendus à Vesta : les Romains promenaient avec pompe dans la ville quelques uns de ces animaux parés de guirlandes de fleurs et portant des espèces de colliers faits avec des pains : pendant cette solennité les vestales sacrifiaient dans l'intérieur du temple. Vestalies.

Pendant les *consuales*, fêtes en l'honneur de Consus, ou Neptune, dieu du bon conseil, on couronnait de fleurs les chevaux et les ânes, qu'on se gardait bien de faire travailler, et l'on célébrait les jeux *circenses*. Consuales.

Les *céréales* se célébraient le 14 avril en l'honneur de Cérès : les prêtres, revêtus d'aubes, et portant beaucoup de Céréales.

lampes et de branches de pin allumées, suivis des dames romaines vêtues de blanc, gémissantes, et portant aussi des torches allumées, se promenaient imitant Cérès qui cherche Proserpine sa fille : les Romains assistaient à cette cérémonie avec leurs toges blanches ; et quoique cette solennité consistât à gémir, il était défendu aux personnes affligées ou qui étaient allé à des funérailles d'y venir.

On sacrifiait à Cérès un cochon ou une truie, à cause des dommages que ces animaux font à la récolte ; quelquefois on y substituait leur représentation en or ou en argent ; un héraut avertissait auparavant ceux qui étaient impurs de se retirer; personne ne pouvait manger avant la nuit : cette fête était encore suivie des jeux *circenses*.

Ramales. On célébrait les *ramales* en l'honneur de Bacchus et d'Ariane, portant en procession des ceps de vigne chargés de raisins.

Bacchanales Les *bacchanales* se célébraient comme les dyonisies et les orgies des Grecs (voyez l'article *Fêtes des Grecs*, t. II); il y en avait de grandes et de petites, de champêtres, de printanieres, d'automnales, de nocturnes, etc.: les horreurs qui se commettaient pendant leur durée furent cause qu'il fut défendu l'an 568 de Rome de les célébrer désormais : la couleur jaune était consacrée aux bacchantes ; elles avaient quatre sortes de couronnes, savoir, de lierre, de liseron, de chêne, et de sapin.

Ambarvales. Les *ambarvales* se célébraient vers la fin de juillet avant la récolte : les douze freres *Arvales*, portant des couronnes d'épis attachés avec un ruban de laine blanche, promenaient en procession autour des champs pendant trois fois une génisse ou une truie pleine ; un prêtre couronné de chêne dansait en chantant un hymne en l'honneur de

Cérès; le peuple le suivait, et répondait comme les chrétiens aux litanies; finalement, après avoir répandu un peu de vin, de miel, et de lait, on immolait la victime qui portait le nom d'*ambarvale*.

Les bergers pour purifier leurs brebis les arrosaient d'eau, puis ils les parfumaient en promenant autour du soufre, de l'herbe appelée sabine, et du laurier allumés; ils offraient ensuite à Palès, leur déesse, un gâteau fait avec du miel et du lait. <small>Purification des brebis.</small>

Les *lupercales*, fête en l'honneur de Pan, se célébraient au mois de février: les *luperques*, prêtres de ce dieu, couraient ce jour-là par la ville tout nus, n'ayant pour cacher leur nudité qu'une partie de la dépouille d'une chevre qu'ils venaient d'immoler; ils portaient à la main un fouet de la même peau dont ils frappaient les passants, et notamment les femmes, qui s'empressaient de leur présenter la main dans l'espoir de devenir fécondes; ils immolaient aussi un chien. Ces fêtes ne furent abolies que vers l'an 496, du temps d'Anastase et de Théodoric. <small>Lupercales.</small>

La fête des *vinales* se célébrait lorsqu'on goûtait le vin nouveau; le flamine de Jupiter immolait un taureau blanc. <small>Vinales.</small>

Les *saturnales* furent instituées par Janus en l'honneur de Saturne pour conserver le souvenir de l'égalité dont jouissaient les hommes pendant l'âge d'or: c'était une solennité pendant laquelle les maîtres servaient leurs esclaves; c'était aussi un temps de réjouissances qui se passait en festins: on quittait la toge pour prendre la synthese, espece de robe dont on se servait à table; on se faisait réciproquement des présents: c'est là, dit-on, l'origine des étrennes. <small>Saturnales.</small>

Pendant la durée de cette fête, qui d'abord ne fut que

d'un jour et qui peu-à-peu fut prolongée jusqu'à sept, le sénat, le barreau, les écoles se fermaient : la veille, qui était le 16 décembre, les enfants couraient les rues en criant, *Io saturnalia!*

Compitales. — Les *compitales* étaient des fêtes en l'honneur des dieux lares et des dieux mânes : on les célébrait dans les carrefours des villes et des campagnes ; les sacrifices se faisaient de nuit : sous les rois de Rome on immolait de jeunes enfants : Junius Brutus abolit cet usage ; aux têtes humaines on substitua des têtes de pavot ; chacun suspendait devant la porte de sa maison autant d'effigies d'hommes et de femmes faites de paille qu'il y avait de personnes libres, et autant de pelotes de laine qu'il y avait d'esclaves dans la famille.

Il y avait une autre fête en l'honneur des mêmes dieux ; on promenait, le 7 et le 15 mai, un âne couronné de pains et de gâteaux.

Fêtes de Neptune. — Les *fêtes de Neptune* se célébraient sous des cabanes couvertes de feuillages.

— d'*Anna Perenna*. — On faisait la même chose sur le bord du Tibre pour la fête d'*Anna Perenna* ou *Perennis* (a), le 15 mars.

Spectacles, jeux.

SPECTACLES, JEUX.

Les Romains avaient des spectacles et des jeux qui étaient ou profanes ou sacrés ; ceux-ci étaient précédés de

---

(a) Cette déesse présidait aux années : quelques uns prétendent qu'elle était sœur de Didon ; qu'elle s'enfuit en Italie, où elle se noya dans le fleuve *Numicus*, près de Rome.

Placidi sum nympha Numici :
Amne perenne latens, Anna Perenna vocor.

Ovid. Fast. III, v. 146. (*Note de l'édit.*)

DES ROMAINS.

cérémonies religieuses : je passerai les détails inutiles pour ne m'arrêter que sur ceux qui peuvent intéresser l'artiste.

La passion des Romains pour les spectacles commença avec Rome; ils servirent d'appât, sous Romulus, pour attirer les Sabines : Tarquin l'ancien fut néanmoins le premier qui fit environner le grand cirque d'échafauds de bois sur lesquels étaient assis les spectateurs, qui jusque-là étaient debout.

Les *jeux scéniques* ne commencerent que l'an 389 de Rome; il n'y avait pour ces jeux ni théâtre ni amphithéâtre, on les regardait de plain-pied; peu-à-peu on éleva autour des degrés en terre : l'an 599 de Rome les censeurs voulurent construire un théâtre; mais Scipion Nasica, grand pontife, s'opposa à cette nouveauté qu'il regardait comme dangereuse; le sénat, de son avis, défendit qu'on en construisît dans Rome et à mille pas à l'entour : cependant, l'an 608, le consul L. Mummius en fit élever un pour les jeux de son triomphe; cet usage fut toléré, mais on était obligé de les détruire après que les jeux étaient finis : Pompée en fit bâtir un magnifique en pierres de taille, et pour le conserver il éleva à une des extrémités un temple à Vénus.

Quoique les frais des jeux fussent immenses, les édiles avaient coutume de s'en charger: Pline nous a conservé quelques détails sur le théâtre que Scaurus fit élever pendant son édilité; il pouvait contenir quatre-vingt mille spectateurs; il était décoré de trois cent soixante colonnes de marbre sur trois rangs l'un au-dessus de l'autre; celles d'en bas avaient trente-huit pieds de haut; entre les colonnes étaient trois mille statues d'airain; le premier étage était de marbre, celui du milieu de verre ou de crystal (ce qui ne s'était jamais vu), et le haut de bois doré : on y voyait

Jeux scéniques.

de toutes parts des tableaux, des tapisseries, et des étoffes d'un très grand prix : ce vaste édifice qui ne devait durer qu'un mois était aussi solide que s'il eût dû toujours rester sur pied.

Les généraux quelquefois faisaient vœu de donner des jeux; ils s'en acquittaient aux dépens du butin fait sur l'ennemi lorsqu'ils revenaient victorieux; le peuple dans ces circonstances venait aux spectacles couronné de fleurs; cet usage s'introduisit sous le consulat de L. Papirius, l'an 459 de Rome, 293 avant J.-C.

De simples particuliers, pour s'attirer la faveur du peuple, en donnaient pareillement, soit pour exprimer l'excès de leur joie, comme pour des mariages, naissances, convalescences, succès, soit pour marquer leur affliction un jour de funérailles, etc.

Ces jeux quelquefois étaient suivis de repas publics, ou de distributions en argent, denrées, etc.

Jeux circenses. Les combats des gladiateurs, les courses des chariots, le saut, le jet du palet ou des fleches, les courses à cheval, les courses à pied, et la naumachie, formaient ce qu'on appelait les *jeux circenses*, du nom du cirque où la plupart étaient célébrés.

Cirque. *Le cirque* était une grande place longue, au milieu de laquelle était une banquette avec des obélisques, des statues, et des bornes (*metæ*) qui en laissaient libre un espace suffisant à chacune de ses extrémités, dont une était carrée, et l'autre arrondie; autour étaient des sieges en amphithéâtre.

Amphithéâtre. Les combats des athletes, des gladiateurs, des bestiaires, des bêtes féroces, etc. se donnaient au milieu de l'amphithéâtre.

L'amphithéâtre était un édifice magnifique, rond ou

ovale, qui intérieurement avait tout autour des sieges élevés à raison de leur distance, pour que le spectateur pût voir commodément ce qui se passait dans l'arene, c'est-à-dire dans l'espace vide et libre qui était au milieu, et que l'on appelait ainsi à cause du sable dont il était couvert.

Les différents ordres de citoyens y étaient originairement confondus ; ce fut sur-tout sous les empereurs qu'il y eut des places distinguées : le premier rang des marches, où était un siege réservé pour l'empereur, fut affecté par Auguste et Claude aux sénateurs, aux édiles, et aux vestales ; on y était assez élevé pour être à couvert de l'atteinte des bêtes féroces que l'on faisait élancer dans l'arene : Néron voulut que les marches les plus voisines de celles-ci fussent réservées pour les chevaliers ; elles étaient garnies de coussins comme celles du premier rang; il n'y en avait pas à celles qui restaient pour les autres ordres de citoyens.

Maîtres de cérémonies.

Des maîtres de cérémonies (*designatores*, *locarii*) indiquaient à chacun l'endroit où il devait se placer : les rangs élevés, ainsi qu'au théâtre, étaient pour ceux qui portaient les habits bruns (*pullata vestis*), et pour la multitude: dans tous les lieux où se donnaient des spectacles il y avait par intervalles des ouvertures par où l'on entrait et sortait, c'est ce qu'on appelait *vomitoria;* ces ouvertures étaient les unes au-dessus des autres: les rangs de sieges, qu'elles interrompaient et qui étaient entre elles, s'élargissant en montant, firent donner le nom de *coin* aux marches qui du haut en bas se trouvaient entre deux.

Vomitoria.

Naumachie.

La *naumachie* était un vaste réservoir, entouré de portiques et de sieges en amphithéâtre; des aqueducs y conduisaient assez d'eau pour qu'un certain nombre de vaisseaux pût y manœuvrer et représenter un combat naval que l'on appelait aussi *naumachie*.

Claude, voulant célébrer l'ouverture du lac Fucin, fit donner le spectacle d'un combat naval par dix-neuf mille hommes condamnés à mort, qu'il fit monter sur cent vaisseaux.

Les Romaines n'étaient pas exclues des spectacles, puisque nous avons déja vu qu'il y avait des places distinguées pour les vestales, et que des historiens racontent qu'Agrippine, assistant à une naumachie, portait un habit dont l'étoffe était d'or et d'argent pur (*a*).

Théâtres. Les Romains, à l'exemple des Grecs, avaient des théâtres où ils représentaient leurs jeux scéniques, c'est-à-dire la comédie, la tragédie, et la satire : chacun de ces genres avait ses décorations particulieres ; la tragique représentait des palais et des édifices enrichis de colonnes et de statues; la comique, quelques maisons de particuliers avec des balcons (*b*); la satyrique, des paysages.

Scene. La scene où les acteurs jouaient était à l'une des extrémités, qui était carrée : elle se divisait en trois parties, savoir, la *scene* proprement dite, qui occupait toute la largeur

(*a*) L'artiste en traitant de pareils sujets ne doit pas suivre l'exemple de celui qui a fourni à Montfaucon le dessin de la naumachie ; les spectateurs sont tous avec des perruques énormes, et des justaucorps pareils à ceux que l'on portait du temps de Louis XIV ; on en distingue un sur-tout avec un grand rabat.

(*b*) Montfaucon n'a pas été plus heureux que pour la naumachie dans l'exemple qu'il a choisi dans Sertio pour la décoration de la scene comique des anciens ; on y voit une maison dont la façade est chargée d'armoiries, entre lesquelles sont celles d'un prélat avec le cordon et le chapeau ; il y a des arceaux à tiers-point, et de grandes fenêtres avec de grands vitraux.

du théâtre, et avait de part et d'autre des ailes où se plaçaient les décorations ; le *proscenium* ou **pulpitum**, qui était la partie avancée sur laquelle les acteurs venaient déclamer ; enfin le *parascenium*, espace réservé pour la commodité des acteurs ; c'était là qu'ils venaient s'habiller, et qu'étaient déposées les machines et les décorations.

Proscenium. Pulpitum. Parascenium.

La toile, que l'on baissait pendant les entr'actes, était entre la *scene* et le *proscenium*.

La déclamation du même rôle était partagée entre deux acteurs ; l'un prononçait les paroles accompagné de la flûte, et l'autre, que l'on appelait *pantomime*, ne faisait que les gestes.

Pantomimes.

Les *mimes* étaient des bouffons qui dans les entr'actes venaient amuser le peuple ; les scenes qu'ils jouaient n'étaient que le fruit de leur imagination et de leur caprice.

Mimes.

Les spectateurs, placés sur des sieges en amphithéâtre, étaient à l'autre extrémité arrondie en demi-cercle ; pour juger la grande étendue de ces sortes d'édifices il suffit de savoir qu'il y en avait où pouvaient se placer quarante mille personnes.

Spectateurs.

L'espace qui restait au centre était l'*orchestre :* chez les Grecs les mimes, les acteurs subalternes, en occupaient le fond, les chœurs le milieu, et la symphonie la partie la plus voisine de la scene ; les Romains réserverent ces places pour les sénateurs et les vestales.

Orchestre.

Des voiles ou bannes immenses, quelquefois de soie ou teintes des plus riches couleurs, soutenues par des cordes et des mâts, mettaient les spectateurs à couvert du mauvais temps et des rayons du soleil, sur-tout les femmes

Bannes.

qui occupaient les rangs les plus élevés; le milieu restait découvert.

Pour rafraîchir l'air on faisait tomber en forme de rosée de l'eau qui souvent était parfumée.

Caligula permit aux sénateurs de porter au spectacle des *bonnets à la thessalienne;* tous les particuliers dans la suite en adopterent l'usage, ainsi que du *pileus* et de l'*umbella* (*a*).

<small>Brodequins.</small> La chaussure des acteurs comiques était le brodequin (*soccus*); la semelle était faite d'un liege épais; il l'était <small>Cothurne.</small> cependant beaucoup moins que celui du *cothurne* des acteurs tragiques; celui-ci en général était plus riche, et faisait paraître l'acteur plus grand: il y en a qui prétendent que les mimes et les pantomimes étaient nu-pieds; Caylus pense avec raison que les acteurs et les mimes avaient des chaussures selon le sujet de la piece à représenter: le cothurne, par exemple, n'aurait pu convenir à un danseur.

Denis d'Halicarnasse et Onuphrius Panvinius me fourni-<small>Jeux sacrés.</small> ront la plupart des détails sur les *jeux sacrés* ou *jeux romains,* établis d'abord en l'honneur de Jupiter, de Junon, et de Minerve, et consacrés ensuite à tous les dieux; on les célébrait tous les ans au commencement de septembre: ils ne différaient, comme je l'ai déja observé, des jeux profanes que par l'appareil et par quelques cérémonies religieuses.

(*a*) On n'est pas d'accord sur la signification de ce terme; c'était une coëffure à large bord selon les uns, et un parasol selon les autres; peut-être les exprimait-il tous les deux.

La toque, dont se servent encore les Béarnois, était en usage dans

L'ordonnance de la pompe était réglée par les dépositaires de la souveraineté; la marche commençait au temple de Jupiter capitolin, passait par le *forum*, le *velabrum*, et arrivait au grand cirque, où l'on célébrait les jeux après avoir offert un sacrifice solennel.

Les rues par où elle passait étaient magnifiquement décorées; la pompe commençait par des enfants de quinze à seize ans à cheval; c'étaient les fils des chevaliers romains les plus riches; les fils de ceux qui avaient moins de quatre cent mille sesterces suivaient à pied : tous ces jeunes gens formaient divers corps, et marchaient en troupes réglées; après eux venaient les chars à deux et à quatre chevaux (*bigæ, quadrigæ*) avec leurs conducteurs, et ensuite les chevaux destinés aux courses du cirque.

Immédiatement après marchaient les lutteurs et les *pugiles* ou cestiphores; ils étaient nus, le *campestre* couvrait seulement le milieu de leur corps; ils étaient suivis de danseurs et de baladins; ceux-ci étaient vêtus et formaient trois pelotons, les hommes, les adolescents, et les enfants; ces deux derniers marchaient en cadence au son des trompettes, flûtes, hautbois, harpes, sistres, et lyres; ils portaient un javelot au poing; ils avaient des tuniques écarlate, avec un large baudrier enrichi de plaques, et de boucles de cuivre doré, où était suspendue une épée.

Les hommes portaient des casques d'airain ornés de panaches; ces corps étaient précédés chacun par un chef qui marquait la cadence de la *pirrhique*, danse armée dont le mouvement était très précipité, et s'accordait avec l'hymne guerrier que chantait un de la troupe.

plusieurs endroits de la Grece; le bord seulement en était plus mince et plus large : c'est ce qu'on appelait *bonnet à la thessalienne*.

<small>Silenes, satyres.</small>   Ensuite venaient les *silenes*, habillés de peaux velues semées de fleurs, et les *satyres*, vêtus de peaux de chevre pareillement velues, prenant mille postures plaisantes; ils étaient accompagnés d'une troupe de symphonistes.

Après ceux-ci, venaient ceux qui portaient des encensoirs d'or et d'argent, où brûlaient des aromates et de l'encens; ensuite les camilles de l'un et de l'autre sexe, les *æditui* (a), les scribes publics, les gardiens des archives, les adjoints des aruspices, les ministres des prêtres, les *pullarii*, les popes, les victimaires, les licteurs des flamines, les préfiques, etc., ceux qui conduisaient les taureaux, les génisses, les beliers et autres victimes parées de festons et de bandelettes : chacun portait avec appareil, selon son ministere, les vases sacrés les plus précieux, les pateres, candelabres, *litui*, bonnets des prêtres, trépieds, couteaux, haches, *simpula*, aspersoirs, etc.

<small>Pegmata.</small>   Immédiatement après suivaient les images des douze grands dieux, portées dans des *thensæ* ou des *pegmata* (b), puis celles des dieux du second ordre, des demi-dieux, et des héros; on y ajouta dans la suite celle des empereurs et des impératrices; on portait les symboles de chacune de ces divinités, sur-tout ceux qui indiquaient les choses avantageuses qu'elles avaient inventées ou enseignées aux hommes: Jupiter avait l'aigle et la foudre, Minerve l'olive, Neptune le cheval, Mercure le caducée et les lettres, Cérès le froment, Triptolême la charrue, etc. : ces chars étaient ordinairement traînés par des animaux de différente es-

(a) C'étaient les gardiens des temples, comme nos sacristains.
(b) Machines destinées à porter les images des dieux dans les processions; souvent des hommes cachés dedans les faisaient rouler; quelquefois on les portait à bras ou sur les épaules.

pece, lions, éléphants, tigres, etc., que conduisaient des jeunes gens richement vêtus : ces simulacres étaient précédés des *fercula*, espece de brancards sur lesquels on portait les dépouilles des villes soumises, ou, selon quelques uns, les images des dieux, et étaient suivis des *carpenta* ; ensuite venaient les *harmamaxes*, espece de doubles chars spécialement destinés à porter les dépouilles de l'ennemi.

Immédiatement après on voyait les différents colleges des prêtres, le grand pontife suivi des huit majeurs et des sept mineurs, les quinze flamines, le roi et la reine des sacrifices, les quinze augures, les quinze ministres des choses sacrées avec leur chef, les épulons, les six vestales, les trente curions précédés de leur chef, les douze saliens et leur maître qui marchaient en sautant, les vierges saliennes, les saliens appelés *agonales* ou *collini*, les vingt fécialiens conduits par le pere patrat, les freres *Arvales*, les confreres Titiens, les soixante prêtres publics, deux de chaque curie, les confreres augustaux, et ceux qui avaient été établis en l'honneur des empereurs déifiés, les luperques, la prêtresse grecque de Cérès, les galles et l'archigalle, les prêtres de la bonne déesse, et tous ceux chargés de ce qui concernait le culte et les temples.

Après eux, du temps de la république, marchait le dictateur et le maître de la cavalerie, ou les consuls, et dans la suite l'empereur, ses enfants, et ceux qui avaient la puissance consulaire, les décemvirs chargés d'écrire les lois, les tribuns militaires, les triumvirs chargés de veiller au salut de la république, les deux censeurs, les douze préteurs (a), les six édiles curules, les dix tribuns du peuple, les deux questeurs de la ville, les triumvirs capitaux, les

---

(a) Quelquefois il y en eut quinze.

nocturnes, ceux de la monnaie, les quatre officiers chargés des chemins, les dix arpenteurs jurés, les préfets du trésor, les curateurs des ouvrages publics, ceux préposés au curage du lit du Tibre et des égouts, le préfet du prétoire, celui de la garde, les curateurs et dénonciateurs des treize régions, les treize maîtres des rues, l'avocat du fisc, les trois lecteurs du sénat, ceux chargés de passer la revue des chevaliers, leurs ministres, appariteurs, scribes, hérauts, licteurs, viateurs, et autres; enfin le sénat terminait la marche.

Le cortege arrivé au grand cirque, les consuls et les prêtres offraient le sacrifice ; les victimaires lavaient leurs mains; les prêtres jetaient de l'eau lustrale sur les victimes, répandaient sur leur tête du froment grillé, dans lequel ils avaient mêlé un peu de sel, et les livraient aux victimaires après avoir adressé leurs prieres aux dieux : à l'instant les uns d'un coup de marteau ou de levier frappaient ces animaux, d'autres les égorgeaient, les écorchaient, les dépeçaient, et prenaient dans des paniers une partie des entrailles, sur lesquelles était de la farine détrempée ; ils les remettaient à ceux qui faisaient le sacrifice, pour les offrir et les faire brûler sur l'autel en les arrosant de vin.

Le sacrifice étant achevé, le crieur public appelait à haute voix ceux à qui, pour leurs actions et leurs services, la patrie avait accordé des couronnes; ils les recevaient de nouveau, et s'en décoraient en présence de l'assemblée, ainsi que de certaines dépouilles qu'ils avaient prises sur les ennemis : ce ne fut que l'an 450 de Rome qu'à cause de ses victoires multipliées, le peuple romain commença d'assister aux jeux avec des couronnes sur la tête; enfin on ouvrait les jeux du cirque, qui terminaient la cérémonie.

Jeux troyens. Enée institua dans la Sicile les jeux troyens pour exercer

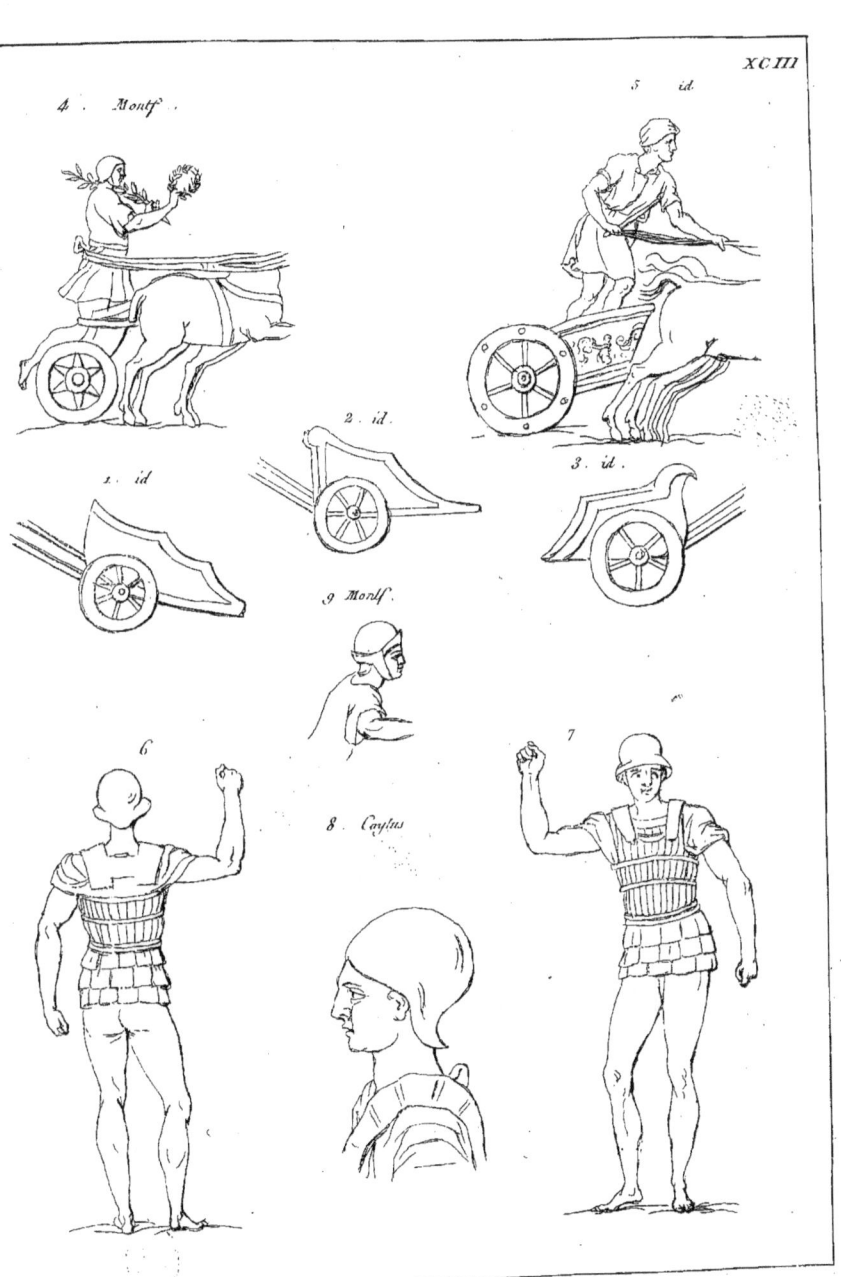

DES ROMAINS.

Ascagne son fils, et les autres enfants ; Ascagne en établit l'usage dans le Latium : ils n'étaient guere plus en usage vers la fin de la république ; ils furent rétablis sous les premiers empereurs qui se prétendaient descendants d'Enée : c'étaient des cavalcades ou tournois, des combats simulés, et certaines évolutions militaires qui se faisaient dans le cirque par les jeunes patriciens bien montés, rangés par escadrons, formant deux troupes, les grands et les petits ; après avoir combattu en apparence, un des partis s'avouait vaincu, et l'on faisait la paix : celui qui les commandait s'appelait *prince de la jeunesse* ; cet honneur était ordinairement déféré à celui des enfants de l'empereur qui était désigné pour son successeur.

Prince de la jeunesse.

Les ministres des jeux couraient à cheval dans le cirque, et s'élançaient sans toucher terre sur d'autres chevaux disposés à cet effet.

Les *jeux du cirque* proprement dits étaient la course des chars à quatre roues, puis à deux, la course à cheval et à pied ; les combats des athletes, sauteurs, lutteurs, jeteurs de palet ou de barre, cestiphores, gladiateurs, etc.

Jeux du cirque.

Les chars dont on se servait dans le cirque étaient petits et peu élevés (1, 2, 3) ; deux, quatre, ou six chevaux de front les conduisaient ; c'est ce qu'on entendait par *bigæ, quadrigæ*, et *sejugæ*.

Pl. XCIII, 1, 2. 3.

Ceux qui conduisaient les chars dans les jeux du cirque n'avaient quelquefois pour tout habit qu'une courte tunique (4, 5) dont les manches se terminaient à mi-bras ou au coude ; d'autres avaient le corps entouré de bandes de cuir depuis les hanches jusqu'à la poitrine (*a*) ; les rênes des

4, 5.

(*a*) Caylus a donné le dessin d'un *agitateur* ou cocher du cirque (6, 7, 8), coëffé d'un bonnet assez juste à la tête, vêtu d'un simple gilet serré par le haut avec de larges bandes ; le haut du dos, d'une

6, 7, 8.

chevaux y étaient attachées; quelquefois elles passaient simplement autour de leur corps; d'autres les tenaient en
4. main; quelques uns (4) s'attachaient à leur char; ils étaient
9. nu-tête ou coëffés d'un casque (9), ou d'un bonnet bleu (*a*).

Une piece d'étoffe que l'on déployait était le signal pour commencer la course; il fallait faire sept fois le tour des bornes (*metæ*), sur lesquelles étaient placés deux œufs en l'honneur de Castor et Pollux inventeurs des courses.

Ceux qui disputaient le prix de la course des chars se distinguaient par la couleur de leurs habits, et formaient autant de factions; il n'y en eut pendant long-temps que deux, la rouge et la blanche; ensuite deux de plus, la verte et la bleue; elles prenaient leur origine dans les quatre éléments, la terre, le feu, l'eau, et l'air;: Domitien en ajouta deux autres, l'une couleur d'or, et l'autre de pourpre: il y avait pour chaque couleur des paris, et des factions qui quelquefois en vinrent aux mains.

Cestiphores cestes.
Pl. XCIV, 3, 4, 5, 6.

Après les chars venaient les athletes avec leurs *cestes*; le ceste était une arme offensive faite de plusieurs cuirs cousus ensemble, et entre lesquels on mettait quelquefois des balles ou des lingots de plomb; on l'attachait autour du poing pour en frapper plus terriblement son adversaire, dont l'adresse consistait plus à esquiver et à porter en même temps son coup qu'à parer.

épaule à l'autre, est couvert d'un ajustement singulier, garni de cuir ou de métal, et dont les bouts de part et d'autre se terminent sur le haut de la poitrine.

Pl. XCIV, 1.   Sur le revers d'un médaillon d'Honorius (1) Eutime, vainqueur des jeux olympiques, est cuirassé: il est nu-tête dans un quadrige; sur un
2. autre médaillon (2) l'armure d'Eugene couvre même ses avant-bras et le cou; ses chevaux ont des palmes pour aigrettes.

(*a*) Vraisemblablement ils en eurent dans la suite de la couleur qui caractérisait leur faction.

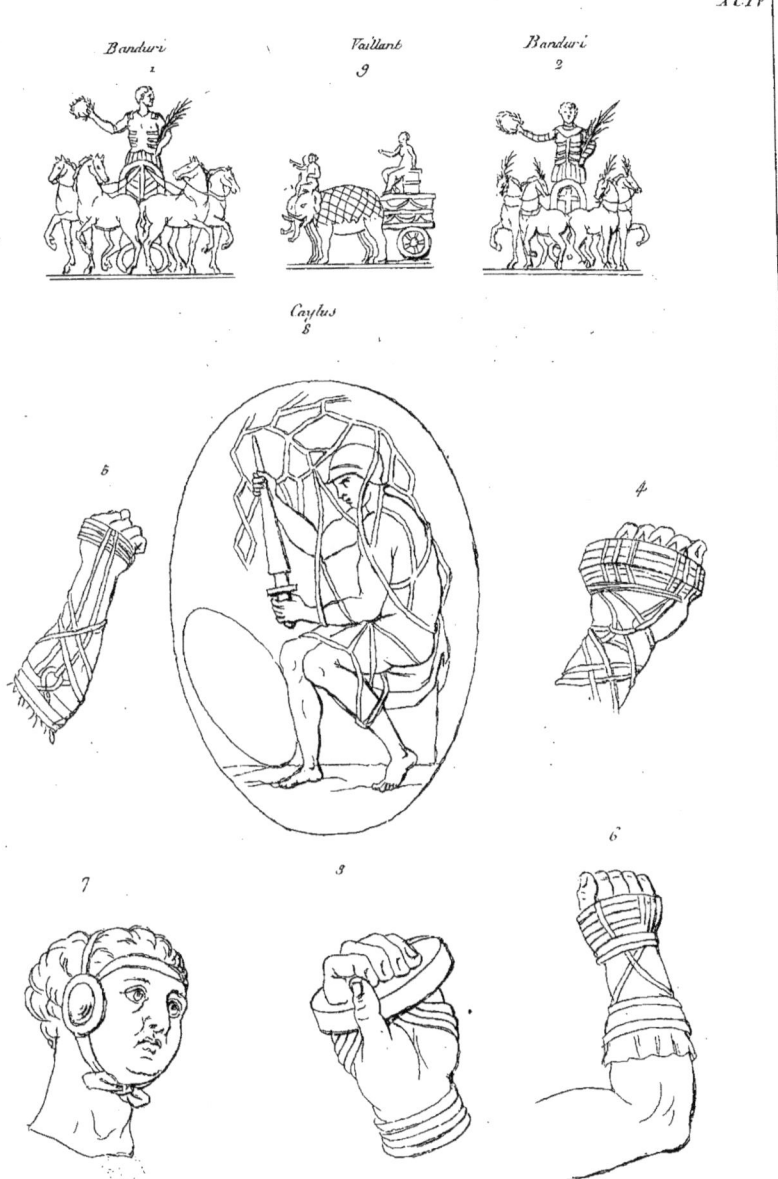

Il y avait des cestes qui ne couvraient qu'une partie de la main (3, 4), d'autres qui la couvraient en entier; on en portait un à chaque main; les *cestiphores* se couvraient quelquefois l'avant-bras gauche, ou les deux avant-bras (5, 6), et quelquefois les bras aussi d'une espece d'armure; ils en avaient une dont ils se couvraient les oreilles (7) : la lutte cessait, dit-on, aussitôt que l'un des deux combattants s'avouait vaincu en présentant de l'herbe à son adversaire(*a*).

3, 4.

5, 6.

7.

Les *gladiateurs* armés de glaives se battaient à outrance les uns contre les autres; on en vit à Rome pour la premiere fois aux funérailles du pere de Junius Brutus; il y en eut ensuite à celles des riches particuliers, et bientôt à l'amphithéâtre : nous avons déja vu que ce peuple sanguinaire en avait jusque dans ses triclines pendant le repas; c'étaient ceux que Juste-Lipse veut qu'on appelle *cubicularii ;* on en faisait combattre des troupes les unes contre les autres : on les appelait alors *catervarii.*

Gladiateurs.

Catervarii.

Quoique cette profession fût généralement regardée comme infâme, la fureur que l'on eut pour ces sortes de combats fut telle, que l'on vit des chevaliers, des patriciens, des empereurs, des femmes même, descendre dans l'arene, et y combattre; ils prenaient chacun une marque distinctive : c'était le plus souvent des plumes de paon.

Les *rétiaires* étaient ainsi appelés à cause d'un rets ou filet qu'ils portaient sous leur bouclier, et dont ils avaient l'adresse d'envelopper et d'embarrasser leur adversaire qui sur son casque avait la figure d'un poisson ; celui-ci s'appelait gaulois ou mirmillon (8); ils étaient tantôt nus,

Rétiaires.

8.

(*a*) De pareils récits, à force d'être répétés, acquierent de l'authenticité : il n'y avait que du sable dans l'arene ; d'où aurait-il pu tirer l'herbe? l'athlète, comme nous le disons ailleurs, s'avouait vaincu en laissant tomber ses bras.

tantôt vêtus d'une simple tunique, et n'avaient pour toute arme que le bouclier, et l'épée, ou un trident, ou une fourche : l'antique connu sous le nom du gladiateur mourant, gravé par Périer, représente un mirmillon nu, sans casque, assis sur un bouclier ; il a une corde autour du cou, et une épée espagnole à côté de lui.

Secutores. — Les *secutores* étaient des gladiateurs armés de javelots et de masses de plomb, portant un casque et un bouclier ; ainsi que les mirmillons ils combattaient contre les rétiaires en prenant la place du vaincu.

Laquearii. — Les *laquearii* portaient l'épée d'une main, et de l'autre une corde avec un nœud coulant pour y embarrasser leurs adversaires.

Samnites ou hoplomaques. — Les *samnites* ou *hoplomaques* paraissaient dans l'arene armés de toutes pieces, avec un glaive suspendu à leur baudrier ; leurs casques étaient garnis d'aigrettes, et leurs boucliers d'argent ciselé.

Gladiateurs à cheval. — Il y en avait aussi quelquefois qui combattaient à cheval ; parmi ceux-ci il y en avait avec les yeux bandés : c'étaient les *andabates* ; d'autres, à la maniere des Bretons et des Gaulois, étaient sur des chars.

Andabates.

Dimacheres. — Les *dimacheres* étaient armés de deux épées.

Thraces.
Pl. XCV, 1.
Harpé. — Les *thraces*, dit-on, étaient ainsi appelés parcequ'ils étaient armés comme les Thraces ; la lame de leur épée (1), nommée *harpé*, semblait être de deux pieces, faisant un angle obtus vers le milieu ; leur bouclier, carré, creux, et large, comme celui des légionnaires, était beaucoup plus court ; par-dessus leurs caleçons, qui remontaient jusqu'au nombril, ils portaient un tablier triangulaire bordé de franges, et une ceinture ; une armure singuliere couvrait le devant de leurs jambes, et remontait jusqu'à mi-cuisse :

ils combattaient aussi à coups de poing, puisque celui dont je viens de décrire le monument est armé d'un ceste (*a*) qui peut-être indique seulement son talent particulier dans ce genre de combat.

Outre la liberté que l'on accordait au gladiateur après six victoires, il recevait quelquefois une petite somme d'argent, un fleuret, ou épée de bois (*rudis*), avec lesquels il avait commencé le combat, et des *lemnisques*, c'est-à-dire des rubans de laine dont il ceignait sa tête, et qui servaient quelquefois à lier et à entourer des guirlandes; il recevait aussi de la main du préteur (*b*) une couronne de lentisque, ou une palme entourée de branches de cet arbre.

Récompense des gladiateurs.

Lemnisque.

Il y avait deux sortes de *bestiaires;* les premiers étaient ceux condamnés aux bêtes, sans armes ni défense : s'ils tuaient la bête par adresse on en lâchait une autre contre eux, mais c'était rare; Cicéron parle au contraire d'un lion qui seul avait suffi pour mettre à mort deux cents bestiaires : les chrétiens y étaient souvent condamnés; ce supplice était un spectacle admis dans les jeux.

Bestiaires.

Les seconds *bestiaires* étaient des gens courageux et adroits qui, moyennant une certaine somme, venaient affronter et attaquer les bêtes les plus féroces : beaucoup y périssaient, ce qui n'empêchait pas que d'autres, pour faire seulement parade de leur adresse, ne vinssent gra-

---

(*a*) Cette figure se rapporte apparemment aux Thraces des derniers temps, car elle ne s'accorde guere avec la description que les anciens historiens, notamment Hérodote, nous ont laissée des armes de ce peuple.

(*b*) Théodoric, roi des Ostrogoths, abolit les combats des gladiateurs en Italie vers l'an 500.

tuitement prendre place parmi eux; les empereurs Commode et Néron furent de ce nombre; on vit même des femmes se mettre sur les rangs : ce spectacle appelé *pancarpe*, suivant l'opinion de Saumaise, dura jusqu'au regne de Justinien.

<small>Pancarpe.</small>

<small>Chasse, *sylva*, *venatio*.</small>

Souvent on opposait un certain nombre d'hommes armés contre autant de bêtes féroces, et quelquefois des cavaliers contre des taureaux sauvages; on livrait au public assemblé une quantité considérable d'animaux sauvages avec la liberté de les tuer ou de les saisir : Titus, faisant la dédicace du colisée, donna, outre les gladiateurs et un combat dans la naumachie, une chasse de cinq mille bêtes de différente espece; c'est ce qu'on appelait *sylva*, *venatio*, ou *pancarpe*, suivant l'opinion de Casaubon, à cause des arbres transplantés exprès dans le cirque pour imiter une forêt: il y en a qui prétendent que le peuple était sans armes et ne pouvait employer que l'adresse, et qu'à raison de cela il n'y avait point d'animaux féroces dans les sylves; en ce cas il y aurait eu des sylves de plusieurs especes, puisqu'il y avait quelquefois des sangliers, comme dans celle que donna l'empereur Gordien (*a*); ce genre de spec-spectacle cessa du temps de Constantin.

Parmi ceux qui volontairement ou pour de l'argent s'exposaient à la fureur des bêtes, les uns les attaquaient à force ouverte, les autres n'employaient que la ruse, quelques uns allaient à toute course vers l'animal, armés seu-

(*a*) C'est une des plus célebres dont l'histoire fasse mention; il y avait deux cents cerfs, trente chevaux indomtés, cent chevres, cent élans, cent taureaux, trois cents autruches, trente ânes sauvages, cent cinquante sangliers, deux cents chevres sauvages, et deux cents daims.

lement d'une longue perche dont ils s'aidaient pour sauter par-dessus, comme font les bergers pour franchir un large fossé ; l'animal surpris restait étonné, et leur donnait le temps de se mettre en sûreté, ce qu'ils ne faisaient qu'après avoir long-temps continué le même jeu.

D'autres se servaient d'une grande roue, ou d'une espece de grand globe d'osier vide, qu'ils faisaient rouler vers l'animal ; celui-ci en faisait le tour pour saisir son ennemi qui l'évitait par la même manœuvre, jusqu'à ce qu'enfin l'animal fatigué cessât sa poursuite.

Il y en avait qui venaient au milieu de l'arene, munis seulement d'un énorme bouclier hérissé de pointes ; ils se jetaient à terre, et en couvraient tout leur corps à l'instant où la bête allait s'élancer sur eux, ce qui les faisait ressembler à des hérissons ; cette métamorphose subite intimidait l'animal et le faisait reculer.

Il y avait enfin ce qu'on appelle le *treillis* ; c'était une barriere (2) plus haute qu'un homme ; il y avait trois ouvertures séparées par de larges poteaux ; l'homme se présentait tantôt par l'une, tantôt par l'autre, et esquivait avec adresse les atteintes de l'animal dont la rage s'animait de plus en plus, jusqu'à ce que lassé et découragé il se retirât. Treillis.
Pl. XCV, 2.

Montfaucon donne, d'après un monument étrusque, le dessin du bestiaire Marcel, qui, le fouet à la main, paraît commander à un ours qui semble le caresser (3) : on voit à-peu-près la même chose dans les diptyques (*a*) de Bourges (2). 3.

2.

L'art des *funambules* ou danseurs de corde fut porté si Funambules.

(*a*) Tablettes qui se pliaient en deux ; ce mot vient de πτυσσω, je plie, δις, *deux fois*. (*Note de l'édit.*)

loin chez les Romains, que Suétone atteste que du temps de Galba l'on vit un éléphant descendre en marchant sur une corde depuis le lieu le plus élevé de l'amphithéâtre jusqu'en bas.

Pétauristes. Les *pétauristes* faisaient sur une roue des sauts prodigieux (*a*).

Acclamations. Les acclamations (*b*) n'avaient ordinairement lieu qu'en faveur des empereurs, de leurs enfants, de leurs favoris, des magistrats qui présidaient aux jeux, et quelquefois des hommes d'un mérite distingué : Caton et Virgile reçurent cet honneur.

Applaudissements. Pour applaudir on levait les deux mains jointes en croisant les deux pouces; on faisait voltiger un pan de sa toge : Aurélien, pour la commodité du peuple, qui depuis longtemps n'en portait pas, lui fit distribuer des bandes d'étoffe *Applaudisseurs à gages.* pour cet usage; le temps vint enfin où il y eut des applaudisseurs à gages, que leurs patrons envoyaient pour soutenir leurs amis lorsqu'ils récitaient quelque ouvrage en public; ils leur criaient : *Sophos, sophos, sophos,* ou *effetè, graviter, citò, nequiter, euge, beatè;* on répétait ces cris aux bons endroits; on agitait en l'air les mouchoirs; ce qu'on affectait aussi pour encourager l'orateur lorsque sa mémoire était en défaut.

Jeux floraux. Les *jeux floraux* furent institués l'an de Rome 513 : ils ne commencèrent à être célébrés tous les ans que depuis l'an 580; c'était d'abord le 28 avril; on préféra dans la suite le 28 mai : les courtisanes paraissaient de jour sur le

(*a*) Ce mot vient de πιταμαι, *je vole;* on croit que c'était une espece d'escarpolette. (*Note de l'édit.*)

(*a*) *Lætare incolumis Roma salvo principe, feliciter, longiorem vitam, annos felices.*

théâtre toutes nues, passaient la nuit à courir les rues en dansant, chantant des chansons obscenes, et faisant les gestes les plus lascifs à la clarté des flambeaux et au son des trompettes : Valere-Maxime rapporte que Caton, voyant un jour au théâtre que sa présence gênait le peuple et l'empêchait de demander ces femmes, se retira, ne voulant ni le priver ni souiller ses regards d'un pareil spectacle.

Les Romains pendant les *jeux apollinaires* sacrifiaient un bœuf et deux chevres dont les cornes étaient dorées; ils y assistaient la tête couronnée, et faisaient des festins au milieu des rues. Jeux apollinaires.

Les *jeux séculaires* étaient aussi des jeux sacrés en l'honneur d'Apollon et de Diane, ainsi que les jeux romains; ils étaient suivis de toutes sortes de spectacles : cette fête, qui était censée ne se célébrer que tous les cent ans, durait trois jours; la nuit se passait dans les temples où l'on venait faire des prieres et offrir des sacrifices; la fête se terminait le troisieme jour par l'hymne séculaire que vingt-sept jeunes garçons et autant de jeunes filles, tous ayant pere et mere, venaient chanter dans le temple : les empereurs chrétiens mirent fin à ces jeux. Jeux séculaires.

Le mot *saltation* chez les anciens avait une signification beaucoup plus étendue que celui de *danse*: on aurait tort d'imaginer qu'ils aient dansé dans toutes les circonstances où les auteurs semblent nous dire que l'on a sauté; par le mot saltation ils entendaient non seulement l'art des pantomimes et tous les gestes qui pouvaient ajouter à l'expression, mais aussi une certaine cadence qui s'observait, soit en déclamant, soit en marchant. Danses, saltation.

Les *danses sacrées* ont été en usage chez toutes les Danses sacrées.

nations; chez quelques unes même elles faisaient partie du culte, comme chez les Romains, où les douze saliens, prêtres de Mars, allaient par les rues, et portaient les anciles en chantant et en dansant.

<small>Danses funebres.</small>

Les *danses funebres* ne consistaient apparemment que dans des gestes et dans une démarche qui marquaient l'affliction, ou ce qui avait occasionné la mort de celui dont on faisait les funérailles; de là vint la *pyrrhique*, espece de ballet où l'on imitait en cadence tout ce qui pouvait se passer dans un combat : selon Aristote c'est Achille qui institua ces danses aux funérailles de Patrocle; d'autres disent que ce fut Pyrrhus son fils.

<small>Danse pyrrhique.</small>

<small>— profanes.</small>

Les *danses profanes*, telles que nos danses champêtres, ont été et sont encore en usage par-tout.

<small>Instruments de musique.</small>

INSTRUMENTS DE MUSIQUE.

Les Romains, outre les instruments militaires dont il a été déja parlé, avaient le cornet, la conque, le basson, les cymbales, et le *tympanum*, plateau de cuivre entouré de sonnettes ou de grelots; un côté quelquefois était garni de peau comme nos tambours de basque; il y en avait avec un manche et sans manche; on en sonnait en les agitant, ou en les frappant avec une baguette de métal.

Nous avons déja vu qu'ils avaient des joueurs de flûte pendant les sacrifices; ces flûtes étaient quelquefois doubles, tantôt égales, tantôt inégales en longueur et en grosseur : ces instruments, pour la commodité du musicien, étaient quelquefois attachés à leur tête par trois courroies, dont deux horizontales ceignaient la tête, la troisieme s'élevant entre les deux yeux venait se joindre aux deux autres; par ce moyen l'instrument était fixé sur

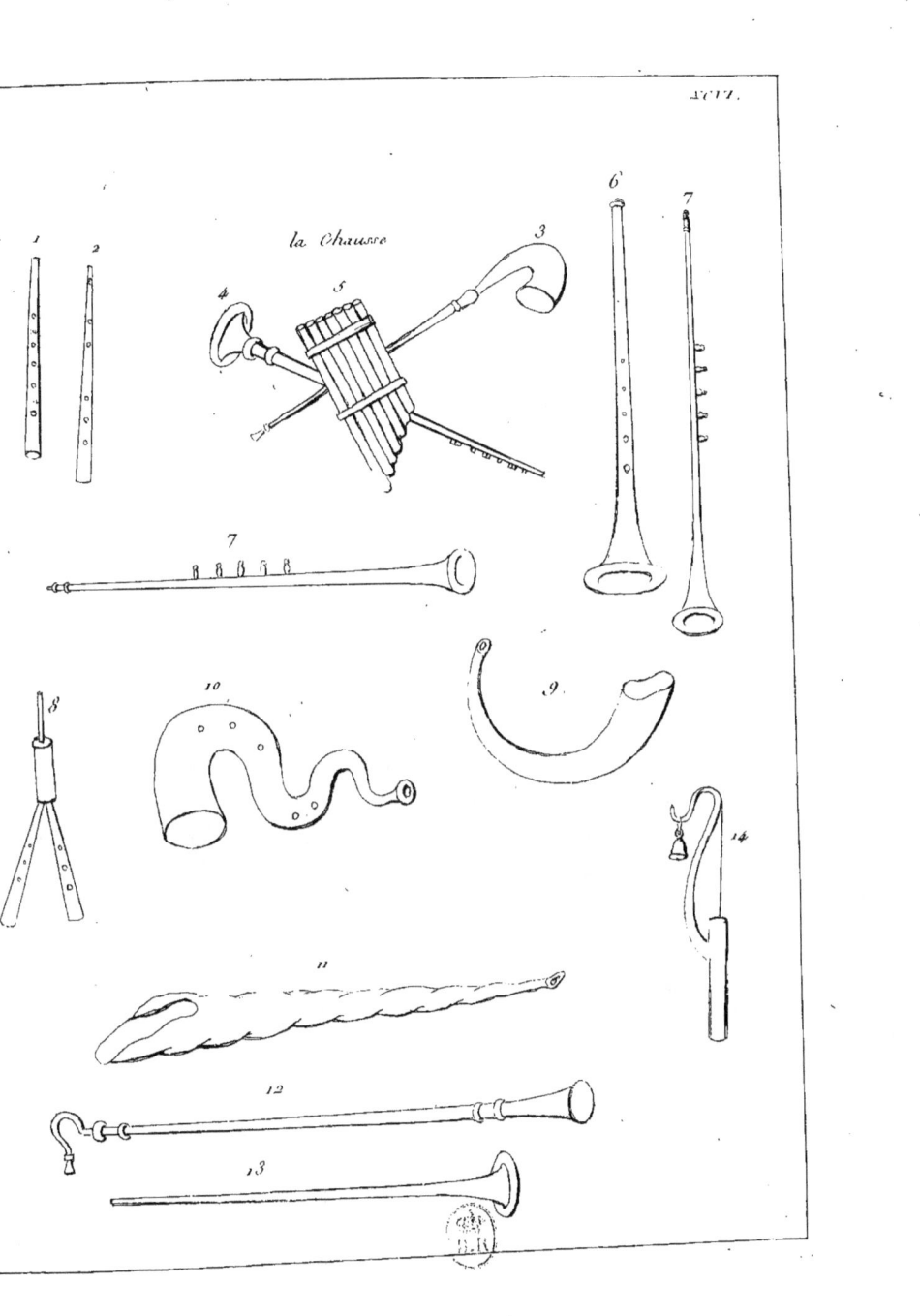

la bouche, les joues étaient comprimées, et le souffle plus égal et moins pénible.

Il y avait aussi des flûtes à trois tuyaux avec une seule embouchure ; les autres à cinq, à six, et à sept tuyaux, de même que l'espece de cornemuse dont jouaient les *utri-* *cularii ;* les castagnettes (*crembalum*) et les palets étaient des instruments champêtres. *Utricularii.*

Lachausse, d'après d'anciens monuments, a recueilli les figures suivantes : Pl. XCVI.

1. Flûte champêtre.
2. Flûte d'airain ; c'était un des instruments militaires des Amazones, des Lacédémoniens, des Etrusques, des Thébains, et d'autres peuples.
3. Flûte phrygienne de la mere des dieux ; elle était faite avec une corne et du roseau adaptés ensemble.
4. Flûte de Pan.
5, 6. Flûtes sacrées ; on s'en servait dans les temples pour accompagner ceux qui chantaient des hymnes.
7. Flûtes égales ; celles de ce genre qu'on a trouvées à Rome dans des tombeaux, étaient d'ivoire recouvert d'une mince lame d'argent ; la muse Clio en tient de pareilles.
8. Flûte double. (Voyez plus haut).
9. *Kerana*, cornet des Juifs ; on le voit sur les anciens monuments qui représentent les instruments des sacrifices chez les Juifs.
10. Cornet de métal des chasseurs.
11. Cornet, *buccina ;* il servait chez plusieurs peuples à donner le signal du combat, ainsi que la trompette.

Ces sortes d'instruments se faisaient avec la corne de divers animaux ; on en imitait la forme avec du métal.

12. Flûte droite des Juifs, *tuba cornea ;* le corps était de

buis, et le bec recourbé de corne : elle était en usage chez les Etrusques et les Phéniciens.

13. Trompette commune ou droite ; elle était de métal : Moïse dans le désert en fit faire de pareilles en argent.

14. Monochorde ; cet instrument n'avait qu'une seule corde ; il ressemblait à un arc.

Pl. XCVII. 15. Instrument des Assyriens, appelé dichorde lorsqu'il n'avait que deux cordes ; il était long, étroit, un peu plus large par le haut que par le bas ; quelques auteurs le confondent avec le *pectis* et le *magas* : on est si peu éclairé, notamment sur le dernier, que les uns le citent comme un instrument à vent, et les autres comme une espece de guitare ; ce qu'il y a de plus singulier c'est que ceux-ci ne sont pas d'accord entre eux ; les uns ne lui donnent que deux cordes, et les autres un plus grand nombre jusqu'à vingt.

16. Le *trichordis (cithara)*, *le tetrachordum*, etc. étaient des lyres qui prenaient leur nom du nombre de leurs cordes ; la premiere en avait trois, et l'autre quatre ; celle-ci était en usage chez les Phéniciens et les Grecs : c'était la lyre d'Anacréon.

17. Heptachorde, lyre à sept cordes ; Symonide y en ajouta une huitieme.

18. *Chelys*, cithare ; pour en jouer on se servait des doigts et du *plectrum*.

19. Autre cithare.

20. *Plectrum*, baguette d'ivoire ou de bois uni dont le musicien touchait les cordes d'un instrument pour en tirer du son ; souvent aussi on se servait d'un pied de chevre.

21. Psaltérion ; il était carré ; le nombre de ses cordes variait beaucoup, comme huit, dix, onze, douze.

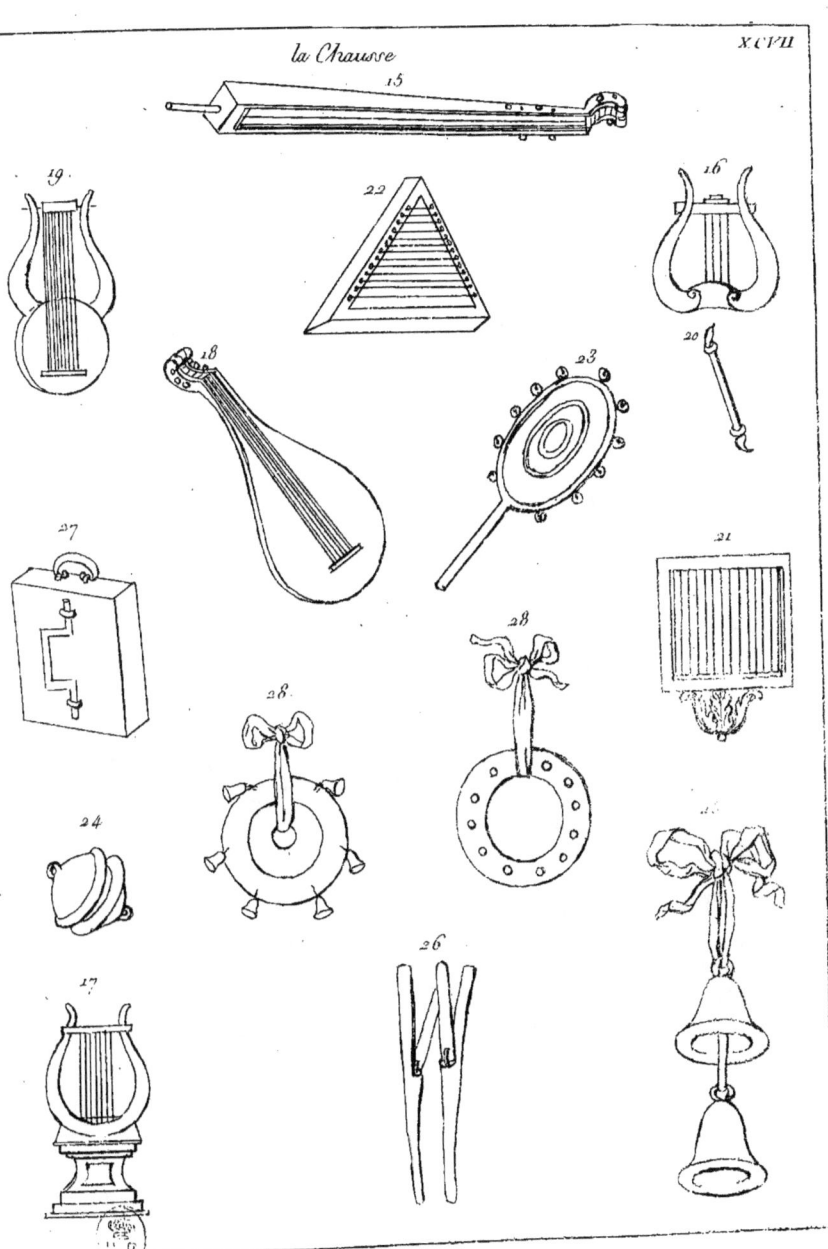

22. *Cinnor* des Hébreux, *cinira* des Grecs, *cithara* des Latins, instrument de la forme d'un Δ, ainsi que le trigone et la sambuce ou sambuque ; cette derniere avait les cordes horizontales (*a*).

23. Cymbale sacrée des Arméniens.

24. Cymbales ou *crembalum* d'Hermippe.

25. Cloches en usage dans les bains publics à Rome.

26. Crotales, roseaux ou morceaux de bois fendu par un des bouts, ou lames d'airain dont on tirait des sons en les choquant l'une contre l'autre, quelquefois sous un pied entre deux semelles : cet instrument, qui était fort du goût des Romains, servait à marquer la cadence en chantant et en dansant : on donnait aussi ce nom à un instrument ou vase de bois, de terre, ou d'airain, dont on tirait du son en le frappant.

27. *Crepitaculum*, crécerelle, instrument de bois dont on se servait avant l'usage des cloches en orient et en occident pour assembler les fideles ; on en avait conservé l'usage dans quelques communautés religieuses pour appeler les moines à matines ; on s'en sert encore pendant la semaine sainte.

28. Cymbales que l'on suspendait dans les bains et en divers lieux pour donner des signaux ; il y avait autour de petits trous pour y attacher des grelots et autres choses sonores.

CHARS, VOITURES.

Montfaucon fournit presque tout ce qu'il y a à dire sur les voitures et les chars : en voici l'énumération et la définition.

(*a*) Montfaucon, après avoir fait une longue énumération des in-

Carpentum, voiture à deux roues conduite par deux mules, à l'usage des dames romaines.

Carruca, char pour la campagne; il était à quatre roues, et conduit ordinairement par quatre mules ou mulets; les gens de qualité en avaient ornés d'argent: Alexandre Sévere n'en permit l'usage qu'aux sénateurs; Aurélien le permit à tout le monde.

Petoritum, autre char à quatre roues dont se servaient les femmes.

Rheda, voiture à quatre roues traînée par huit ou dix mules, mulets ou chevaux, deux à deux.

Benna, fourgon garni d'osier.

Soracum, voiture roulante des Gaulois.

Cisium, char léger à quatre roues traîné par trois mules; dedans était un siege: cette voiture n'était point à l'usage des femmes.

Pilentum, essedum, espece de litiere dans laquelle on pouvait se tenir assis, et se faire porter par des esclaves ou par des mules.

On donnait aussi le nom d'*essedum* à un chariot de guerre tiré par deux mules ou chevaux, non de front, mais l'un derriere l'autre: les Romains et les Gaulois s'en servaient dans les courses publiques.

Pl. XCVIII, 1, 2. Il y avait des fourgons à deux et à quatre roues; ceux que j'ai extraits de la colonne théodosienne sont traînés par des bœufs, et ornent une pompe triomphale.

Pl. XCIV, 9. *Thensa*, char de triomphe, et notamment ceux où l'on portait quelquefois les images des dieux (pl. XCIV, 9).

struments à corde connus des anciens, tels que la lyre, la guitare, le *chelys*, le psaltérion, la harpe, finit en disant que peut-être plusieurs de ces noms conviennent à un même instrument.

Col. Theodos.
1.

Col. Theod.
2

Maffei
3.

XCVIII.

DES ROMAINS.

Les Romains faisaient aussi usage d'une voiture assez semblable à nos cabriolets, et traînée par un cheval (pl. XCVIII, 3). *Pl. XCVIII, 3.*

Epirrhedium, *arcerra*, petits chariots couverts: celui-ci servait à porter les vieillards et les malades couchés; il était fait avec des planches sur lesquelles on étendait des étoffes et des habits; le *sagma* était une espece de bât dont on voit la figure sur la colonne trajane.

Ce fut, dit-on, Marius qui inventa les crochets qu'on met aux mulets pour les charger de part et d'autre.

Octophorum, litiere portée sur les épaules par huit esclaves.

MESURES. *Mesures.*

Le pied romain est connu aujourd'hui sous le nom de pied cossutien et de pied capitolin. *Pied cossutien et capitolin.*

Le premier, trouvé sur le monument sépulcral de Cossutius, célebre architecte, a été fixé par Danville et plusieurs autres savants à 1306 dixiemes de ligne de l'ancien pied de Paris, ou 10 pouces 10 lignes 6 dixiemes de ligne (0^m,2946).

Le second a été gravé, vers l'an 1590 de l'ere chrétienne, sur un marbre dans le Capitole par Lucas Pœtus, jurisconsulte et antiquaire; sa mesure, rapportée à l'ancien pied de Paris, est à-peu-près la même que celle du pied cossutien.

Le palme était les trois quarts du pied romain. *Palme.*
Le doigt en était la seizieme partie. *Doigt.*
Le mille s'entendait de mille pas romains. *Mille.*
Le pas était composé de 5 pieds, ou 4 pieds 6 pouces *Pas.*

324 COSTUME ET USAGES DES ROMAINS.

5 lignes de Paris ($1^m 473$) : le mille vaut donc 755 toises 4 pieds 8 pouces 8 lignes (1473 metres).

Stade. Le stade est la dixieme partie du mille.

Au reste le XXIVe volume des Mémoires de l'Académie laisse peu à desirer sur cette matiere; l'artiste doit le consulter au besoin.

FIN DES RECHERCHES SUR LE COSTUME DES ROMAINS.

ERRATA.

Page 6, *ligne* 14, *au lieu de* Rafin, *lisez* Rosin.
Page 56, en marge, *au lieu de* Pl. XVIII, *lisez* Pl. XVII.
Page 132, en marge, *au lieu de* Pl. LXII, *lisez* Pl. LXI.
Page 300, *ligne* 24, *au lieu de* qui en laissaient, *lisez* qui laissaient.

TABLE

ALPHABÉTIQUE ET MÉTHODIQUE

DES MATIERES

CONTENUES DANS LE PREMIER VOLUME.

INTRODUCTION.		Pondération.	page	xxiv
		Reflets.		xxx
Anatomie.	page xviij	Unité d'effet.		xl
Architecture.	xliij	de temps.		ibid.
Attitudes.	xxiij	d'action.		ibid.
Clair-obscur.	xxx	Vêtements.		xxvj
Coloris.	ibid.			
Composition.	xlix	COSTUME DES ROMAINS.		
Conseil important.	lj			
Contrastes.	xxviij	Affranchis.		220
Convenances.	xlj	Ambassadeurs.		157
Costume.	lij	Armées.		175
Dessin.	xvij	Armes.		184
Draperies.	xxvj	Bains.		234
Expression.	xx	Barbe.		21
Faire.	xlij	Bijoux.		38
Figure principale.	xxix	Cérémonial des sacrifices.		280
Grace.	xix	Cérémonies.		255
Groupes.	xxviij	Chars.		321
Invention.	xlix	Chaussure des Romains.		24
Licences.	xliij	des Romaines.		38
Passion.	xx	Chevelure.		21
Paysage.	xxxviij	Coëffure des Romains.		21
Perspective.	xxxvij	des Romaines.		35

TABLE DES MATIERES.

Comices.	page 143	Maisons.	page 234
Consuls.	50	Marche des soldats.	199
Départ des soldats.	199	Marine.	204
Dictateur.	52	Mesures.	323
Empereurs.	53	Ministres du culte.	259
Enseignes.	161	Paysans.	220
Esclaves.	220	Peines.	224
Fécialiens.	157	Politesse.	229
Fêtes.	259	Récompenses militaires.	208
Forum.	143	Repas.	237
Funérailles.	243	Rois de Rome.	43
Habits des Romains.	5	Sacrifices.	278
des Romaines.	28	Sénateurs.	48
Instruments de musique.	318	Spectacles.	298
militaires.	28	Temples.	285
Jeux.	298	Triomphes.	212
Légion.	159	Tunique.	13
Levée des troupes.	169	Usages civils.	229
Machines de guerre.	202	militaires.	169
Magistrats du bas empire	151	Ustensiles des sacrifices.	278
Magistrats et officiers.	143	Vases des sacrifices.	*ibd.*
Leurs fonctions et costumes.	*ib.*	Vêtements militaires.	170
Leurs marques distinctives.	*ibid.*	Voitures.	321

FIN DE LA TABLE DES MATIERES.

TABLE ALPHABÉTIQUE
DES AUTEURS CITÉS DANS LE PREMIER VOLUME.

Académie. (Mémoires de l')
Actes des Martyrs.
Afranius.
Appien.
Aristote.
Athénée.
Augustin.
Aulu-Gelle.
Banduri.
Begerus.
Bernat. (le P. du)
Bonanni.
Buffon.
Casaubon.
Caylus.
Ciaconius. (Alphonse)
Ciampinus.
Cicéron.
Claudien.
Code théodosien.
Coypel.
Cyprien. (S.)
Dandré-Bardon.
Danville.
Denis d'Halicarnasse.
De Piles.
Dion.
Dubos.

Ducange.
Duchoul.
Dufresnoy.
Elien.
Erizzo.
Euripide.
Eustate.
Fabretti.
Félibien.
Festus.
Foucault.
Fraguier.
Grégoire de Nazianze. (S.)
Gronovius.
Guther.
Hérodote.
Homere.
Horace.
Hygin.
Jérôme. (S.)
Joli de Maiseroy.
Irénée. (S.)
Isidore. (S.)
Juste-Lipse.
Justin. (S.)
Khell.
Lachausse.
Lebeau.

Léon. (l'empereur)
Liebe.
Macrobe.
Maffei.
Martial.
Ménétrier.
Mezza-Barba.
Montfaucon.
Nadal.
Nonius Marcellus.
Ovide.
Pancirole.
Panvinius. (Onuphrius)
Paul. (S.)
Paulin. (S.)
Pellerin.
Périer.
Pline.
Plutarque.
Polybe.
Procope.
Quintilien.
Rosinus.
Salomon. (H. F.)
Saumaise.

Séneque.
Servius.
Sidonius Apollinaris.
Spanheim.
Spartien.
Stosch.
Strabon.
Suétone.
Suidas.
Tacite.
Tertullien.
Tite-Live.
Tristan.
Ulpien.
Vaillant.
Valere-Maxime.
Valmont de Bomare.
Varron.
Végece.
Vigenere.
Virgile.
Vitruve.
Winckelman.
Xiphillin.

FIN DE LA TABLE DES AUTEURS.

www.ingramcontent.com/pod-product-compliance
Lightning Source LLC
Chambersburg PA
CBHW060413230426
43663CB00008B/1474